| 复旦比较外交制度研究丛书 |

世界主要国家
国家安全委员会

National Security Councils of the Major Countries

张 骥 ◎ 主编

时事出版社

目　录

导论　比较视野下的国家安全委员会……………………（1）
一、国家安全委员会的产生……………………………………（2）
二、国家安全委员会的制度基础………………………………（8）
三、国家安全委员会的制度设计………………………………（12）

第一章　美国国家安全委员会………………………………（18）
一、产生背景与历史沿革………………………………………（18）
二、法律基础与政治地位………………………………………（29）
三、职权功能与组织结构………………………………………（35）
四、运作程序与议事规则………………………………………（46）
五、案例…………………………………………………………（55）
六、经验与展望…………………………………………………（61）

第二章　俄罗斯联邦安全会议………………………………（73）
一、产生背景与历史沿革………………………………………（74）
二、法律基础与政治地位………………………………………（78）
三、职权功能与组织结构………………………………………（87）
四、运作与案例…………………………………………………（109）
五、特点与经验…………………………………………………（114）

· 1 ·

第三章　英国国家安全委员会 …………………………（124）
　　一、产生背景与历史沿革 …………………………………（125）
　　二、政治地位与法律基础 …………………………………（135）
　　三、组织结构与职权功能 …………………………………（139）
　　四、运作程序与议事规则 …………………………………（145）
　　五、案例 ……………………………………………………（148）
　　六、经验与展望 ……………………………………………（152）

第四章　法国国防与国家安全委员会 ……………………（159）
　　一、产生背景与历史沿革 …………………………………（159）
　　二、法律基础与政治地位 …………………………………（172）
　　三、职权功能、组织结构与运作 …………………………（176）
　　四、特点与经验 ……………………………………………（184）

第五章　德国联邦安全委员会 ……………………………（189）
　　一、产生背景与历史沿革 …………………………………（190）
　　二、法律基础与政治地位 …………………………………（194）
　　三、职权功能与组织结构 …………………………………（198）
　　四、运作程序与议事规则 …………………………………（202）
　　五、案例 ……………………………………………………（205）
　　六、经验与展望 ……………………………………………（208）

第六章　日本国家安全保障会议 …………………………（217）
　　一、产生背景与历史沿革 …………………………………（217）
　　二、法律基础与政治地位 …………………………………（223）
　　三、组织结构与职权功能 …………………………………（228）

四、运作程序与议事规则 …………………………………（233）
　　五、特点与展望 ……………………………………………（237）

第七章　韩国国家安全保障会议 ………………………………（244）
　　一、国家安全保障会议的初建 ……………………………（245）
　　二、国家安全保障会议地位的提升：金大中政府时期 ……（248）
　　三、国家安全保障会议的转折：卢武铉政府时期 …………（253）
　　四、国家安全保障会议的边缘化：李明博政府时期 ………（264）
　　五、朴槿惠政府的国家安全保障会议 ………………………（269）
　　六、经验与展望 ……………………………………………（275）

第八章　印度国家安全委员会 …………………………………（282）
　　一、印度国家安全决策机构的演变 ………………………（283）
　　二、职权功能与组织结构 …………………………………（291）
　　三、法律基础与政治地位 …………………………………（293）
　　四、决策程序与案例 ………………………………………（298）
　　五、问题与经验 ……………………………………………（304）

第九章　巴基斯坦国家安全委员会与内阁国防委员会 ………（313）
　　一、历史沿革 ………………………………………………（314）
　　二、法律基础与政治地位 …………………………………（321）
　　三、职权功能与组织结构 …………………………………（323）
　　四、案例 ……………………………………………………（327）
　　五、问题与展望 ……………………………………………（334）

第十章　伊朗伊斯兰共和国最高国家安全委员会 ……………（343）
　　一、产生背景与历史沿革 …………………………………（344）

二、法律基础与政治地位 …………………………………… (346)

三、职权功能与组织结构 …………………………………… (348)

四、运作程序与议事规则 …………………………………… (359)

五、经验与展望 ……………………………………………… (364)

第十一章　以色列国家安全委员会 ………………………… (371)

一、产生背景 ………………………………………………… (372)

二、法律基础与政治地位 …………………………………… (373)

三、职权功能与组织结构 …………………………………… (378)

四、各部门的职能与运作 …………………………………… (383)

五、经验与展望 ……………………………………………… (399)

第十二章　新加坡国家安全政策评估委员会 ……………… (407)

一、产生背景与历史沿革 …………………………………… (408)

二、法律基础与政治地位 …………………………………… (414)

三、职权功能与组织结构 …………………………………… (419)

四、国家安全体系运作 ……………………………………… (426)

五、经验与展望 ……………………………………………… (434)

后记 …………………………………………………………… (441)

导 论

比较视野下的国家安全委员会

国家安全委员会（National Security Council）或类似机构[①]是当代世界各国进行国家安全决策和国家安全治理的主要制度形式和制度平台，是各国国家安全制度最核心的组成部分和最核心的机构。国家安全委员会这种制度形式的产生和发展是当代主权国家面临的内外安全议题、安全威胁发生根本变化后，主权国家对国家政权管理国家安全事务的理念、制度、机构、手段进行改革的制度结果，也是现代国家实现国家安全治理民主化、制度化、科学化、专业化的制度形式，民主、法治、统筹、专业是这一制度形式的价值体现。作为一种具体的制度形式，各国国家安全委员会的职权功能、运作方式，以及在整个国家权力体系中的地位和作用又无不与各国的根本政治制度相适应，体现着国家的权力结构、基本制度安排和治国理念。

[①] 各国国家安全委员会或类似机构的名称不一，一般称为国家安全委员会或国家安全会议，本章之后内容统称为国家安全委员会。

一、国家安全委员会的产生

最早建立国家安全委员会这一制度形式的是美国于1947年建立的国家安全委员会。美国国家安全委员会的建立主要来自两方面的驱动：一是内部协调统筹军事力量、情报部门、外交部门的驱动。对第二次世界大战战争经验的反思使美国政府、军方和国会认识到战时决策和管理体制的混乱，特别是军事力量内部、情报部门之间、军队与文官之间缺乏协调和统筹，必须加强部门协作、推行总体战略。二是外部面临安全威胁变化和安全事务空前增长的驱动：美国国际地位的迅速提升和冷战的到来，使得美国介入的国际事务空前增长，国家安全面临不同于战时的新的威胁，称霸世界、遏制苏联的战略需要改革既有的国防和外交体制，从战略高度全面协调政治、经济、军事和外交资源，建立适应新形势的国家安全协调机制以及相应的决策、咨询机制，提升战略规划的能力。① 美国国家安全委员会建立初期主要受到内部协调统筹的驱动，其职能定位也主要是针对外部安全威胁。

从世界范围来看，大多数国家的国家安全委员会是在冷战之后建立起来的，或在冷战之后强化作用，这主要来自两方面的驱动：

第一，是主权国家面临的国家安全威胁的变化和国家安全事务的增长，主要体现为从传统的国防向综合安全和非传统安全的拓展。

大部分国家的国家安全委员会是从国防委员会转化而来，如英

---

① 周军："美国建立国家安全委员会原因初探"，载《历史教学问题》，1997年第6期，第38—40页。

国、德国、韩国，或者保留国防委员会但国家安全委员会成为国家安全决策的主体，如法国。当然，对于一些如今仍然面临传统军事威胁的国家，则可能既设立国防委员会又设立国家安全委员会，两者在国家安全决策中的地位和作用深受安全形势及文官与军队之间关系的影响，如巴基斯坦。

国家安全从以领土安全为主向领土安全、政治安全、国土安全、经济安全、文化安全、信息安全、生态安全、国民安全等综合安全和非传统安全的拓展是冷战后各国纷纷建立或强化国家安全委员会的重要原因。在冷战末期1990年底建立的苏联安全会议（Совет Безопасности Союз Советских Социалистических Республик）和之后建立的俄罗斯联邦安全会议（Совет Безопасности Российской Федерации）是这一转变最显著的体现，尽管运行不足一年时间就随着苏联的解体而失效。苏联安全会议的职能涵盖了对外安全和对内安全，明确将经济安全、环境安全、紧急状态、自然灾害、社会稳定、法律秩序等确定为安全会议的职权范围。[1] 1992年建立的俄罗斯联邦安全会议同样体现了内外安全统筹的理念，涵盖个人、社会、国家三个层级的安全，包括宪法安全、军事安全、社会安全、国防工业安全、经济安全、边界安全、信息安全、国际安全、生态安全、卫生安全、军事动员等领域。

应对国内安全问题是部分国家建立和改组国家安全委员会的重要驱动因素。法国国防与国家安全委员会（Conseil de défense et de sécurité nationale）的前身之一——法国国内安全委员会（Conseil de

---

[1] 《Об изменениях и дополнениях Конституции（Основного Закона）СССР в связи с совершенствованием системы государственного управления》（《苏维埃社会主义共和国联盟关于完善国家管理体制和修改、补充宪法（基本法）的法律》），1990年12月26日，卡兰特公司网站：http：//constitution.garant.ru/history/ussr-rsfsr/1977/zakony/185464/，登录时间：2013年12月20日。

sécurité intérieur）就是在应对国内外恐怖主义，特别是国内治安问题的驱动下建立的。1986 年雅克·希拉克（Jacques Chirac）曾建立的法国国家安全委员会（Conseil national de sécurité）（实际上是后来的法国国内安全委员会的前身）主要是为应对国内外的恐怖主义活动和开展反恐领域的国际合作。① 2002 年希拉克连任总统后新建的法国国内安全委员会主要针对的是打击严重暴力犯罪和国内治安问题。

为有效应对国内安全问题，打击分裂势力和极端犯罪，维护国家统一，一些国家的国家安全委员会还将特定地方的负责人纳入国家安全委员会。如 2000 年弗拉基米尔·弗拉基米罗维奇·普京（Влади́мир Влади́мирович Пу́тин）总统首次将 7 名总统驻联邦区全权代表列为俄罗斯联邦安全会议成员，这一制度一直延续下来。② 2004 年巴基斯坦通过立法正式确定巴基斯坦国家安全委员会的法律地位，旁遮普、俾路支、信德、开伯尔—普什图四省省长成为巴基斯坦国家安全委员会的正式成员。③

进入新世纪，特别是"9·11"事件之后，应对日益严峻的恐怖主义威胁成为部分国家建立或改组国家安全委员会的直接驱动因素。比如，英国国家安全委员会的建立和新加坡安全政策评估委员会（Security Policy Review Committee）的建立就直接与恐怖主义威胁相

---

① Bertrand Pauvert, "Creation du Conseil de Sicurité Intérieure," *Journal des Accidents et des Catastrophes*, Numéro 25, Juin 2002. 详见 http：//www.jac.cerdacc.uha.fr/internet/recherche/Jcerdacc.nsf/NomUnique/JLAE – 5AUGJN，登录时间：2013 年 12 月 30 日。

② 上海太平洋国际战略研究所：《俄罗斯国家安全决策机制》，时事出版社，2007 年版，第 57 页。

③ "National Security Council: A Comparative Study of Pakistan and Other Selected Countries," Pakistan Institute of Legislative Development and Transparency (PILDAT), August 2005, p. 16, http://www.pildat.org/Publications/publication/CMR/nationalsecurity-council-comparativestudy.pdf，登录时间：2013 年 11 月 15 日。

关，美国在"9·11"事件后建立国土安全委员会和国土安全部，奥巴马政府将国土安全系统与国家安全系统整合。

第二，是主权国家面临的安全威胁的多元化、复杂化和国家安全行为主体多元化带来的国家安全治理的统筹协调压力和专业化、职能化需求。

与应对单纯的军事威胁不同，当代主权国家面临的国家安全威胁越来越复杂和多元化。一方面，国家面临的安全和外交议题的专业性不断提高，不仅应对传统的军事安全、政治安全的技术和专业要求大大提升，应对诸如经济安全、信息安全、生态安全和重大危机等新兴非传统安全威胁对专业技术和知识的要求更是空前提升。另一方面，传统安全与非传统安全、各个安全议题之间相互交织，已无法通过单纯的手段和单独的部门来应对，国家安全治理的系统性、复杂性空前提升。尽管各个国家都将处理国家安全事务的权力赋予最高行政当局或者最高行政首脑，但单纯依靠领导人个人或者领导集体已经无法有效应对国家安全决策和国家安全治理所面临的这些挑战，迫切需要专业意见的支持、多部门的协商、多种手段的配合，以及专业人员对日常事务的处理。这是催生国家安全委员会机构的内在驱动力。

与此同时，国家安全威胁多样性、复杂化也带来了国家安全行为主体的多元化问题，越来越多的政府部门参与到国家安全治理和国家安全决策的进程中。对于大多数国家而言，国家安全决策至少涉及军方、国防部、外交部、内政部、安全部门、经济部门、情报部门等，多部门参与在为国家安全治理带来多种手段和综合应对的同时，也产生了部门利益化、信息情报沟通不畅、分割严重、协调不力，甚至相互倾轧的问题，亟需在具体部门之上建立一个权威的沟通协商、统筹协调的制度化机制，以减少决策和执行的内部阻力和成本。1947年美国建立国家安全委员会的目的就是对武装力量、情报系统与外交部门进行全面重组和整合,以解决文官和军方及各军种之间的政策协调、情报部门之间的信息共享、情报部门对战场行动的有效支持等一系列问题。① 俄罗斯联邦安全会议则通过建立一系列常设或临时的跨部门委员会来协调涉及多个部门的安全议题。

当代国家安全治理中的两项主要任务——危机管理和战略规划也对建立在专业基础上的统筹协调提出了要求。当代国家安全治理中的一个重要内容就是对突发事件和危机进行有效管理,包括突发外交事件、恐怖主义袭击、严重暴力事件、自然灾害、公共卫生事件、环境事故、核事故等。这些危机要求决策者作出及时、专业和科学的判断,并进行有效和协同的应对,这就需要为决策提供一个专业、高效,有充分整合情报支撑和各部门会商、响应的机制,国家安全委员会为国家的危机管理提供了制度平台。韩国国家安全保障体系就呈现出显著的危机主导特征,韩国的国家外交安保体制和国家安全保障会议(국가안전보장회의)的功能和结构一直处于不断的调整变化之中,一个最主要的动因就是应对持续演变的半岛危机和突发事件。

当代国家安全治理的复杂性和系统性要求国家进行有效的国家安全战略规划。要保障国家的长治久安,除了应对日常的安全议题和进行有效的危机管理,还必须超越日常事务和官僚机构的部门分化,对国家安全战略进行宏观设计和规划。对核心国家利益的界定、安全威胁的界定、政策和手段的制定与计划需要超越国会、内阁和政党的纷争,摆脱行政机构和官僚体系的束缚,在综合平衡的基础上进行前瞻性、系统性的构建。这就需要有一个专门的机制为最高决策层提供专业性、独立性的意见,提供大战略的思想资源和政策方案,协助最高决策者进行战略判断和战略谋划,国家安全委员会

---

① 周琪主编:《美国外交决策过程》,北京:中国社会科学出版社,2011年版,第135页。

同样能够为此提供一个制度平台。美国自1986年的《戈德华特—尼科尔斯国防部改组法》要求总统每年向国会提交《美国国家安全战略报告》，美国国家安全委员会成为制定《美国国家安全战略报告》的主要平台。此一做法纷纷为各国所效仿，成为各国国家安全委员会的一项主要职能。苏联解体前，俄罗斯联邦就已经开始酝酿自己的《俄罗斯社会主义联邦共和国安全系统构想》，[①] 之后鲍里斯·尼古拉耶维奇·叶利钦（Борис Никола́евич Ельцин）和普京分别颁布过《俄罗斯联邦国家安全构想》来构建俄罗斯的国家安全战略，2009年德米特里·阿纳托利耶维奇·梅德韦杰夫（Дми́трий Ана́тольевич Медве́дев）总统颁布了《2020年前俄罗斯联邦国家安全战略》。而一些国家则是首先制定了国家安全战略，国家安全委员会作为国家安全战略的直接产物而诞生，比如法国的国防与国家安全委员会就是2008年法国《国防与国家安全白皮书》的主要机制成果，[②] 英国的国家安全委员会是2008年英国首份《英国国家安全战略》和2010年英国《不稳定时代的强大英国：国家安全战略》催生的结果。[③]

[①] 王晓东：《国家安全领导体制研究》，北京：时事出版社，2009年版，第58页。

[②] Livre Blanc sur Défense et Sécurité nationale, Paris: Odile Jacob/La Documentation Française, 2008, p. 251.

[③] "The Governance of Britain," 英国内阁网站：http://www.official-documents.gov.uk/document/cm71/7170/7170.pdf, p. 33, 登录时间：2013年11月29日；"The national security strategy-a strong Britain in an age of uncertainty," 英国内阁网站：https://www.gov.uk/government/uploads/system/uploads/attachment_data/file/61936/national-security-strategy.pdf, pp. 34–35, 登录时间：2013年11月29日。

二、国家安全委员会的制度基础

民主、法治是国家安全委员会的制度基础。国家安全委员会这一制度形式的产生和发展是现代国家安全决策和国家安全治理民主化、法治化的重要体现。民主化体现在三个方面：第一，国家安全委员会的设立基于各国基本政治制度的民主原则和宪法法律的规定；第二，国家安全委员会受到议会的监督和制约，有些国家的国家安全委员会成员要经过议会批准；第三，国家安全委员会为个人决策向集体决策转变提供了制度平台，通过集体决策或集体咨询作出事关国家核心利益的重大决定。尽管在总统制、半总统的国家，法定最终决策权在总统，但总统决策是在国家安全委员会协商讨论的基础上作出的。法治化体现在三个方面：第一，国家安全委员会的权力来源于宪法和法律的规定；第二，国家安全委员会的决策、运作和执行受到法律的规范和制约；第三，国家安全委员会的内部运作有相应的法律和规则进行规范。

国家安全委员会的设立和运作基于民主和法治的总的原则，但国家安全事务涉及到国防、外交、安全等国家的核心权力，依法高度集中于最高元首、行政首脑或者最高行政当局，具体运作要求统一、集中、高效和保密。从制度设计和制度安排上来说，存在着民主与集中、法治与权威之间的张力。如何做到民主基础上的集中、法治基础上的集中、专业基础上的集中考验着各国的制度安排和政治领导的政治智慧。作为一种具体的制度形式，各国国家安全委员会的具体制度安排无不与各国的根本政治制度相适应，体现着国家的权力结构、基本制度安排和治国理念。我们通过法律基础和政治地位两个具体问题来比较各国国家安全委员会的民主、法治基础。

各国的国家安全委员会一般都具有坚实的法律基础。在最核心的宪法层次，国家安全委员会根据宪法赋予最高领导或领导机构的军事、外交、国家安全等的权力建立。俄罗斯、韩国、伊朗都在宪法中明文规定了国家安全委员会的宪法性机构性质及其职权，并规定国家安全委员会由国家最高领导组织和领导。一些国家宪法中虽没有有关"国家安全委员会"的明文规定，但其权源来自宪法赋予国家元首（总统制、半总统制国家）或内阁（议会内阁制）的相应权力，并对国家元首或内阁负责，通过专门法或行政命令建立。

在专门法的层次，绝大部分国家通过国家安全立法规定国家安全委员会的法律地位、职权和活动原则等，建立了一系列相关法律制度。[①] 如美国的《国家安全法》、俄罗斯的《俄罗斯联邦安全法》、新加坡的《国家内部安全法令》等。其他相关的部门法还有《国防法》、《国土安全法》、《反恐法》、《情报法》、《紧急状态法》等。从组织机构上还涉及《政府组织法》、《公务员法》等。

部分国家（特别是议会内阁制国家）的国家安全委员会往往通过行政命令（如德国、印度、以色列、新加坡等）或政府政策文件（白皮书、国家安全战略）建立（如英国、法国等）。

一些国家还通过专门的国家安全委员会立法或行政条例来规范国家安全委员会的内部运作，如俄罗斯的《俄罗斯联邦安全会议条例》和《俄罗斯联邦安全会议机关条例》、日本的《安全保障会议设置法》、韩国的《国家安全保障会议法》、巴基斯坦的《国家安全委员会法案（2004）》、以色列的《国家安全委员会法》等。美国总统上任后则通过总统行政命令确定国家安全委员会的组成和机构设置。

[①] 李竹：《国家安全立法研究》，北京：北京大学出版社，2006年版，第2页。

政治地位指国家安全委员会在国家政治结构和权力结构中的位置，其与其他国家机构间的关系。这里主要涉及国家安全委员会权力的大小，对其的监督和制约，这与各国的基本政治制度紧密相连。

就法律地位而言，各国国家安全委员会有决策型、协调型、咨询型之分，协调型和咨询型的国家安全委员会没有决策权，但在实际的政治过程中，国家安全委员会往往成为国家安全决策的最高机构。

在总统制、半总统制的国家中（如美国、俄罗斯、法国），国家安全委员会的法律地位一般是服务于总统的咨询和协调机构，不是政府的组成部分，是总统的直属机构，对总统负责，一般由总统担任国家安全委员会主席。虽然总统拥有最后决策权，国家安全委员会的决定或建议必须经总统批准，由总统发布和施行，但国家安全委员会囊括了最重要的政治领导和政府部长，决策往往就在国家安全委员会的会议上形成，并逐渐发展成一个集协商、咨询和协调、监督执行于一体的实权机构，甚至部分行使执行权力，成为实际上的最高决策机构。

在议会内阁制的国家中，国家安全委员会大致有两种类型：一种是进行部际协调的内阁委员会（如英国、德国、新加坡）；另一种是隶属于总理的咨询、协调机构（如以色列）。议会内阁制国家的决策权属于内阁全体会议，但在实际政治过程中，决策程序往往被转移到具体的内阁委员会当中，[①] 国家安全委员会成为安全决策的主要平台。近年来，在一些议会内阁制国家还出现了效仿美国国家安全委员会，将国家安全委员会从内阁委员会向总理（首相）直属机构

[①]［德］沃尔夫冈·鲁茨欧著，熊炜、王健译：《德国政府与政治》，北京：北京大学出版社，2010年12月第1版，第210页。

转变的趋势，如英国和日本。① 这一趋势在英国受到质疑，但在日本，安倍政府通过建立国家安全保障会议和国家安全保障局，将决策重心从内阁转向首相官邸，成为实际上直属首相的最高决策机构。

可以看出，无论在总统制、半总统制国家，还是在议会内阁制国家，国家安全委员会在国防、外交和安全决策中的政治地位有上升的趋势。这使得对国家安全委员会进行监督和制约的问题更加突出。

国家安全委员会作为行政权力的一部分，受到立法机构和司法机构的监督。议会对国家安全领导机构的监督负有最高的法定义务、权力和责任。② 议会通过以下方式对国家安全委员会进行监督和制约：第一，通过立法确定国家安全委员会的权力、职责，规范其行为和活动，或者通过立法直接影响具体的政策；第二，通过议会享有的权力制约国家安全委员会的决策和行为，如弹劾权（总统制）、倒阁权（议会内阁制）、质询权（议会内阁制）、违宪审查权、调查权、战争权（宣战或对外军事行动）、外交监督权（条约批准权）、紧急状态和动员批准权等；第三，通过任命权、预算审批权控制国家安全委员会的组成和运行；第四，通过议会专门委员会直接监督国家安全委员会的工作，如美国参众两院中的有关军事、外交、国土安全和情报的委员会，俄罗斯联邦委员会和国家杜马中有关国防、安全、国际事务的委员会，英国国会的情报和安全委员会、国家安全战略联合委员会等；第五，通过议会负责人或成员进入国家安全委员会直接监督，如俄罗斯联邦委员会主席、国家杜马主席是联邦安全会议的法定常委，巴基斯坦参议院议长、国民议会议长一度成

---

① 朱建新、王晓东著：《各国国家安全机构比较研究》，北京：时事出版社，2009年版，第35页。

② 王晓东：《国家安全领导体制研究》，北京：时事出版社，2009年版，第200页。

为国家安全委员会成员，伊朗伊斯兰会议议长是最高国家安全委员会（Supreme National Security Council）的法定成员；第六，通过向议会提交国家安全战略报告、白皮书及实施情况报告接受议会监督。

在一些国家，司法机关的负责人也直接参与国家安全委员会作为成员或者顾问的方式进行监督。如俄罗斯联邦总检察长是联邦安全会议成员；伊朗司法总监是最高国家安全委员会成员。

英、德等国则在国家安全委员会组成上注意平衡执政党与在野党，以及执政联盟内部的政党平衡，在国家安全委员会中形成政党之间相互制衡。在美国，国家安全事务助理与国务卿之间存在着竞争关系，形成一定的制约。

三、国家安全委员会的制度设计

民主、法治是国家安全委员会的制度基础，是其政治性的体现。在具体的制度设计上，则追求统筹和专业，是其功能性的体现。当代主权国家面临的安全威胁的多样化、复杂化、系统性和国家安全行为主体的多元化要求国家安全决策和治理体系的制度设计要体现专业基础上的统筹这一理念。统筹对外安全与对内安全、传统安全与非传统安全；统筹内政、外交、国防、安全、情报、经济等国家安全主体部门，统筹中央（联邦）与地方；统筹协调政策、情报、资源、手段和执行；统筹战略规划、危机管理与日常运作。专业，要求国家安全决策建立在充分的情报、科技手段和专业意见的基础上，经过专业的研究、论证、咨询和协商，作出科学、理性的决策。

决策、咨询、协调是国家安全委员会的三大核心功能。尽管各国在制度设计上赋予国家安全委员会的职能侧重点有所不同，但基本上围绕这三大功能展开。上文中已经论述，尽管大部分国家的国家安全委员会的法律地位不是决策机构，决策权在最高领导人或内阁手上，但在实际政治过程中，国家安全委员会在国家安全决策中起核心作用，大部分的决策在其中形成，成为实际上的最高决策机构。当然，也有国家赋予国家安全委员会最高安全决策机构的法定地位，如伊朗。决策咨询是大部分国家赋予国家安全委员会的法定地位和职能，通过国家安全委员会进行情报和信息整合、听取和整合各方意见、进行战略评估和谋划、政策研究和设计、形成意见和方案，为最终决策提供专业意见，扮演参谋和顾问角色。协调，主要在政策和执行两个层面，协调涉及国家安全的政府部门、军事部门，协调中央（联邦）与地方，以及在一些国家协调行政机构与立法机构、司法机构（如俄罗斯、伊朗）。国家安全委员会通常设立跨部门的内设委员会或小组进行政策协调和准备。

一些国家的国家安全委员会还发挥一定的代表和执行功能。国家安全顾问（National Security Advisor）（国家安全事务助理、国家安全会议秘书）以总统私人代表或政府官方代表的身份进行外交活动和谈判，扮演特使角色；或扮演总统或政府发言人，对外发布和阐释国家安全政策，如美国、俄罗斯、印度、伊朗、以色列等。国家安全委员会代表政府与其他国家相应机构进行战略对话，如以色列。国家安全委员会还负责监督执行国家安全委员会或总统、内阁作出的决定。

机构设计上，总体上有会议型和实体型之分。会议型通常通过召开会议的形式进行协调、咨询和决策，一般不设专门的下设机构，仅有少量的秘书人员，决策由委员会的组成部门具体负责执行，也可能借助总统或总理的办公机构负责秘书和执行工作。德国联邦安全委员会（Bundessicherheitsrat）是典型的会议型模式，在作为内阁委员会的国家安全委员会形成决定后由具体的内阁部门去执行。实体型除了有会议机制，还有一个相对系统完备的秘书、工作机构和顾问班底，有完备的人员配置和组织体系。随着国家安全事务的大量增长和专业化程度的不断提升，大部分国家采用实体型的模式，且组织体系不断扩大，专业化与职能化程度不断提升，甚至发展成为一个庞大的科层机构。一些会议型模式的国家也在向实体型转变。

实体型的国家安全委员会通常由委员会核心成员（常委）、全体委员、国家安全顾问（委员会秘书）、秘书/工作机构、咨询机构构成。国家元首或政府首脑任委员会主席，核心成员包括：副总统、半总统制国家的总理、外交部长、国防部长、安全部长（内政部长）、财政部长、总参谋长、情报负责人、国家安全顾问、总统/总理办公厅主任等。核心成员或者常委往往由国家实权部门的领导人构成，利于进行重大决策、危机管理和保密。其他成员包括根据议题邀请的其他部长和军事官员，有的国家还包括立法机构负责人、司法机构负责人、相关的地方负责人等。

国家安全顾问是国家安全委员会制度设计中的一个关键，有的国家设置为国家安全委员会秘书、国家安全事务助理等。国家安全顾问负责领导和组织国家安全委员会的日常工作，是国家安全委员会日常运作的核心，在国家安全决策和国家安全治理中发挥中枢作用。尽管在一些国家该职位不具有法定地位，但因其对决策的重大影响而成为权倾朝野、影响国际风云的人物。在一些国家，国家安全顾问由总理府主任（如德国）或总理首席秘书（如印度）兼任，具有更加突出的政治地位。

国家安全顾问的职能主要体现在五大方面：1. 参与日常决策和危机决策并提供专业咨询，每天或定期将相关情报和信息经过汇总整理后提供给首脑，如实反映各方意见并提供独立意见和可选方案；2. 协助首脑或内阁进行宏观战略规划与政策设计，制定国家安全战略，提供思想和理念，领导预测研究；3. 领导国家安全委员会日常工作，负责首脑或内阁的国家安全事务议程设置，组织各级别会议，起草各类文件；4. 国家安全政策及政策执行的协调与督促；5. 代表首脑进行外交活动、谈判和发布信息。在实际政治过程中，国家安全顾问作用的发挥受到三个因素的影响：首脑的信任与重视程度、国家安全顾问本人的能力和资历、其他部门或核心官僚的竞争。

日常秘书和工作机构由国家安全顾问领导，按职能划分为若干下设委员会或工作机构。如：美国国家安全委员会纵向上形成部长级委员会、副部长级委员会、跨部门协调委员会的结构，横向上跨部门协调委员会由6个地区委员会和若干个议题委员会构成；[①] 俄罗斯联邦安全会议下设战略规划、独联体事务、经济和社会安全、环境安全、军事安全、公共安全、信息安全7个常设跨部门协调委员会负责跨部门的协调，还设有联邦安全会议机关处理日常工作；法国设置国防与国家安全总秘书处（Secrétariat général de la défense et de la sécurité nationale）作为国防与国家安全委员会的工作机构，下设5大部门有216名工作人员；[②] 日本建立国家安全保障会议后设置了工作机构国家安全保障局，下设总括、战略、信息三个职能部门和同盟·友好国、中国·朝鲜、其他地区3个地区部门，初始编制67人。

一些国家的国家安全委员会下设专门的咨询机构，由国家安全顾问领导，成员包括各个领域的资深专家、相关政府部门的高级官员或退休的高级外交官和高级将领，负责向国家安全委员会提供独立的专业意见、评估和科技支撑。俄罗斯联邦安全会议下设科学委

[①] Alan G. Whittaker et al., *The National Security Policy Process: The National Security Council and Interagency System*, Washington, D. C. : Industrial College of the Armed Forces, National Defense University, U. S. Department of Defense, 2011, pp. 29 – 42.

[②] Secrétariat général de la défense et de la sécurité nationale, 法国国防与国家安全总秘书处网站：http: //www. sgdsn. gouv. fr, 登录时间：2013年12月30日。

员会，包括155名成员，主要有科学院系统、国家机关和军队所属的研究机构的领导和著名学者。[①] 新加坡高度重视国家安全的学术研究和科技开发，安全政策评估委员会下设的国家安全协调中心（National Security Coordination Center）通过国家安全工程中心（National Security Engineering Centre）、国家安全卓越研究中心（Centre of Excellence for National Security）和相关评估研究项目为国家安全提供强大的科技支撑；另一下设机构国家安全研究中心（National Security Research Center）则通过整合全国科研机构提供远景预判、风险评估和政策研究。法国设有国防与国家安全咨询委员会（Conseil consultatif sur la défense et la sécurité nationale）。印度设有国家安全顾问委员会（National Security Advisory Board）。以色列国家安全委员会专门设立了经济顾问和法律顾问。

国家安全委员会的运作受到法律、行政条例的约束，也深受一国政治传统、行政文化和领导人风格的影响。一般有日常运作模式、危机管理模式和战略决策模式，要求统一、集中、高效和保密。各国通过国家安全立法、专门的国家安全委员会立法以及行政条例对国家安全委员会的内部运行，特别是议事规则、决策程序、工作程序等作出严格规范，并通过保密立法确保决策的机密。在实际政治过程中，各国都存在正式机制与非正式机制，同时发挥作用。尤其是在作为首脑直属机构的国家，核心决策层的非正式磋商以及国家安全顾问作为首脑私人顾问和代表的角色较为常见。这也带来缺乏监督和制约的问题，为立法机构和舆论所诟病。各国在实践中形成了不同的运作模式，总体上趋于建立一整套规范专业的决策和工作

[①]《Состав научного совета при Совете Безопасности Российской Федерации》（《俄罗斯联邦安全会议科学委员会的组成》），2013年4月22日，俄罗斯联邦安全会议网站：http://www.scrf.gov.ru/persons/sections/17/，登录时间：2013年12月19日。

的程序与规则。

纵观世界各国的国家安全委员会，其建立和发展是当代主权国家应对国家安全议题、安全威胁变化的制度反应和制度创新，它不是一个简单的机构，而是国家政权进行国家安全决策和国家安全治理的制度形式，体现了当代国家安全治理和决策对民主和法治的制度要求，对统筹和专业的功能需求。随着国家面临的安全事务的空前增长，安全威胁的多元化、内外交互和相互交织的系统性的发展，国家安全委员会的职能化、专业化程度不断提升，越来越朝着实体型的方向发展，功能和结构日益庞大，运作更加日常化和科层化，在国家权力结构中的政治地位不断提升，日益成为一个具有实际权力的最高安全决策机构。这一制度形式有利于主权国家统筹应对内外安全威胁、协调国家安全行为主体、进行科学理性的安全决策和战略谋划、综合运筹政策和资源，从而更好地保障国家安全、捍卫国家核心利益；但同时也带来了民主与集中、法治与权威之间的张力，对国家安全决策和国家安全治理的法治建设、民主监督提出了更高的要求和期待。世界各国都面临着同样的问题，如何通过更有效的制度安排使得国家安全委员会这一制度形式能够真正实现民主基础上的集中、法治基础上的集中、专业基础上的集中，并与各国的基本政治制度、行政文化和实际安全需求相适应。

第一章

美国国家安全委员会

美国国家安全委员会（National Security Council，NSC）直接服务于美国总统，负责提供外交和安全事务方面的专业意见，协助总统制定相关政策，协调各个政府部门行动。从1947年成立至今，美国国家安全委员会逐渐职能化、专业化，成为国家外交和安全决策的中枢。国家安全事务助理（National Security Advisor）也依靠与总统的关系，成为可以与国务卿竞争的、影响政策形成的重要人物。国家安全委员会这一机构和制度发端于美国，其设计理念、机构设置和功能运作方面的经验为各国所借鉴。

一、产生背景与历史沿革

（一）产生背景

美国国家安全委员会的建立基于这样的背景：第一，对第二次世界大战战争经验的反思使美国政府、军方和国会认识到战时决策和管理体制的混乱，必须加强部门协作、推行总体战略；第二，美国国际地位的迅速提升和冷战的到来，使得美国介入的国际事务空前增长，国家安全面临新的国际环境，称霸世界、遏制苏联的战略要求改革既有的国防和外交体制，从战略高度全面协调政治、经济、军事和外交资源，建立适应新形势的国家安全协调机制以及相应的决策、咨询机制，提升战略规划的能力。[①]

美国国家安全委员会是根据1947年的《国家安全法》设立的。1947年《国家安全法》的目的是对武装力量、情报系统与外交部门进行全面重组和整合，以解决文官和军方及各军种之间的政策协调、情报部门之间的信息共享、情报部门对战场行动的有效支持等一系列问题。这是对二战期间国家安全体制运转不畅的反思的结果。

了解1947年《国家安全法》出台的具体背景对于理解美国国家安全委员会的任务和结构有重要意义。珍珠港事件暴露了情报部门与军事部门在情报分享上的突出问题，暴露了美国国家安全体系的战时协调存在诸多不足。之后，美国开始进行一系列尝试，建立中央情报机构整合政府机构中分散的情报力量，以及协调各军种之间的行动。国务院—战争部—海军部协调委员会（State-War-Navy Coordinating Committee，SWNCC）于1944年建立，其目的是协调副部长级别的文职部门之间的行动。此外，国务卿、海军部长以及战争部长（统领空军和陆军）每周召开例会。到二战结束时，大约有20个旨在协调政府、海军部和战争部行动的联合机构，如何对这些机构进行整合被提上议程，将国务院、海军部和战争部进行整合也是目标之一。二战的胜利让美国意识到只有政府各部门的整体协同参与才使得胜利成为可能，未来的安全也必须在协调的基础上才可能

---

① 周军："美国建立国家安全委员会原因初探"，载《历史教学问题》，1997年第6期，第38—40页。

实现。战争经验使美国认识到战后建立高层次战略协调机制的重要性，协作成为战后美国国家战略的中心。①

1947年正值哈利·S. 杜鲁门（Harry S. Truman）总统的第一任期之初，作为一个迅速崛起的超级大国的国家元首，杜鲁门上任后的首要任务是决定如何使用国家的力量。杜鲁门认为美国作为世界大国应当把力量投放至世界的各个角落，遏制共产主义的扩张，显示美国的优势和实力。随着美苏冷战局面的出现和对苏遏制战略的出台，美国迫切需要建立与这种新的国家战略相适应的决策体制。为了在冷战初期应对全新的安全威胁，维护美国的国家利益，必须对决策的过程和结构进行改革，以解决罗斯福时期令出多头的现象。

在1947年《国家安全法》推出之前，杜鲁门召开的会议中总是存在着海军部和陆军部的激烈斗争，杜鲁门想要合并二者建立国防部的想法遭到海军部的强烈反对。海军部部长詹姆斯·弗瑞斯托（James Forrestal）为了说服总统维持海军部的地位，就委托自己在国会中的密友斐迪南·艾伯斯塔特（Ferdinand Eberstadt）撰写了一份长达250页的报告，提议建立一个有约束性的集体决策机构，陆军部、海军部和国务院均可以在其中向总统建言，既保证海军部的独立性，又可以限制总统的权力。②

杜鲁门起初对这一可能限制其权力的方案反应消极，直到与国会在国家安全委员会的功能定位和同时建立统一的国防部的问题上达成妥协，杜鲁门才转变态度，部分采纳了艾伯斯塔特报告的意见，决定组建国家安全委员会。国家安全委员会并不是一个正式决策机构，而是一个没有实权的顾问机构。国会对此也感到满意，1947年

---

① 周军："美国建立国家安全委员会原因初探"，载《历史教学问题》，1997年第6期，第36页。

② ［美］戴维·罗特科普夫著，孙成昊等译：《操纵世界的手——美国国家委员会内幕》，北京：商务印书馆，2013年版，第65页。

7月26日通过了《国家安全法》，规定国家安全委员会负责协调军方和政府其他部门的合作，并向总统提供决策咨询。国家安全委员会成立之初最重要的功能定位是政策协调，其次才是决策和咨询。杜鲁门起初对国家安全委员会采取谨慎和有选择使用的态度，从1947年9月到朝鲜战争爆发，他仅出席委员会57次会议中的12次，但是朝鲜战争的爆发改变了这种情况，杜鲁门对国家安全委员会的依赖和使用大大增加。[①]

虽然国家安全委员会在创立之初被严格规定为一个充当顾问的咨询机构和协调机构，而不是正式的决策机构，但这个限制条件并未阻止它慢慢成为主导美国国家安全决策进程的核心机构。

（二）历史沿革

1. 法律基础的变化

（1）1947年《国家安全法》

1947年国会通过《国家安全法》，国家安全委员会根据该法成立。该法对国家安全委员会的职能、构成等核心问题作出了规定。[②]

其职能是就有关国家安全的内政、外交和军事政策的整合，以及跨部门的协作给总统提供建议；按照总统要求进行国家安全风险因素评估，权衡政策得失，向总统报告或者提供政策建议。

最初成员为总统主持下的包括总统、国务卿、国防部长、陆军部长、海军部长、空军部长和国家安全资源委员会主席（National

[①] 周军："美国建立国家安全委员会原因初探"，载《历史教学问题》，1997年第6期，第40页。

[②] "The National Security Act of 1947," July 1947, Oxford University Press Websites: http://global.oup.com/us/companion.websites/9780195385168/resources/chapter10/nsa/nsa.pdf，登录时间：2013年11月15日。

Security Resources Board，NSRB）在内的七人固定成员，总统可以指定其他行政机构的部长、军需品委员会主席和研究与发展委员会主席出席会议，中央情报局需要向国家安全委员会做汇报，但中央情报局局长并非成员，而是以观察员和情报顾问的身份出席会议。

1947年《国家安全法》同时也授权建立一个国家军事机构（National Military Establishment），负责对武装力量进行指导、管理与控制，但该机构仍然只起到部门间的协调作用，三个军种部仍是内阁部。国防部长虽然是国家安全委员会的法定固定成员，但他的权力、权威和属下的数量都受到了限制。海陆空三个军种的部长在国家安全委员会中仍然拥有直接向总统汇报的权利。

（2）1949年《国家安全法修正案》

1949年的《国家安全法修正案》重新规定了国家安全委员会的成员，将各军种部长从国家安全委员会中撤出，增添了副总统作为法定成员，并设置了参谋长联席会议主席一职，作为总统和国防部长的法定军事顾问。① 各军种部长的撤出，显著增强了国防部长的权力。

修正案还将国家军事机构改组为内阁级别的国防部，三个军种部均降格为国防部的下属部，国防部长开始获得武装力量的行政管理权和军事指挥权。

（3）涉及其他国家安全委员会成员变动的法律

根据1951年《共同安全法》，共同安全署（Mutual Security Agency，MSA）建立，共同安全署主任成为国家安全委员会法定成员。根据1953年《7号重组计划（Reorganization Plan No. 7)》，共同安全署被废止，其功能转移至援外事务管理署（Foreign Operations

---

① "History of the National Security Council 1947 – 1997," August 1997, Federation of American Scientists：https：//www. fas. org/irp/offdocs/NSChistory. htm，登录时间：2013年11月15日。

Administration，FOA)，国家安全委员会法定成员资格由共同安全署主任转移至援外事务管理署主任。根据1954年《共同安全法》对总统的授权，援外事务管理署被废止，其功能转移至国务院下的国际事务署。根据1955年的第10610号总统行政指令，援外事务管理署主任的国家安全委员会法定成员资格被取消。①

根据1953年《3号重组计划（Reorganization Plan No. 3）》，国家安全资源委员会被废止，其功能转移至国防动员署（Office of Defense Mobilization，ODM)，国家安全委员会法定成员资格由国家安全资源委员会主席转移至国防动员署主任。根据1958年《1号重组计划（Reorganization Plan No. 1)》，国防动员署与联邦民防署（Federal Civil Defense Administration）合并组成了民防国防动员署（Office of Civil and Defense Mobilization，OCDM)，国家安全委员会法定成员资格由国防动员署主任转移至民防国防动员署主任。民防国防动员署功能于1961年转移至国防部长办公室内的民防处。1961年，民防国防动员署被废止。②

1961年之后，还有一系列关于废立机构的类似法律变动和参加国家安全委员会的人员资格规定变化，此处不再赘述。从中可以看出，国家安全委员会的成员一直在根据美国政府机构的变化而变化，背后体现的是国家安全战略重点的变化。

根据2002年的《国土安全法》，国土安全部长可以根据总统的要求参加国家安全委员会的会议。③

---

① "Records of the National Security Council［NSC］（Record Group 273）1947－69," The U. S. National Archives and Records Administration：http：//www. archives. gov/research/guide-fed-records/groups/273. html，登录时间：2013年11月15日。

② 同上。

③ "Homeland Security Act 2002, Public Law 107－296," November 2002, Department Of Homeland Security：http：//www. dhs. gov/xlibrary/assets/hr_ 5005_ enr. pdf，登录时间：2013年11月15日。

(4) 1986年《国防部改组法》

1986年的《戈德华特—尼科尔斯国防部改组法》进一步将军事长官控制在文官领导之下，明确作战指挥官的权力和责任，改进战略的制订和应急规划。参谋长联席会议主席向美国军队的文职长官国防部长负责。该法案还确立了参谋长联席会议副主席的职位，简化了指挥链。参谋长联席会议主席对任何武装部队没有指挥权。总统通过国防部长对指挥官们下达命令，可以完全绕开参谋长联席会议。

此外，《戈德华特—尼科尔斯法案》一大意义深远的修改是要求总统向国会提交一份年度报告，详细介绍美国的国家安全战略。[①]

(5) 关于国家安全委员会组织结构变动的总统行政指令

每届美国总统上任后往往通过第一条总统行政命令必然是对其任期内国家安全委员会的最新机构变化和参与人员变化进行规定。为了突出每届总统之间的区别，总统行政命令的缩写有所不同，参见表1，国家安全委员会组织结构变动的总统行政指令主要内容大致如下：总统可以根据现实需要，对当前情势进行判断，通过建立特别小组或相关委员会来集中解决某些运作中的现实问题。

表1 涉及国家安全委员会组织结构变动的总统行政指令

总统	总统行政指令编号	组织结构变动内容
德怀特·艾森豪威尔 (Dwight D. Eisenhower)	5425/1	规定内部安全架构
约翰·肯尼迪 (John F. Kennedy)	NSAM 124	建立反叛乱特别小组
	NSAM 196	建立国家安全委员会执行委员会
	NSAM 213	建立古巴事务的跨部门机构

---

① "Goldwater-Nichols Department of Defense Reorganization Act of 1986," October 1986, National Security Agency: http://www.nsa.gov/about/cryptologic_heritage/60th/interactive_timeline/Content/1980s/documents/19861001_1980_Doc_NDU.pdf, 登录时间：2013年11月15日。

续表

总统	总统行政指令编号	组织结构变动内容
林登·约翰逊 （Lyndon B. Johnson）	NSAM 280	建立美国在南越的政策和行动管理委员会
	NSAM 296	建立巴拿马事务的跨部门机构
	NSAM 324	建立美国与东欧国家及苏联贸易关系的特别总统委员会
	NSAM 343	设立负责制定、协调和监督和平建设越南非军事项目的特别助理
	NSAM 363	设立重要活动和职业的跨部门咨询委员会
理查德·尼克松 （Richard M. Nixon）	NSDM 19	建立华盛顿特别行动小组
	NSDM 23	建立越南特别研究小组
	NSDM 85	建立国家安全委员会高级评审小组
	NSDM 123	引入美国财政部长和司法部长参与国家安全委员会会议
	NSDM 244	建立国际能源审议小组
	NSDM 253	规定国家安全委员会情报委员会的成员资格
吉米·卡特 （Jimmy E. Carter）	PD 17	情报部门重组
	PD 23	建立常设协商委员会
罗纳德·里根 （Ronald W. Reagan）	NSDD 3	规范危机管理
	NSDD 65	建立国家安全委员会军控核查委员会
	NSDD 179	建立反恐特别小组
	NSDD 286	规范特殊活动的审核和审批
乔治·布什 （George W. Bush）	NSPD 8	设立反恐事务的国家主任和国家安全事务助理副手
巴拉克·奥巴马 （Barack Obama）	PPD1	整合国土安全和国家安全，由国家安全办公人员支持

资料来源：笔者据资料整理制作："Presidential Directives and Executive Orders," October 2013, Federation of American Scientists：http://www.fas.org/irp/offdocs/direct.htm，登录时间：2013 年 11 月 15 日。

2. 国家安全委员会的历史沿革

国家安全委员会自 1947 年建立之后，历经 60 余年的发展，逐渐成为协助总统制定外交和安全政策的核心机构。通过对历届美国政府国家安全委员会政治地位、机构设置、组织运作以及国家安全事务助理地位的对比分析，我们总结出历届政府国家安全委员会的特点。在这一历史沿革过程中，我们可以看到以下特点：第一，国家安全委员会运作机制日趋完善，内部构架趋于稳定，专业化程度逐渐提高；第二，根据总统个人偏好与背景能力不同，国家安全委员会正式机制与非正式机制共同发挥作用；第三，国家安全事务助理作为国家安全委员会日常运作的核心，是国家安全委员会职能化、专业化的重要标志；第四，国家安全委员会与国务院、国防部业务上相互合作，在政策制定上竞争话语权。总体看来，国家安全委员会的政治地位在波动中有所上升。

表2 历届美国政府的国家安全委员会

总统	主要特点	政治地位	机制变化	运作特点	国家安全事务助理的地位
杜鲁门	草创之初，逐渐启用；未成为主要决策机构	较低	规定核心参与人员与执行秘书	朝鲜战争后，总统出席大多数会议，NSC只是总统听取各方观点的平台而已	仅设传达各方意见的执行秘书
艾森豪威尔	重视决策程序和机制，使NSC成为行政部门的组成部门，设立国家安全事务助理，议事流程正规但后期僵化	作用加强	设置国家安全事务助理；形成"政策山"的决策机制；设置行动协调委员会进行政策执行与监督	依靠"政策山"的机制成为政策制定的重要一环；底层为有关部门的政策建议，中层为国家安全事务助理领导的计划委员会对提交的方案进行讨论，顶层是全体会议进行最终研究	设立国家安全事务助理，其职责为协调，忠实反映各方的观点，尊重国务卿的领导地位

第一章 美国国家安全委员会

续表

总统	主要特点	政治地位	机制变化	运作特点	国家安全事务助理的地位
肯尼迪	简化机构，通过非正式机制加强职能；机构权力弱化但核心成员的权力增加	作用加强，负责制定跨部门工作计划；国务院作用减小	取消计划委员会及行动协调委员会；设置临时性的工作小组负责地区问题的协调；设立白宫情况室	总统依靠与核心成员的非正式会面（早餐会、午餐会）而非正式会议来制定政策	国家安全事务助理参与制定政策，影响力增强
约翰逊	偏向于在NSC之外作出决策，更重视国务卿	有所萎缩	沿袭肯尼迪	倾向于使用非正式会面的形式与核心成员商讨	由于总统更重视国务卿，地位相对下降
尼克松	不仅是协调各方意见的场地，而是独立制定政策的机构；引起其他部门不满	空前提升，摆脱了国务院的掣肘	设置一系列地区性和事务性的下属机构；发布《国家安全研究备忘录》；派遣特使和私人代表秘密行动	通过下属机构连续规范地处理安全和外交事务；总统和其幕僚充分沟通	国家安全事务助理基辛格的影响力空前强大
福特	沿袭尼克松时期的架构，基辛格发挥核心作用	基辛格兼任国务卿，不存在NSC和国务院的矛盾	部分下属机构萎缩	保持	基辛格身兼二职，辞去国家安全事务助理一职后，依然掌握国家安全决策工作；斯考克罗夫特只负责幕后监督协调工作
卡特	倚重国务院，避免权力集中和秘密外交	有所下降，国务院被赋予更大权力	缩减幕僚人数；附属机构精简为两个：政策协调委员会与特别协调委员会	正式会议较少，有多种形式的非正式会议"周五午餐会"与"每周午餐会"	有所下降，与国务卿严重不和
里根	偏向国务卿，将NSC权力下放到各部	急剧下降；后期慢慢恢复	设置高级部际小组、部际小组和国家安全规划小组	开会频繁，但各部没有事先讨论研究	地位下降到总统的政治顾问之下，只负责协调各方，不负责日常事务；后期逐渐恢复权力

· 27 ·

续表

总统	主要特点	政治地位	机制变化	运作特点	国家安全事务助理的地位
老布什	运作顺畅，恢复协调职能；设置了今后的基本架构	地位回升	设立部长委员会、副部长委员会和部际委员会	偏爱专门会议和非正式会议	地位上升，可以极大地影响决策，但是不直接参与行动，是忠实的幕后人
克林顿	增加非军事领域对外交和安全政策的影响	保持	设立国家经济委员会；增加正式会议的与会人员，增加政治经济顾问的参与	正式会议与非正式会议都有重要作用	保持，但经济方面的核心成员在决策中地位上升
小布什	更为全面的顾问班子，热衷于个人意志的实现，使得与总统观点相符的人员和部门地位上升	为了处理军事危机，国防部的地位上升，NSC地位相对下降	部长委员会、副部长委员会与专门委员会的等级制；先裁员，后由于现实需要扩张；NSC之外建立了国土安全部、国土安全委员会等机构与NSC合作	每周例会，偏好非正式讨论	副总统与国家安全事务助理依靠与总统良好的私人关系发挥作用；国家安全事务助理协调各方和推进机制运转的能力不足，受到国务卿和国防部长的制约甚至排挤
奥巴马	注重战略整合功能，整合国内安全与对外安全团队	决策的重要平台	沿袭等级制；加强与国土安全委员会的整合，共用办公人员	数量众多的正式会议	国家安全事务助理受到国务卿与国防部长的制约；总统自己担任起国家安全事务助理的角色（忠实反映各方意见，推行偏好的政策）

资料来源：笔者根据以下资料整理制作：周琪主编：《美国外交决策过程》，北京：中国社会科学出版社，2011年版，第70—102页；[法]夏尔—菲利普·戴维等著，钟震宇译：《美国对外政策——基础、主体与形成（第二版修订增补本）》，北京：社会科学文献出版社，2011年版，第202—216页。

二、法律基础与政治地位

（一）国家安全委员会的法律基础

1. 最初规定：1947 年《国家安全法》[①]

国家安全委员会的任务是向总统提出有关国家安全的内政、外交和军事政策的综合意见，以便使这些军事机构和政府各部门在国家安全事务方面更有效地协调。

法定固定成员为总统、国务卿、国防部长、陆军部长、海军部长、空军部长和国家安全资源委员会主席 7 人。

由参议院建议并经其批准，总统可指定各行政部门和军事部门的部长或副部长、军械局局长、研究与发展委员会主席参加。委员会设立一名由总统任命的、年薪一万美元的文官执行秘书。

2. 当前规定：奥巴马第一号总统行政指令 PPD1[②]

在遵循 1947 年《国家安全法》及其修正案对国家安全委员会法定成员的规定的前提下，奥巴马于 2009 年 2 月 13 日通过了第一号总统行政指令，规定了他任内国家安全委员会的成员。

[①] "The National Security Act of 1947," July 1947, Oxford University Press Websites: http://global.oup.com/us/companion.websites/9780195385168/resources/chapter10/nsa/nsa.pdf, 登录时间：2013 年 11 月 15 日。

[②] "Presidential Directives and Executive Orders," October 2013, Federation of American Scientists: http://www.fas.org/irp/offdocs/direct.htm, 登录时间：2013 年 11 月 15 日。

法定成员为总统、副总统、国务卿、国防部长和能源部长。

非法定常规成员为财政部长、总检察长、白宫幕僚长、国土安全部部长、国家安全事务助理与驻联合国大使。

法定情报顾问为国家情报总监,法定军事顾问为参谋长联席会议主席。

总统顾问受邀参加每一次会议。总统助理兼任国家安全事务助理副手作为秘书参加每一次会议。

涉及经济问题时,商务部长、美国贸易顾问、负责经济政策的总统助理、美国经济委员会顾问主席可受邀出席;涉及反恐问题时,负责国土安全与反恐的总统助理可受邀出席;涉及科技问题时,科学技术政策办公室主任可受邀出席。

按照需要,总统还可邀请各部的部长或高级官员参加。

(二)国家安全委员会的政治地位

1. 美国政治结构中的国家安全委员会

在美国三权分立的政治结构中,国家安全委员是总统行政权的衍生。作为一个服务于总统的决策咨询和政策协调机构,国家安全委员会影响力的发挥主要取决于总统的倚重程度及国家安全事务助理的能力,可以说国家安全委员会在一定程度上是总统的"单边政策工具"。虽然国家安全委员会的法律地位仅仅是总统的咨询机构,但国家安全委员会和国家安全事务助理在美国外交和国家安全决策中的地位不断提升,逐渐发展成为决策体系的中枢。

总统在国家安全委员会的设置上拥有很大的权力和自由度。特别是国家安全事务助理的任命无须像国务卿和国防部长那样征得参议院的批准,总统往往会任命忠于自己的专业人士担任此职。总统可以在法定成员之外邀请其他人员参加,总统通常还会根据形势变化和政策重点的变化调整国家安全的机构设置。

以下优势使得国家安全委员会得以在美国外交和国家安全决策中发挥核心作用。第一，国家安全事务助理与总统之间能够保持直接和紧密的关系。一方面他能利用身居白宫的优势和总统的信赖在各种正式和非正式的会议和讨论中直接向总统施加影响；另一方面他也能够直接和清晰地把握总统的政策主张和思路，甚至直接代表总统进行秘密谈判和行动。第二，国家安全委员会和国家安全事务助理可以在一定程度上超越国会、内阁和政党的纷争，摆脱行政机构和官僚体系的束缚，作为一个中立人来整合各方的意见，汇集各方的情报与信息，协调各方行动。

当然，国家安全委员会作用的发挥仰赖总统的信任。如果总统信任国家安全事务助理且他自身有具备处理外交和安全事务的经验，倚重国家安全委员会，那么在这一时期，国家安全委员会与国家安全事务助理的影响力就会上升。相反的情况是相对于法定成员，总统也更容易撤换不信任或者配合不佳的国家安全事务助理。里根政府时期有过6位国家安全事务助理。尼克松总统执政时期，虽然国家安全事务助理亨利·基辛格（Henry Kissinger）受到倚重，但是尼克松才是最后的决策人。正是作为总统和国家安全事务助理的尼克松和基辛格之间的密切配合，使得国家安全委员会的地位一时无出其右。基辛格出任国家安全事务助理时期，很多重要政策的讨论、决策和执行都绕过了中情局、国务院和国防部，这也使得各方的配合出现一些问题。在后期的政府中，各方并不欢迎像基辛格一样过于咄咄逼人的国家安全事务助理，而是期待国家安全事务助理在与总统的沟通中首先做到忠实中立地传达各个部门的意见，其次才是推进他个人的看法。

另一种情况是总统无法将合意人员任命为国务卿或国防部长，但是总统可以先将其任命为国家安全事务助理，数年后当国会的态度转变之后，总统可以提名其为国务卿或国防部长。小布什政府时期的康多莉扎·赖斯（Condoleezza Rice）从国家安全事务助理到国务卿的转变就是例证。但是随着总统偏爱的官员的职位调迁，他所授予官员的权力也会转移到新的职位之上。① 在赖斯就任国务卿之后，小布什对于国务院的信任就增加了。奥巴马总统原本属意苏珊·莱斯（Susan Rice）为国务卿，但是由于国会的反对，目前莱斯是国家安全事务助理。无论国家安全事务助理个人的政治生涯如何变化，在任国家安全事务助理期间，他本质上还是一名高级行政幕僚，而非有法律赋予的实权的决策者。

当然，总统在自己手下建立了一个人事任免和行动都不受国会制约的机构，国会自然不会容忍总统权力以这种形式过分扩张。20世纪70年代国会通过一系列立法对总统在外交和国家安全领域的权力进行明确限定。此外，国会还经常通过立法的形式影响外交政策。国会的这些做法虽然不会削弱总统在外交和国家安全方面的领导地位，但对总统的外交和国家安全权力形成了一种制约和牵制，国家安全委员会也不得不重视国会的作用。②

2. 国家安全委员会的竞争部门

国家安全委员会、国务院和国防部对于安全事务的决策影响力来自国会和总统的授权，虽然部门的影响力存在，但是根本决定力量还是总统的选择。在行政部门之中，国防部和国务院相互竞争和制约。在人员的相互制约上，国务卿与国家安全事务助理之间存在着话语权的竞争。通常，总统会对各部门和人员的意见和诉求进行

---

① [美]戴维·罗特科普夫著，孙成昊等译：《操纵世界的手——美国国家委员会内幕》，北京：商务印书馆，2013年版，第354页。

② 周琪主编：《美国外交决策过程》，北京：中国社会科学出版社，2011年版，第100页。

统筹，平衡各方。

（1）国防部在外交与安全决策上的影响力

在1949年《国家安全法修正案》和1986年《国防部改组法》的改革之后，国防部门的军事指挥权和行政管理权已经纳入文官控制的体系之中。在重大外交和安全问题上，总统应当听取国防部长和参谋长联席会议主席的军事意见。国防部长与参谋长联席会议主席都曾经在国家安全委员会中发挥过重要的作用。肯尼迪政府、尼克松政府、福特（Gerald R. Ford）政府、里根政府与小布什政府的国防部长都是强有力的人物，对外交政策产生了举足轻重的影响。

此外，国家安全委员会在外交与安全决策上发挥影响力必须考虑到国防部背后的武装力量、军工集团和支持国防部的国会议员力量。在外交与安全事务中，武装力量是一切政策的依托，是保障国家安全和维护国家利益的最重要也是最后的手段。二战后，美国历届政府都注重军事力量在对外政策中的利用。由于政治惯例、国会立法授权和总统的行政授权，军事部门在美国的联盟政策、军备控制与裁军、武器销售与对外军事行动上有更大的发言权。由于具有专业知识背景，军事部门在有关核生化和大规模杀伤性武器问题上参与度更高。另一方面，国防部、军工集团以及国会议员形成了利益共同体。凭借与国会的关系，国防部在获得预算方面有更大的优势。军工企业的游说使得国会和总统会倾向于支持扩张军事存在。因此，国家安全委员会在决策过程中无法忽视来自国防部的意见，而国防部通过参与制定国家安全战略，进一步为整体外交政策的制定提供了依据。《美国国家安全战略报告》的制定离不开国防部的参与，而国防部的《四年防务报告》正是回应《美国国家安全战略报告》的要求，确定军力发展的方向。国防部对于世界局势的认识和分析很大程度上决定了美国的总体战略与重要政策方向。

随着美国在全球的军事存在不断扩张，特别是"9·11"事件之后,"外交政策军事化"已经成为了一个正常现象。[1] 总统必须与国防部长保持紧密的联系,而国防部长在国家安全委员会中的影响力也不断增大。

(2) 国务卿与国家安全事务助理的竞争关系

国家安全事务助理与国务卿之间的权力一般是此消彼长的关系。与国家安全委员会与总统之间的关系类似,国务院是否可以在制定外交政策中发挥作用主要依赖于国务卿的能力以及国务卿与总统之间是否有信任关系。如果国务卿能力较弱,那么制定对外政策的程序往往由国家安全委员会掌握;如果国务卿德高望重、能力较强,那制定对外政策的程序就往往由国务院掌握。[2] 在杜鲁门时期与艾森豪威尔时期,当时的国务卿乔治·马歇尔(George C. Marshall)、迪安·艾奇逊(Dean Acheson)与约翰·福斯特·杜勒斯(John Foster Dulles)都是德高望重而且极受总统信任的人物,当时国务卿与国务院在外交决策中发挥更大的作用。在尼克松时期,尼克松明确表示了对于庞大的官僚机构国务院效率低下的不满,尼克松更偏向与国家安全事务助理基辛格讨论国家事务。因此,在这一时期,国家安全事务助理的影响力就空前强大。在小布什政府的第一任期间,赖斯担任国家安全事务助理,是小布什最愿意咨询的人之一,赖斯对总统忠心耿耿,与总统关系亲密,被视为总统的联系人与代言人。[3] 但由于赖斯资历较浅,她还是以起协调作用为主。相比之下,国务卿科林·鲍威尔(Colin Powell)则常常被忽视。赖斯继续在小布什的第二任期内担任国务卿,同样也发挥了重要的作用。可见,与总

---

[1] [美]戴维·罗特科普夫著,孙成昊等译:《操纵世界的手——美国国家委员会内幕》,北京:商务印书馆,2013年版,第458页。

[2] 夏立平:"美国国家安全委员会在美对外和对华政策中的作用",载《国际观察》,2002年第2期,第9—14页。

[3] [美]戴维·罗特科普夫著,孙成昊等译:《操纵世界的手——美国国家委员会内幕》,北京:商务印书馆,2013年版,第489页。

统的私人关系是国务卿或者国家安全事务助理可以发挥影响力的主要因素。综上，国务院发挥作用的关键因素是国务卿与总统的关系，而这种个人关系取决于总统的偏好、个人能力和职业背景。

与国家安全委员会相比，国务院在某些方面具有劣势。国务院的庞大系统难以在短时间内帮助总统进行危机管理与决策，以国家安全事务助理为核心的国家安全委员会则更为灵活有效。虽然国务院并非外交决策机构，根据美国宪法，外交权归总统和国会行使，但是国务院作为外交政策执行机构，依靠其专业性和政策执行中的自由裁量权具有对外交事务的影响力。国务院的规模随着美国的全球霸权逐渐建立，由十几人扩展到上万人，是一个以其专业性与全面性著称的现代化官僚体系。但由于国务院的下属机构设置臃肿、相互倾轧和研究方法问题，国务院与国会长期的不信任关系以及现代参与外交事务的主体多元化，国务院在现实中难以快速为决策提供各方意见，难以有效地协调各方和执行跨部门的政策，而国家安全委员会在这些方面具有优势。

三、职权功能与组织结构

（一）国家安全委员会的职权功能

美国国家安全委员会的法定职责是向总统提出有关国家安全的内政、外交和军事政策的综合意见，以便能够使这些军事机构和政府各部门在国家安全事务方面更有效地协调。国家安全委员会帮助总统为国家行政体系制定明确的指导，确保所有办公机构都能为了统一的目标而作为一个整体来开展行动；在紧急事态的处理中，国家安全委员会协助总统在不确定的时期保持领导层的影响力，权衡各种决策方案的利弊。国家安全事务助理是国家安全委员会的日常负责人与组织者，在国家安全委员会中发挥核心作用，他的职权功能集中体现了国家安全委员会的职权与功能。

1. 国家安全事务助理的职责

国家安全事务助理的职能主要体现在五大方面：参与日常和危机决策并提供专业咨询、协助总统进行宏观战略规划与设计、总统国家安全事务的议程设置、政策的协调与执行、总统代表。总统的信赖和国家安全事务助理本人的专业能力确保其实现这五大职能。

（1）决策咨询与参与者：国家安全事务助理是总统最主要的外交和国家安全政策顾问和主要的决策参与者，具体体现在：

第一，每天将各种议题、情报和信息经过汇总整理后提供给总统，如实反映各方的意见，并向总统提供可选择的方案和意见；

第二，协助总统进行危机管理和决策，向总统提供可选择的方案和意见。

（2）协助总统进行战略规划与设计：

第一，协助总统进行近、中、长期的战略规划，协助总统制定国家安全战略、进行宏观的战略和政策设计；为总统提供理念、观点和概念；

第二，领导预测研究，为总统准备行动备忘录和行动预案。

（3）议程设置：

第一，负责国家安全委员会的日常运作，组织各级会议的召开和政策研究工作，确定工作的重点和优先顺序；

第二，决定向总统提交的议题及优先顺序。

（4）政策协调与执行：

第一，负责落实国家安全委员会和总统的决策，特别是协调和监督跨部门决策的执行；

第二，有时成为政策的直接执行者。

（5）总统代表：

第一，代表总统进行外交活动和谈判，常常代表总统进行机密的外交访问和谈判，扮演总统特使的角色；

第二，对外发布和阐释总统的外交和国家安全政策，扮演总统发言人和辩护者的角色。

国家安全事务助理履行这些职责主要遵循两个原则。首先是要如实地传达各方的意见，做一个忠实的掮客和调停人（Honest broker）[1]。只有这样，各方才能信任国家安全事务助理在与总统单独见面时也会顾及其他部门的利益。国家安全委员会内部的信任会有助于一致意见的达成，而不是陷于部门利益的纷争中。在设立国家安全事务助理一职之前，国家安全委员会的执行秘书的主要职责就是客观传达各方观点给总统。国家安全事务助理替代执行秘书成为国家安全委员会的负责人之后，也必须承担这一职责，作为国家安全委员会协调各方立场的基础。

此外，国家安全事务助理必须根据自己所获得的多方渠道的信息以及专业知识作出自己的判断，向总统提供自己的意见，做政策形成的积极推动者（Policy advocate）[2]。这意味着国家安全事务助理在工作中不仅仅是一个被动地客观地反映各方观点的中介，他还必须辅佐总统做出理性的决策，阻止总统作出不明智的决定。国家安全事务助理必须与总统的个人关系十分坚固，才可能在关键时刻向

---

[1] Jordan A. Amos et al., *American National Security*, Maryland: Johns Hopkins University Press, 2011, pp. 225–226.

[2] Ibid.

总统进言，影响总统的最终决定。① 杰出的国家安全事务助理，如尼克松时期的基辛格、卡特时期的兹比格纽·布热津斯基（Zbigniew Brzezinski）以及乔治·H. W. 布什（George H. W. Bush）时期的布兰特·斯考克罗夫特（Brent Scowcroft），都是因为他们个人对于政策制定可以发挥重大的影响而成为当时的政治明星。

任何国家安全事务助理在履行职责时在这两项原则中有所平衡，既要保证让总统听到各方的意见，又要在必要的时候，推行自己认为的最有益的政策选项。

2. 协助总统制定国家安全战略

协助总统制定美国的国家安全战略是国家安全委员会的一项重要职能。国家安全事务助理不仅要为总统的日常决策和危机决策提供咨询，更要协助总统进行宏观的战略规划和政策设计，为总统制定大战略提供思想资源和政策方案。国家安全委员会超脱于行政机构和官僚体系，能够得到各方信息和意见的优势使得它更应超越短期的利益和关注，为总统提供宏观和长期的战略判断和战略谋划。协助总统制定《美国国家安全战略报告》是这一职能的重要方面。

根据1986年的《戈德华特—尼科尔斯国防部改组法》，② 总统每年必须向国会提交《美国国家安全战略报告》，阐述美国国家安全的重大关切，并对应对这些安全关切的政策和措施作出部署。《美国国

---

① Ivo Daalder and I. M. (Mac) Destler, "How National Security Advisers See Their Role," in Eugene R. Wittkopf and James M. McCormick, eds. , *The Domestic Sources of American Foreign Policy*, 5th edition, Rowman and Littlefield Publishers, 2007, pp. 185 – 197.

② "Goldwater-nichols department of defense reorganization act of 1986," October 1986, National Security Agency: http://www.nsa.gov/about/cryptologic_ heritage/60th/interactive_ timeline/Content/1980s/documents/19861001_ 1980_ Doc_ NDU.pdf, 登录时间：2013年11月15日。

家安全战略报告》成为每届总统安全战略、外交战略和军事战略的总方针，反映了历届美国政府对美国国家利益的认识，对安全威胁的判断和识别，主要的外交、军事、安全政策和地区政策，以及美国将采取的措施和可兹利用的手段，它既是美国自身的政策依据，也是其他国家判断美国政策走向的基本依据，备受世界瞩目。美国其他三大军事与安全的纲领性文件，即由国防部负责发布的《国防战略评估报告》和《四年防务评估报告》以及由参谋长联席会议主席负责发布的《国家军事战略报告》，都要以《美国国家安全战略报告》为依据或服务于该战略。国家安全委员会通过协助总统制定《美国国家安全战略报告》在宏观上把握美国国家安全战略的方向。这一大战略的思维和《美国国家安全战略报告》的制定也为其他国家所效仿。

3. 其他日常职能

国家安全委员会负责的事务范围广泛，涉及到与多个部门的工作联系和利益，包含了从设计到执行的各个环节。因此，国家安全委员会的办公人员的来源也十分广泛，包含现政府的雇员、前政府的雇员、大学或研究机构的专家学者等。他们有的是兼任，有的是全职雇员，有的只是顾问。虽然国家安全委员会内的人员很多来自政府相关行政部门，必然会带来自己部门的利益诉求，但是他们在国家安全委员会的主要职责还是提供好的政策分析和方案。如图1所示，国家安全事务助理与国家安全委员会办公人员参与了国家安全委员会日常运作的各个方面。图中的左侧是国家安全委员会所涉及部门之间的内部事务，包括行政事务、过程管理与质量控制、协调与监控、调解部门之间的职责分配、形势判断等。危机处理和政策设计主要是在副部长级会议（NSC/DC）上进行讨论和解决。政策宣传、公众传播、国会联络和政治监督则是通过国家安全委员会的各层级会议探讨决定之后,与相关的行政机构一起负责。在最右侧,国家安全事务助理和国家安全委员会办公人员也会参与部分外交行动和政策执行。最著名的莫过于尼克松时期的国家安全事务助理基辛格对于中国的秘密访问。

行政事务　过程管理　质量控制　协调与监控　调解　判断　危机处理　政策设计　政策宣传　公众传播　国会联络　政治监督　外交行动　执行

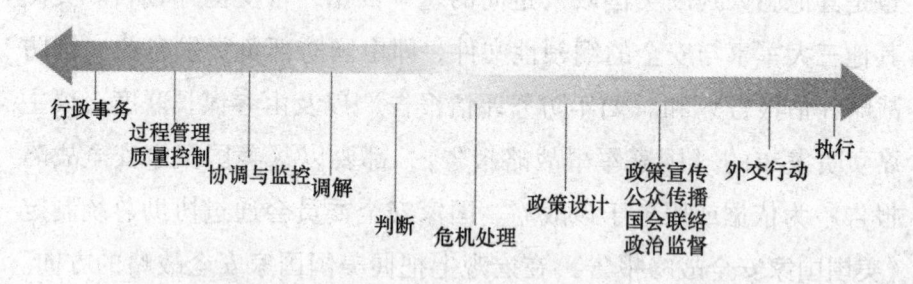

图1　国家安全事务助理与国家安全委员会办公人员的角色

资料来源:笔者根据以下资料改编制作:Jordan A. Amos et al., *American National Security*, Maryland: Johns Hopkins University Press, 2011, pp. 225-226.

(二)国家安全委员会组织结构及其特点

在组织结构上,国家安全委员会是等级式的:底层设置一系列的跨部门决策委员会(NSC/IPC)来跟进地区事务的政策研究或重要问题的研究;副部长级别的委员会(NSC/DC)审核跨部门决策委员会的报告,提出建议和方案,也会处理有关政策协调与执行的事宜;部长级会议(NSC/PC)则是由各部部长参与的高级会议,审议副部长委员会的报告,作出决定,提交给总统。跨部门决策委员会作为国家安全委员会系统内政策初步分析的最底层,既负责相关的政策和事实研究,为副部长和部长级别的会议提供报告,也负责监督相关的政策实施,进行部门之间的协调。国家安全委员会下的附属机构负责人是由相关部门的部长或副部长任命,或者由国家安全事务助理任命。

我们通过最近两任美国总统国家安全委员会的机构设置来具体地认识国家安全委员会的结构特点。

1. 小布什政府时期的国家安全委员会

老布什政府和克林顿政府的国家安全委员会都以运转平滑、积极有效而著称。在这两届政府的国家安全委员会中，总统、政府高级官员、高级顾问之间都相互信任。除却紧密政治联系之外，国家安全委员会的成员之间也存在着不错的私交。这为国家安全委员会的良好运转打下了基础。在这两届政府中任职的重要官员和成长起来的副部长级别的官员也在小布什的政府中任职。他们之间的多年的同僚关系有益于小布什政府时期的国家安全委员会的磋商和内部协调。但是，事实上，小布什总统个人十分偏好符合自己要求的意见，并且有意排除一些持有不同意见的官员。这导致国家安全委员会内部存在着竞争和相互倾轧。

小布什政府时期的国家安全委员会的机构设置如图2所示。就机构设置而言，小布什政府时期的国家安全委员会注重多个机构之间的有效沟通和协调，反映了美国当时面临的反恐的现实问题，也表现出小布什个人单边主义的倾向。该时期国家安全委员会的设置有以下三个具体特征：

（1）机构设置与政策重点相一致

第一，地区事务研究是制定外交政策的基础，地区事务代表可以统筹相关政策研究。由于地区事务研究是国务院的强项，因此，地区事务委员会是由国务卿指派相关负责人。

第二，伊拉克与阿富汗代表的设立，反映了小布什时期面对伊阿地区的现实问题，需要设立相应机制应对。

第三，世界民主战略代表的设立体现出小布什政府时期对于推广民主这一议题的关切，这与小布什时期单边主义推进民主的行动也是吻合的。

第四，继克林顿政府之后，小布什政府同样强调经济与贸易问题在外交与安全政策中的重要作用，国家经济委员会与国家安全委员会之间设置了沟通的渠道。

为了使得整个国家安全委员会系统的良好运作并在长期维持政策的延续性，小布什政府时期也设立了专门负责战略规划、监督政策执行、研究机构改革的机构。

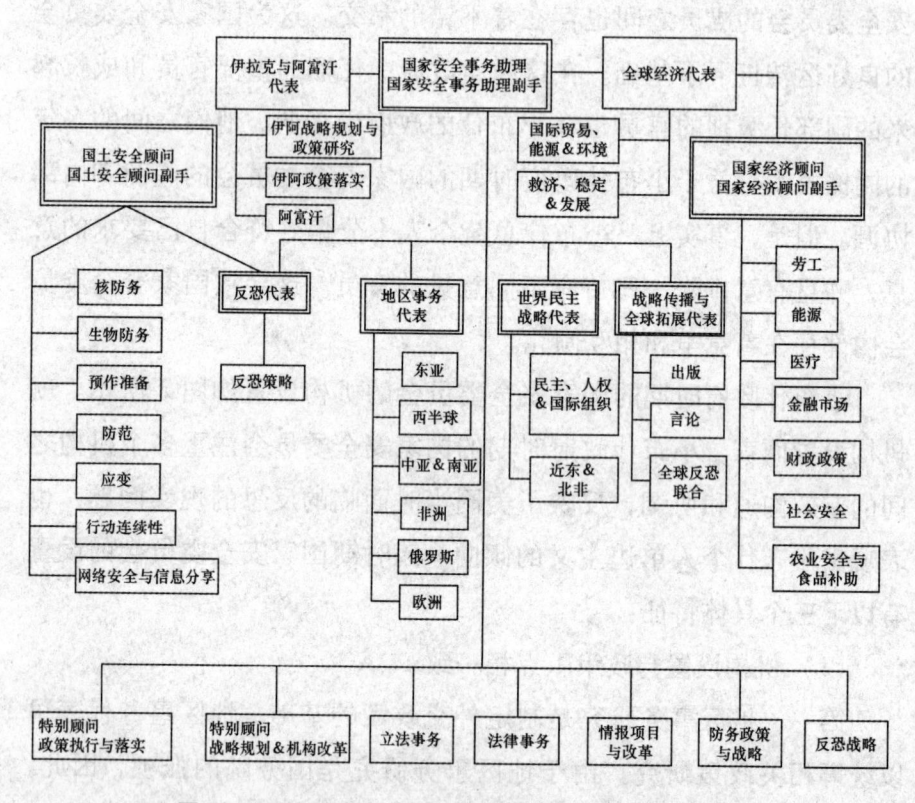

图2　2008年小布什政府的国家安全委员会组织结构图

资料来源：美国布鲁金斯学会的国家安全委员会研究专题"National Security Council Structure and Organization (National Security Council Project)," 2008, The Brookings Institution：http：//www.brookings.edu/about/projects/archive/nsc/structure，登录时间：2013年11月15日。

第一章 美国国家安全委员会

(2) 设立相关机构以长期应对反恐问题

"9·11"事件之后,根据2001年10月总统行政命令(Executive Order 13228),国土安全委员会成立;根据2002年国会批准的《国土安全法》,美国成立了国土安全部。这些机构与国家安全委员会之间的合作联系,以及反恐代表的设立,说明了这一时期的国内反恐与国际反恐的政策统筹与信息共享。但是这一时期,国土安全委员会与国家安全委员会的分立还是较为明显,国土安全委员会下有自己的附属机构。

(3) 沟通其他协调机构的制度安排和人员设置

在机构设置上,为了与其他协调机构进行有效的沟通,国家安全委员会设置了相关的专门的跨部门政策委员会,并且在人员安排上有所设计。[①] 如图3所示,为了与国土安全委员会进行沟通,国家安全委员会下设了反恐问题的跨部门政策委员会,其负责人既向国家安全事务助理报告,又向国土安全顾问报告。该负责人的职位是国家安全事务助理副手(Deputy National Security Advisor, DNSA),属于国家安全委员会中级别较高的负责人。为了与国家经济委员会进行有效沟通,国家安全委员会设置了国际经济事务的跨部门政策委员会,其负责人职位也是国家安全事务助理副手,还同时兼任国家经济委员会主任副手。通过设置专门的委员会来负责重叠业务,人员设置上双重领导和兼任重要职位的方法,国家安全委员会与其他领域的协调机构之间可以更加有效地传达重要讯息,避免重要决策出现失误。

[①] Jordan A. Amos et al., *American National Security*, Maryland: Johns Hopkins University Press, 2011, p. 219.

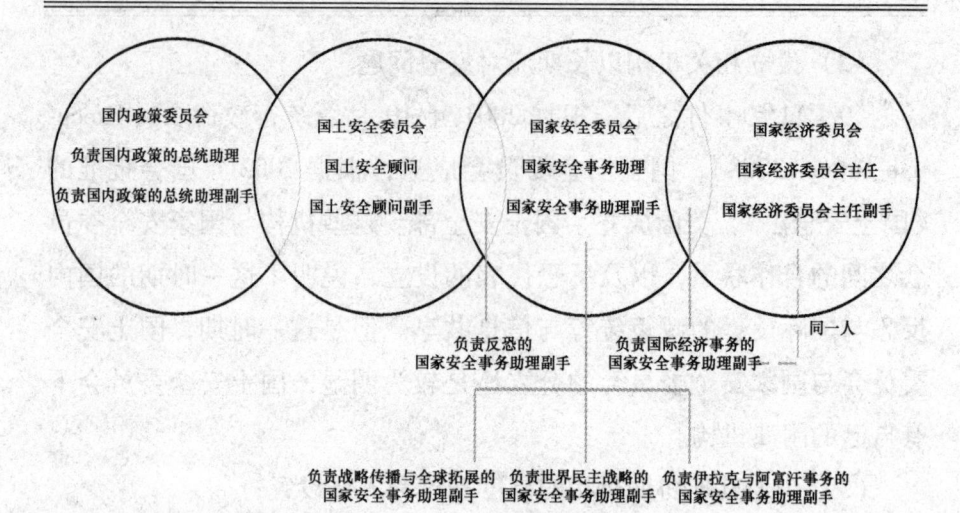

图 3　小布什政府白宫各政策协调委员会之间的协调

资料来源：笔者根据以下资料整理制作：Jordan A. Amos et al., *American National Security*, Maryland: Johns Hopkins University Press, 2011, p. 219.

2. 奥巴马政府时期的国家安全委员会

（1）基本延续小布什时期的跨部门政策委员会设置

虽然奥巴马的第一号总统行政指令（PPD1）中没有列出跨部门小组的设置，但是我们可以估测依然是分为三个部分：第一部分是保持对地区事务的持续关注，保证决策是建立在长期连续的调查与分析之上；第二部分是研究对美国的国家安全有重要意义的议题，譬如反恐与大规模杀伤性武器；第三部分是功能性的机构和长期性的战略研究机构。奥巴马政府的执行秘书统领下的白宫情况室（White House Situation Room）中就有约70名支持性人员，占到整个国家安全委员会系统下工作人员的一半左右。而法律咨询和立法事务咨询都是为了保证总统通过国家安全委员会系统制定的政策不会违背美国的法律。组织结构图并不能反映实际决策中的真实意见来源。事实上，如有需要，国家安全委员会成员可以依靠前国家安全委员会成员网络和现办公人员以外的政策专家。图4是学者在布什政府时期的跨机构委员会设置基础上整理的奥巴马时期的国家安全办公人员组成与来源的结构图。

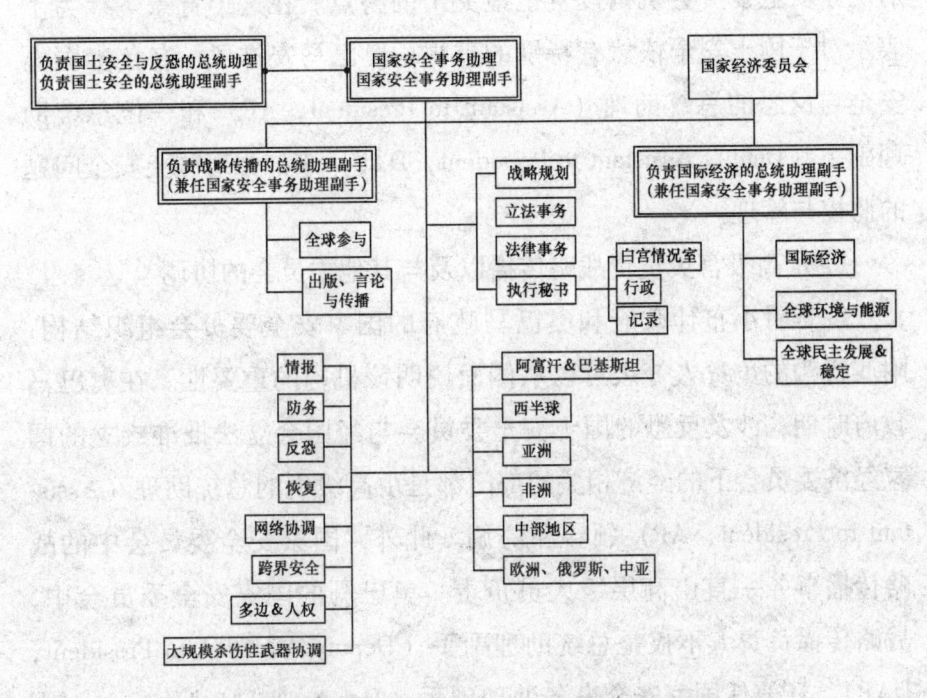

图4 奥巴马政府的国家安全委员会组织结构图

资料来源：笔者根据以下资料整理制作：Alan G. Whittaker et al., *The National Security Policy Process: The National Security Council and Interagency System*, Washington, D. C.: Industrial College of the Armed Forces, National Defense University, U. S. Department of Defense, 2011, p. 69。

（2）强调国土安全与国家安全的战略整合

奥巴马政府总体上延续了小布什政府时期的国家安全委员会机构设置。奥巴马总统更为强调国家安全委员会和国土安全委员会（Homeland Security Council，HSC）的办公人员要一体化，以便对于国内与国际的安全问题统筹管理。国土安全和国家安全要由一个国家安全办公室（National Security Staff，NSS）来统筹负责。也就是说，在奥巴马时期，国土安全委员会与国家安全委员会的相嵌入程度进一步加深了,奥巴马希望由同一个班子的人员来整合资源,进行协调,避免信息的传递不利,从而提高工作效率。这是奥巴马政府国家安全委员会机构设置上最突出的特点。在这个背景下,为了表示对于国土安全依然有特别的重视,奥巴马安排了一名负责国土安全与反恐的总统助理(Assistant to President, AP)和一位总统助理副手(Deputy Assistant to President, DAP)来加强对国土安全问题的监控与管理。

(3) 高级官员负责战略传播以及与其他委员会的协调

综合看小布什政府和奥巴马政府的国家安全委员会组织结构,附属机构的负责人等级可以从侧面说明该机构的重要性。在奥巴马政府时期,涉及反恐的国土安全委员会与经国会立法批准成立的国家经济委员会下的经济相关的部门都是由高级别的总统助理(Assistant to President, AP)领导和协调。此外,国家安全委员会中的战略传播事务一直由高层级人员负责。奥巴马的国家安全委员会中,战略传播负责人不仅是总统助理副手(Deputy Assistant to President, DAP),还兼任国家安全事务助理副手(Deputy National Security Advisor, DNSA)。可见,美国总统对在全球有效传播和宣传美国价值观和实力的重视程度。

四、运作程序与议事规则

由于总统的需要和国家安全事务助理的能力不同,国家安全委员会的运作程序与议事规则经历了一系列的变化。艾森豪威尔将国家安全委员会变为一个庞杂的行政官僚系统,降低了决策的效率。因此,继任的肯尼迪和约翰逊大大简化了国家安全委员会的机构设置，通过非正式机制与重要幕僚和官员商讨。尼克松政府时期，国家安全事务助理基辛格权力巨大，国家安全委员会成为独立制定政策的机构，设置了一系列地区和事务性的下属机构，发布《国家安全研究备忘录》（NSSM）和《国家安全决策备忘录》（NSDM），该系列文件中每一个研究项目的课题和条件都是由国家安全委员会提出来的，由一个高级部际小组（SIG）予以监督指导，国务院的一位代表任该小组主席。① 基辛格还建立了审查重大政策执行情况、国家情报产品质量和国防资源分配情况的委员会。国家安全委员会成员可以参加秘密外交行动。其他行政部门受到很大制约。

为了避免秘密外交的出现，继任者福特、卡特和里根大幅精简国家安全委员会的机构和人员，仅保留国家安全委员会的协调作用，国家安全事务助理的责任被分散到国务卿、国防部长、中央情报局局长和副总统身上。② 里根政府的国家安全委员会仅有 4 个主要委员会，分别负责情报、防务、传统对外政策和危机处理。③ 直到老布什政府，国家安全委员会的职能才又得以恢复，建立了相对稳定的运作程序。

（一）斯考克罗夫特模式

奥巴马政府和小布什政府时期，国家安全委员会的运作程序与议事规则主要基于老布什总统时期的国家安全事务助理斯考克罗夫

---

① 夏立平：“美国国家安全委员会在美对外和对华政策中的作用”，载《国际观察》，2002 年第 2 期，第 9—14 页。

② 田志立：“美国国家安全委员会的演变”，载《世界知识》，1999 年第 15 期，第 12 页。

③ 夏立平：“美国国家安全委员会在美对外和对华政策中的作用”，载《国际观察》，2002 年第 2 期，第 9—14 页。

特设计的便于集中信息的等级式模型。斯考克罗夫特总结了里根政府的国家安全事务助理弗兰克·卡卢奇（Frank Carlucci）的机构设置经验，在国家安全委员会的底层设置一系列的跨部门决策委员会，每个委员会针对一个特定重要问题或一个特定地区，提交相关报告，监督、协调与执行相关的日常政策。副部长级别的委员会要更高一级，即各部的副部长审核跨部门决策委员会的报告，提出建议和方案，也会处理有关政策协调与执行的事宜。部长级会议则是由各部部长参与的高级会议，审议副部长委员会的报告，作出决定，提交给总统。[1] 最终在金字塔的顶端，总统会基于部长委员会的建议，与核心幕僚进行非正式讨论，最终作出决策决定。[2]

斯考克罗夫特模式的产生是由于国家安全委员会本身的目的就是为了帮助总统更有效地作出决策。整个国家安全委员会的设置都是以总统为中心的，且总统的个人性格、领导风格与偏好都会直接影响到国家安全委员会发挥作用的程度与国家安全政策制定流程。自老布什政府之后，国家安全委员会的设置都是基于斯考克罗夫特模式，但是并非每届政府都使该模式发挥了最大作用。虽然老布什政府是斯考克罗夫特模式良好运作的典型，但在小布什政府却运作不利。由于小布什政府内行政部门缺乏对于总体政策目标的一致认识，以及小布什个人是个积极的行动派。循规蹈矩、按照流程办事的斯考克罗夫特模式并不适用于爱好冒险的小布什的执政风格。[3]

就奥巴马政府而言，设置上依然沿袭了斯考克罗夫特模式。如

---

[1] 周琪主编：《美国外交决策过程》，北京：中国社会科学出版社，2011年版，第70—102页。

[2] John P. Burke, *Honest Broker?: the National Security Advisor and Presidential Decision Making*, TX: A&M University Press, 2009, p. 169.

[3] Ivo H. Daalder and Irving M. Destler, *In the Shadow of the Oval Office: Profiles of the National Security Advisers and the Presidents They Served-From JFK to George W. Bush*, New York: Simon and Schuster, 2009, p. 261.

第一章 美国国家安全委员会

图5所示,奥巴马任内国家安全委员会的议事与决策流程可简单概括为:国家安全办公机构收集整理各方意见并汇总后,先在副部长级别进行讨论,然后由国家安全事务助理把关,与部长级的核心国家安全委员会成员充分讨论,最后将结论报给总统。总统视情况签署相关文件,联邦政府各机构根据文件组织贯彻执行,国家安全委员会办公机构会协助统筹和监督实施。

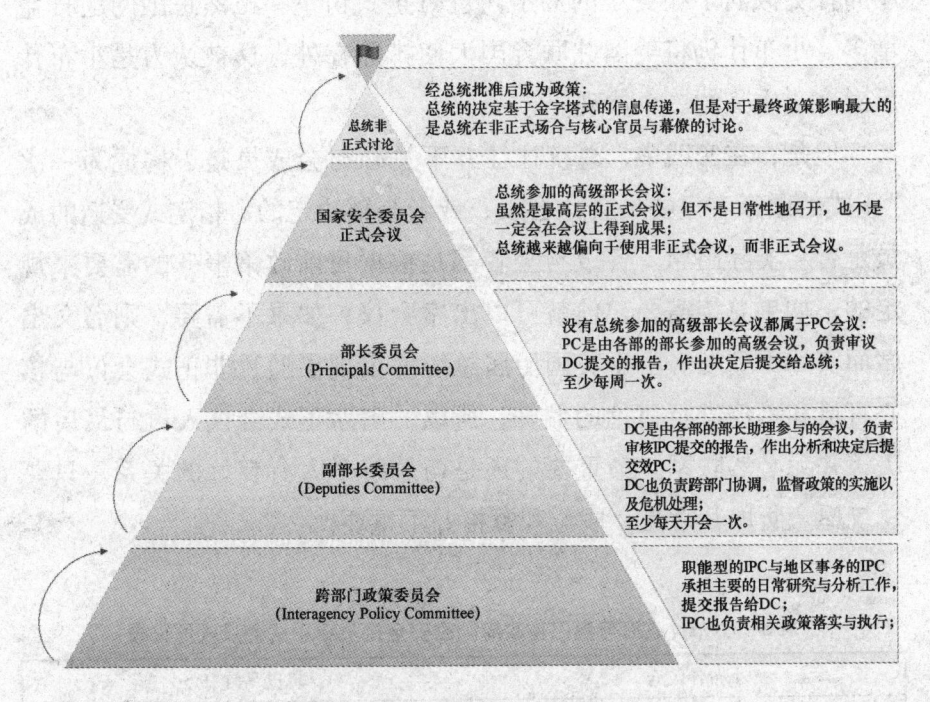

总统非正式讨论
经总统批准后成为政策:
总统的决定基于金字塔式的信息传递,但是对于最终政策影响最大的是总统在非正式场合与核心官员与幕僚的讨论。

国家安全委员会正式会议
总统参加的高级部长会议:
虽然是最高层的正式会议,但不是日常性地召开,也不是一定会在会议上得到成果;
总统越来越偏向于使用非正式会议,而非正式会议。

部长委员会(Principals Committee)
没有总统参加的高级部长会议都属于PC会议:
PC是由各部的部长参加的高级会议,负责审议DC提交的报告,作出决定后提交给总统;
至少每周一次。

副部长委员会(Deputies Committee)
DC是由各部的部长助理参与的会议,负责审核IPC提交的报告,作出分析和决定后提交给PC;
DC也负责跨部门协调,监督政策的实施以及危机处理;
至少每天开会一次。

跨部门政策委员会(Interagency Policy Committee)
职能型的IPC与地区事务的IPC承担主要的日常研究与分析工作,提交报告给DC;
IPC也负责相关政策落实与执行;

图5 奥巴马政府的国家安全委员会议事结构
(基于斯考克罗夫特模型的设置)

资料来源:笔者根据以下资料整理制作:Alan G. Whittaker et al., *The National Security Policy Process: The National Security Council and Interagency System*, Washington, D. C.: Industrial College of the Armed Forces, National Defense University, U. S. Department of Defense, 2011, pp. 29 – 42。

（二）国家安全委员会正式会议

根据小布什政府与奥巴马政府的总统令，参加国家安全委员会的成员有所不同（见表3）。

很明显，奥巴马倾向于让更多的高级官僚与顾问参与会议，而小布什更倾向于在更小的圈子内进行正式讨论。虽然跨国问题日益增多，小布什仍将美国驻联合国大使排除在外，这被认为是小布什反对多边主义的一个体现。[①]

但是，在实践中，总统往往并不关心与会成员是否构成为一次"正式的国家安全委员会"会议，或者全部法定的、指定或受邀的成员是否会实际出席。各级与会者都是根据目前政策事务的需要来规定的。如果总统需要，他就可以出席会议；如果不需要，则名义出席而实际不到场。由于美国历届总统都表现出通过非正式会议与核心官员和幕僚进行讨论的偏好，所以，出席正式会议人员与最后的决策并无必然联系。最重要的还是与总统个人有良好的关系。只要总统愿意听取其意见，职位和资格并不重要。

表3 小布什政府与奥巴马政府国家安全委员会正式会议成员比较

小布什政府		奥巴马政府		
常规出席（法定与非法定）	总统	法定成员	总统	能源部长
	副总统		副总统	国防部长
	国家安全事务助理		国务卿	
	国务卿	非法定常规成员	总统幕僚长	总检察长
	国防部长		国家安全事务助理	国土安全部部长
	财政部长		美国驻联合国大使	

[①] [美]戴维·罗特科普夫著，孙成昊等译：《操纵世界的手——美国国家委员会内幕》，北京：商务印书馆，2013年版，第453页。

续表

小布什政府		奥巴马政府	
法定顾问	中情局长	法定顾问	国家情报总监
	总统幕僚长		参谋长联席会议主席
	负责经济政策的总统助理	受邀出席（每一次会议）	总统顾问
	参谋长联席会议主席	秘书（每一次会议）	总统助理兼任国家安全事务助理副手
会议议程顾问	总统顾问	相关问题受邀出席	商务部长、美国贸易顾问、负责经济政策的总统助理、美国经济委员会顾问主席（经济问题）；负责国土安全与反恐的总统助理（反恐问题）；科学技术政策办公室主任（科技问题）
重要问题受邀出席	总检察长		
	白宫管理预算办公室主任		
按照需要，可邀请各部的部长或高级官员参加。			

资料来源：笔者根据美国官方总统令整理制作："Presidential Directives and Executive Orders," October 2013, Federation of American Scientists：http://www.fas.org/irp/offdocs/direct.htm，登录时间：2013年11月15日。

（三）国家安全委员会部长级委员会（NSC/PC）

部长级委员会会议的频率主要受事态的驱动。它经常是每周召开一次或两次，对有关紧迫问题的政策进行审议，但可以根据情况增加或减小频率。

部长级委员会作为总统的高级政策审查和协调小组而存在。部长级委员会的使命是尽可能确保提交给总统的方针决策反映部门和机构内部达成的共识。如果流程按照预期的方式工作，那么总统就不需要把时间花在未经协调的政策建议上，而是专注于高层次的问题，以及部门和机构无法达成共识的那些问题。①

部长级委员会由国家安全事务助理主持，除了国家安全事务助理，部长级委员会的其他主要成员包括国务卿、国防部长、财政部长、国土安全部长、能源部长、司法部长、管理和预算办公室主任、美国驻联合国代表、总统办公室主任、国家情报总监和参谋长联席会议主席。

奥巴马政府部长级委员会定期（通常至少每周）讨论当前和发展中的国家安全议题，审查和协调下属跨部门组织和受影响部门与机构制定的政策建议，给予执行指导或后续分析。当会议涉及到副总统的利益或职责时，他要参加部长级委员会会议。当讨论的议题涉及到其他主要行政部门官员的职责领域时，他们可能会被邀请参加部长级委员会会议。

（四）国家安全委员会副部长级委员会（NSC/DC）

部长级委员会的下属机构是副部长级委员会。作为高级次内阁跨部门会议，副部长级委员会负责指导跨部门工作小组的工作，并确保把问题交到部长级委员会或国家安全委员会之前已得到适当的分析和准备，供高层审议。副部长级委员会由部门副职、相关内阁部的副部长等组成。副部长级委员会由总统助理和国家安全事务助理副手主持工作，或是总统的国土安全和反恐助理主持。像部长级委员会一样，当适当的实质性问题列入议程时，其他高级行政部门官员可能参与副部长级委员会的会议。

副部长级委员会负责绝大部分的政府政策准备工作，供部长级

---

① Alan G. Whittaker et al., *The National Security Policy Process*: *The National Security Council and Interagency System*, Washington, D. C. : Industrial College of the Armed Forces, National Defense University, U. S. Department of Defense, 2011, pp. 29 – 42.

委员会审议和总统决定。在副部长级委员会以上层面决定的问题要么是最敏感的国家安全决定，要么是在跨部门内部非常有争议的问题，或两者兼而有之。在某些情况下（例如危机情况下），跨部门政策的制定和协调的重要部分可能在副部长级委员会一级完成，而不是更低的级别上。

奥巴马政府的第一号总统政策指令 PPD1《国家安全委员会系统的组织结构》明确指出，副部长级委员会的这项职责就是"国家安全委员会/副部长级委员会应负责每天的危机管理"。因此，副部长级委员会的会面非常频繁——通常每天会面，有时一天有好几次。[①]

（五）跨部门政策委员会（NSC/IPC）

副部长级委员会的下属机构包括各种跨部门工作小组，称为跨部门政策委员会。这些跨部门委员会是由各部门和机构的专家和高级官员组成，作为副部长级委员会的代表。尽管受到部长级委员会和副部长级委员会工作组对政策事务控制的限制，但多数时候，跨部门政策委员会之类的委员会是跨部门协调的主要机构。这些工作小组开展日常的跨部门分析、生成行动方案、制定政策、进行协调、确定资源，以及监督规划政策的落实等。有时，具体事件可能会影响这个传统的角色，特别是危机情况或其他高层次国家安全发展问题受到部长级委员会或国家安全委员会高度重视时。

不同跨部门政策委员会根据职责不同，有的定期召开会议（每周，在危机情况中甚至每天几次），有的只是在制定或规划需要政策同步时才召开会议。当议题涉及到多个政府机构，还要负责管理国

---

① Alan G. Whittaker et al., *The National Security Policy Process: The National Security Council and Interagency System*, Washington, D. C.: Industrial College of the Armed Forces, National Defense University, U. S. Department of Defense, 2011, pp. 29–42.

家安全政策的制定和实施。跨部门政策委员会提供对政策的分析，供国家安全委员会中的更多高级委员会考虑，并确保及时响应由总统作出的决定。在政策制定和执行中，每个跨部门政策委员会的作用会根据副部长级委员会和部长级委员会赋予的权力和职责数量情况而定，每届政府都不尽相同。在奥巴马政府中，跨部门政策委员会要尽可能找到共识，然后把初步共识和备选方案提交给副部长级委员会。这些跨部门政策委员会可以围绕地区性事务或职能性事务进行组建。

跨部门政策委员会在解决政策议题时，通常采取五步流程：一是界定问题，是否需要额外的信息和情报需求。二是发布职权范围，阐明跨部门完成工作的流程。三是明确表述政策目标、评估选项并制定美国政策的全面战略。四是确认政策工具和战略组成（包括方法和手段）以实现预期的政策目标。在有关机构之间明确阐明行动规划并进行协调。五是草拟综合政策选项文件。①

（六）DC/PC 文件流转

转交部长级委员会（NSC/PC）讨论的事项通常包含了一些经过副部长委员会（NSC/DC）与跨部门政策委员会（NSC/IPC）讨论过的达成共识的政策选项以及副部长委员会（NSC/DC）与跨部门政策委员会（NSC/IPC）未能达成共识的事项。总之，副部长委员会（NSC/DC）负责审议跨部门政策委员会（NSC/IPC）提交的政策选项与建议，然后再转呈给部长级委员会（NSC/PC）。

然而，除了通过面谈和安全加密的视频电话会议来讨论政策问

---

① Alan G. Whittaker et al., *The National Security Policy Process: The National Security Council and Interagency System*, Washington, D. C.: Industrial College of the Armed Forces, National Defense University, U. S. Department of Defense, 2011, pp. 29–42.

题之外，部长级委员会（NSC/PC）和副部长委员会（NSC/DC）还另有一套机制叫作"PC 文件"或"DC 文件"流转。当政策决定或行为要在短期内作出而时间上又不允许副部长委员会（NSC/DC）或部长级委员会（NSC/PC）成员在一起开会讨论的时候，或者当问题无需通过面谈和视频电话会议即可解决的时候，国家安全事务助理可以在部长级委员会（NSC/PC）或副部长委员会（NSC/DC）成员中流转一份成文的草拟政策，让成员去审阅和裁定，并很快交回。由于只有最重要的问题会在部长级委员会（NSC/PC）级别讨论，副部长委员会（NSC/DC）会审阅更广范围的政治问题，"DC 文件"流转的频率远高于"PC 文件"。[1]

五、案例

由于正在执政的奥巴马政府的高级决策过程缺乏足够的一手资料，本案例部分选取了詹姆斯·费芙纳（James P. Pfiffner）教授于 2011 年发表在《Presidential Studies Quarterly》上的《Decision Making in the Obama White House》[2] 一文中关于升级阿富汗战争的决策案例进行介绍。费芙纳教授在文章中分析了奥巴马政府的三个决策案例：经济政策、恐怖分子的审判法庭问题以及升级阿富汗战争。升级阿富汗战争是涉及外交和安全事务的重要决策，奥巴马主要通

---

[1] Alan G. Whittaker et al., *The National Security Policy Process: The National Security Council and Interagency System*, Washington, D.C.: Industrial College of the Armed Forces, National Defense University, U.S. Department of Defense, 2011, pp. 29–42.

[2] James P. Pfiffner, "Decision Making in the Obama White House," *Presidential Studies Quarterly*, Vol. 41, No. 2, 2011, pp. 244–262.

过国家安全委员会多轮磋商做出决定。通过该案例,我们可以对现任总统奥巴马在国家安全委员会的平台上如何决策有一个具体的认识。

决定升级阿富汗战争的决策是奥巴马在较短时间内的最高级决策。由于没有解密材料,难以看出国家安全委员会的低层级会议为讨论准备的材料和报告发挥了怎样的作用,因此对决策过程的考察只能落脚在奥巴马与国家安全委员会的核心成员之间的意见交换和博弈上。在两个月的决策过程中,总统通过一系列正式会议与军事指挥官、国家安全委员会高级幕僚、政府高级官员交换意见,反复研究最终方案,甚至对最终决策的细节做了严格的规定,以至于被诟病决策时间过长,太过琐碎。但是,从中可以看出奥巴马对于国家安全委员会内的多方协调平台的合理运用,以及总统个人意见在决策中的重要作用。军方在这一主要涉及军事的问题上对决策有极大的影响力,奥巴马最终的决策是在军方提案的基础上作出的一个较为中庸、温和的折中妥协方案。

(一)决策过程

2009年3月,奥巴马同意了军方申请增派2.1万名美军到阿富汗的请求,驻阿美军人数上升到了6.8万名。2009年9月,奥巴马任命斯坦利·麦克里斯特尔将军(Stanley McChrystal)为新任美国驻阿富汗部队最高指挥官,他向奥巴马递交了增兵的正式请求,方案有增派4万、3万或1万美军。我们可以通过表4来了解各方对增兵的意见:

表4 奥巴马政府阿富汗增兵决策中各方意见

职务	姓名	观点	（总统）采纳情况
总统	奥巴马	较为中立，对于增加驻阿美军持怀疑态度	坚持其观点，同时参考多方意见
美国驻阿富汗部队最高指挥官	麦克里斯特尔将军	必须增加驻阿美军以减少塔利班、叛乱势力与现阿富汗政府对美国的威胁；培养当地政府军	无法忽视军方意见，整体方向上听取了其观点
美国驻阿富汗大使	卡尔·W. 艾肯伯里（Kar W. Eikenberry）	现阿富汗政府不可信任，无意愿承担武装力量的责任；美军应避免深陷阿富汗	不同意减少在阿富汗的军事存在
国防部长	盖茨	强烈推荐增加4万驻阿美军	谨慎怀疑，期待可以提供更多的备选方案
国务卿	希拉里·克林顿（Hillary Clinton）		
参谋长联席会议主席	迈克尔·穆伦（Michael Mullen）		
副总统	乔·拜登（Joe Biden）	怀疑美军可以在阿富汗彻底打败塔利班的能力，倾向于在世界各地对基地组织进行打击，而非在阿富汗建立当地人支持的政府	非常感兴趣，鼓励其扩展为具体方案，最终采纳
国家安全事务助理	詹姆斯·L. 琼斯（James L. Jones）		
国家安全事务助理副手	托马斯·E. 多尼隆（Thomas E. Donilan）		
反恐代表	约翰·布伦南（John Brennan）	对于大规模增加驻阿美军持怀疑态度	基本赞同
白宫幕僚长	拉姆·伊曼纽尔（Rahm Emanuel）		
战略传播代表	丹尼斯·麦克多诺（Dennis McDonough）		

资料来源：笔者根据以下资料整理制作：James P. Pfiffner, "Decision Making in the Obama White House," *Presidential Studies Quarterly*, Vol. 41, No. 2, 2011, pp. 244–262.

在整个决策过程中，奥巴马一共作出了三个重要的阶段性决定：（1）不降级战争；（2）根本策略由击败塔利班变为减少塔利班威胁；（3）2010年初增派3万美军，年底由国家安全委员会进行评估，2011年7月逐步撤军。

1. 第一阶段（决策时间约30天）：截止2009年9月底，第一个决定

奥巴马在收到麦克里斯特尔的增兵请求后，召开了一系列的正式会议来决定美国在阿富汗军事部署的走向。由于麦克里斯特尔公开表示美国不应该只在阿富汗进行有限的活动，如果奥巴马反对扩大在阿富汗的军事投入，就会被指责忽略军事司令官的意见。而与麦克里斯特尔不同，美国驻阿富汗大使艾肯伯里向国防部发了数封电报表达他对增派美军可以解决阿富汗问题的怀疑。他认为阿富汗政府整体并没表现出承担安全责任的能力与意愿，增兵不仅不能达到美国的战略目标，反而会使美国在阿富汗越陷越深。此时，副总统拜登已经表示怀疑美军可以在阿富汗彻底打败塔利班的能力，倾向于在世界各地对"基地"组织进行打击，而非在阿富汗建立当地人支持的政府。

可见，驻阿富汗大使与军事司令官虽然指出了在阿富汗面临的同样问题，但是却得出了完全相反的政策建议。虽然艾肯伯里大使极力反对，但是可能是由于麦克科里斯托的舆论影响，最终奥巴马决定目前不会考虑减少美国在阿富汗的义务。但是此时奥巴马并未决定是否增兵以及增加多少。

2. 第二阶段（决策时间约10天）：截止2009年10月9日，第二个决定

既然总统决定美军暂时不会离开阿富汗，奥巴马的顾问和高级官员接下来开始投身于关于下一步行动的的决策过程。

军方、国防部长与国务卿都坚定地支持大幅增派4万名美军。

然而，奥巴马认为大量美军进入阿富汗会影响全面"反叛乱"战略的实施，而且花费太大，难以收场。同时奥巴马鼓励拜登在小组讨论中扮演一个高调的反对者角色。事实上，国家安全事务助理、国家安全事务助理副手、反恐代表、白宫幕僚长和战略传播代表都对大规模增兵持怀疑态度。

在10月9日的正式会议上，奥巴马采取了副总统拜登的意见将战略目标由击败塔利班变为减少塔利班威胁。

即使作出了决定，军方的态度也让奥巴马十分不满意。他们始终坚持增派4万美军的方案。奥巴马曾不满地说，"你们给了我四个方案，两个完全不切实际，一个和4万人的方案差不多。其实你们就只给了我一个选择。"[①] 从中可以看出，虽然奥巴马支持各抒己见，但是当他做了最后的决定后，他要求各方认可，不允许内部的分化。

3. 第三阶段（决策时间约40天）：截止2009年11月29日，第三个决定

10月底奥巴马已经决定增兵，但是对于具体数量还不确定。11月11日，奥巴马提出他需要的是军力的快速有力投放以及明确的撤回时间。但国防部长不同意明确撤军时间。最终，奥巴马决定明确地向军方传达他的指令，快速投放3万美军，数量上要"严格遵守"，国家安全委员会将于2010年12月对局势进行评估，2011年7月开始撤军。驻阿富汗美军中央司令部的长官大卫·佩特瑞斯（David Petraeus）将军评论认为，奥巴马太过钻研政策中细节，美国历

---

① Bob Woodward, *Obama's War* (New York: Simon and Schuster, 2010, p. 278), quote from James P. Pfiffner, "Decision Making in the Obama White House", *Presidential Studies Quarterly*, Vol. 41, No. 2, 2011, p. 258.

史上还没有一个总统会下达五页纸单倍行距的命令。[1]

(二) 奥巴马政府在案例中决策的特征

首先，奥巴马的决策方式与小布什有明显的不同，更倾向于在综合各方意见后作出决策。小布什在重要的战争决策上倾向于秘密决策，自上而下的控制，严格控制信息，忽视专业人员的意见，以及将意见不合的老资历行政机构的专家排除在决策之外。奥巴马在决策中广泛听取各方面意见，仔细检验各种政策选项的可能后果，判断这些政策是否对中长期目标有利。但奥巴马最后会作出自己的决定，在升级战争问题上，他明确地反对军事顾问提供的选择，最终推行了自己的方案。其次，奥巴马对细节极度重视。他采用了备忘录的形式来明确限定和说明阿富汗战争升级问题的决定的具体细节。但奥巴马对各个方案的推敲过广过细，前副总统切尼就批评他举棋不定，过于优柔寡断。[2] 最后，奥巴马显然偏向于中庸，反对削减美军在阿富汗的军事存在，但是又不给军方他们想要的军队数量。

由于奥巴马在升级阿富汗的问题上偏向于国家安全事务助理副手多尼隆的意见，国家安全事务助理琼斯感到自己并没受到预期的重视，和总统没有足够的沟通。[3] 琼斯在国防部和白宫的文官的沟通之中帮助解释各方的顾虑，起到了很大的协调作用。奥巴马对于多尼隆

---

[1] Bob Woodward, *Obama's War* (New York: Simon and Schuster, 2010, p. 327), quote from James P. Pfiffner, "Decision Making in the Obama White House", *Presidential Studies Quarterly*, Vol. 41, No. 2, 2011, p. 259.

[2] James P. Pfiffner, "Decision Making in the Obama White House", *Presidential Studies Quarterly*, Vol. 41, No. 2, 2011, p. 256.

[3] Bob Woodward, *Obama's War* (New York: Simon and Schuster, 2010), quote from James P. Pfiffner, "Decision Making in the Obama White House", *Presidential Studies Quarterly*, Vol. 41, No. 2, 2011, p. 249.

的器重，也导致多尼隆在奥巴马的第二任期被任命为国家安全事务助理。可见，国家安全事务助理必须获得总统的信任才可发挥影响力。

总之，奥巴马在阿富汗战争上的决策经过了深思熟虑，与要求大幅升级的军方和偏向温和方法的文官进行了磋商。虽然军方没有得到他们想要的结果，但是军事长官还是在某种程度上成功了。在战争的问题上，军事意见是任何国家领袖决策时都不能忽略和反对的。奥巴马在相关问题上的谨慎态度和做法比小布什时期更有可能做出理性的决策。

六、经验与展望

美国是国家安全委员会这一机构和制度的创造者。其设计理念、机构设置和功能运作上的经验给各国提供了借鉴。

从建构理念上来看，二战后，美国崛起为世界超级大国，其国际事务空前增长，国家安全面临新的威胁，外交和国家安全议题的复杂性和专业性凸显，而且越来越多的部门参与到外交和安全的决策中。总统迫切需要借助专业意见来统摄外交和国家安全决策，加强统筹协调，提升专业化水平，强化日常职能、危机管理和战略规划。国家安全委员会的建立满足了总统这一需要，并从咨询机构逐渐转变为决策的中枢。

在国家安全委员会的平台上，可以统筹协调国防、外交、国土安全，减少决策主体的部门利益化，抑制不同部门之间的相互倾轧，保证各方对问题本身进行充分讨论，相互交换信息和意见，高层统一认识，各部协调行动，减少政策执行的内部阻力和额外成本。在危机管理时，国家安全委员会可以更好地发挥领导层的领导力，确保信息充分，增强决策的专业性和科学性，缩短决策的时间和链条，确保响应和执行的有效。可以统筹短期应对与长期规划，国家安全委员会不仅是应对日常决策、进行危机管理的平台，也是在统筹协调的基础上进行最高层战略规划的平台，通过制定国家安全战略统筹规划国家的安全战略、外交战略和军事战略，并为总统提供各种长、中、近期议题的专业意见和决策方案。

在60余年的发展变革中，美国国家安全委员会的机构设置和功能运行体现出以下值得关注的特点。

（一）国家安全委员会的功能和机构日趋完善稳定，机构规模不断扩大，专业化程度逐渐提高

为了满足现实需要，国家安全委员会的规模不断扩大，逐渐生长出一套专业化的各有分工的下属部门，成立了一系列针对特定地区和专门问题的特别小组。在艾森豪威尔政府，国家安全委员会建立了负责计划和行动协调的委员会；增加了对综合安全战略进行整体评估的职能。肯尼迪政府时期，国家安全委员会的规模有所缩小，但是行动和危机管理被放在了更为重要的位置。国家安全委员会在"古巴导弹危机"时期建立的"行政委员会"就是专门进行危机管理的。尼克松政府时期，在国家安全事务助理基辛格的领导下，国家安全委员会的职能扩展到了多种选择方案的长期研究，以便在危机发生时，总统可以从研究成熟的各个政策中进行选择。基辛格还建立了审查重大政策执行情况、国家情报产品质量和国防资源分配情况的委员会，国家安全委员会成为最重要的权力机关。尼克松政府之后，国家安全委员会的地位有所下降，职能有所萎缩。里根政府时期，设立了反恐特别小组，小布什政府进一步设立反恐事务的国家主任和国家安全事务助理副手。奥巴马政府时期，将国家安全

委员会和国土安全委员会一体化，进一步统筹管理国土安全与国家安全。这些机构设置的变迁反应了美国国家安全战略重点的变化，也显示出国家安全委员会内设机构调整的灵活性，能够很好地适应美国国家安全形势的变化。

总体上，国家安全委员会机构日趋完善、稳定，国家安全委员会还设立了常设的处理机构间协调工作的委员会。在整体上形成了一种行之有效的斯考克罗夫特模式，以等级式的形式双向地进行信息传递，逐层向上反馈，逐层向下执行的机制：机制的底层为地区事务和重大问题的跨部门政策委员会（IPC），负责提交相关政策问题的初步报告和建议，并在决策后协调和监督政策的执行，保证对重要的外交与安全问题有长期的持续的研究关注和政策注意力；中层为副部长级别的委员会（DC），负责对提交的方案进行审查以及进行危机处理；顶层是部长级会议（PC）和总统对于对真正重要和无法达成共识的问题进行研究和决策。政策的执行和各方协调主要在底层和中层进行。

在机制设计和人员安排上，注重战略整合，吸纳各个部门的优势。统筹国家安全委员会与国家经济委员会，国家安全委员会与国土安全委员会，将国内安全问题与国际问题，反恐、经济与安全问题综合考虑。国家安全委员会的工作人员有极强的专业背景或大量政策研究的经验，人员设置上也兼顾机构之间的协调。各个跨部门政策委员会的负责人可以来自政府中有此类事务处理专长的部门，将各个部门的人员的优势结合起来；通过设置专门的委员会来负责重叠业务，人员设置上双重领导和兼任重要职位的方法，协调不同部门。譬如，国家安全委员会设置了国际经济事务的跨部门政策委员会，其负责人兼任国家经济委员会主任副手。

国家安全委员会的机构不断完善一方面是由于美国外交与安全事务涉及的面越来越广、越来越复杂，另一方面也是由于联邦政府自身的扩张，更多的部门被建立，一些部门获得更大的权力，需要在新的平台上进行统筹协调。国家安全委员会的规模也不断扩大。如图6所示，国家安全委员会的工作人员成立之初不足20人，但是随着美国坚定地参与国际事务以及全球军事存在的增加，特别是在冷战结束后，国家安全委员会的工作人员数量一路上升。小布什开始执政时，国家安全委员会的规模是有史以来最大的。因此，当时的国家安全事务助理赖斯一上任就大刀阔斧地开始裁员和精简机构，但是为了有足够人员来应对现实问题，国家安全委员会仍然在扩张。国家安全委员会维持在100多人的人员水平。在奥巴马政府，由于国土安全委员会与国家安全委员会使用同一个国家安全办公人员班子，人员又有所上升。目前，奥巴马政府的国家安全办公人员共有320人左右，其中150人左右是政策性职位，而其余为保障性职位。

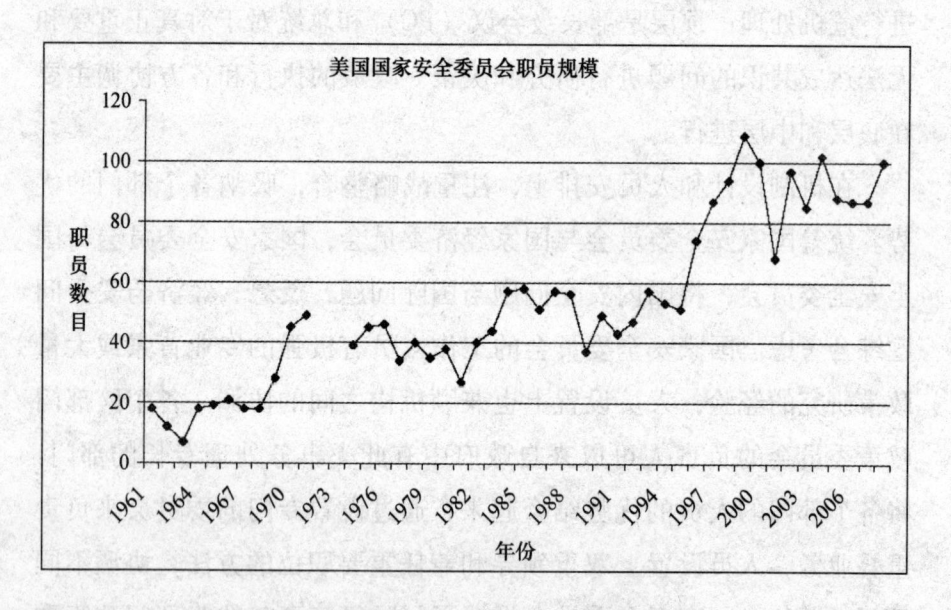

图6 国家安全委员会工作人员数量变化图

资料来源：美国布鲁金斯学会的国家安全委员会研究项目"National Security Council Structure and Organization (National Security Council Project)," 2008, The Brookings Institution；http://www.brookings.edu/about/projects/archive/nsc/structure，登录时间：2013年11月15日。

（二）国家安全事务助理的设立是国家安全委员会职能化、专业化最重要的表现，国家安全事务助理成为国家安全委员会作用的集中体现，逐渐成为外交和国家安全决策的核心成员

艾森豪威尔时期设立的国家安全事务助理一职延续至今，从一开始忠实转达各方观点的秘书角色逐渐成为美国总统的头号智囊和助手。国家安全事务助理的职能主要体现在五大方面：参与日常和危机决策并提供专业咨询、协助总统进行宏观战略规划与设计、总统国家安全事务的议程设置、政策的协调与执行，以及作为总统代表执行外交任务。国家安全委员会工作机构的运作基本是围绕国家安全事务助理的这五大功能展开的。

作为全球超级大国的领导人，美国总统面临的外交和国家安全事务的数量、复杂性和专业化程度都是空前的，国家安全事务助理的设置，就是为总统提供一个协调人和大脑，协调各方、汇集各方情报与智慧，为总统决策提供最专业的建议，并协调决策的执行。国家安全事务助理的办公室距离总统办公室只有几步之遥，成为总统最值得信赖的心腹。

国家安全事务助理通常是具有政治学和国际政治研究背景的学者，或是多年参与美国外交和安全事务的将军或政治家。两种背景出生的国家安全事务助理各有千秋，一般来说，在需要对外政策取得重大突破时，往往需要有创新精神、敢于突破现状的学者型人物，比如基辛格、布热津斯基等。他们的优点是富有创新精神，敢于打破旧的框框，有独到见解和专业知识，并且比较会应付新闻媒体，但缺点是与内阁相关成员的协调往往不够且容易揽权过多。军人型的人物一般来说比较善于协调、严守职责，但也曾出现过滥用职权的情况。而在老布什政府担任国家安全事务助理的斯考克罗夫特是

一位军人兼学者型的人物,他的特点是有战略眼光、善于协调,同时保持低调。[①] 这些特点使得他很好地发挥了国家安全事务助理这一角色的作用。当然,历届国家安全事务助理的作用大小不一。总统的信赖以及国家安全事务助理的本人能力是其发挥作用的关键因素。如果总统信赖国家安全事务助理,他本人也有很强的意愿和能力,那么他将在决策中起到极大的作用。如果总统会偏向于听取国务卿或国防部长的意见,国家安全事务助理就并不能主导决策进程。

(三)正式机制与非正式机制共同发挥作用,总统个人偏好与背景能力是重要影响因素

国家安全委员会的运作十分灵活,总统不仅可以根据需要和偏好调整机构设置、人员安排,而且还比较灵活地在正式机制与非正式机制之间加以选择性的使用。

如图7所示,大多数总统在执政初期较为频繁地召开国家安全委员会正式会议,后期一方面由于没有重要事件或执政已经较为熟练,会偏向于使用非正式机制而非正式会议,譬如尼克松、里根与老布什。另一些总统则在执政初期出于对国家安全委员会的庞大繁杂的决策程序的不满或对于国家安全委员会限制总统权力的担心而远离国家安全委员会。譬如杜鲁门总统直到朝鲜战争爆发才大大增加了国家安全委员会正式会议的使用。

最热衷于使用国家安全委员会的庞大机制和召开国家安全委员会正式会议来进行决策的莫过于艾森豪威尔总统,他执政时期基本都保持了一个较高的开会频率。但他的继任肯尼迪总统却认为正式

[①] 夏立平:"美国国家安全委员会在美对外和对华政策中的作用",载《国际观察》,2002年第2期,第9—14页。

机制不够灵活而偏向于使用非正式机制。[①] 此外，约翰逊和福特也始终偏好于非正式会议和机制。

值得注意的是，采取国家安全委员会正式会议的形式并不意味着国家安全委员会的附属机构或国家安全事务助理可以在决策中发挥主导的作用。譬如，在里根执政时期，虽然国家安全委员会定期开会，但是由于国家安全委员会附属机构的萎缩，与会人员事先无法在国家安全委员会的系统中充分讨论。所以没有下属机构的支撑和充分准备，正式会议也不能发挥效果。相反，肯尼迪与尼克松时期，虽然国家安全委员会正式会议的召开频率不高，或者越来越少，但是国家安全委员会的核心成员对决策的影响力却很大。国家安全委员会的影响力与国家安全委员会核心成员的影响力既相关又分立，关键是看总统与国家安全事务助理的关系，以及是偏向于正式的决策机制还是非正式的讨论。

由于总统的偏好、职业背景和个人能力的不同，不同总统时期国家安全委员会的运作方式都有所不同。如果总统对外交和安全事务本身有较深的了解，那么搭配符合总统意愿的国家安全事务助理，总统就不会过多征询国务卿和国防部长的意见，此时国家安全委员会的地位会上升。譬如，艾森豪威尔和老布什在军事和外交上都有多年的经验，对自己的判断很有信心，他们会选择只和国家安全事务助理或少数几个高级官员交换意见讨论之后作出决策。现实中，正式会议与非正式讨论同样重要，关键是要让总统参考讨论的意见。非正式讨论虽然是效率最高的，但是不能参加非正式讨论的人员和部门的意见就会被忽略。正式会议的优点在于让各方都有表达意见和提出反对意见的场所。因此，总统会在正式会议和非正式讨论之间有所选择，实现提高效率和兼听各方意见之间的平衡。

---

① 周琪主编：《美国外交决策过程》，北京：中国社会科学出版社，2011年版，第79页。

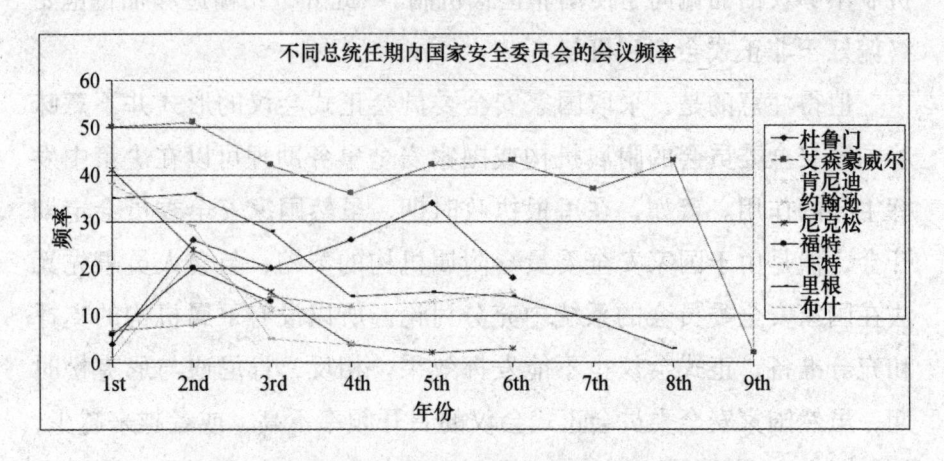

图7 历届政府召开国家安全委员会正式会议的频率

资料来源：美国布鲁金斯学会的国家安全委员会研究项目"National Security Council Structure and Organization (National Security Council Project)," 2008, The Brookings Institution：http：// www.brookings.edu/about/projects/archive/nsc/structure, 登录时间：2013年11月15日。

（四）国家安全委员会与国务院、国防部之间存在着既竞争又合作的关系

国家安全委员会是美国总统制的产物，作为总统行政权的衍生，围绕总统，为总统服务。国家安全委员会与职能有所重叠的机构之间存在着一定的业务上的合作与竞争。

在外交事务上，国务院作为外交政策执行机构，依靠其专业性和政策执行中的自由裁量权具有强大的影响力。国务院的部分人员在国家安全委员会中担任职务，负责地区和国别事务的研究。副国务卿和国务卿在国家安全委员会的副部长委员会和部长委员会中都是重要成员，参与国家安全委员会的运作，在国家安全委员会的平台上推进政策的形成。除业务上的合作之外，国家安全事务助理与国务卿却是相互竞争的关系。如果国务卿深孚众望、能力较强，那

往往就由国务院掌握外交政策的方向。反之亦然。

但是，国务院的庞大系统难以满足总统决策过程中的实际需要。国家安全委员会胜在规模较小，机制更为灵活，在地理上与总统更为接近，总统对于国家安全委员会中的机制设置和人员安排的掌控能力更强。

在安全事务上，由于反恐的需要，美国的海外军事存在增加、外交政策军事化的趋势明显。因此，国防部也在国家安全委员会中影响决策的方向。此外，国防部背后的武装力量、军工企业和支持国防部的国会议员力量使得国防部长的发言权有所增加。国防部在军事领域上的专业知识进一步增加了部门的发言权和影响力。

然而，在国家安全委员会的平台上，部门利益对于最终决策的影响力会有所削弱。总统可以在听取高级顾问和各部部长的专业意见和提议之后，进行权衡和选择。总统作出决策之后，也可以保证各支国家力量可以按照最后决定去执行相关政策，保证效率，完成目标。

（五）国家安全委员会制度的缺陷

国家安全委员会的制度缺陷主要体现在三个方面：

首先，以总统为核心的制度设计无法确保提供平衡而客观的决策支持。国家安全委员会是完全对总统负责且忠实于总统的决策支持机构，总统的偏好、性格、职业背景和个人能力对于国家安全委员会的运行效率和决策质量会产生重大的影响。美国国家安全委员会不可能从根本上改变美国总统个人进行最终决策的本质，与总统的关系是国家安全委员会发挥影响力的决定因素。如果总统偏听某些部门和官员的意见，其他参与人员很难让自己的意见成为决策的一部分。

其次，等级制和官僚化的运行模式降低了决策效率。国家安全委员会日益发展成为一个庞大而运行缓慢的官僚机构，部门利益逐渐稳固，影响了决策咨询的效率，这也是斯考克罗夫特以来国家安全事务助理决策影响力下降的一个原因。近几届总统上台之初都希望通过改革国家安全委员会的架构来提升决策研究和协调各方的效率，但是随着处理事务的增加，国家安全委员会的办公人员总会不断增加。国家安全委员会应当紧密围绕"协调"和"咨询"两大核心任务开展工作，不应侵蚀其他职能部门的权力和功能，比如国务院和国防部。一旦"安全"的概念被无限扩大，只会使得这一概念变得毫无意义。国家安全委员会应当集中精力扮演好"协调人"和"头脑"的角色，把具体的事务交由职能部门去完成，在规模上保持精干。

最后，职能和权限不明的国家安全事务助理往往成为最终决策者获取各部门真实意见的障碍。一些总统任期内的国家安全委员会和国家安全事务助理拥有极大的权力，导致其他部门在决策咨询中被忽略和绕过，国家安全事务助理偏爱的秘密外交方式亦为公众和舆论所诟病。因此，国家安全事务助理应严守职责，避免专权和僭越，也不宜过分走上前台。国家安全事务助理首先应当扮演各个部门之间的粘合剂，关注各部门之间的"交叉问题"，而不是越俎代庖。在公共与立法事务方面，国家安全委员会不应发表不同于白宫和政府其他部门的观点。有战略思维，并善于协调，同时又能保持低调的国家安全事务助理较为各方所接受。

主要参考文献

1. ［美］戴维·罗特科普夫著，孙成昊等译：《操纵世界的手——美国国家委员会内幕》，北京：商务印书馆，2013年版。

2. ［法］夏尔—菲利普·戴维等著，钟震宇译：《美国对外政策——基础、主体与形成（第二版修订增补本）》，北京：社会科学文献出版社，

2011年版。

3. 周琪主编：《美国外交决策过程》，北京：中国社会科学出版社，2011年版。

4. 傅梦孜、袁鹏：《美国国家安全委员会》，载《国际资料信息》，2001年第10期。

5. 李浩：《浅析2008年〈美国国防战略报告〉》，载《国际论坛》，2009年第1期。

6. 田志立：《美国国家安全委员会的演变》，载《世界知识》，1999年第15期。

7. 夏立平：《美国国家安全委员会在美对外和对华政策中的作用》，载《国际观察》，2002年第2期。

8. 周军：《美国建立国家安全委员会原因初探》，载《历史教学问题》，1997年第6期。

9. Alan G. Whittaker et al., *The National Security Policy Process: The National Security Council and Interagency System*, Washington, D. C.: Industrial College of the Armed Forces, National Defense University, U. S. Department of Defense, 2011.

10. Ivo Daalder and I. M. (Mac) Destler, "How National Security Advisers See Their Role," in Eugene R. Wittkopf and James M. McCormick, eds., *The Domestic Sources of American Foreign Policy*, 5th edition, Rowman and Littlefield Publishers, 2007.

11. Ivo H. Daalder and Irving M. Destler, *In the Shadow of the Oval Office: Profiles of the National Security Advisers and the Presidents They Served-From JFK to George W. Bush*, New York: Simon and Schuster, 2009.

12. James P. Pfiffner, "Decision Making in the Obama White House", *Presidential Studies Quarterly*, Vol. 41, No. 2, 2011.

13. Jordan A. Amos et al., *American National Security*, Maryland: Johns Hopkins University Press, 2011.

14. John P. Burke, *Honest Broker?: the National Security Advisor and Presi-*

dential Decision Making, TX: A&M University Press, 2009.

15. "Goldwater-nichols department of defense reorganization act of 1986," October 1986, National Security Agency: http://www.nsa.gov/about/cryptologic_heritage/60th/interactive_timeline/Content/1980s/documents/1986100 1_1980_Doc_NDU.pdf, 登录时间：2013 年 11 月 15 日。

16. "Homeland Security Act 2002, Public Law 107 - 296," November 2002, Department Of Homeland Security: http://www.dhs.gov/xlibrary/assets/hr_5005_enr.pdf, 登录时间：2013 年 11 月 15 日。

17. "Records of the National Security Council [NSC] (Record Group 273) 1947 - 69," The U.S. National Archives and Records Administration: http://www.archives.gov/research/guide-fed-records/groups/273.html, 登录时间：2013 年 11 月 15 日。

18. "History of the National Security Council 1947 - 1997," August 1997, Federation of American Scientists: https://www.fas.org/irp/offdocs/NSChistory.htm, 登录时间：2013 年 11 月 15 日。

19. "National Security Council Structure and Organization (National Security Council Project)," 2008, The Brookings Institution: http://www.brookings.edu/about/projects/archive/nsc/structure, 登录时间：2013 年 11 月 15 日。

20. "Presidential Directives and Executive Orders," October 2013, Federation of American Scientists: http://www.fas.org/irp/offdocs/direct.htm, 登录时间：2013 年 11 月 15 日。

21. "The National Security Act of 1947," July 1947, Oxford University Press Websites: http://global.oup.com/us/companion.websites/9780195385168/resources/chapter10/nsa/nsa.pdf, 登录时间：2013 年 11 月 15 日。

第二章

俄罗斯联邦安全会议

俄罗斯联邦安全会议（Совет Безопасности Российской Федерации，以下简称"联邦安全会议"）是为俄罗斯联邦总统在安全领域的决定做准备工作的宪法性咨询机构，在战略规划、军事安全、经济社会安全、公共安全、环境安全、信息安全以及俄罗斯联邦法律规定的其他类型的安全性问题上为总统决策做准备，以维护俄罗斯联邦的宪法秩序、主权、独立和领土完整，保障国家、社会和个人的安全。联邦安全会议是俄罗斯最高国家安全机构，总统任联邦安全会议主席，直接领导联邦安全会议。联邦安全会议的事务性工作由联邦安全会议秘书负责，根据总统的指示和要求管理安全部门，在国家安全事务方面协调政府各部门的工作。联邦安全会议下设跨部门委员会，它是联邦安全会议的主要工作机构，承担重要的协调和咨询职能。科学委员会为联邦安全会议的工作提供科学和方法论上的支持。联邦安全会议机关在联邦安全会议秘书的领导下负责联邦安全会议日常工作，它是总统办公厅的独立分支机构，为联邦安全会议的工作提供组织技术与信息分析保障。

一、产生背景与历史沿革

俄罗斯联邦安全会议的前身是苏联安全会议（Совет Безопасности Союз Советских Социалистических Республик），[①] 苏联安全会议成立于1990年12月26日。1991年底，苏联解体后，俄罗斯联邦成立了"俄罗斯联邦安全会议"。

（一）苏联安全会议

苏联安全会议的建立与当时苏联面临的国内外安全形势和苏联总统的设立有密切关系。为了保障继续推行深刻的政治和经济转型，巩固宪法秩序，确保公民权利、自由和安全，加强苏联最高国家权力和管理机关的相互协作，1990年3月14日，苏联人民代表大会通过了《苏维埃社会主义共和国联盟关于修改和补充苏联宪法（基本法）的法律》，决定设立苏联总统一职。[②] 米哈伊尔·谢尔盖耶维奇·戈尔巴乔夫（Горбачёв Михаил Сергеевич）是第一任苏联总

[①]《История создания, правовой статус, структура и основные направления деятельности》（《建立历史、法律地位、结构和主要工作方向》），俄罗斯联邦安全会议网站：http://www.scrf.gov.ru/documents/11/15.html，登录时间：2013年12月10日。

[②]《Об учреждении поста Президента СССР и внесении изменений и дополнений в Конституцию (Основной Закон) СССР》（《苏维埃社会主义共和国联盟关于设立苏联总统一职和修改、补充苏联宪法（根本法）的法律》），1990年3月14日，卡兰特公司网站：http://constitution.garant.ru/history/ussr-rsfsr/1977/zakony/185465/#300，登录时间：2013年12月20日。

统，也是最后一任。

为了加强苏联总统对国家安全事务控制力以应对国内外安全威胁，1990年12月26日苏联又通过了《苏维埃社会主义共和国联盟关于完善国家管理体制和修改、补充宪法（基本法）的法律》，该修正案对苏联总统的权力进行了修改和增加，其中增加一条："苏联总统领导苏联安全会议，苏联安全会议的职能是提供全苏联国家安全领域的政策建议，保障国家经济和环境安全，消除紧急状态和自然灾害造成的后果，保障社会稳定和法律秩序。苏联安全会议成员由苏联总统任命，同时要考虑到联邦委员会意见和取得苏联最高苏维埃的同意。"[1] 这是苏联安全会议成立的法律依据。

1991年3月7日苏联最高苏维埃通过了苏联安全会议成员名单，3月13日苏联总统颁布第1615至1622号总统令，任命了8位苏联安全会议成员，分别为：副总统亚纳耶夫（Янаев Геннадий Иванович）、总理帕夫洛夫（Павлов Валентин Сергеевич）、巴卡京[2]（Бакатин Вадим Викторович）、外交部长别斯梅尔特内赫（Бессмертных Александр Александрович）、苏联国家安全委员会主席克留奇科夫（Крючков Владимир Александрович）、中央情报局负责人普里马科夫（Примаков Евгений Максимович）、内务部长普戈（Пуго Борис Карлович）、国防部长亚佐夫（Язов Дмитрий Тимофеевич）。1991年8月22日，"八·一九政变"失败，戈尔巴

---

[1] 《Об изменениях и дополнениях Конституции（Основного Закона）СССР в связи с совершенствованием системы государственного управления》（《苏维埃社会主义共和国联盟关于完善国家管理体制和修改、补充宪法（基本法）的法律》），1990年12月26日，卡兰特公司网站：http://constitution.garant.ru/history/ussr-rsfsr/1977/zakony/185464/，登录时间：2013年12月20日。

[2] 1991年3月13日巴卡京被任命为苏联安全会议成员。他此前曾担任内务部长（1988年10月20日—1990年12月1日），"八·一九"事变后担任苏联国家安全委员会主席（1991年8月23日—12月3日）。

乔夫重新掌握局势之后颁布了第2444号总统令，免除了参与"八·一九政变"的克留奇科夫、帕夫洛夫、亚佐夫以及亚纳耶夫的苏联安全会议成员职务。1991年8月29日，苏联最高苏维埃同意将9个加盟共和国的总统或最高苏维埃主席列入苏联安全会议，分别为俄罗斯苏维埃联邦社会主义共和国、乌克兰苏维埃社会主义共和国、白俄罗斯苏维埃社会主义共和国、乌兹别克苏维埃社会主义共和国、哈萨克苏维埃社会主义共和国、阿塞拜疆苏维埃社会主义共和国、吉尔吉斯苏维埃社会主义共和国、塔吉克苏维埃社会主义共和国、土库曼苏维埃社会主义共和国。

苏联安全会议建立时正值苏联政治、经济、社会各方面发生剧烈动荡的时期，政局不稳给苏联安全会议的工作带来严重障碍，苏联安全会议成员参与发动对苏联总统的政变非常明显地说明了这一点。1991年底苏联解体之后，苏联安全会议自然也就不存在了，苏联安全会议自成立到结束一共经历了不到一年时间，没能发挥法律赋予其的职能。

此外，苏联作为世界上领土面积最大的国家，其国家安全的保障离不开地方主体的配合，将加盟共和国的总统或最高苏维埃主席列入苏联安全会议的做法为后面俄罗斯联邦安全会议的运作提供了借鉴，俄罗斯联邦安全会议将总统驻联邦区全权代表也列入联邦安全会议。

（二）俄罗斯联邦安全会议的建立

俄罗斯联邦安全会议的建立也与俄罗斯联邦总统有密切关系。1991年4月24日，俄罗斯联邦通过了《俄罗斯苏维埃联邦社会主义共和国关于俄联邦总统的法律》，该法律的第5条第9款规定："俄罗斯苏维埃联邦社会主义共和国总统领导俄罗斯联邦安全会议，其组织结构、职能和运行规则由俄联邦法律规定。"①

1991年5月24日,俄罗斯联邦通过了《俄罗斯苏维埃联邦社会主义共和国关于宪法(基本法)的修改和补充》,规定在俄罗斯联邦宪法的联邦总统部分加入第9款:"俄罗斯苏维埃联邦社会主义共和国总统领导俄罗斯联邦安全会议,其组织结构、职能和运行规则由俄联邦法律规定。"② 在这里,关于联邦安全会议的表述与《俄罗斯苏维埃联邦社会主义共和国关于俄联邦总统的法律》完全相同,只不过它是在俄罗斯联邦宪法框架内所做的规定,为俄罗斯联邦安全会议提供了基本法的依据。

1991年7月19日,鲍里斯·尼古拉耶维奇·叶利钦签署总统令,决定成立委员会,研究制定关于国家安全会议的专门法律。该委员会与国家杜马相关委员会相互配合共同制定了《俄罗斯联邦安全法》,该法于1992年3月5日在国家杜马获得通过,对俄罗斯联邦安全会议的法律地位、职能、权限和工作程序做了详细规定。③ 1992年6月3日俄罗斯联邦安全会议正式成立。④

---

① 《Российская Советская Федеративная Социалистическая Республика Закон О Президенте РСФСР》(《俄罗斯苏维埃联邦社会主义共和国关于俄联邦总统的法律》),1991年4月24日,http://www.referent.ru/1/5381,登录时间:2013年12月20日。

② 《Об изменениях и дополнениях Конституции (Основного Закона) РСФСР》(《俄罗斯苏维埃联邦社会主义共和国关于宪法(基本法)的修改和补充》),1991年5月24日,卡兰特公司网站: http://constitution.garant.ru/history/ussr-rsfsr/1978/zakony/183124/,登录时间:2013年12月20日。

③ 《История создания, правовой статус, структура и основные направления деятельности》(《建立历史、法律地位、结构和主要工作方向》),俄罗斯联邦安全会议网站: http://www.scrf.gov.ru/documents/11/15.html,登录时间:2013年12月10日。

④ 薛兴国:《俄罗斯国家安全理论与实践》,北京:时事出版社,2011年版,第103页。

二、法律基础与政治地位

(一) 法律基础

《俄罗斯联邦安全会议条例》规定,"俄罗斯联邦安全会议的法律依据包括俄罗斯联邦宪法、国际法规则和普遍公认的原则、俄罗斯联邦签订的国际条约、联邦宪法法律、2010年12月28日公布的《联邦安全法》、其他联邦法律、俄罗斯总统颁布的法令和命令和《俄罗斯联邦安全会议条例》"。[①] 在实际运作中,与联邦安全会议相关的具体法律主要有:《俄罗斯联邦宪法》、《俄罗斯联邦安全法》《俄罗斯联邦安全会议条例》、《俄罗斯联邦安全会议机关条例》和《2020年前俄罗斯联邦国家安全战略》。这些法律为联邦安全会议提供了坚实的法律基础,使联邦安全会议得以在法律框架内行使职权。

1.《俄罗斯联邦宪法》

《俄罗斯联邦宪法》[②] 第83条规定,总统有权"组成并领导俄罗斯联邦安全会议",在宪法框架内对联邦安全会议作出的这一规定为联邦安全会议提供了基本法的法律基础,同时也表明总统对联邦安全会议的组织和领导权。

---

① 《Положение о Совете Безопасности Российской Федерации》(《俄罗斯联邦安全会议条例》),2011年5月6日,俄罗斯联邦安全会议网站:http://www.scrf.gov.ru/documents/11/3.html,登录时间:2013年12月15日。

② 《俄罗斯联邦宪法》,姜士林主编:《世界宪法全书》,青岛:青岛出版社,1997年版,第825—838页。

2.《俄罗斯联邦安全法》

《俄罗斯联邦安全法》[①]于1992年3月5日通过，2010年12月28日颁布了新的《俄罗斯联邦安全法》，它是俄罗斯联邦安全保障方面的基本法律。

2010年的《俄罗斯联邦安全法》包括以下四个部分：（1）总则；（2）联邦国家权力机关、联邦主体国家权力机关和地方自治机关在安全保障方面的职权和作用；（3）联邦安全会议的地位；（4）最后条款。2010年的新联邦安全法考虑了1992年联邦安全法颁布以来的国内外威胁新变化、与其他国家和联盟关系中的新挑战以及国际安全战略的调整。[②]联邦安全法明确了国家安全领域的基本原则与主要工作，规定了联邦总统、联邦会议（联邦委员会和国家杜马）、联邦政府等联邦执行权力机构和联邦主体执行权力机构以及地方自治机关在安全领域的职权和作用，同时明确了联邦安全会议的职能。

《俄罗斯联邦安全法》规定了安全的主要原则："（1）保护公民自由；（2）合法性；（3）联邦权力机构、联邦主体权力机构以及地方自治机构通过政治、组织、社会经济、信息、法律和其他手段保障国家安全；（4）重视安全保障的预防措施；（5）联邦权力机构、联邦主体权力机构和其他国家机关需要与社会团体、国际组织和个人进行合作以保障国家安全。"[③]

[①]《Федеральный закон "О безопасности"》（《俄罗斯联邦安全法》），2010年12月28日，俄罗斯联邦安全会议网站：http://www.scrf.gov.ru/documents/1/111.html，登录时间：2013年12月20日。

[②] 俄罗斯联邦克里姆林宫网站：http://eng.kremlin.ru/news/1540，登录时间：2013年12月15日。

[③]《Федеральный закон "О безопасности"》（《俄罗斯联邦安全法》），2010年12月28日，俄罗斯联邦安全会议网站：http://www.scrf.gov.ru/documents/1/111.html，登录时间：2013年12月20日。

安全活动的内容包括："（1）预测、发现、分析和评估安全威胁；（2）确定国家在安全领域的战略、政策的主要方向；（3）调整安全方面的法律法规；（4）制定和运用系统、迅速和持续性的手段以发现、预防、消除安全威胁，控制和消除安全威胁的后果；（5）采取专门的经济措施以确保安全；（6）研发、制造与使用现代化武器、军事与专门设备、军事和民用技术设备以保障安全；（7）组织安全领域的科学研究；（8）协调联邦权力机构、联邦主体权力机构和地方自治机构在安全保障领域的工作；（9）对安全保障进行拨款并监督其用途；（10）加强国际合作以确保安全；（11）根据俄罗斯联邦法律实施的其他安全保障工作。"①

安全保障的协调工作由总统和他领导的联邦安全会议实施，联邦权力机构、联邦主体权力机构和地方自治机构在其管辖范围内对安全领域的决定进行执行。

联邦总统在安全领域的职能是：②

（1）决定国家安全政策的主要方向；

（2）批准俄罗斯联邦在安全领域的战略、新概念和基本文件；

（3）组织和领导联邦安全会议；

（4）确定联邦权力机构的职权并监督他们的工作；

（5）根据2001年5月30日通过的《紧急状态法》宣布某些地区进入紧急状态，并行使赋予他的权力；

（6）根据俄罗斯联邦法律：a）采取专门经济措施以保障安全；b）保护公民免受犯罪和其他非法活动侵害，反对恐怖主义和极端主义；

---

① 《Федеральный закон "О безопасности"》（《俄罗斯联邦安全法》），2010年12月28日，俄罗斯联邦安全会议网站：http://www.scrf.gov.ru/documents/1/111.html，登录时间：2013年12月20日。

② 同上。

(7) 按照俄罗斯联邦法律决定有关安全保障的以下问题：a) 保护信息和国家秘密；b) 人口和领土的经济情况；

(8) 行使俄罗斯联邦宪法、联邦宪法性法律和联邦法律赋予他的其他权力以保障国家安全。

俄罗斯联邦会议联邦委员会负责审议国家杜马通过的安全保障方面的法律，并批准总统关于实行紧急状态的法令；国家杜马负责制定国家安全方面的联邦法律。

联邦政府虽然也参与国家安全领域大政方针的制定，但更多地是确保安全政策的实施和执行。联邦主体权力机构和地方自治机关在安全领域的职能也主要是确保国家安全政策和决定在本地区有效执行。

与《俄罗斯联邦宪法》的第83条相一致，《俄罗斯联邦安全法》第四部分对俄罗斯联邦安全会议的地位、基本任务、基本职能以及工作程序等做出了相应规定。"联邦安全会议是为俄罗斯联邦总统在安全领域的决定做准备工作的宪法性咨询机构，研究安全保障问题，组织防御、军队建设、国防工业、军事技术问题的国际合作，为保障俄罗斯的宪法、主权、独立、领土完整以及在安全保障方面的国际合作等问题做准备工作。"[1] 联邦安全会议由联邦总统组建和领导，《俄罗斯联邦安全会议条例》由联邦总统批准，为了实现联邦安全会议的目标和职能，联邦总统可以组建相关工作机构。联邦安全会议的基本任务、职能、组织结构和运作程序等问题将在后文具体介绍。

---

[1] 《Федеральный закон "О безопасности"》（《俄罗斯联邦安全法》），2010年12月28日，俄罗斯联邦安全会议网站：http://www.scrf.gov.ru/documents/1/111.html，登录时间：2013年12月20日。

3.《俄罗斯联邦安全会议条例》

2004年6月7日，弗拉基米尔·弗拉基米罗维奇·普京（Влади́мир Влади́мирович Пу́тин）总统签署第726号总统令批准颁布了《俄罗斯联邦安全会议条例》，它是在俄罗斯联邦宪法和安全法的基础上对联邦安全会议的任务、职能和活动规则进行了更加细致具体的规定。2011年5月6日，德米特里·阿纳托利耶维奇·梅德韦杰夫（Дми́трий Анато́льевич Медве́дев）总统签署了第590号总统令颁布了新的《俄罗斯联邦安全会议条例》（下面简称"条例"），考虑了新的安全威胁和挑战要素，对联邦安全会议的任务、职能进行了一系列调整。

《条例》规定了俄罗斯联邦安全会议的性质："俄罗斯联邦安全会议是一个宪法性的咨询机构，在公共安全、环境安全、个人安全以及俄罗斯联邦法律规定的其他类型的安全性问题、防御体系、军队建设、国防工业、与其他国家的军事以及军事技术合作，维护俄罗斯联邦的宪法秩序、主权、独立和领土完整以及其他安全保障的国际合作问题上为总统决策做准备。"①

与《俄罗斯联邦安全法》相比，《条例》对联邦安全会议的任务和职责进行了更详细的界定，文章的后一部分将全面介绍这一内容。

《条例》规定了联邦安全会议的组成、运行规则，这与《俄罗斯联邦安全法》一脉相承，只是在细节方面更加具体。联邦安全会议由主席、联邦安全会议秘书、常委和委员组成，主席由联邦总统担任。常委是联邦安全会议的当然成员，联邦安全会议秘书是常委

---

① 《Положение о Совете Безопасности Российской Федерации》（《俄罗斯联邦安全会议条例》），2011年5月6日，俄罗斯联邦安全会议网站：http://www.scrf.gov.ru/documents/11/3.html，登录时间：2013年12月15日。

的当然成员。联邦安全会议的活动由联邦安全会议主席主持。联邦安全会议的活动以全体会议和常委会议的形式进行。根据联邦安全会议主席的决定可以召开联邦安全会议和总统咨询顾问机构的联席会议。联邦安全会议主席主持的全体会议定期召开,通常每季度一次,如有必要可以召开特别会议。联邦安全会议的议程和讨论问题的次序由联邦安全会议主席根据联邦安全会议秘书的建议来决定。

《条例》对联邦安全会议秘书的定位和职能进行了非常详细的规定,后文将具体说明。

《条例》对联邦安全会议的机构设置做了规定:联邦安全会议根据其目标和职能组织工作机构,如常设跨部门委员会和科学委员会。

该条例与《俄罗斯联邦安全法》具有非常明显的延续性,只是更加详细、明确地界定了联邦安全会议的任务、职能和运作程序,是俄罗斯联邦安全会议运作过程中的重要法律基础。

4.《俄罗斯联邦安全会议机关条例》

2011年5月6日,梅德韦杰夫总统签署第590号总统令颁布了《俄罗斯联邦联邦安全会议机关条例》,对联邦安全会议机关的定位、法律依据、主要任务、主要职能、职权、协调机制以及联邦安全会议机关的领导层等问题进行了详细规定。

联邦安全会议机关是总统办公厅下属的一个独立部门。"其法律依据有:俄罗斯联邦宪法、联邦宪法法律、2010年通过的联邦安全法、俄罗斯联邦总统办公厅条例、联邦安全会议条例、俄罗斯联邦总统办公厅的命令、联邦安全会议秘书的命令以及本条例。"[①]

《联邦安全会议机关条例》的主要任务、职能、职权、协调机制

---

① 《Положение об аппарате Совета Безопасности Российской Федерации》,(《俄罗斯联邦安全会议机关条例》),2011年5月6日,俄罗斯联邦安全会议网站:http://www.scrf.gov.ru/documents/12/16.html,登录时间:2013年12月15日。

以及领导机制等问题将在下文具体介绍。

5.《2020年前俄罗斯联邦国家安全战略》

苏联解体后，俄罗斯根据新的国际安全形势和国家利益需求，不断对安全政策进行调整和完善，最终形成了"国家安全战略"。1997年12月17日，叶利钦总统签署了酝酿已久的《俄罗斯联邦国家安全构想》，标志着以大国复兴为目标的俄罗斯国家安全战略正式形成。2001年1月10日时任代总统的普京签署批准了新版《俄罗斯联邦国家安全构想》，这是国家安全问题的基础性文件，对1997年版的安全构想进行了修正。

2009年5月12日，梅德韦杰夫总统签署第537号总统令，批准了《2020年前俄罗斯联邦国家安全战略》。《战略》作为俄罗斯国家安全保障体系发展规划的基础性文件，考虑了国际国内形势发展的新变化，分析了当今世界和俄罗斯面临的安全现状和发展趋势，界定了俄罗斯的国家利益和国家战略重点，明确了保障国家安全的主要内容、行为方式和措施。

《战略》对"国家安全"概念进行了界定：个人、社会和国家既没有内部危险，也没有外部威胁，公民的宪法权利、自由和应有生活质量和水平，以及俄联邦主权、领域完整、持续发展、国防和国家安全得到保障的一种状态。[①] 其中国防、国家和公共安全是俄联邦国家安全的重中之重。

实施俄联邦国家安全政策的保障是：在俄联邦安全会议的协调下，国家安全系统各部门协商一致，在组织、法规和信息方面实施一整套的措施。以俄联邦安全会议秘书每年向总统作关于国家安全

[①]《2020年前俄罗斯联邦国家安全战略》，薛兴国著：《俄罗斯国家安全理论与实践》，北京：时事出版社，2011年版，第369页。

状况及其巩固措施报告的方式对本战略实施进度进行监督。

(二) 政治地位

联邦宪法规定，俄罗斯实行三权分立，立法权属于联邦会议（联邦委员会和国家杜马），行政权属于联邦政府，司法权属于联邦法院（宪法法院、最高法院和高等仲裁法院），总统不属于三权体系，他有义务"保障国家权力机关协调地行使职能并相互协作"。[①]俄罗斯联邦宪法实际上明确了"超级总统制"，在现实权力运作中，联邦会议联邦委员会主席、国家杜马主席以及联邦总检察长都是联邦安全会议的成员，这一方面加强了联邦安全会议的政治基础，增强了联邦安全会议决定的权威性，另一方面也体现了总统权力的加强。

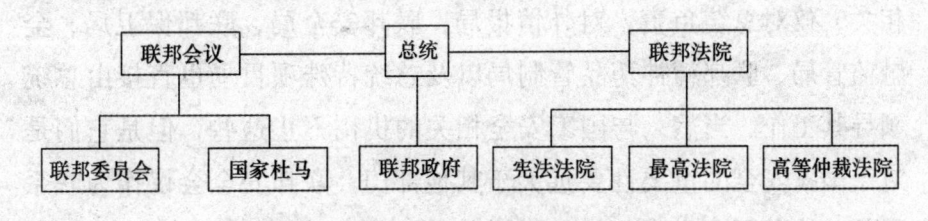

图1 俄罗斯联邦国家权力机构关系图

资料来源：笔者根据俄罗斯联邦政府网站（http://www.gov.ru/index_en.html）整理制作，登录时间：2013年12月10日。

宪法也规定了联邦会议和司法系统对总统的制约权，"俄罗斯联邦总统按俄罗斯联邦宪法和联邦法律决定国家内外政策的基本方针"。"俄罗斯联邦总统的命令和指示不应与俄罗斯联邦宪法和联邦

[①]《俄罗斯联邦宪法》，姜士林主编：《世界宪法全书》，青岛：青岛出版社，1997年版，第832页。

法律相抵触。"① 同时，俄罗斯联邦宪法法院有权裁决总统颁布的法令是否违宪。这些规定使总统进行外交和国家安全政策决策时必须考虑既有的联邦法律体系，受到立法和司法机构的监督。总统领导下的联邦安全会议也必须在联邦宪法和联邦法律框架下行事。

联邦安全会议是一个咨询和协调机构，而非决策机构。《俄罗斯联邦安全法》和《俄罗斯联邦安全会议条例》明确规定："联邦安全会议是在安全领域为俄罗斯联邦总统的决定做准备工作的宪法性咨询机构"，联邦安全会议的决定经联邦安全会议主席也就是总统批准后才能生效。因此，联邦安全会议是联邦总统权力的衍生物。联邦会议和司法系统对联邦安全会议的监督主要是通过对联邦安全会议主席（也就是联邦总统）的监督来实现。

图2反映了联邦安全会议与行政系统其他国家机关的关系。外交部、国防部、司法部、内务部和紧急情况部等政府部门直接由联邦总统领导，国防部下属的总参谋部和对外情报局与国家安全密切相关，仅对总统负责；对外情报局、联邦安全局、联邦保卫局、金融监管局、联邦精神药品管制局以及总统特殊项目局也直接由总统领导其工作。当然，与国家安全相关的机构不止这些，但是它们是对于国家安全的重要性要远大于其他部门。联邦安全会议作为联系联邦总统和国家安全部门的桥梁，发挥着重要的情报收集、部门协调职能。

联邦安全会议是一个组织庞大、结构复杂的机构，它是俄罗斯处理国家安全事务的最高机构，也是国家安全保障的中枢机构。联邦安全会议的影响遍及国家政治经济生活、国家安全保障的各个领域，其活动体现在情报搜集分析、部门立场协调、决策方案准备、采取最终决策和决策效果评估等决策过程的各个阶段。联邦安全会

---

① 《俄罗斯联邦宪法》，姜士林主编：《世界宪法全书》，青岛：青岛出版社，1997年版，第832—833页。

议不仅可以审议俄罗斯政治经济生活的几乎所有重大问题，而且可以通过跨部门委员会的渠道协调联邦执行权力机关在执行安全保障政策中的活动，是实现总统权力、进行国家安全保障的一个"超部门机构"。①

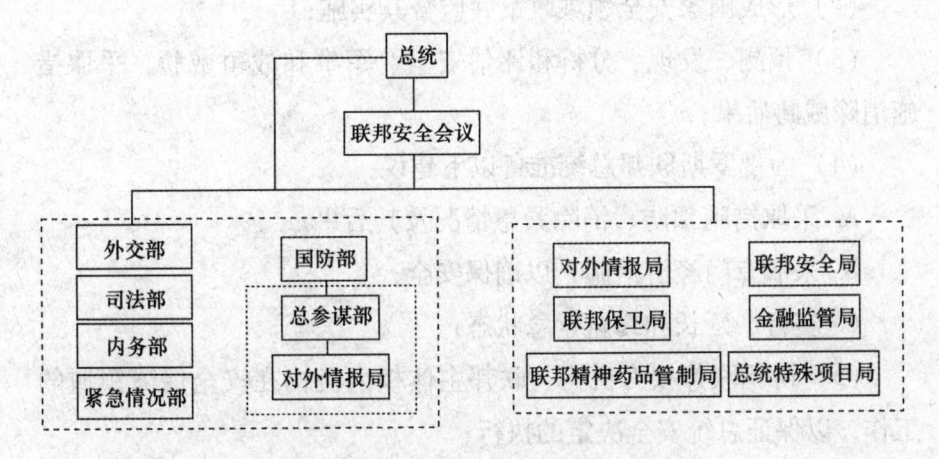

图 2　安全会议在国家安全保障体系中的地位

资料来源：笔者根据俄罗斯联邦政府网站（http://government.ru/en/ministries/）制作，登录时间：2013 年 12 月 10 日。

三、职权功能与组织结构

（一）联邦安全会议的任务和职能

《俄罗斯联邦安全会议条例》规定了联邦安全会议的主要任务和

---

①　上海太平洋国际战略研究所：《俄罗斯国家安全决策机制》，北京：时事出版社，2007 年版，第 86 页。

基本职能。

1. 联邦安全会议的主要任务[①]

（1）为总统实现保障国家安全职能提供有利条件；

（2）形成国家安全领域政策并监督其实施；

（3）预测、发现、分析和评估安全、军事和战争威胁，采取措施消除威胁后果；

（4）为俄罗斯联邦总统准备以下建议：

A. 采取措施预防、消除紧急情况及其后果；

B. 采取专门经济措施，以确保安全；

C. 实行、延长和终止紧急状态；

（5）协调联邦权力机构、联邦主体权力机构在安全保障领域的工作，以保证总统安全决定的执行；

（6）评估联邦权力机构在保障安全方面的有效性。

2. 联邦安全会议的基本职能[②]

（1）研究安全保障问题，组织防御、军队建设、国防工业、军事技术问题的国际合作，为保障俄罗斯的宪法、主权、独立、领土完整，在保障安全领域的国际合作等问题做准备。

（2）基于情报分析进行战略评估：

A. 国家安全保障领域的基本方向；

B. 国家社会—政治和经济状况；

C. 维护俄罗斯联邦人和公民的权利和自由；

---

① 《Положение о Совете Безопасности Российской Федерации》（《俄罗斯联邦安全会议条例》），2011年5月6日，俄罗斯联邦安全会议网站：http://www.scrf.gov.ru/documents/11/3.html，登录时间：2013年12月15日。

② 同上。

D. 法律遵守情况，反对恐怖主义和极端主义的手段有效性；

E. 军事危险；

F. 研发、制造与使用现代化武器、军事与专门设备、军事和民用技术设备，以保障安全；

G. 国家的反毒品政策；

H. 俄罗斯与其他国家在军事、军事技术合作和安全保障领域的国际合作；

I. 俄罗斯信息安全情况和信息社会的发展；

J. 联邦权力机构和联邦主体权力机构在安全保障领域的执行情况；

K. 协调联邦权力机构和联邦主体权力机构对总统决定和命令的执行工作。

（3）制定和修改国家安全保障的标准和指标。

（4）落实安全领域的战略规划，包括：

A. 评估对战略规划文件的执行工作的有效性；

B. 修改战略规划与国家战略重点的文件；

C. 协调联邦主体战略规划文件的制定工作。

（5）国家对外军事政策主要方向、国防工业的国家政策、军事技术合作和安全保障领域的国际合作。

（6）审议法律草案和有关联邦安全会议管辖范围内问题的其他法律法规。

（7）为总统准备安全方面的草案，监督联邦执行权力机构在安全保障领域的工作。

（8）组织制定安全保障方面的联邦专项纲要，并监督其实施情况。

（9）组织和监督军事经费使用情况。

（10）审查每年联邦安全会议秘书向总统提交的有关国家安全状

况和加强安全措施的报告。

（11）审查俄罗斯联邦政府主要工作成果的综合报告。

（12）审查由联邦总统直接领导的俄罗斯联邦权力机构主要工作的年度报告。

（13）组织安全保障领域的科学研究。

（14）俄罗斯联邦总统可根据联邦法律赋予联邦安全会议的其他任务和职能。

总体来看，联邦安全会议所承担的任务和职能主要有四大方面：第一，为总统实现其所承担的国家安全保障职能准备提案和提供建议，这一方面的职能是以总统为中心的；第二，协调联邦权力机构和联邦主体权力机构对相关国家安全战略、政策和决定的执行工作，监督其实施情况；第三，组织安全领域的评估和科学研究工作，并形成解决方案；第四，组织开展与其他国家的安全合作。

（二）组织结构

联邦安全会议的结构主要有四层：联邦总统主持的联邦安全会议、联邦安全会议跨部门委员会（主要工作机构）、科学委员会和联邦安全会议机关（日常工作机关）。

表1　联邦安全会议的组织结构

名称	组成	主席
总统主持的联邦安全会议	常委会议	总统
	全体会议	总统
联邦安全会议跨部门委员会	战略规划跨部门委员会	总统办公厅主任
	独联体事务跨部门委员会	联邦安全会议副秘书
	经济和社会安全跨部门委员会	俄罗斯科学院副院长
	环境安全跨部门委员会	俄罗斯科学院副院长

续表

名称	组成	主席
联邦安全会议跨部门委员会	军事安全跨部门委员会	俄罗斯武装部队总参谋长兼国防部第一副部长
	公共安全跨部门委员会	内务部长
	信息安全跨部门委员会	联邦安全会议副秘书
科学委员会		联邦安全会议秘书
联邦安全会议机关		联邦安全会议秘书

资料来源：笔者根据俄罗斯联邦安全会议网站（http://www.scrf.gov.ru/）材料整理制作，登录时间：2013年12月12日。

1. 联邦安全会议

联邦安全会议由联邦安全会议主席、联邦安全会议常委和普通委员组成。联邦安全会议主席由联邦总统担任，常委一般包括总理、总统办公厅主任、内务部长、国防部长、联邦安全局长、对外情报局长、外交部长、联邦安全会议秘书、联邦会议主席、国家杜马主席等人，普通成员中主要包括总统驻联邦区全权代表以及其他与国家安全相关的部门官员。

从成员构成可以看出，联邦安全会议集中了联邦会议（联邦委员会和国家杜马）主席、联邦总检察长以及国家主要强力部门的首脑，这保证了联邦安全会议决议具有稳固的政治基础和权威性，有助于协调安全部门之间的工作，增强执行力。

表2 联邦安全会议的现任成员

联邦安全会议主席	
普京（ПУТИН Владимир Владимирович）	俄罗斯联邦总统
联邦安全会议常委	
博尔特尼科夫（БОРТНИКОВ Александр Васильевич）	联邦安全局局长

续表

联邦安全会议常委	
格雷兹洛夫（ГРЫЗЛОВ Борис Вячеславович）	（目前无其他职位，曾任"统一俄罗斯党"主席、国家杜马主席）
伊万诺夫（ИВАНОВ Сергей Борисович）	总统办公厅主任
克劳科切夫（КОЛОКОЛЬЦЕВ Владимир Александрович）	联邦内务部长
拉夫罗夫（ЛАВРОВ Сергей Викторович）	联邦外交部长
马特维延科（МАТВИЕНКО Валентина Ивановна）	联邦会议联邦委员会（上院）主席
梅德韦杰夫（МЕДВЕДЕВ Дмитрий Анатольевич）	联邦总理
纳雷什金（НАРЫШКИН Сергей Евгеньевич）	联邦会议国家杜马（下院）主席
努尔加利耶夫（НУРГАЛИЕВ Рашид Гумарович）	联邦安全会议副秘书
帕特鲁舍夫（ПАТРУШЕВ Николай Платонович）	联邦安全会议秘书
弗拉德科夫（ФРАДКОВ Михаил Ефимович）	联邦对外情报局局长
绍依古（ШОЙГУ Сергей Кужугетович）	联邦国防部长
联邦安全会议委员	
巴比奇（БАБИЧ Михаил Викторович）	总统驻伏尔加河沿岸联邦区全权代表
贝格罗夫（БЕГЛОВ Александр Дмитриевич）	总统驻中央联邦区全权代表
布拉万（БУЛАВИН Владимир Иванович）	总统驻西北联邦区全权代表
格拉西莫夫（ГЕРАСИМОВ Валерий Васильевич）	俄罗斯武装部队总参谋长兼第一副国防部长
伊万诺夫（ИВАНОВ Виктор Петрович）	联邦精神类药品管制局局长
科诺瓦洛夫（КОНОВАЛОВ Александр Владимирович）	联邦司法部长
波尔塔夫琴科（ПОЛТАВЧЕНКО Георгий Сергеевич）	圣彼得堡市长
布奇科夫（ПУЧКОВ Владимир Андреевич）	联邦紧急情况部长
西卢安诺夫（СИЛУАНОВ Антон Германович）	联邦财政部长
索比亚宁（СОБЯНИН Сергей Семенович）	莫斯科市长
托罗康斯基（ТОЛОКОНСКИЙ Виктор Александрович）	总统驻西伯利亚联邦区全权代表
特鲁特涅夫（ТРУТНЕВ Юрий Петрович）	联邦副总理兼总统驻远东联邦区全权代表
乌斯季诺夫（УСТИНОВ Владимир Васильевич）	总统驻南部联邦区全权代表

续表

联邦安全会议委员	
科勒博宁（ХЛОПОНИН Александр Геннадиевич）	总统驻北高加索联邦区全权代表
赫尔曼斯基赫（ХОЛМАНСКИХ Игорь Рюрикович）	总统驻乌拉尔联邦区全权代表
柴卡（ЧАЙКА Юрий Яковлевич）	联邦总检察长

资料来源：笔者根据俄罗斯联邦安全会议网站（http://www.scrf.gov.ru/persons/sections/6/）整理制作，成员顺序与网站一致，登录时间：2013年12月12日。

联邦安全会议秘书的作用非常重要，他负责保障联邦安全会议的活动，领导联邦安全会议机关。他主要负责联邦安全会议的工作计划安排、议事日程制订、联邦安全会议的会议筹备，并在准备和实施国家安全领域的决策时负责与联邦国家权力机关和联邦主体国家权力机关相互协作。

根据规定程序，联邦安全会议秘书每周要与总统进行一次会晤，并向总统进行汇报。必要时，这种会晤可以根据总统或联邦安全会议秘书的提议在日程计划外进行。

联邦安全会议秘书的职能是：[①]

（1）向总统汇报国家安全状况。

（2）制订联邦安全会议的工作计划并提交给总统批准。

（3）制订安全会议的日常和紧急会议、战略规划会议、出访会谈的议程。

（4）向联邦安全会议主席准备并提交日常和紧急会议的决议、战略规划决议、总统令和总统交办的事项。

（5）组织和协调联邦安全会议工作机构——安全会议跨部门委员会和科学委员会的工作，向联邦安全会议主席提供建立、改组、

[①]《Положение о Совете Безопасности Российской Федерации》(《俄罗斯联邦安全会议条例》)，2011年5月6日，俄罗斯联邦安全会议网站：http://www.scrf.gov.ru/documents/11/3.html，登录时间：2013年12月15日。

撤销、任务、职能与成员的建议，如有必要可以与跨部门委员会的领导进行会议。

（6）协调联邦执行权力机构与联邦主体执行权力机构准备有关日常和紧急会议、战略规划会议以及出访需要的资料。

（7）监督联邦安全会议决议的执行，监督俄罗斯联邦武装部队、其他部队、军事编队和机构的工作，包括控制和监督机构。

（8）向俄罗斯联邦总统提交关于国家安全状况和加强安全措施的年度报告。

（9）在国家安全领域组织战略规划工作，修订俄罗斯国家安全战略、新概念、国家安全领域的基本文件和国家战略重点的文件。

（10）组织制定并提交俄罗斯联邦总统对联邦会议所做的关于国家安全政策主要方向的年度国情咨文的建议。

（11）组织核查俄罗斯联邦总统提交给联邦会议有关国防方面的预算。

（12）制定并实施俄罗斯联邦外交政策。

（13）组织俄罗斯联邦总统交办的加强国际安全合作的活动。

（14）在紧急状态下给联邦安全会议提供有关协调联邦执行权力机构和联邦主体执行权力机构工作的建议。

（15）协调关于联邦安全项目的科学研究工作，监督这些项目的实施，为实现这些项目可以跟科学家和专家签订合同。

（16）在联邦安全会议管辖范围内组织审查俄罗斯联邦法律草案和其他规范性法律。

（17）制定国家人才政策、公共服务政策以保护国家安全。

（18）组织制定有关国家安全的总统令和总统交办的事项，协调联邦主体执行权力机构的工作。

（19）参加军事会议、联邦执行权力机构、联邦主体执行权力机构以及其他公共机构涉及国家安全问题的会议。

（20）组织评估战略规划文件、联邦执行权力机构、联邦主体执行权力机构有关保护国家安全的项目，准备提交给联邦安全会议的结论性评估文件。

（21）向俄罗斯联邦总统提出联邦安全会议副秘书和助理秘书的任免建议。

（22）为实现联邦安全会议和安全会议机关的任务，从总统办公厅、联邦委员会、国家杜马、联邦政府、联邦执行权力机构、联邦主体执行权力机构、地方当局以及其他机构和公职人员处获取相关文件。

（23）说明和解释联邦安全会议的决定。

（24）为了行使其权力，联邦安全会议秘书可发布命令。

（25）联邦安全会议秘书负责联邦安全会议的工作和联邦安全会议决定的执行。

2. 联邦安全会议跨部门委员会[①]

跨部门委员会是根据联邦安全会议的目标和主要活动常设或者临时成立的主要工作机构，它们的主要职能是为联邦安全会议提供国家安全政策方针的建议和咨询，汇集部门意见，协调部门立场，同时落实联邦安全会议的决定，协调联邦权力机构和联邦主体权力机构完成联邦安全会议专项纲要和决议的执行工作。

根据其工作内容的不同可以分为地域性委员会和功能性委员会，比如独联体事务跨部门委员会是地域性委员会，而信息安全跨部门委员会是功能性委员会。

联邦安全会议常设跨部门委员会囊括了与国家安全相关的国家

---

① 《Положение о Совете Безопасности Российской Федерации》（《俄罗斯联邦安全会议条例》），2011年5月6日，俄罗斯联邦安全会议网站：http://www.scrf.gov.ru/documents/11/3.html，登录时间：2013年12月15日。

安全部门领导，他们的共同工作在决策方案准备阶段就可以在一定程度上减少各部门之间的意见分歧和矛盾，减少了决策执行过程中的阻力。

联邦安全会议跨部门委员会每季度至少举行一次会议，必要时可以举行非例行会议。①

随着联邦安全会议的机构调整，2007年4月以来有7个常设跨部门委员会：战略规划跨部门委员会、独联体事务跨部门委员会、经济和社会安全跨部门委员会、环境安全跨部门委员会、军事安全跨部门委员会、公共安全跨部门委员会、信息安全跨部门委员会。②

对联邦安全会议跨部门委员会的职能和运作程序的规定主要以总统令的形式发布，目前有效的是2011年5月6日梅德韦杰夫总统颁布的第590号总统令。这份总统令对七个常设跨部门委员会的规定是相似的，因此笔者将对其中的经济和社会安全跨部门委员会进行详细探讨，对其余六个进行简要介绍。

（1）经济和社会安全跨部门委员会

联邦安全会议经济和社会安全跨部门委员会是根据2010年12月28日颁布的《俄罗斯联邦安全法》和《俄罗斯联邦安全会议条例》建立的保障经济和社会安全的机构。它的法律基础有《俄罗斯联邦宪法》、宪法法律和联邦法律、俄罗斯联邦总统令、《俄罗斯联邦安全会议条例》以及《俄罗斯联邦安全会议经济和社会安全跨部

---

① 《Положение об аппарате Совета Безопасности Российской Федерации》（《俄罗斯联邦安全会议机关条例》），2011年5月6日，俄罗斯联邦安全会议网站：http://www.scrf.gov.ru/documents/12/16.html，登录时间：2013年12月16日。

② 俄罗斯联邦安全会议网站：http://www.scrf.gov.ru/documents/7/，登录时间：2013年12月14日。

门委员会条例》。[①]

联邦安全会议经济和社会安全跨部门委员会的职能有：[②]

A. 向联邦安全会议提供关于制定保障国家经济和社会安全政策的建议；

B. 分析并预测国家社会经济状况以保障经济和社会安全；

C. 发现影响俄罗斯稳定发展的国内外威胁，为联邦安全会议提供消除这些威胁的建议；

D. 评估俄罗斯联邦的金融信贷政策与金融系统、经济部门的状况和发展前景，以保障国家安全；

E. 在联邦执行权力机构制定保障国家经济和社会安全的短期、中期和长期决定时，向联邦安全会议提出协调这些机构工作的建议；

F. 审查国家经济和社会安全领域的目标项目，评估其执行效率并就此向联邦安全会议提出建议；

G. 分析与预测《2020年前俄罗斯联邦国家安全战略》和其他战略规划文件的实施过程，向联邦安全会议提供建议；

H. 向联邦安全会议提出特殊经济措施的建议以保障国家安全，制定保障国家安全的标准和指标；

I. 分析联邦执行权力机构和联邦主体执行权力机构保障国家经济和社会安全工作的效率，向联邦安全会议提供建议；

J. 向联邦安全会议提出保障国家经济和社会安全的法规的建议；

K. 如有必要，向联邦安全会议提交关于联邦执行权力机构和联邦主体执行权力机构保障国家经济和社会安全工作的检查报告。

---

① 《Положение о Межведомственной комиссии Совета Безопасности Российской Федерации по безопасности в экономической и социальной сфере》(《俄罗斯联邦安全会议经济和社会安全跨部门委员会条例》)，2011年5月6日，俄罗斯联邦安全会议网站：http://www.scrf.gov.ru/documents/7/43.html，登录时间：2013年12月18日。

② 同上。

总体来看,经济和社会安全跨部门委员会的职能主要有三点:第一,评估国家经济和社会发展状况、经济和社会安全保障系统的运行情况,发现影响经济和社会安全的内外威胁,并提出相应建议;第二,向联邦安全会议提出制定经济和社会政策的建议;第三,协调执行部门实施与经济社会安全相关的国家战略、政策和决议,并对它们的执行情况进行评估和监督。

经济和社会安全跨部门委员会的建立和取消由联邦总统决定,其成员由联邦权力机关的领导组成,联邦总统根据联邦安全会议秘书的建议任命委员会成员。

跨部门委员会主席和副主席领导委员会工作部门的工作,领导委员会会议,如有必要可以考虑增加会议议程。如委员会主席不在,则由副主席代行主席职责。跨部门委员会秘书准备会议资料并做会议记录。

跨部门委员会的权利有:与总统办公厅下属独立机构和其他组织就跨部门委员会职权内的事项进行合作,并按照规定方式从这些机构获得相关资料;按规定方式使用银行、总统办公厅和联邦当局的资料库;使用政府等公共机构的通信系统和信息;按照规定方式与研究机构、部门和专家签订合同,运用他们在经济社会安全研究中的结论等。在委员会职权范围内向联邦安全会议总结并提交安全问题的信息。

委员会成员在审议事项时享有平等的权利,委员会决定由成员简单多数决定,由委员会秘书和主席签署。如果委员会成员不同意委员会的决定,可以书面形式作出声明,这些声明将附在会议决议之后。

第二章 俄罗斯联邦安全会议

(2) 战略规划跨部门委员会[①]

俄罗斯联邦安全会议战略规划跨部门委员会主要是为了完成联邦安全会议在社会经济发展的战略规划方面的任务。它的主要职能是，向联邦安全会议提出组织俄联邦战略规划问题的建议；对国家安全战略的制定和完善提供建议；审查俄罗斯战略规划文件及法规；评估影响俄联邦社会经济发展和国家安全的内外部威胁；审查联邦当局对战略规划的执行情况；参与审查国家安全战略的优先事项的效果评估；组织对规章草案、联邦执行权力机构和联邦主体执行权力机构的决定、俄罗斯联邦战略规划专项纲要和其他战略规划文件的审查；对联邦安全会议制定和完善国家安全标准和指标提供建议；参与审查关于俄罗斯经济社会发展水平和国家安全状况的材料；向联邦安全会议准备关于更新战略规划文件清单的提案和建议，由联邦总统批准等。

(3) 独联体事务跨部门委员会[②]

独联体事务跨部门委员会是为完成联邦安全会议所承担的在俄罗斯与独联体国家关系领域维护俄罗斯国家利益的任务而建立的。它的主要职能是：分析和预测俄罗斯与独联体国家关系的现状和发展趋势，向联邦安全会议提供在与独联体国家关系领域保障俄罗斯国家利益的建议；按规定程序审议发展俄罗斯与独联体国家关系的专项纲要，并评估效果以推进双方关系发展；为总统年度国情咨文

[①] 《Положение о Межведомственной комиссии Совета Безопасности Российской Федерации по проблемам стратегического планирования》(《俄罗斯联邦安全会议战略规划跨部门委员会条例》)，2011年5月6日，俄罗斯联邦安全会议网站：http://www.scrf.gov.ru/documents/7/49.html，登录时间：2013年12月18日。

[②] 《Положение о Межведомственной комиссии Совета Безопасности Российской Федерации по проблемам Содружества Независимых Государств》(《俄罗斯联邦安全会议独联体事务跨部门委员会条例》)，2011年5月6日，俄罗斯联邦安全会议网站：http://www.scrf.gov.ru/documents/7/6.html，登录时间：2013年12月18日。

和有关巩固俄罗斯与独联体国家关系的报告准备材料；向联邦安全会议提供建议，改善俄罗斯国家联邦机构与独联体国家机构的合作，推动集体安全条约组织、欧亚经济共同体等地区组织的活动；分析在独联体国家调解冲突与执行维和行动的信息；审议有关完善独联体集体安全系统、发展军事与军事技术合作、发展边防领域的协作、预防和消除紧急状态及其后果、与独联体范围内的犯罪做斗争方面的建议；在联邦安全会议编制俄罗斯联邦战略规划时参与提案和建议；研究其他国家建立和发展跨国联合体的经验。

（4）环境安全跨部门委员会[①]

俄罗斯联邦安全会议环境安全跨部门委员会是为完成联邦安全会议所承担的保障环境安全的任务而建立的工作机构。它的主要职能是：查明和评估影响俄联邦环境安全的国内外威胁，并向联邦安全会议提出建议；评估现有的并预测潜在的环境危险及其来源；就有关公众健康的工业设施、交通运输业、农业生产和其他行业的环境安全，依国际条约应予以销毁的化学、核武器以及俄联邦境内的其他生态灾难和麻烦等环境问题，向联邦安全会议准备提案和建议；审查俄罗斯联邦关于保护环境安全的专项纲要并评估其效用，就此向联邦安全会议提供提案和建议；向联邦安全会议提供俄联邦环境安全状况的信息分析；为联邦安全会议决议准备提案和建议，并为讨论环境安全问题的联邦安全会议准备信息和分析材料；为联邦安全会议协调联邦执行权力机构和联邦主体执行权力机构有关制定保护环境安全的中长期发展任务的工作提供提案；为联邦安全会议战略规划的制定准备提案和建议；分析联邦执行权力机构和联邦主体

[①] 《Положение о Межведомственной комиссии Совета Безопасности Российской Федерации по экологической безопасности》（《俄罗斯联邦安全会议环境安全跨部门委员会条例》），2011 年 5 月 6 日，俄罗斯联邦安全会议网站：http://www.scrf.gov.ru/documents/7/47.html，登录时间：2013 年 12 月 18 日。

执行权力机构执行联邦安全会议有关保障环境安全决议的工作效率；就保障环境安全的法律法规向联邦安全会议提供提案和建议等。

(5) 军事安全跨部门委员会①

俄罗斯联邦安全会议军事安全跨部门委员会是为完成联邦安全会议关于制定联邦军事政策、保障军事安全以及推动与外国的军事和军事技术合作而建立的工作机构。它的主要职能是：向联邦安全会议关于国防、建立和发展俄联邦武装力量和机构、动员机制和军事以及军事技术的国际合作提供提案和意见；从保障俄罗斯联邦军事安全的角度对国家军事政治和社会经济形势的发展进行评估和预测；分析关于俄罗斯军事安全状况、与外国军事和军事合作的情报，并就此向联邦安全会议和联邦执行权力机构提出相应的建议；就明确联邦武装力量的任务、完善武装力量的结构和人员编制向联邦安全会议和总统提出建议，就制定和实施军事经济政策及军事装备的政策提出建议；就制订用于国防安全和国家安全保障的预算、实施国家武器装备纲要和国家国防订货问题向联邦安全会议和总统提出建议；分析用于国防和国家安全保障的联邦财政支出的使用情况，并向联邦安全会议提出相应建议；就完善集体安全体系、削减和限制武装力量、核武器和常规武器等方面向联邦安全会议提出建议；就军人、复员军人以及他们的家庭社会保障问题向联邦安全会议和联邦部门提供建议；在规定程序下，参与有关联邦军事安全保障的规范性法律文件的起草工作等。

---

① 《Положение о Межведомственной комиссии Совета Безопасности Российской Федерации по военной безопасности》（《俄罗斯联邦安全会议军事安全跨部门委员会条例》），2011年5月6日，俄罗斯联邦安全会议网站：http://www.scrf.gov.ru/documents/7/39.html，登录时间：2013年12月18日。

(6) 公共安全跨部门委员会[1]

俄罗斯联邦安全会议公共安全跨部门委员会是为完成联邦安全会议所承担的保障公共安全领域的任务、制定措施以加强法治和打击犯罪而设立的机构。它的职能是：就公共安全领域的国家政策向联邦安全会议提供提案和建议；评估和预测公共安全和打击犯罪领域的情势发展；参与制定和修改俄联邦国家安全战略和其他涉及公共安全的国家战略性文件；组织查明影响国家安全的内外部威胁，包括恐怖主义和极端主义活动、非法移民、针对人、财产和国家机关的非法侵占行为，并向联邦安全会议、联邦执行权力机构和联邦主体执行权力机构提供建议；协助制定新的打击恐怖主义和极端主义的形式和方法；分析联邦执行权力机构和联邦主体执行权力机构在执行联邦安全会议决定上的效果；就维护公共安全、打击犯罪、预防恐怖威胁和冲突向联邦安全会议提出制定和发展法律规章的提案和建议等。

(7) 信息安全跨部门委员会[2]

俄罗斯联邦安全会议信息安全跨部门委员会是为完成联邦安全会议承担的保障国家信息安全任务而设立的机构。它的职能是：为联邦安全会议制定和实施俄罗斯联邦信息安全领域的国家政策提供提案和建议；向联邦安全会议提供提案和建议以协调联邦执行权力机关和联邦主体执行权力机关有关执行联邦专项纲要和联邦安全会

---

[1] 《Положение о Межведомственной комиссии Совета Безопасности Российской Федерации по общественной безопасности》（《俄罗斯联邦安全会议公共安全跨部门委员会条例》），2011年5月6日，俄罗斯联邦安全会议网站：http://www.scrf.gov.ru/documents/7/41.html，登录时间：2013年12月18日。

[2] 《Положение о Межведомственной комиссии Совета Безопасности Российской Федерации по информационной безопасности》（《俄罗斯联邦安全会议信息安全跨部门委员会条例》），2011年5月6日，俄罗斯联邦安全会议网站：http://www.scrf.gov.ru/documents/7/45.html，登录时间：2013年12月18日。

议决议的工作；分析国家信息安全、信息通讯系统、关键基础设施网络的状况，并向联邦安全会议提出提案和建议；预测、查明和评估国家信息安全威胁及来源，就预防已知和预期的威胁以及保护信息安全向联邦安全会议提出提案和建议；审查旨在保护俄罗斯联邦信息安全的专项纲要，并向联邦安全会议提出提案和建议；总统年度国情咨文中有关信息安全保障部分的文件起草工作；就制定保障信息安全领域的法律规章向联邦安全会议提出提案和建议。

3. 科学委员会

在对美国等西方资本主义国家的支持失望之后，叶利钦总统提出了"建设强大国家、恢复大国地位"的政策方针，为了加强联邦安全会议活动的科学基础，以及对第一版《俄罗斯国家安全构想》的制定工作提供科学保障，联邦安全会议于1993年成立了科学委员会。[①]

科学委员会是给联邦安全会议的部门提供科学方法论和专家分析的机构，它的法律基础是《俄罗斯联邦宪法》、宪法法律、联邦法律、2010年12月28日颁布的《俄罗斯联邦安全法》、总统令以及《俄罗斯联邦安全会议科学委员会条例》。

科学委员会的主要职能是：[②]

（1）为联邦安全会议及其工作机构以及联邦安全会议机关提供科学的方法论和专家分析的工作；

[①] 薛兴国：《俄罗斯国家安全理论与实践》，北京：时事出版社，2011年版，第103页。

[②] 《Положение о научном совете при Совете Безопасности Российской Федерации》（《俄罗斯联邦安全会议科学委员会条例》），2011年5月6日，俄罗斯联邦安全会议网站：http://www.scrf.gov.ru/documents/19/53.html，登录时间：2013年12月19日。

（2）为联邦安全会议提供有关国家安全方面综合科学研究的建议；

（3）提高俄罗斯联邦国家安全战略的科学性；

（4）从科学和方法论角度评估和预测俄罗斯社会经济发展和国家安全的国内外威胁；

（5）帮助联邦安全会议及其工作机构以及联邦安全会议机关提供科学方法论的支持活动以制定和修改俄罗斯国家安全政策，包括：

A. 就明确国家安全战略的优先事项、标准和指标向联邦安全会议提出提案和建议，提供战略规划文件，交由联邦总统批准；

B. 评估社会经济发展水平与国家安全状况；

C. 为联邦安全会议提供关于制定联邦专项纲要的建议，提高俄罗斯联邦危机管理中心系统的效率；

（6）对有关国家安全问题的规章草案、概念性、理论性和分析性的文件进行科学检验；

（7）为联邦安全会议及其工作机构以及联邦安全会议机关有关保障国家安全和实现国家政策的决议进行科学检验；

（8）从理论和实践角度对俄罗斯与其他国家的国家安全保障进行比较。

科学委员会是一个咨询性机构，其建立、修改和撤销由总统决定。科学委员会由主席、副主席、部门领导与一般成员组成，由联邦安全会议秘书担任主席。

科学委员会主席的权利有：组织科学委员会和主席团的工作，监督科学委员会工作部门的工作；为实现分析和专门的工作可以邀请相关科研机构、科学家和专家参加科学委员会工作；与俄罗斯联邦权力机构和地方当局合作；制订科学委员会和主席团的议程；规定科学委员会副主席的职责等。

一般来说，科学委员会的成员由国家高等院校的代表、研究机构的领导、科学家和专家组成，科学委员会成员享有平等地位。根据2013年4月22日的第378号总统令，联邦安全会议科学委员会包括155名成员，主要有科学院系统的研究所、国家机关下属的研究机构、军队所属研究机构的领导以及著名学者。[①]

为了实现科学委员会承担的职能，由联邦安全会议秘书批准工作部门的数量，为迅速审议某个问题，可由科学委员会主席、副主席和部分部门负责人组成主席团。

经联邦安全会议秘书批准，联邦安全会议副秘书、助理秘书、跨部门委员会领导和联邦安全会议机关成员可以参加科学委员会的会议。

如遇特殊情况，可以成立由非科学委员会成员组成的临时工作组。

4. 联邦安全会议机关

联邦安全会议机关负责联邦安全会议的日常工作，是隶属于总统办公厅的一个独立分支机构，其主要功能是为联邦安全会议的工作提供组织技术与信息分析支持。联邦安全会议机关拥有专门的办事机构和人员，它作为一个职能化部门，为联邦安全会议的顺利运作奠定了组织基础。同时它隶属于总统办公厅，反映了总统对联邦安全会议的绝对领导，表明了联邦安全会议以总统为中心的组织取向。

联邦安全会议机关的法律基础有：俄罗斯联邦宪法、宪法法律、联邦法律、2010年12月28日颁布的《俄罗斯联邦安全法》、总统

---

① 《Состав научного совета при Совете Безопасности Российской Федерации》（《俄罗斯联邦安全会议科学委员会的组成》），2013年4月22日，俄罗斯联邦安全会议网站：http://www.scrf.gov.ru/persons/sections/17/，登录时间：2013年12月19日。

令、《俄罗斯联邦安全会议条例》、俄罗斯联邦总统办公厅的命令、联邦安全会议秘书的命令以及《俄罗斯联邦安全会议机关条例》。

与一季度只召开一次会议的跨部门委员会相比，联邦安全会议机关承担着更多的日常职能工作，在国家安全保障中发挥着经常性的作用。

联邦安全会议机关的主要任务是：[①]

（1）在国家安全、公共安全、环境安全、个人安全、法律规定的其他安全保障方面以及国防、军队建设、国防工业发展、军事和军事技术合作等问题上为俄罗斯联邦总统和联邦安全会议提供信息和分析支持的工作；

（2）在制定和修改俄罗斯联邦国家安全战略、其他有关国家安全的概念和基本文件、国家安全标准和指标、国家战略重点以及其他战略规划问题上，为联邦安全会议提供信息分析和组织技术保障工作；

（3）为联邦安全会议跨部门委员会和科学委员会提供组织技术、资料支持以及信息查询工作；

（4）为联邦总统和联邦安全会议提供以下提案：

A. 制定和改善国家安全政策并监督其实施；

B. 制定国家军事政策的主要方向，制定军队建设、国防生产、动员准备与动员、俄联邦与外国的军事和军事技术合作等政策，并监督其实施；

C. 组织制定联邦国家安全专项纲要并监督其实施；

D. 在联邦安全会议管辖范围内协调联邦执行权力机构和联邦主体执行权力机构的工作；

[①] 《Положение об аппарате Совета Безопасности Российской Федерации》（《俄罗斯联邦安全会议机关条例》），2011 年 5 月 6 日，俄罗斯联邦安全会议网站：http://www.scrf.gov.ru/documents/12/16.html，登录时间：2013 年 12 月 20 日。

E. 预防和消除紧急状态及其后果；

F. 采取特殊经济措施以保障国家安全；

G. 实行、延长和中止紧急状态，以及实行和取消戒严；

H. 改革现有的或形成新的行使国家安全职能的公共机构和组织；

I. 加强安全保障领域的国际合作；

（5）监督联邦执行权力机构和联邦主体执行权力机构对联邦总统、联邦安全会议以及战略规划会议决议的执行情况。

考虑到联邦安全会议机关的职能与任务具有内容上的一致性，在此不再单独列出。

为实现其任务和职能，联邦安全会议机关有权：[1]

（1）按规定方式从俄罗斯联邦总统办公厅的其他独立部门、联邦会议联邦委员会机关、联邦会议国家杜马机关、联邦政府机关、联邦执行权力机关、联邦主体执行权力机关、地方自治机关和组织、俄罗斯联邦武装部队以及其他军事单位和机构及其官员处获得所需材料；

（2）按规定方式使用俄联邦总统办公厅和联邦执行权力机构的数据库；

（3）以签订合同的形式使用科学家和专家的个人研究成果；

（4）要求控制和监督机构检查安全会议决定的实现情况，监督对于联邦安全会议决定的执行情况，监督俄罗斯联邦武装力量、其他军事单位和机构的工作。

联邦安全会议机关在履行其职能时要与以下机构相协调：俄罗斯联邦会议联邦委员会机关、国家杜马机关、联邦政府、俄罗斯联

---

[1] 《Положение об аппарате Совета Безопасности Российской Федерации》（《俄罗斯联邦安全会议机关条例》），2011年5月6日，俄罗斯联邦安全会议网站：http://www.scrf.gov.ru/documents/12/16.html，登录时间：2013年12月20日。

邦宪法法院机关、俄罗斯联邦最高法院、俄罗斯联邦高等仲裁法院、俄罗斯联邦中央选举委员会、俄罗斯联邦总检察长、俄罗斯联邦调查委员会、俄罗斯联邦预算办公室、联邦执行权力机关、联邦主体执行权力机关、地方自治机关、政党和其他社会团体以及其他民间社会组织和公民。①

联邦安全会议机关在联邦安全会议秘书的领导下开展工作。联邦安全会议机关的领导机关由联邦安全会议秘书、第一副秘书、副秘书和助理秘书组成,联邦总统根据联邦安全会议秘书的建议任免第一副秘书、副秘书和助理秘书。

表3 联邦安全会议机关领导

联邦安全会议秘书	帕特鲁舍夫（ПАТРУШЕВ Николай Платонович）
联邦安全会议第一副秘书	阿维利亚诺夫（АВЕРЬЯНОВ Юрий Тимофеевич）
联邦安全会议副秘书	布拉夫列夫（БУРАВЛЕВ Сергей Михайлович）
	卢科亚诺夫（ЛУКЬЯНОВ Евгений Владимирович）
	纳扎洛夫（НАЗАРОВ Владимир Павлович）
	努尔加利耶夫（НУРГАЛИЕВ Рашид Гумарович）
	波波夫（ПОПОВ Михаил Михайлович）
	瓦赫鲁科夫（ВАХРУКОВ Сергей Алексеевич）
联邦安全会议助理秘书	格里本金（ГРЕБЕНКИН Александр Николаевич）
	扎维尔什斯基（ЗАВЕРШИНСКИЙ Владимир Иванович）
	帕夫洛夫（ПАВЛОВ Алексей Анатольевич）

资料来源：笔者根据俄罗斯联邦安全会议网站（http://www.scrf.gov.ru/persons/sections/10/）资料整理制作,登录时间：2013年12月17日。

---

① 《Положение об аппарате Совета Безопасности Российской Федерации》（《俄罗斯联邦安全会议机关条例》）,2011年5月6日,俄罗斯联邦安全会议网站：http://www.scrf.gov.ru/documents/12/16.html,登录时间：2013年12月20日。

四、运作与案例

（一）日常决策模式

日常决策模式是指国家安全决策机构在正常状态下按照法定的权限、职能和程序按部就班地进行的国家安全决策。

联邦安全会议分为两种类型：联邦安全会议全体会议和联邦安全会议常委会议，均由总统主持召开。根据作者对俄罗斯总统网站公开信息的统计，2013年联邦安全会议的时间和主要议题如下：

表4 2013年俄罗斯联邦安全会议召开时间及议题

月份	日期	规格	议题
1	18	常委会议	国内社会经济发展的重大问题；特殊地区的国际局势
	25	常委会议	马里局势；与寻求俄罗斯经济援助的国家金融合作问题
2	1	常委会议	叙利亚局势；武装部队的组织和发展问题；其他国内国际安全问题
	15	常委会议	俄罗斯的外交政策新理念
	22	常委会议	国内和国际问题
	28	常委会议	国内和国际问题
3	23	常委会议	欧元区经济局势，尤其是塞浦路斯危机；俄中峰会成果
4	5	常委会议	国内社会经济问题；国际问题
5	8	全体会议	阿富汗局势
	13	会见国防部和联邦安全会议高级官员	提高武装部队战斗准备和国防能力
	17	常委会议	无内容介绍

续表

月份	日期	规格	议题
6	3	常委会议	国内和外交政策问题；俄欧峰会
	14	常委会议	国内社会经济状况；G8峰会；美国在叙利亚问题的最后表态
	28	常委会议	社会经济状况；关于叙利亚问题的第二次日内瓦会议；俄美元首会晤的准备情况
7	5	全体会议	军事组织（武装部队、内务部、紧急情况部等）改进问题
8	14	常委会议	洪水受灾区以及其他恶劣天气影响区的状况；国内社会和经济发展问题；国际议题
9	4	常委会议	G20圣彼得堡峰会准备情况；叙利亚问题
	9	全体会议	北高加索联邦区的社会稳定问题
10	5	常委会议	社会和经济发展问题；执法机构和国防部的经费预算；地区冲突问题；俄罗斯驻利比亚使馆遭攻击事件
	19	常委会议	东北亚局势；欧亚经济委员会最高理事会和独联体国家元首理事会的准备情况
11	1	常委会议	关于叙利亚问题的第二次日内瓦会议；信息安全；社会和经济发展；打击有组织犯罪和恐怖主义；与区域内相关机构合作
	14	常委会议	伊朗问题六方会谈；叙利亚问题的第二次日内瓦会议；移民程序的法律规制
	20	全体会议	环境保护和自然资源利用问题，敦促尽快起草相关建议
12	11	常委会议	讨论国内国际的重要议题，以及总统年度国情咨文的细节
	27	常委会议	总结过去一年的成果，讨论国内和国际的紧迫问题

资料来源：笔者根据俄罗斯联邦克里姆林宫网站（http：//eng.state.kremlin.ru/security_council）整理制作，登录时间：2013年12月18日。

由上表可见，全体会议召开次数相对较少，2013年只召开了四次全体会议。在全体会议上，总统向联邦安全会议全体成员介绍与国家安全相关的某些具体领域（比如环境保护）的情况，要求联邦安全会议起草相关领域的方案建议，或者向全体会议成员通报俄罗斯安全领域的重大事项。

联邦安全会议最常见形式是由总统主持的常委会议，每个月至少举行一次，可根据现实情况需要增开会议。常委会议讨论的议题比较广泛，国内社会与经济发展问题、国际局势、重大国际会议的准备情况以及军队建设等与国家安全相关的问题都会涉及。在国家安全决策的制定中，联邦安全会议常委会议发挥的作用要远远超过全体会议。

联邦安全会议主席根据联邦安全会议秘书的建议确定会议议程和会议审议问题的次序，常委和拥有发言权的普通委员参加对问题的讨论。联邦安全会议常委拥有平等的决定权，联邦安全会议的决定在常务委员会议上由常委简单多数通过，在总统签署后生效。

（二）危机决策模式

危机决策模式是指决策者在面临意外的重大威胁情况下，在非常有限的时间里做出重大决策和反应。

危机时期，事件的突发性、时间的紧迫性和问题的重要性使国家安全保障体系的环节十分简化，决策层的人数大大减少。此外决策者个人主观因素的作用上升，危机决策虽然有制度性因素起作用，但是时间压力、未知因素和高度保密性常常使决策者无法按照制度化的程序进行决策，而是根据危机性质和决策者个人判断选择参与决策的人选和机构。①

在制度性危机决策中，联邦安全会议常委是核心决策圈，情报分析和方案酝酿都在这一圈子里完成，总统可能会征询总统助理的意见，也可能跳过总统助理直接决策。在非制度性危机决策中，总统有可能绕过制度化的联邦安全会议常委，将其他机构和人选吸收

---

① 上海太平洋国际战略研究所：《俄罗斯国家安全决策机制》，北京：时事出版社，2007年版，第260页。

```
联邦委员会 ← 批准战时状态、紧急状态 ← 总统 ← 决策下达 ← 总统选择的决策参与者
                                        方案提供
                  方案提供 ↑ ↓ 决策下达
                     安全会议常委

             ——→ 制度性危机决策
             ----→ 非制度性危机决策
```

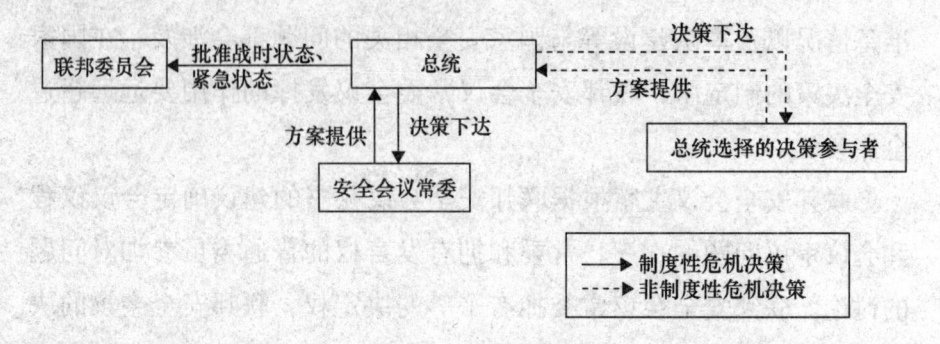

图 3　危机决策模式

资料来源：笔者对《俄罗斯国家安全决策机制》（上海太平洋国际战略研究所，时事出版社，2007年版）第260页的危机决策模式图进行了补充和修改而制成。

进决策圈。[①] 无论是制度性的还是非制度性的危机决策，最后的决策者都是总统。

此外，联邦会议也在危机决策中起一定的作用，主要表现在联邦委员会有权批准俄罗斯联邦总统关于实行战时状态和紧急状态的命令。虽然联邦委员会在危机决策的过程中影响不大，但是它对关系国家安全的重大决策拥有确认和批准的权力。

国家安全决策在任何国家都属于高级机密，其决策过程实际上是一个黑匣子，研究者只能根据官方的公开资料和新闻报道获得有限信息。笔者根据俄罗斯联邦网站公布的信息整理了联邦安全会议在俄罗斯—格鲁吉亚冲突爆发后的行动，试图从中找到关于危机决策的线索。

2008年8月8日，俄罗斯与格鲁吉亚爆发冲突后，梅德韦杰夫总统召集联邦安全会议常委召开紧急会议，讨论采取紧急措施使南

[①] 上海太平洋国际战略研究所：《俄罗斯国家安全决策机制》，北京：时事出版社，2007年版，第260页。

奥塞梯恢复到和平状态的问题,并根据那里的维和人员数量确定保护平民的手段,以保护俄罗斯公民和俄罗斯国家利益。8月16日,梅德韦杰夫总统向联邦安全会议常委通报了他与法国总统签署的关于解决格鲁吉亚冲突的文件,指示外交部和国防部开始与联合国和欧洲安全与合作会议商讨国际调解问题。8月26日,梅德韦杰夫再次召开联邦安全会议常委会议,讨论阿布哈兹和南奥塞梯的局势问题。9月3日,联邦安全会议秘书尼古拉·波拉丹诺维奇·帕特鲁舍夫(ПАТРУШЕВ Николай Платонович)参加集体安全条约组织的联邦安全会议秘书会议,集体安全条约组织是俄罗斯与独联体国家进行安全合作的综合性多功能地区安全组织,帕特鲁舍夫在集体安全条约组织会议上讨论了南高加索地区的军事政治形势以及格鲁吉亚对南奥塞梯侵略的后果,会议决定采取措施消除新出现的挑战和集体安全威胁。9月11日,联邦安全会议秘书帕特鲁舍夫会见乌克兰国家安全会议第一副秘书,介绍了俄罗斯对格鲁吉亚—南奥塞梯问题的态度,并对乌克兰向格鲁吉亚出售武器表示不满,批评乌克兰在格鲁吉亚问题上的表现。

  由以上信息虽然不能看出总统和联邦安全会议的决策过程,但是可以得出两点认识:第一,联邦安全会议作为制度性危机决策的最重要机构承担着非常重要的职能,是总统进行危机决策的重要组织依靠;第二,联邦安全会议秘书在危机状态下承担着重要的协调职能,他作为俄罗斯国家安全方面的代表在多边和双边国际安全合作机制中为俄罗斯争取有利支持,商讨国际调解,发挥了重要作用。

五、特点与经验

(一) 以总统为中心，为总统服务

俄罗斯联邦安全会议是总统权力的衍生物，它的最重要职能就是为联邦总统实现其所承担的保障国家安全职责提供建议和咨询，以确保总统安全决策的准确性和科学性。同时协调各部门工作，保证总统的决策能够得到有效执行。这与俄罗斯联邦超级总统制的基本政治制度相匹配。

以总统为中心体现在以下几个方面：

第一，总统直接领导联邦安全会议，任命联邦安全会议常委和普通成员，联邦安全会议决定经总统批准方可生效。

第二，联邦安全会议秘书由总统任命，对总统负责。联邦安全会议秘书负责保障联邦安全会议的活动，领导联邦安全会议机关，在国家安全保障中发挥着重要的组织和协调作用，同时代表俄罗斯联邦开展安全领域的国际合作与交往。鉴于联邦安全会议秘书的显著地位，总统在任命联邦安全会议秘书时非常谨慎，一般把自己的亲信安排在这个位子上。

第三，联邦安全会议跨部门委员会、科学委员会的设立或取消由总统决定，成员由总统任命。

第四，联邦安全会议机关隶属于总统办公厅，总统根据联邦安全会议秘书的建议任命联邦安全会议机关第一副秘书、副秘书和助理秘书等联邦安全会议机关领导。

1992年成立以来，俄罗斯联邦安全会议的地位和作用经历了一

个变化的过程，其中最重要的因素就是总统对其重视程度。俄罗斯联邦安全会议在叶利钦总统时期建立，但"在1992—1993年间，叶利钦尚没有准备有意识和有计划地利用这一个本可以为保障国家安全向他提供必要的咨询和协调各部门工作的专门机构"。[①] 此外，叶利钦时代的俄罗斯政坛风起云涌，总统并不总是能够按照自己的意愿决定联邦安全会议秘书的人选，或者总统按照自己意愿任命的联邦安全会议秘书并不熟悉国家安全事务。种种原因导致叶利钦时期的联邦安全会议并没有发挥特别大的影响。普京担任总统以来，对国家安全机构进行了大力调整，理顺部门关系，重视联邦安全会议在国家安全保障中的作用，联邦安全会议成为总统安全决策中最重要的机构。

（二）综合安全观、综合战略和手段

无论是2000年颁布的《俄罗斯联邦国家安全构想》还是2009年颁布的《2020年前俄罗斯联邦国家安全战略》都体现了俄罗斯的综合安全观，将安全的内容涵盖内政、经济、社会、军事、信息和生态等领域，在安全保障的手段上，强调军事手段和非军事手段的综合运用，既强调军事实力在保障国家安全中的基础和支柱作用，同时突出经济和内政在保障国家安全中的作用。国家安全状况的指标既包括武器、军事技术的更换率，也包括失业率、贫富差距、国家债务情况，同时还涵盖卫生、文化、教育、科学和人才等领域。这些都体现了俄罗斯奉行综合安全观、运用综合手段实现综合安全战略的思想。

---

① [俄]格·萨塔罗夫等著：《叶利钦时代》，北京：东方出版社，2002年版，第547页。

俄罗斯联邦安全会议的机构设置体现了这种综合安全战略。现有七个常设跨部门委员会，分别关注战略规划、经济和社会安全、军事安全、信息安全、环境安全、公共安全和独联体事务。每个跨部门委员会都集合了与该安全领域相关的所有部门领导，为实现安全信息共享、部门利益协调提供了平台，为总统和联邦安全会议安全决策的科学性和可行性提供了保证。

(三) 联邦与地方关系是俄罗斯国家安全的重要方面

俄罗斯是一个联邦制国家，由共和国、边疆区、州、联邦直辖市、自治州、民族自治区等众多联邦主体组成。由于历史和现实的种种原因，叶利钦时代，俄罗斯未能处理好中央与地方关系，中央权力软弱、地方自行其是，分离主义、恐怖主义盛行，构成对俄罗斯国家安全的严重威胁。

普京总统执政后，对中央和地方关系进行改革，建立联邦区，任命总统驻联邦区全权代表，加强对地方的控制。作为其中的一项重要举措，2000年5月普京总统首次将7名总统驻联邦区全权代表列为俄罗斯联邦安全会议成员，这种制度一直延续下来，成为俄罗斯联邦安全会议的鲜明特征。这一制度安排使得总统驻联邦区全权代表在联邦安全会议的全体会议上与总统会面，每两个月会与总统单独会见一次，直接向总统汇报并听取指示，商讨其所驻联邦区的问题。这种做法使得总统驻联邦区全权代表的威望和影响力都高于联邦主体的行政长官。[①] 鉴于全权代表的政治影响力，总统对其人选也相当重视，一般都会把自己心腹安排在这些位置上。

---

① 上海太平洋国际战略研究所：《俄罗斯国家安全决策机制》，北京：时事出版社，2007年版，第57页。

把总统驻联邦区全权代表纳入联邦安全会议的做法有助于加强联邦对地方的控制，打击分离主义、恐怖主义威胁，提高了联邦主体与联邦在安全保障问题上的协同性。

（四）立法和司法系统领导人被纳入联邦安全会议，加强了政治和法治基础

俄罗斯联邦实行三权分立，联邦会议是俄罗斯联邦的代表与立法机构，联邦法院是立法机构，它们在俄罗斯联邦安全保障系统中发挥着重要的监督作用。联邦会议联邦委员会有权听取联邦总统的年度国情咨文，批准联邦总统关于实行战时状态、紧急状态的命令，决定在联邦境外动用武装力量的问题，审议国家杜马关于国家安全的重要法律。联邦会议国家杜马有权批准和废除联邦签署的国际条约，通过关于联邦边界状况与保卫、战争与和平的联邦法律等。联邦宪法法院有权裁决联邦总统颁布的法令是否符合俄罗斯联邦宪法。

联邦会议是俄罗斯联邦的立法机构，联邦委员会主席和国家杜马主席被吸纳成为联邦安全会议成员，而且目前是以常委成员的身份参与联邦安全会议。联邦会议对总统的监督作用在联邦安全会议上更多地表现为协商一致，这保证了联邦安全会议的决议具有较稳固的政治基础，把联邦安全会议作出的决定可能面临的来自其他国家权力机关的挑战内化。同时，国家安全权力也更加集中于联邦总统。

俄罗斯联邦总检察长也作为联邦安全会议成员参与联邦安全会议，虽然他作为联邦安全会议普通成员只有发言权没有决定权，但在一定程度上显示出联邦安全会议具有的法治基础。

（五）专业化和职能化

俄罗斯联邦安全会议的一系列制度设计使其能够有效地发挥保障国家安全的职能。这些制度保证了联邦安全会议工作的专业性和职能化运作。

第一，联邦安全会议秘书职位的设置。联邦安全会议秘书领导科学委员会和联邦安全会议机关，承担着重要的组织和协调职能，他不仅负责联邦安全会议的工作计划安排、议事日程的制订、联邦安全会议的会议筹备，在准备和实施国家安全领域决策时负责与联邦执行权力机关、联邦主体权力机关和地方自治机关等机构进行协调协作，还对外代表俄罗斯参与安全领域的国际合作和交往。鉴于联邦安全会议秘书的显著地位，总统在任命联邦安全会议秘书时非常谨慎。但是联邦安全会议秘书的个人身份和经历也对联邦安全会议的运作产生非常大的影响。普京总统执政以来，联邦安全会议秘书往往由联邦安全局长、内务部长、外交部长等职位升任，这些都是与国家安全保障密切相关的部门首脑，在担任联邦安全会议秘书之前也都是联邦安全会议常委成员，这就保证了联邦安全会议秘书工作的连续性和专业性。

第二，联邦安全会议跨部门委员会的设置。跨部门委员会的运作真正体现了联邦安全会议的协调功能，它在战略规划、经济和社会安全、军事安全、信息安全、环境安全、公共安全和独联体事务七个领域将相关所有部门的领导集中起来讨论问题，有利于信息共享、立场协调、增进了解和合作。跨部门委员会作为联邦安全会议的主要工作机构，每季度召开一次，及时处理国家随时可能遇到的安全保障问题。

第三，科学委员会发挥智库作用，提供技术支撑。科学委员会由联邦安全会议秘书领导,主要由科学院系统的研究所、国家机关下属的研究机构、军队所属研究机构的领导以及著名学者和科学家组成,他们从科学和方法论角度评估和预测俄罗斯社会经济发展和国家安全的内外威胁,支持联邦安全会议制定和修改俄罗斯国家安全政策,提出战略规划建议,提高俄罗斯国家安全战略的科学性,对联邦安全会议的工作进行科学检验,对俄罗斯科学技术的发展提供建议,同时从理论和实践角度对俄罗斯与其他国家的安全保障进行比较,吸取教训、借鉴经验。

第四,联邦安全会议机关负责联邦安全会议的日常工作,是隶属于总统办公厅的一个独立分支机构,由联邦安全会议秘书领导。其主要功能是为联邦安全会议的工作提供组织技术与信息分析支持。联邦安全会议机关拥有专门的办事机构和人员,它作为一个职能化部门,为联邦安全会议的顺利运作奠定了组织基础。与跨部门委员会和科学委员会相比,联邦安全会议机关承担着更多的日常职能工作,在国家安全保障中发挥着经常性的作用。

主要参考文献

著作:

1. 艾红、王君、慕尧著:《俄罗斯情报组织揭秘》,北京:时事出版社,2013年版。

2. [俄]安德烈·索尔达托夫、伊琳娜·博罗甘著,臧博、吴俊译:《谁在掌握俄罗斯?普京与俄联邦安全局的权贵之路》,北京:中信出版社,2011年版。

3. 董晓阳主编:《俄罗斯地方权限及其调整》,北京:当代世界出版社,2008年版。

4. [俄]格·萨塔罗夫等著,高增训等译:《叶利钦时代》,北京:东方出版社,2002年版。

5. 姜士林主编:《世界宪法全书》,青岛:青岛出版社,1997年版。

6. 孔寒冰、关贵海著：《叶利钦执政年代》，郑州：河南文艺出版社，2000年版。

7. 上海太平洋国际战略研究所：《俄罗斯国家安全决策机制》，北京：时事出版社，2007年版。

8. 薛兴国：《俄罗斯国家安全理论与实践》，北京：时事出版社，2011年版。

文章：

9. 冯玉军："俄罗斯对外政策智囊库与外交决策"，载《现代国际关系》，2001年第9期。

10. 李东："俄罗斯安全与情报机构简介"，载《国际资料信息》，2003年第4期。

11. 杨鸿玺："决策机制与大国智库"，载《学习月刊》，2007年第11期（上半月）。

12. 尹希成编译："俄罗斯国家安全战略"，载《当代世界与社会主义》（双月刊），2006年第2期。

网站：

俄罗斯联邦安全会议网站：http：//www.scrf.gov.ru/。

法律、文件：

1. "Об учреждении поста Президента СССР и внесении изменений и дополнений в Конституцию（Основной Закон）СССР"（《苏维埃社会主义共和国联盟关于设立苏联总统一职和修改、补充苏联宪法（根本法）的法律》），1990年3月14日，卡兰特公司网站：http：//constitution.garant.ru/history/ussr-rsfsr/1977/zakony/185465/#300。登录时间：2013年12月20日。

2. "Об изменениях и дополнениях Конституции（Основного Закона）СССР в связи с совершенствованием системы государственного управления"（《苏维埃社会主义共和国联盟关于完善国家管理体制和修改、补充宪法（基本法）的法律》），1990年12月26日，卡兰特公司网站：http：//constitution.garant.ru/history/ussr-rsfsr/1977/zakony/185464/。登录时间：2013年12月20日。

3. "Российская Советская Федеративная Социалистическая Республика Закон О Президенте РСФСР"（《俄罗斯苏维埃联邦社会主义共和国关于俄联邦总统的法律》），1991年4月24日，http：//www.referent.ru/1/5381。登录时间：2013年12月20日。

4. "Об изменениях и дополнениях Конституции（Основного Закона）РСФСР"（《俄罗斯苏维埃联邦社会主义共和国关于宪法（基本法）的修改和补充》），1991年5月24日，卡兰特公司网站：http：//constitution.garant.ru/history/ussr-rsfsr/1978/zakony/183124/。登录时间：2013年12月20日。

5. "История создания, правовой статус, структура и основные направления деятельности"（《建立历史、法律地位、结构和主要工作方向》），俄罗斯联邦安全会议网站：http：//www.scrf.gov.ru/documents/1115.html。登录时间：2013年12月10日。

6. "Федеральный закон 'О безопасности'"（《俄罗斯联邦安全法》），2010年12月28日，俄罗斯联邦安全会议网站：http：//www.scrf.gov.ru/documents/1/111.html。登录时间：2013年12月20日。

7. "Положение о Совете Безопасности Российской Федерации"（《俄罗斯联邦安全会议条例》），2011年5月6日，俄罗斯联邦安全会议网站：http：//www.scrf.gov.ru/documents/11/3.html。登录时间：2013年12月15日。

8. "Положение о Межведомственной комиссии Совета Безопасности Российской Федерации по безопасности в экономической и социальной сфере"（《俄罗斯联邦安全会议经济和社会安全跨部门委员会条例》），2011年5月6日，俄罗斯联邦安全会议网站：http：//www.scrf.gov.ru/documents/7/43.html。登录时间：2013年12月18日。

9. "Положение о Межведомственной комиссии Совета Безопасности Российской Федерации по проблемам стратегического планирования"（《俄罗斯联邦安全会议战略规划跨部门委员会条例》），2011年5月6日，俄罗斯联邦安全会议网站：http：//www.scrf.gov.ru/documents/7/49.html。

登录时间：2013 年 12 月 18 日。

10. "Положение о Межведомственной комиссии Совета Безопасности Российской Федерации по проблемам Содружества Независимых Государств"（《俄罗斯联邦安全会议独联体事务跨部门委员会条例》），2011 年 5 月 6 日，俄罗斯联邦安全会议网站：http：//www.scrf.gov.ru/documents/7/6.html。登录时间：2013 年 12 月 18 日。

11. "Положение о Межведомственной комиссии Совета Безопасности Российской Федерации по экологической безопасности"（《俄罗斯联邦安全会议环境安全跨部门委员会条例》），2011 年 5 月 6 日，俄罗斯联邦安全会议网站：http：//www.scrf.gov.ru/documents/7/47.html。登录时间：2013 年 12 月 18 日。

12. "Положение о Межведомственной комиссии Совета Безопасности Российской Федерации по военной безопасности"（《俄罗斯联邦安全会议军事安全跨部门委员会条例》），2011 年 5 月 6 日，俄罗斯联邦安全会议网站：http：//www.scrf.gov.ru/documents/7/39.html。登录时间：2013 年 12 月 18 日。

13. "Положение о Межведомственной комиссии Совета Безопасности Российской Федерации по общественной безопасности"（《俄罗斯联邦安全会议公共安全跨部门委员会条例》），2011 年 5 月 6 日，俄罗斯联邦安全会议网站：http：//www.scrf.gov.ru/documents/7/41.html。登录时间：2013 年 12 月 18 日。

14. "Положение о Межведомственной комиссии Совета Безопасности Российской Федерации по информационной безопасности"（《俄罗斯联邦安全会议信息安全跨部门委员会条例》），2011 年 5 月 6 日，俄罗斯联邦安全会议网站：http：//www.scrf.gov.ru/documents/7/45.html。登录时间：2013 年 12 月 18 日。

15. "Положение о научном совете при Совете Безопасности Российской Федерации"（《俄罗斯联邦安全会议科学委员会条例》），2011 年 5 月 6 日，俄罗斯联邦安全会议网站：http：//www.scrf.gov.ru/documents/

19/53. html。登录时间：2013 年 12 月 19 日。

16. "Состав научного совета при Совете Безопасности Российской Федерации"（《俄罗斯联邦安全会议科学委员会的组成》），2013 年 4 月 22 日，俄罗斯联邦安全会议网站：http：//www. scrf. gov. ru/persons/sections/17/。登录时间：2013 年 12 月 19 日。

17. "Положение об аппарате Совета Безопасности Российской Федерации"，(《俄罗斯联邦安全会议机关条例》)，2011 年 5 月 6 日，俄罗斯联邦安全会议网站：http：//www. scrf. gov. ru/documents/12/16. html。登录时间：2013 年 12 月 20 日。

第三章

英国国家安全委员会

2010年5月12日,戴维·卡梅伦（David Cameron）政府就职后的第一项举措,即宣布建立英国国家安全委员会（National Security Council, NSC）。国家安全委员会负责审查涉及英国国家安全的各方面,包括协调应对英国所面临的危险,最高水准的整合外交、国防、内政、能源和国际发展各部的工作,协调其他政府部门共同为国家安全发挥作用。首相卡梅伦担任国家安全委员会主席,并任命彼得·里基茨爵士（Sir Peter Ricketts）为国家安全委员会首任安全顾问。第一次国家安全委员会会议讨论了阿富汗和巴基斯坦的形势并回顾了对英国的恐怖威胁。[1]

---

[1] "Establishment of a National Security Council," May 12, 2010, 英国内阁网站: http://www.gov.uk/government/news/establishment-of-a-national-security-council, 登录时间: 2013年12月1日。

一、产生背景与历史沿革

(一) 产生背景

1. 恐怖主义威胁催生

冷战结束后,各国面临的安全环境发生了巨大变化,新兴的、多样的威胁不断出现,西方国家对国家安全风险的评估有了较大改变。特别是"9·11"事件后,恐怖主义等非传统威胁越来越受到重视,成为影响国家安全的重要因素。进入新世纪,英国既面临传统安全问题,又不断受到恐怖主义、网络安全等非传统安全方面的威胁。"9·11"事件后,英国改变之前忽视极端分子对国家安全威胁的态度,正视本国遭受的恐怖袭击的可能性。建立国家安全委员会的构想正是产生于"9·11"事件后的10年间。[①]

英国国家安全委员会的成立与恐怖主义威胁直接相关。2005年7月7日伦敦爆炸事件给英国政府和社会带来极大震动,恐怖主义被英国政府列入国家安全最主要的威胁行列。2007年6月27日,戈登·布朗(Gordon Brown)就任首相,其就任还不到一周,英国便接连发生恐怖袭击事件。6月29日,英国警方挫败了伦敦市中心汽车炸弹袭击阴谋。6月30日,英国北部格拉斯哥机场发生汽车撞击事件。面对接连发生的恐怖袭击事件,英国内政部于6月30日宣布,将国家安全警戒水平提升至最高级别——"危急"状态。7月3日,

---

① "The National Security Council Defenders of the Realm," in *The Econimist*, January 27, 2011, http://www.economist.com/node/18011808, 登录时间: 2013年12月1日。

布朗即宣布将设立一个负责国家安全的委员会（National Security Committee），在布朗的亲自领导下处理包括打击恐怖主义在内的国家安全事务及相关的国际事务。布朗政府希望以此向恐怖分子发出"明确信号"，英国"将时刻保持警惕，永远不会屈服"。

恐怖主义威胁催生了英国的反恐立法。自"9·11"事件后，英国先后公布了《2001年反恐怖主义、犯罪和安全法》（Anti-Terrorism, Crime and Security Act 2001）、《2005年预防恐怖主义法》（Prevention of Terrorism Act 2005）、《2006年反恐法案》（Terrorism Act 2006）。2008年1月24日，英国内政部公布了《2008年反恐法案》（Counter-Terrorism Act 2008），并建议为保护公众不受恐怖主义侵害，实施严厉的反恐新措施。在布朗时期英国政府对恐怖主义威胁的重视达到了前所未有的程度。2008年布朗政府公布了英国《国家安全战略》，将恐怖主义威胁排在国家安全威胁中的第一位。布朗在下议院的讲话中，更是明确指出"在此新安全战略所述危及英国民众安全的各种威胁中，最严重和紧迫的依然是来自国际恐怖主义的威胁"。[①]

2. "大国家安全"战略孕育

近年来，英国所面临的威胁发生了巨大变化，恐怖活动、意外事件、灾害频发让布朗政府反思英国的国家安全，重新界定新时期英国所面临的威胁，调整应对威胁的战术。尤其是布朗就任首相后的恐怖袭击对其触动甚大，布朗政府认为英国应该制定国家安全战

[①] "Gordon Brown's National Security statement," march 20, 2008, 英国工党网站：http://www.labour.org.uk/gordon_brown_national_security_statement, 2008-03-20, 登录时间：2013年12月7日。

第三章 英国国家安全委员会

略,而此前英国历届政府从未制定过国家安全战略。① 2007年7月,布朗政府提交给议会的报告称:"政府将会发布一份国家安全战略,国家安全战略将区分英国现在和将来、国内和国外所面临的安全威胁及挑战。这份安全战略将会制定跨部门和机构处理上述问题的战略框架,并为随环境变化而调整战略优先点的决策,提供决策依据。""为了确保国家安全战略的实施,英国将建立国家安全委员会(National Security Committee)。"②

2008年3月19日,布朗正式公布了《英国国家安全战略》,这是英国首份国家安全战略。布朗政府重新审视"国家安全"概念,对"国家安全"重新进行定义,将恐怖主义、核武器、全球动荡、国际犯罪、民间紧急事件和间谍视为英国所面临的威胁。③ "布朗提出的新的国家安全战略已不是冷战时期的民防系统,而是一种集专家、个人和家庭的优势为一体的旨在改善地方应急能力的新体系。"④ 在2009年6月提交给议会的修正、更新后的《国家安全战略》报告中,将对英国的威胁概括为四类:恐怖主义、有组织的犯罪、民间紧急事件及全球性的不稳定和冲突。⑤

---

① "Examination of Witnesses (Question Numbers 1 – 19)," 英国议会网站: http://www.publications.parliament.uk/pa/jt200910/jtselect/jtnatsec/115/10032202.htm, 登录时间: 2013年11月27日。

② "The Governance of Britain," 英国内阁网站: http://www.official-documents.gov.uk/document/cm71/7170/7170.pdf, p. 33, 登录时间: 2013年11月29日。

③ 《英国公布首份国家安全战略 称面临多重威胁》, 中国日报网站, 2008年3月21日, http://www.chinadaily.com.cn/hqgj/2008 – 03/21/content_6553466.htm, 登录时间: 2013年12月1日。

④ 《布朗推出英国国家安全战略》, 新华网, 2008年3月20日, http://news.xinhuanet.com/newscenter/2008 – 03/20/content_7823408.htm, 登录时间: 2013年12月1日。

⑤ "Memorandum from the Cabinet Office," 英国议会网站: http://www.publications.parliament.uk/pa/jt200910/jtselect/jtnatsec/115/10032206.htm, 登录时间: 2013年11月27日。

自布朗时期开始构建的国家安全战略，即英国重新识别、确定安全威胁，并组织运用全部资源维护国家安全的战略，是英国为国家安全构建的"大国家安全"战略。①"大国家安全"战略的含义即跨政府部门协调合作应对处理安全问题以及制定国家安全战略。"大国家安全"战略孕育于布朗时期，形成于卡梅伦时期。②

就职不满半年，卡梅伦政府于 2010 年 10 月 18 日公布了《不稳定时代的强大英国：国家安全战略》（NSS），将恐怖主义、网络攻击、涉及英国及其盟国的国家间军事危机、重大事故和自然灾害确定为英国面临的四大主要安全威胁。这份报告将英国的防务重点分为三级：一是应对上述四大安全威胁；二是防范大规模杀伤性武器攻击等；三是抵御对英国的常规军事进攻等。卡梅伦还发表声明，政府必须大幅改革其应对重大安全威胁的方式，以"确保英国的安全"。随即，10 月 19 日，卡梅伦政府公布《战略防务与安全评估报告》（SDSR），这是首次对英国武装部队未来 10 年的定位和能力进行重新评估，国家安全战略报告所进行的风险评估是《战略防务与安全评估报告》的基础。③

《不稳定时代的强大英国：国家安全战略》认为英国需要建立一个机构及时有效的应对新的、不断变化的威胁，这个机构就是国家安全委员会。在此次国家安全战略报告中规定了国家安全委员会的职责，国家安全委员会还是国家安全战略的执行机构。"英国需要制

---

① "Gordon Brown's National Security statement,"英国工党网站：http://www.labour.org.uk/gordon_brown_national_security_statement, 2008 - 03 - 20，登录时间：2013 年 12 月 7 日。

② 大国家安全概念借用自《英国政府构建"大国家安全"管理框架》一文。游志斌：《英国政府构建"大国家安全"管理框架》，载《学习时报》，2010 年 10 月 25 日，第 2 版。

③ 《英国政府说国家面临四大主要安全威胁》，新华网，2010 年 10 月 19 日，http://news.xinhuanet.com/world/2010 - 10/19/c_12673369.htm, 2013 年 12 月 1 日浏览。

定一个全政府的方案来实施此次颁布的国家安全战略。所有政府部门和机构需以灵活的方式来开展工作，以确保其制定的政策和项目与设定的国家安全风险和机遇的优先等级保持一致。在国家安全委员会的指导下，各部门根据已设定的优先重点制定更精简、更协调的部门结构和工作流程。国家安全委员会每周开会讨论，将根据最新的风险和威胁的相关情报和评估信息进行决策。为了确保对未来风险的预测，通过对两年一次的国家安全风险评估项目审查可确保所有战略性评估、全方位扫描和早期预警都直接服务于决策层。尤其是能够确保将及时、相关和独立的见解告知国家安全委员会以有利于其决策。国家安全委员会负责人负责协调各优先领域的工作以交付跨领域的国家安全任务。这些负责人将由领导跨政府部门合作的负责人协助工作。《国家安全战略》和《战略防务和安全报告》作为一个整体，将由内阁办公室领导的、主要负责官员参加的跨部门执行机构推进实施。该委员会将监测国家安全方面相关的进展、存在的风险和问题，确定重点领域，并向首相和国家安全委员会定期提供更新的信息。"[1]

　　布朗时期希望建立应对恐怖主义等威胁的国家统一决策机制，构建全面的国家安全战略，以便全方位、有重点的应对和处理英国安全的新挑战和新问题。卡梅伦则是将国家安全委员会植根于其绘制的英国国家安全战略之中，并正式形成国家安全委员会。国家安全委员会是英国国家安全战略的中枢神经系统，是英国"大国家安全"战略的重要组成，亦是英国"大国家安全"战略催生的产物。

---

[1] "The national security strategy-a strong Britain in an age of uncertainty,"英国内阁网站：https://www.gov.uk/government/uploads/system/uploads/attachment_data/file/61936/national-security-strategy.pdf, pp. 34 - 35，登录时间：2013 年 11 月 29 日。

（二）历史沿革

长期以来，英国的安全事务主要由内阁委员会中负责国家安全事务的委员会负责。布朗时期建立集中处理国家安全事务，类似于国家安全委员会的内阁国家安全、国际关系和发展委员会（The National Security, International Relations and Development sub-Committee of Cabinet，简称 NSID），到了卡梅伦时期则正式建立了国家安全委员会。

1. 内阁有关安全事务的委员会

内阁是英国处理国家事务的最高行政机构，在内阁下经常设有一些内阁委员会，处理特定、具体的事务。这些内阁委员会是内阁的重要组成部分，常有几个内阁成员组成。原来由全体会议讨论、处理的问题常常交由一个或几个内阁委员会来处理成为英国政治的一个倾向。与国家安全事务直接相关的内阁委员会主要是国防与海外政策委员会和内阁安全委员会。国防与海外政策委员会是最高军事决策机构；内阁安全委员是负责安全、保密工作的最高领导机构。内阁安全委员会下设三个委员会：一是人员安全委员会，负责监督政府部门及检查、审计系统的失泄密问题；二是安全政策及手段委员会，负责制定安全保密政策和确定保密手段，同时监督内政部署下的执行反间谍任务的国家安全局和警察特工处的活动，国家安全局和警察特工处是负责保密工作的执行机构；三是电子安全委员会，负责电子计算机及信息网络方面的保密问题。[①]

[①] 朱建新、王晓东：《各国国家安全机构比较研究》，北京：时事出版社，2009年版，第12—14页。

其人员组成与结构如图1所示：

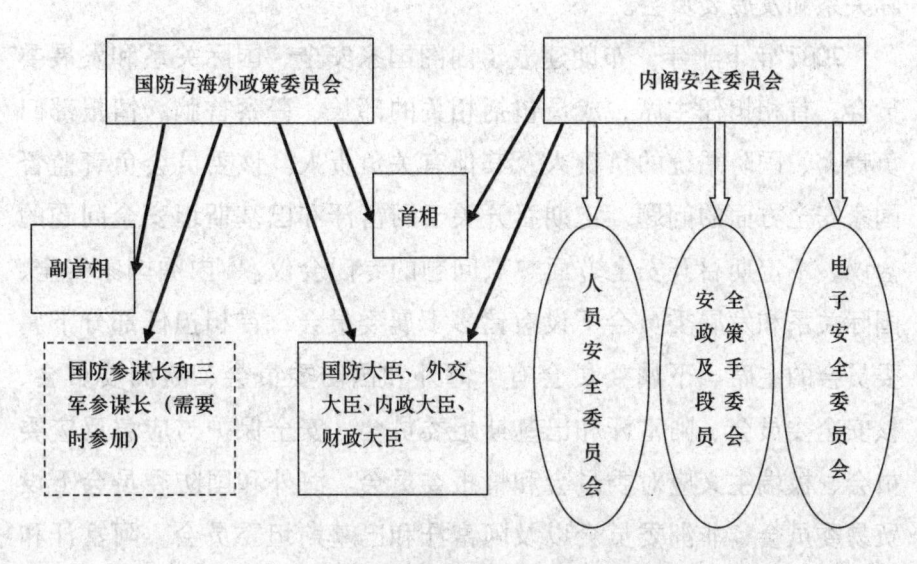

图1 内阁有关安全事务的委员会结构图

（结构图内容：国防与海外政策委员会→副首相、首相、国防参谋长和三军参谋长（需要时参加）、国防大臣、外交大臣、内政大臣、财政大臣；内阁安全委员会→人员安全委员会、安全政策及手段委员会、电子安全委员会）

资料来源：笔者根据以下材料整理制作：朱建新、王晓东：《各国国家安全机构比较研究》，北京：时事出版社，2009年版，第13—14页。

2. 从内阁国家安全、国际关系和发展委员会到国家安全委员会

2007年2月，布朗政府筹建国家安全委员会（National Security Committee）（英国现有国家安全委员会为 National Security Council），国家安全委员会将定期召开会议，由首相担任主席，其他成员由内阁相关部门的高级内阁官员组成。此委员会取代原有的国防与海外政策委员会、安全与反恐委员会以及欧洲委员会。国家安全委员会将设立秘书处，秘书处与相关的高级官员共同支持国家安全委员会的工作。[①] 然而布朗政府并未依计划设立国家安全委

[①] "The Governance of Britain," 英国内阁网站：http://www.official-documents.gov.uk/document/cm71/7170/7170.pdf, pp. 33 – 34，登录时间：2013年11月29日。

员会（National Security Committee），而是建立了内阁国家安全、国际关系和发展委员会。

2007年下半年，布朗建立了内阁国家安全、国际关系和发展委员会，首相担任主席，成员包括相关的部长、警察首脑、情报部门负责人、国防系统的负责人及其他有关负责人。该委员会负责监督国家安全方面的问题，定期召开关于阿富汗和巴基斯坦安全问题的会议，不定期召开安全方面热点问题的专门会议。[1] 内阁国家安全、国际关系和发展委员会下设有诸多下属委员会，首相担任部分下属委员会的主席。下属委员会有：海外和国防委员会、欧洲委员会、核安全委员会、阿富汗和巴基斯坦委员会、安全保护与应急反应委员会、极端主义应对委员会和情报委员会。海外和国防委员会下设贸易委员会、非洲委员会以及阿富汗和巴基斯坦委员会。阿富汗和巴基斯坦委员会也是所有委员会中唯一一个既隶属于内阁国家安全、国际关系和发展委员会，同时又属于海外和国防委员会的委员会。欧洲委员会主席为外交大臣，非洲委员会主席为国际发展大臣，安全保护与应急反应委员会主席为内政大臣。极端主义应对委员会和情报委员会皆由首相担任主席。海外和国防委员会、核安全委员会、阿富汗和巴基斯坦委员会这三者的主席由首相和外交大臣轮流担任。[2]

各委员会之间的相互关系如图2所示：

---

[1] 游志斌："英国政府构建'大国家安全'管理框架"，载《学习时报》，2010年10月25日，第2版。

[2] "Memorandum from the Cabinet Office," 英国议会网站：http://www.publications.parliament.uk/pa/jt200910/jtselect/jtnatsec/memo/ucm0102.htm，登录时间：2013年11月27日。

第三章 英国国家安全委员会

```
                    内阁国家安
                    全、国际关
                    系和发展委
                      员会
                      NSID
   ┌──────┬──────┬──────┼──────┬──────┬──────┐
  海外和国防  欧洲委员会  核安全委员  安全保护与  极端主义应  情报委员会
  委员会    NSID     会      应急反应委  对委员会    NSID(I)
  NSID    (EU)     NSID    员会NSID    NSID(E)
  (OD)             (NS)    (PSR)
   │
   ├──────┬──────┐
  阿富汗和巴  贸易委员会  非洲委员会
  基斯坦委员  NSID     NSID
  会NSID    (OD)(T)  (OD)(A)
  (A&P)
```

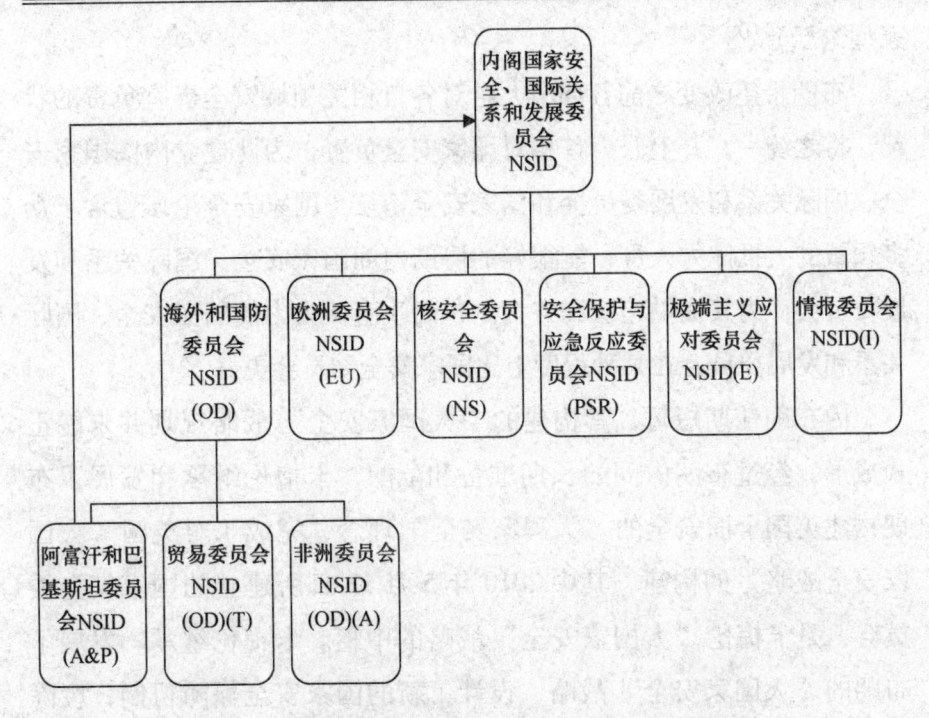

图 2　内阁国家安全、国际关系和发展委员会结构图

资料来源：笔者根据以下资料整理制作："Memorandum from the Cabinet Office,"英国议会网站：http://www.publications.parliament.uk/pa/jt200910/jtselect/jtnatsec/memo/ucm0102.htm，登录时间：2013年11月27日。

2008年9月，布朗政府建立国家安全秘书处，旨在发展国家安全战略，承担内阁国家安全、国际关系和发展委员会的秘书工作，以及协调和监督政府的国家安全政策。[①]

2009年3月，国家安全论坛（National Security Forum）成立。这一机构由各领域专家等人员组成，负责为内阁国家安全、国际关系和发展委员会的工作提供建议和咨询（卡梅伦时期取消了这一专

---

① "Memorandum from the Cabinet Office,"英国议会网站：http://www.publications.parliament.uk/pa/jt200910/jtselect/jtnatsec/memo/ucm0102.htm，登录时间：2013年11月27日。

家型论坛)。①

布朗希望改变之前各部门大臣对各自相关领域安全事宜负责的状况，将之统一，并上升为首相对国家安全负责，为此建立内阁国家安全、国际关系和发展委员会和国家安全论坛。国家安全论坛包含了众多领域的大批优秀人员，能很好的协助内阁国家安全、国际关系和发展委员会，为其提供建议和咨询。布朗政府认为内阁国家安全、国际关系和发展委员会在某种程度上比国家安全委员会更好。②

因布朗任期短暂，其构建的"大国家安全"战略规划并未能正式成形，经过布朗内阁的长期准备和酝酿，卡梅伦继承和发展了布朗构建英国全面安全的"大国家安全"理念，完成了对英国"大国家安全战略"的构建，其中2010年5月12日所建立的国家安全委员会，是卡梅伦"大国家安全"战略的中枢。卡梅伦继承、发展了布朗的"大国家安全"战略，设计了新的国家安全保障机制，废除了布朗构建的内阁国家安全、国际关系和发展委员会模式，建立国家安全委员会。内阁国家安全、国际关系和发展委员会目的是集合各部门讨论英国安全问题，③而国家安全委员会在于考虑政府政策的战略问题，在危机决策中有清晰的战略性意义。④卡梅伦终止了布朗建立的"国家安全论坛"，国家安全委员会大臣在参加会议前自行咨

---

① "Joint Committee on the National Security Strategy Publications Session 2009 – 10," 英国议会网站：http://www.publications.parliament.uk/pa/jt200910/jtselect/jtnatsec/115/10032203.htm，登录时间：2013年11月28日。

② 同上。

③ "The work of the Joint Committee on the National Security Strategy in 2012 – Joint Committee on the National Security Strategy," 英国议会网站：http://www.publications.parliament.uk/pa/jt201213/jtselect/jtnatsec/115/11503.htm#a1，登录时间：2013年11月28日。

④ "First review of the National Security Strategy 2010 – Joint Committee on the National Security Strategy," 英国议会网站：http://www.publications.parliament.uk/pa/jt201012/jtselect/jtnatsec/265/26506.htm#n128，登录时间：2013年11月28日。

询相关专家，为他们参加国家安全委员会会议及日常工作做准备。国家安全委员会未设立专门的咨询性论坛。[1] 卡梅伦在内阁之下新设立了国家安全顾问一职，作为国家安全委员会的秘书，对首相负责，负责监管国家安全事宜。

二、政治地位与法律基础

（一）政治地位

国家安全委员会是英国内阁下设立的负责国家安全事务的委员会，是英国国家安全和情报信息的中央机构，[2] 是国家安全事务的战略规划机构、议事机构和协调机构，同时也是英国政府集中讨论国家安全的目标以及如何最好实现这一目标的主要论坛。国家安全委员会最主要的目标在于确保诸位大臣能够以全面、战略的眼光来考虑英国的国家安全。[3] 国家安全委员会承担国家总安全议题，统筹国际国内安全，协调安全事务的跨部门合作。国家安全委员会整合国

---

[1] "First review of the National Security Strategy 2010 – Joint Committee on the National Security Strategy," 英国议会网站: http://www.publications.parliament.uk/pa/jt201012/jtselect/jtnatsec/265/26506.htm#n179，登录时间：2013 年 11 月 28 日。

[2] "Supporting the National Security Council (NSC): The central national security and intelligence machinery," 英国内阁网站: https://www.gov.uk/government/uploads/system/uploads/attachment_data/file/61948/Recommendations_Suppporting_20the_20National_20Security_20Council_The_20central_20national_20security_20and_20intelligence_20machinery.pdf，登录时间：2013 年 12 月 3 日。

[3] "National Security Council," 英国内阁网站: http://www.gov.uk/government/organisations/national-security/groups/national-security-council，登录时间：2013 年 11 月 27 日。

防、外交、情报、警务、应急管理、网络安全、能源和资源、国际发展等方面相关政府部门和机构的资源，确认国家安全战略重点和优先性问题，加强跨政府部门间协调和协作，增强战略决策能力和效率。

"全面"、"战略性"和"跨部门合作"是国家安全委员会的最终目标，也是卡梅伦内阁标榜其与之前的国家安全机构的区别。国家安全委员会的建立改变了英国政府的国家安全体制，将之前繁琐的不同部门应对不同风险和危机，简化为国家安全委员会作为统一机构，协调各个部门应对英国所面临的各种风险和威胁。

（二）法律基础

1. 相关法律

迄今，英国尚未有一部系统、全面的国家安全立法。英国现有法律中，与国家安全有关的法律主要是情报和反恐方面的立法。现行法律主要有：《1989年安全局法》（Security Service Act 1989）、《1994年情报服务法案》（Intelligence Services Act 1994）、《2000年调查权力规范法》（Regulation of Investigatory Powers Act 2000）；[1]《2001年反恐怖主义、犯罪和安全法》（Anti-Terrorism, Crime and Security Act 2001）、《2005年预防恐怖主义法》（Prevention of Terrorism Act 2005）、《2006年反恐法案》（Terrorism Act 2006）、《2008年反恐法案》（Counter-Terrorism Act 2008）、《2011年恐怖主义预防与调查措施法案》（Terrorism Prevention and Investigation Measures Act 2011）、《2013年司法和安全法案》（The Justice and Security Act 2013）。[2]

---

[1] "OVERSIGHT," 英国国家安全局网站：http://www.mi5.gov.uk/home/about-us/how-mi5-is-governed/oversight.html，登录时间：2013年12月30日。

[2] "LEGAL FRAMEWORK," 英国国家安全局网站：http://www.mi5.gov.uk/home/about-us/how-mi5-is-governed/legal-framework.html，登录时间：2013年12月30日。

第三章 英国国家安全委员会

英国国家安全委员会的正式建立是卡梅伦政府以行政命令的方式实现的。这一行政举措基于布朗政府时期的准备。布朗政府向议会做了建立国家安全委员会以确保国家安全战略实施的报告，后据此报告建立了内阁国家安全、国际关系和发展委员会。布朗建立的国家安全委员会这一前身机构，作为其制定的《国家安全战略》的组成，得到议会的确认，并被要求定期向议会提交新报告，接受议会问询。卡梅伦政府上台后，基于布朗政府的国家安全工作，以国家安全委员会取代内阁国家安全、国际关系和发展委员会，作为国家安全战略的组成和执行机构。上台后半年，卡梅伦政府向议会提交《不稳定时代的强大英国：国家安全战略》，正式提出建立国家安全委员会（National Security Council），将其作为英国的国家安全战略执行机构，并规定了其职责。像前任首相——布朗时期一样，国家安全委员会定期向议会提交新报告，汇报工作，接受议会问询和工作评估。

2. 议会情报和安全委员会对政府情报与安全工作的监督

《1994年情报服务法案》规定设立议会情报和安全委员会。情报和安全委员会由上下两院的议员代表组成，负责监管全国三大情报机构（安全局、秘密情报局和政府通讯总部）的预算、行政及政策。[①] 2013年出台的《2013年司法和安全法案》是对监督英国国家安全局、秘密情报局和政府通信总部及其他有关情报和安全的行为予以立法保障。[②] 此法案对议会情报和安全委员会对上述情报和安全行为监督的地位予以确认和保障。《2013年司法和安全法案》加强

[①] "OVERSIGHT," 英国国家安全局网站：https://www.mi5.gov.uk/home/about-us/how-mi5-is-governed/oversight.html，登录时间：2013年12月30日。

[②] "Justice and Security Act 2013," 英国立法网站：http://www.legislation.gov.uk/ukpga/2013/18/introduction/enacted，登录时间：2013年12月30日。

了议会对情报服务的问责，尤其是扩展了情报和安全委员会的权限，让其在特定条件下，可以考虑实施问题。这一法律规定情报和安全委员会成员最终由议会决定而不是由首相决定，密切了情报和安全委员与议会之间的关系，在一定程度上限制首相权力。根据《2013年司法和安全法案》，议会情报和安全委员会将由9名成员组成，这9名成员来自上议员和下议院，不能是内阁成员。情报和安全委员会的成员在政府与反对派领袖磋商后，由首相提名，议会任命。情报和安全委员会每一年做一份报告，有时还要根据需要做特别报告。最近的一次报告是2013年7月的年度报告以及2013年6月的特别报告。①

3. 议会国家安全战略联合委员会对国家安全委员会的监督

国家安全委员会每年需要向议会提交关于国家安全战略执行情况的国家安全战略年度报告，接受议会的监督和问询。作为国家安全战略的重要组成部分，国家安全委员会的工作也将在国家安全战略年度报告中予以汇报。议会中负责审核此报告的机构是议会国家安全战略联合委员会（The Joint Committee on the National Security Strategy，JCNSS）。

议会国家安全战略联合委员会组建于布朗时期。2008年3月布朗内阁发布了《英国国家安全战略》，为审阅政府所提出的安全战略，议会建立了此委员会。在卡梅伦政府执政之后半年，即2010年12月，议会重新任命国家安全战略联合委员会成员。国家安全战略联合委员会由22名来自上、下议院的成员组成，其中包括一些相关下议院部门特别委员会的主席。国家安全战略联合委员会的重要职

---

① "PARLIAMENTARY OVERSIGHT，"英国国家安全局网站：https：//www.mi5.gov.uk/home/about-us/how-mi5-is-governed/oversight/parliamentary-oversight.html，登录时间：2013年12月30日。

权之一是审查政府制定国家安全战略的系统，特别是审查国家安全委员会和国家安全顾问的职责。议会国家安全战略联合委员从前任参加安全委员会的大臣以及现任、前任国家安全顾问中获取材料，联合委员会还从政府外部从事国家安全和欧洲事务、英美关系以及能源安全事务的人员中获得一系列的评估线索。①

卡梅伦政府公布的最新的国家安全战略为2010年10月18日公布的《不稳定时代的强大英国：国家安全战略》和19日公布的《战略防务与安全评估报告》。这两份安全战略将一直持续到2015年。国家安全风险评估每两年更新一次，《国家安全战略报告》和《战略防务与安全评估报告》每年将作一份年度执行报告。目前政府已经作出了两份报告，分别为：2011年12月公布的《战略防务与安全评估报告：第一年度报告》和2012年12月公布的《国家安全战略和战略防务与安全评估年度报告》。②

迄今，联合委员会已经公布了三份报告，分别是：《第一次审查国家安全战略2010》、《为下个国家安全战略准备：对政府回应联合委员会第一份报告（2010—2012年任期）的评述》、《联合委员会对2012年国家安全战略的审查工作》。

三、组织结构与职权功能

国家安全委员会由首相担任主席，副首相为副主席，常任成员

---

① "Joint Committee on the National Security Strategy-role," 英国议会网站：http://www.parliament.uk/business/committees/committees-a-z/joint-select/national-security-strategy/role/，登录时间：2013年11月28日。

② 同上。

包括财政大臣、财政部首席大臣、外交和联邦事务大臣、内政大臣、国防大臣、国际发展大臣、能源和气候变化大臣、政府政策内阁部长。其他内阁成员，国防参谋机构的负责人、情报部门首脑以及其他高级官员按照要求出席会议。国家安全顾问是国家安全委员会的秘书，将出席国家安全委员会的所有会议。国家安全委员会每周召开一次会议。

现任国家安全委员会常任成员如表1：

表1 现任国家安全委员会常任成员

职务名称	人员
首相兼首席财政大臣、文官大臣	戴维·卡梅伦（David Cameron）
副首相兼枢密院大臣	尼克·克莱格（Nick Clegg）
财政大臣	乔治·奥斯本（George Osborne）
首席大臣兼外交大臣	威廉·黑格（William Hague）
国防大臣	菲利普·哈蒙德（Philip Hammond）
内政大臣	特里萨·梅（Theresa May）
国际发展大臣	贾斯汀·格里宁（Justine Greening）
能源和气候变化大臣	爱德华·戴维（Edward Davey）
财政部首席大臣	丹尼·亚历山大（Danny Alexander）
政府政策内阁部长	奥利弗·莱特文（Oliver Letwin）

资料来源：笔者根据以下材料整理制作："National Security Council，"英国内阁网站：https：//www.gov.uk/government/organisations/national-security/groups/national-security-council，登录时间：2013年11月27日。

国家安全委员会下设：负责恐怖主义、灾害、恢复力和意外事件的委员会［NSC（Threats，Hazards，Resilience and Contingencies）］，核委员会［NSC（Nuclear）］，新兴力量委员会［NSC（Emerging Powers）］。根据不同时期的需要，国家安全委员会将设立一些临时性委员会。每一个附属委员会都由不同的人员构成，其中包括一些非国家安全委员会成员的大臣。国家安全委员会的构成如图3所示：

第三章　英国国家安全委员会

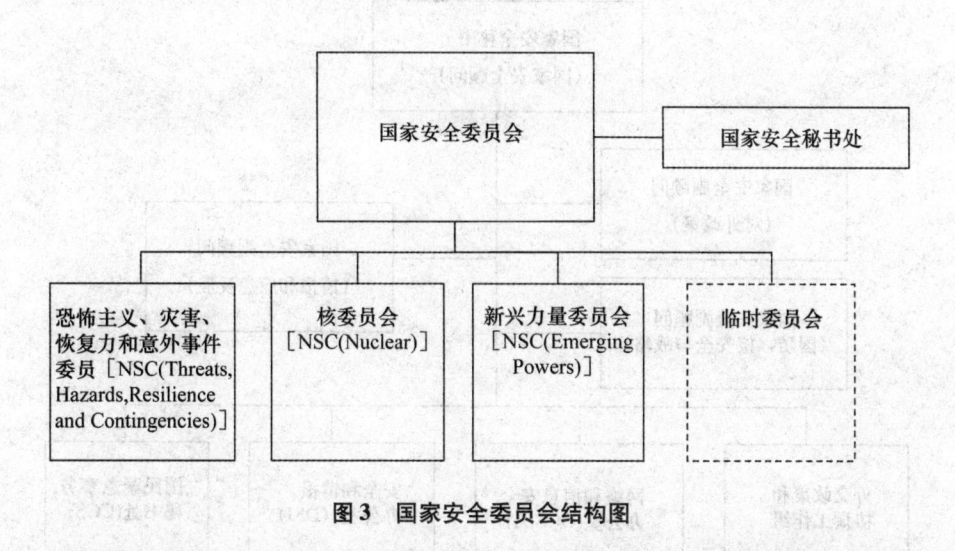

图3　国家安全委员会结构图

资料来源：笔者根据以下资料整理制作："National Security Council，"英国内阁网站：http：//www.gov.uk/government/organisations/national-security/groups/national-security-council，登录时间：2013年11月27日。

国家安全秘书处是国家安全委员会的常设秘书机构。秘书处的工作包括制定国家安全委员会的议事日程，汇总各相关部门报送的安全信息，评估英国政府面临的国际国内安全风险，协调跨部门的具体安全工作，评估各相关政府部门的工作情况，指导下属部门的工作，承担国家安全委员会交办的其他事项等内容。

卡梅伦政府对国家安全秘书处做了改革，增设国家安全顾问一职，担任国家安全秘书处负责人。国家安全顾问一职与国家安全委员同时建立，是内阁办公室下的一个新职位，是首相的国家安全顾问。国家安全顾问是国家安全委员会的秘书，出席所有的国家安全委员会会议，负责为会议讨论和决议准备。同时，国家安全顾问还负责确保国家安全委员会下属委员会及相应工作组正常工作。国家安全顾问的设立，在一定程度上加强了首相对国家安全事务的管理。

```
                    ┌─────────────────┐
                    │  国家安全秘书处  │
                    │ （国家安全顾问） │
                    └─────────────────┘
            ┌─────────────────┐
            │  国家安全副顾问  │
            │   （对外政策）   │
            └─────────────────┘
                                  ┌─────────────────────┐
                                  │   国家安全副顾问    │
                                  │ （情报和应急反应）  │
            ┌─────────────────┐   └─────────────────────┘
            │  国家安全副顾问  │
            │（国防、核安全与战略）│
            └─────────────────┘
```

┌──────────┬──────────┬──────────┬──────────┐
│外交政策和│网络和信息安全│安全和情报│国民紧急事务│
│协调工作组│办公室(OCSIA)│办公室(DSI)│秘书处(CCS)│
└──────────┴──────────┴──────────┴──────────┘

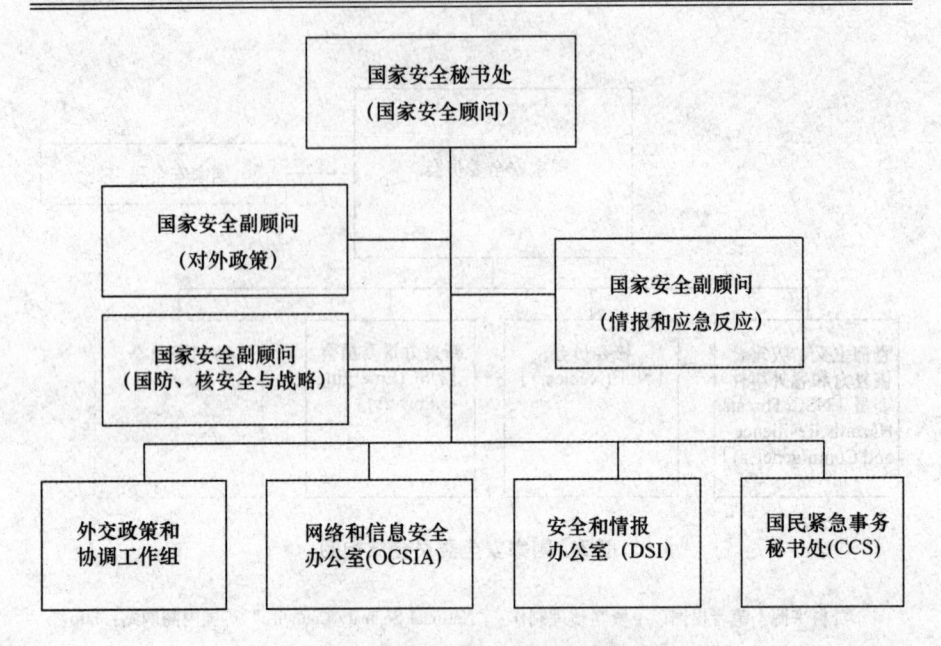

图 4 国家安全秘书处结构图

资料来源：笔者根据以下资料整理制作："Transparency data Cabinet Office staff and salary data-senior posts as at 31 March 2013," 英国内阁网站：http://www.gov.uk/government/uploads/system/uploads/attachment_data/file/207337/CABINET-OFFICE-FINAL-TEMPLATE-MARCH-2013-senior-data.csv/preview, 登录时间：2013年12月4日。

国家安全秘书设有三名国家安全副顾问：对外政策副顾问，国防、核安全与战略副顾问，情报和应急反应副顾问，三者各司其职（职责如表 2 所示）。[①] 其中负责情报和应急反应的国家安全副顾问与国家情报联合委员会主席共同负责英国的中央情报机构。他们共同负责按照指定要求、重点、资金和执行监管将任务交付相应机构。这些都由国家安全委员会所属的负责恐怖主义、灾害、恢复力和意

[①] "Transparency data Cabinet Office staff and salary data-senior posts as at 31 March 2013," 英国内阁网站：http://www.gov.uk/government/uploads/system/uploads/attachment_data/file/207337/CABINET-OFFICE-FINAL-TEMPLATE-MARCH-2013-senior-data.csv/preview, 登录时间：2013年12月4日。

外事件的委员会 [NSC (Threats, Hazards, Resilience and Contingencies)] 批准。①

国家安全副顾问职务与职责如下：

表2 国家安全副顾问与职责

职务	职责
国家安全副顾问（对外政策）	在对外政策方面对首相、副首相以及国家安全顾问予以建议；确保政府对外政策的重点能够以有效连贯的方式予以传递；领导对外政策小组；负责与海外国家安全组的联络工作。
国家安全副顾问（国防、核安全与战略）	为首相、副首相和国家安全顾问提供国防和核政策建议；确保政府的国防政策的重点有效和连贯的传递；领导一个由副组长组成的国防政策小组；负责与海外的国家安全工作组联络。
国家安全副顾问（情报和应急反应）	支持首相在反恐、情报政策方面的工作；管理和汇集秘密情报组织的情报资源；网络安全；应急反应和危机管理。

资料来源：笔者根据以下资料整理制作："Transparency data Cabinet Office staff and salary data-senior posts as at 31 March 2013," 英国内阁网站：http://www.gov.uk/government/uploads/system/uploads/attachment_data/file/207337/CABINET-OFFICE-FINAL-TEMPLATE-MARCH-2013-senior-data.csv/preview, 登录时间：2013年12月4日。

国家安全秘书处下设国民紧急事务秘书处（CCS）、安全和情报办公室（DSI）、网络和信息安全办公室（OCSIA）、外交政策和协调工作组。国家安全秘书处所辖部门与职能如表3：

表3 国家安全秘书处所辖部门与职责表

部门	职责
国民紧急事务秘书处（CCS）	政府部门、地方自治政府以及众多不同的政府外机构合作，加强英国对紧急事件的应对、反应和恢复能力

① "National Intelligence Machinery," 英国内阁网站：http://www.gov.uk/government/uploads/system/uploads/attachment_data/file/61808/nim-november2010.pdf p.19, 登录时间：2013年12月1日。

续表

部门	职责
安全和情报办公室（DSI）	确保向首相及其他高级大臣提供良好的跨政府的情报政策和安全问题
网络和信息安全办公室（OCSIA）	为内阁办公室大臣、国家安全委员会提供确定涉及网络安全重点的支持；为有关网络和信息安全事宜提供战略方向，并对网络安全和信息保障的相关支持行动予以协调统筹
外交政策和协调工作组	协调为首相、副首相、国家安全顾问所提供的外交政策建议；确保政府交付的阿富汗和巴基斯坦战略及其他优先级外交政策战略

资料来源：笔者根据以下资料整理制作："Transparency data Cabinet Office staff and salary data-senior posts as at 31 March 2013，"英国内阁网站：http://www.gov.uk/government/uploads/system/uploads/attachment_data/file/207337/CABINET-OFFICE-FINAL-TEMPLATE-MARCH-2013-senior-data.csv/preview，登录时间：2013 年 12 月 4 日。

英国联合情报委员会为国家安全委员会提供涉及英国国家安全和海外利益的情报信息和情报评估。联合情报委员会隶属于内阁办公室，是一个跨部门的情报协调机制，同时为首相和跨部门政策制定者提供关于国家利益的情报和情报评估。[①] 其所收集的情报涉及各个领域，主要涉及安全、国防和外交。联合情报委员成员由外交部、国防部（包括国防情报局总监）、内政部、内阁办公厅、国际发展部、财政部的高级官员，秘密情报局长，政府通信总部主任，国家安全局长和情报评估委员会主席组成，其他部门成员依照需求参加，主席向首相负责。[②] 联合情报委员会依靠评估委员支持，其主席亦为情报评估委员会主席。国家安全委员会及联合情报委员会的结构如图 5 所示：

---

① "National security and intelligence，"英国内阁网站：http://www.gov.uk/government/organisations/national-security，登录时间：2013 年 11 月 27 日。

② "National Intelligence Machinery，"英国内阁网站：http://www.gov.uk/government/uploads/system/uploads/attachment_data/file/61808/nim-november2010.pdf，登录时间：2013 年 12 月 1 日。

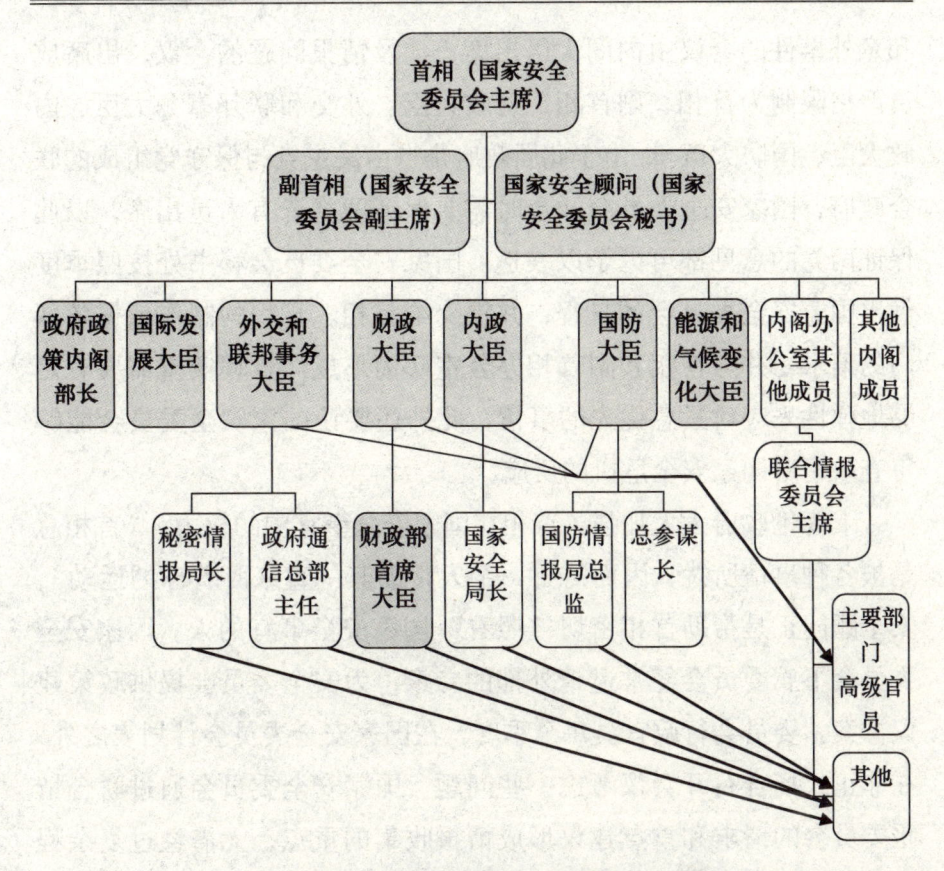

图 5　国家安全委员会及联合情报委员会结构图
（注：有背景色字体加粗者为国家安全委员会常任成员）

资料来源：笔者根据以下资料整理制作："National Intelligence Machinery,"英国内阁网站：http://www.gov.uk/government/uploads/system/uploads/attachment_data/file/61808/nim-november2010.pdf，登录时间：2013年12月1日；"National Security Council,"英国内阁网站：http://www.gov.uk/government/organisations/national-security/groups/national-security-council，登录时间：2013年11月27日。

四、运作程序与议事规则

国家安全委员会每周召开会议，其内容涉及恐怖、危害、恢复和意外事件的会议由内阁大臣出席；涉及情报问题的会议，出席成员严格限制为首相、副首相、财政大臣、外交和联邦事务大臣、内政大臣、国防大臣。① 由于此届政府是自由民主党与保守党组成的联合政府，国家安全委员会开会时需要保证两党皆有人员出席，以此保证两党的意见都可以予以表达。国家安全委员会秘书处按照季度做出国家安全委员会的日程，并提交给首相。日程的制作依据各部门的请求，并与首相和副首相办公室磋商形成。日程安排需要有足够地弹性来应对紧急优先的事情，此外还要让国家安全委员会能够审查政府对国家安全危机的反应。②

卡梅伦政府大大加强了首相在国家安全事宜中的权力。"首相总是被各种事情所扰，因而需要一个人帮助其一直来盯着球的运动"，安全顾问正是帮助首相密切"照看"国家安全事宜的人。国家安全委员会下属委员会经常邀请外部的专家，为安全委员会提供政策建议方案。委员会行政官员每个季度，在国家安全委员会计划表之外，在非正式场合召开会议考虑一些问题。国家安全委员会通过联合情报委员会的请求和重点建议形成情报收集的重点，无需经过复杂程序来自己鉴别新兴的风险。③

国家安全委员会建立前后英国政府危机处理对比如下：

建立前：

---

① "National Intelligence Machinery," 英国内阁网站：http://www.gov.uk/government/uploads/system/uploads/attachment_data/file/61808/nim-november2010.pdf, p17, 登录时间：2013年12月1日。

② "First review of the National Security Strategy 2010 – Joint Committee on the National Security Strategy," 英国议会网站：http://www.publications.parliament.uk/pa/jt201012/jtselect/jtnatsec/265/26506.htm#n123, 登录时间：2013年11月28日。

③ 同上。

第三章 英国国家安全委员会

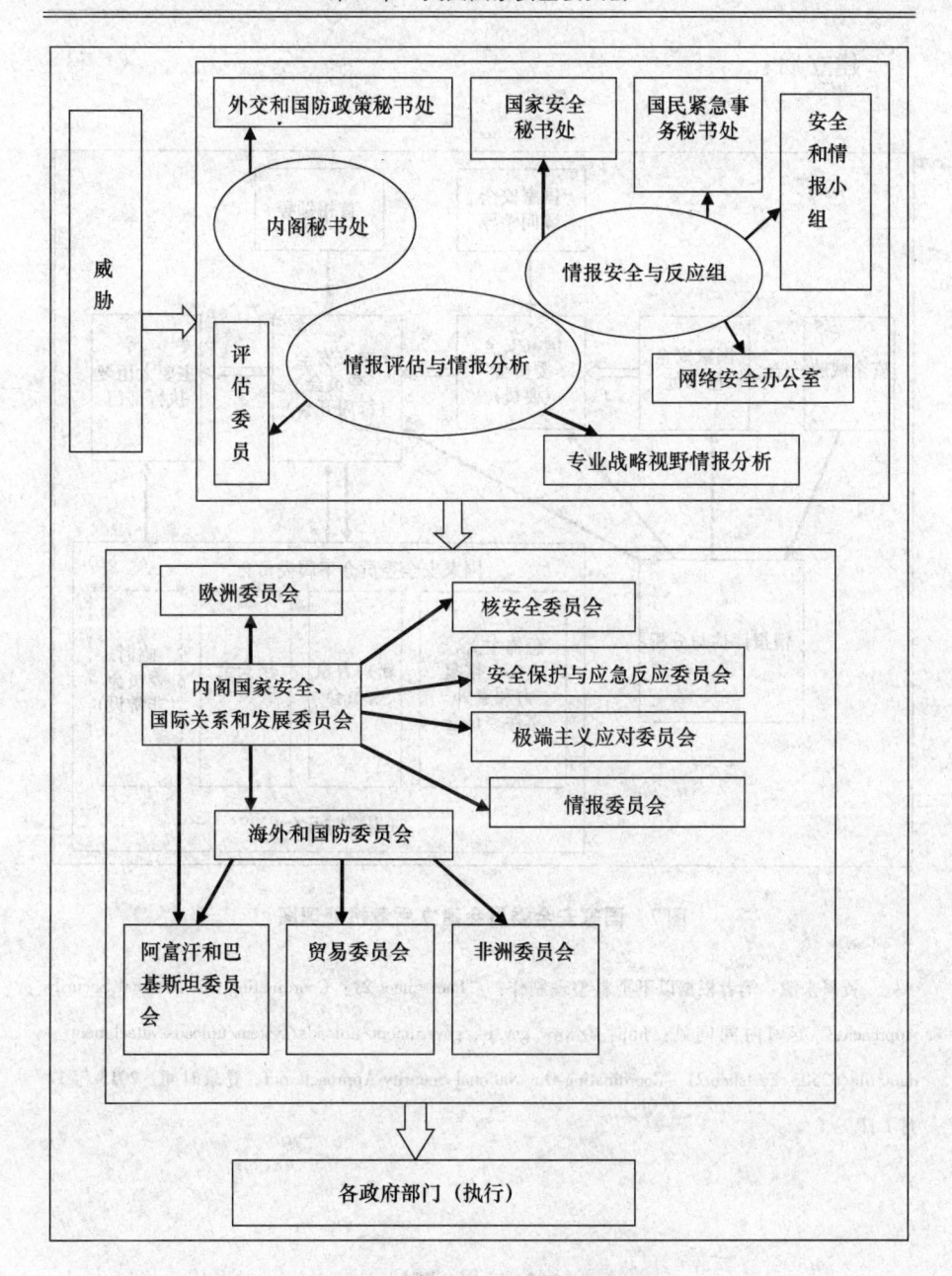

图6 国家安全委员会建立前危机处理图

资料来源：笔者根据以下资料整理制作："Fact Sheet 21：Coordinating Our National Security Approach，"英国内阁网站：http：//www.gov.uk/government/uploads/system/uploads/attachment_data/file/62503/Factsheet21-Coordinating-Our-National-Security-Approach.pdf，登录时间：2013年12月1日。

建立后：

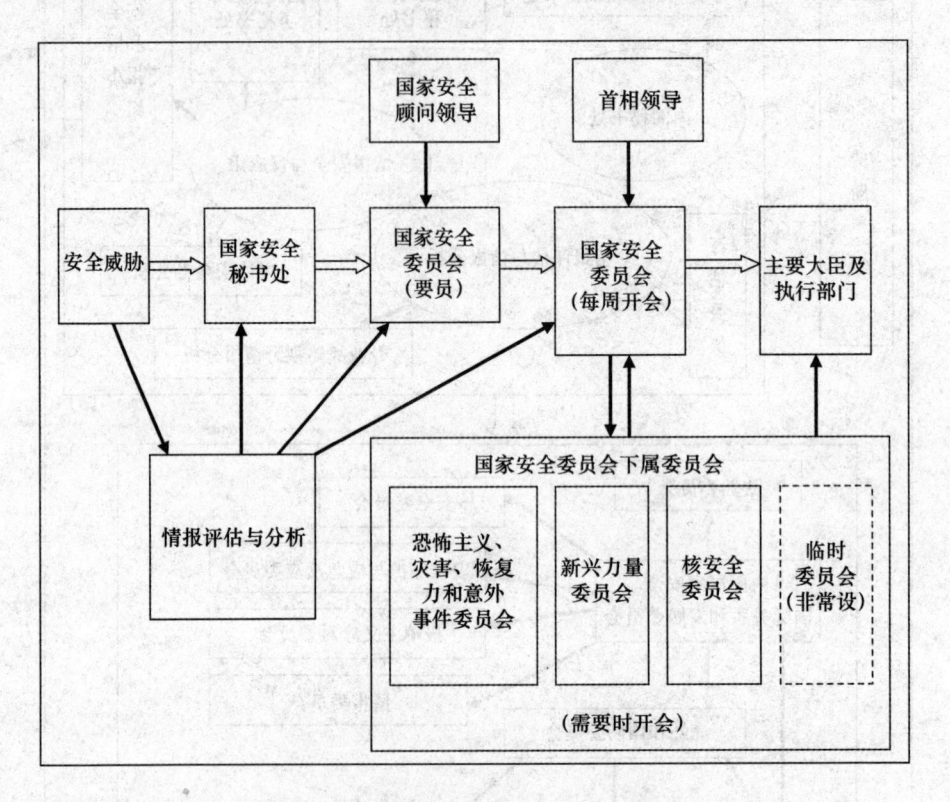

图7 国家安全委员会建立后危机处理图

资料来源：笔者根据以下资料整理制作："Fact Sheet 21: Coordinating Our National Security Approach,"英国内阁网站：http://www.gov.uk/government/uploads/system/uploads/attachment_data/file/62503/Factsheet21-Coordinating-Our-National-Security-Approach.pdf, 登录时间：2013年12月1日。

五、案例

2010年开始，西亚北非局势持续动荡，受邻国的"阿拉伯之春"浪潮影响，利比亚爆发了反对卡扎菲领导的革命委员会统治的斗争，并迅速演变为激烈的军事冲突。法国和美国等北约国家对利比亚的形势热切关注，准备介入。2月17日，法国出于政治和经济利益的考虑率先加入对卡扎菲的战争。利比亚战争的爆发是对就任不足一年的英国新首相的考验，同时也是对新建立的国家安全委员会的考验。

利比亚战争爆发后，内阁紧急应变小组召开紧急会议，会议焦点是境外战争中需要考虑的一般性问题，即英国领事的处境以及将英国公民从利比亚撤出。外交和联邦事务部在2月21日建立由50多名部内人员组成的利比亚危机处理部门。

国家安全委员会在2月25日召开第一次会议讨论英国在利比亚战争中的策略，至11月15日，总共召开了11次会议，这11次会议均有首相卡梅伦作为主席。参加会议成员包括：首相、副首相、财政大臣、财政部首席大臣、外交和联邦事务大臣、内政大臣、国防大臣、国际发展大臣、能源和气候变化大臣、政府政策内阁部长、安全和反恐国务大臣[①]（安全和反恐国务大臣参加4月份及之前的会议）。[②]

国家安全委员会下设的利比亚委员会 NSC（L）是英国政府集中讨论处理利比亚问题的原则和进行信息传递的核心讨论会，旨在讨论履行联合国1973号决议相关的事宜。参加成员包含了联合政府两党的主要的大臣，利比亚委员会让大臣们的决策可以跨部门执行。利比亚委员会由首相卡梅伦担任主席，在其缺席的时候由副首相或

---

① 安全和反恐国务大臣（Minister of State for Security and Counter Terrorism），此职位在2011年5月时取消。

② "Libya crisis: National Security Adviser's view of central coordination and lessons learned," 英国内阁网站：http://www.gov.uk/government/uploads/system/uploads/attachment_data/file/193145/Lessons-Learned-30-Nov.pdf, p.30，登录时间：2013年12月4日。

者外交大臣任主席。当副首相和能源和气候变化大臣都无法出席会议时,将由自由民主党的大臣(例如财政部首席大臣将被邀请参加),以确保联合执政的两党的意愿都有人代表。[1] 国家安全顾问、国防参谋部首脑、联合情报委员会主席以及情报机构负责人参加了所有的利比亚委员会会议。总检察长和副总检察长在委员会讨论涉及到法律意见的时候被邀请参加了讨论,其中总检察长出席了39次,副总检察长出席了14次,办公室官员出席了3次。这些确保英国的行动可以有法律保障。利比亚委员会共召开了62次会议,其中36次由首相担任主席,13次由副首相担任主席,13次由外交大臣担任主席。利比亚委员会于3月20日召开第一次会议,10月25日召开最后一次会议。[2]

安全委员会要员会议NSC(O)仅在5月18日单独召开了一次。利比亚委员会、安全委员会要员联合会议NSC(L)(O),由国家安全顾问或者副顾问担任主席,[3] 自3月18日召开第一次会议,11月2日召开最后一次会议,总共召开了82次会议。[4]

---

[1] "Libya crisis: National Security Adviser's view of central coordination and lessons learned," 英国内阁网站: http://www.gov.uk/government/uploads/system/uploads/attachment_data/file/193145/Lessons-Learned-30-Nov.pdf, p.6, 登录时间: 2013年12月4日。

[2] "Libya crisis: National Security Adviser's view of central coordination and lessons learned," 英国内阁网站: http://www.gov.uk/government/uploads/system/uploads/attachment_data/file/193145/Lessons-Learned-30-Nov.pdf, pp.30-31, 登录时间: 2013年12月4日。

[3] "Libya crisis: National Security Adviser's view of central coordination and lessons learned," 英国内阁网站: http://www.gov.uk/government/uploads/system/uploads/attachment_data/file/193145/Lessons-Learned-30-Nov.pdf, p7, 登录时间: 2013年12月4日。

[4] "Libya crisis: National Security Adviser's view of central coordination and lessons learned," 英国内阁网站: http://www.gov.uk/government/uploads/system/uploads/attachment_data/file/193145/Lessons-Learned-30-Nov.pdf, p31, 登录时间: 2013年12月4日。

国家安全委员会会议在内阁紧急应变小组处开会,以确保各部门信息及时反馈。国家安全委员会、利比亚委员会旨在考虑利比亚战争中英国的战略和战术性问题。国家安全委员会行政官员协调决议和执行政策,包括召开英国海外关键任务的视频会议;将军事、情报和外交的评估报告给了内阁大臣,以便大臣们可以了解做战略性决策的背景环境以及接下来应该采取的政策和行动。这些军事、情报等信息对利比亚委员会的战略决策起着至关重要的作用。①

利比亚委员会建立了一个负责协调各内阁部门决议跨政府机构执行和协调部长会议的组织。这个组织由国家安全顾问或者副顾问领导。国家安全秘书处下新建一个专注于利比亚问题的小组,负责协助国家安全委员会、利比亚委员会以及国家安全顾问在利比亚方面的工作,同时为首相和副首相提供关于利比亚及时的建议和简报,并确保利比亚委员会决议的及时实施。②

利比亚委员会和国家安全委员会行政官员最后一次会议是在2011年11月2日。早在10月23日,利比亚战争在美、法、英等北约国家的干预下已经结束。在此之后,外交和联邦事务部取得了在英国对利比亚政策上跨政府部门的领导权。国家安全委员会不再占有利比亚事务的领导权。

英国国家安全委员会是国家安全的最高议事机构,在利比亚战争中诸多事件的讨论和决议是在利比亚委员会中进行的,它的存在

---

① "Libya crisis: National Security Adviser's view of central coordination and lessons learned," 英国内阁网站:http://www.gov.uk/government/uploads/system/uploads/attachment_data/file/193145/Lessons-Learned-30-Nov.pdf, p.7, 登录时间:2013年12月4日。

② "Libya crisis: National Security Adviser's view of central coordination and lessons learned," 英国内阁网站:http://www.gov.uk/government/uploads/system/uploads/attachment_data/file/193145/Lessons-Learned-30-Nov.pdf, p.8, 登录时间:2013年12月4日。

并未改变英国原有的决策制议决、执行机制。在联合国 1973 号决议通过之后，英国决定采取军事行动。采取军事行动是国家安全委员会制定的，符合大检查官的建议，按照英国既有的法律流程，经内阁核准后实行。

国家安全委员会内部设置具有一定的弹性，并非是僵化的组织。在利比亚战争中，为协调工作的需要，在国家安全委员会下设立了一些临时性的委员会，并在国家安全秘书处组建了专门协助利比亚事务的临时工作组。

六、经验与展望

（一）构建全面的国家安全保护网，注重安全工作的战略性

英国国家安全委员会的设立基于英国构建的"大国家安全"战略。英国面对新的国际、国内形势，面对传统安全以及不断出现的多样化、无法预知的风险的挑战，身处一个"不稳定的"时代。面对这样的环境，英国无法有针对性的预防和解决其所面对的问题，需要不断改善自己，对不断扩展的安全领域进行保护。传统的相对独立、狭隘的危机应对和安全保障机制，缺乏前瞻性和预测性，已经不能满足全方位保障英国安全的需要。"大国家安全"战略在此种环境下孕育而生。"大国家安全"战略是英国为自身安全构建的安全保护网。"大国家安全"战略的含义主要有：跨政府部门协调合作应对处理安全问题以及制定国家安全战略。国家安全委员会正是"大国家安全"战略两层含义的践行者，它既是国家安全战略的制定者，同时又是协调政府部门合作处理安全问题的"中枢神经系统"。

（二）法制、民主轨道内的国家安全事务集权

内阁是英国最高行政决策机构，定期召开内阁会议，讨论政府的重要政策，近年来，由内阁全体会议处理事务更多交由内阁委员会来处理，成为英国政治的一个倾向。国家安全委员会是负责国家安全事务的委员会，囊括了首相在内的英国核心内阁大臣，这样保障了其在处理国家安全事务中的超然地位，成为国家安全事务的实际最高决策机构。具有超然地位的国家安全委员会更容易发挥其国家安全的"中枢神经系统"的作用。国家安全委员会是以首相为核心的中央机构，加强首相对国家安全事宜的领导。除了国家安全秘书处作为其行政机构，国家安全顾问作为其秘书，并未扩展政府的组织机构，这也与卡梅伦公共机构改革的理念一致。

国家安全委员会注重协调各部门全面、战略的思考安全问题，以现有的法律为基础，并不会干涉既有的国家职权体系。为了确保国家安全委员会决议有法律保障，国家安全委员会下属委员会议题或者决议涉及法律或者需要法律基础时，会邀请总检察长或副总检察长、检察长办公室官员参加讨论。

国家安全委员会虽然是国家安全事务实际上的最高决策机构，然而其工作受到议会的监督，权力受到议会的制约。国家安全委员会需要定期向议会汇报工作，议会中设有国家安全战略联合委员会专门负责对国家安全委员会工作的审查、评估。国家安全委员会需要接受议会的监督和质询。

卡梅伦政府是保守党与自由民主党组成的联合政府，因而在国家安全委员会人员组成、下属机构职位人事安排以及危机的处理、决策方面需要两党人员的参与。联合政府时期，国家安全委员会要平衡党派意见。

（三）问题与展望

1. 利益诉求表达与平衡机制的建立

国家安全委员会旨在对涉及国家安全事务的相关部门的权力进行统筹，并担负着制定国家安全战略的重任。在进行国家利益评估和战略重点确立之时，需要了解、平衡不同政府部门的利益诉求，同时也要了解、考虑国内民众的不同利益诉求。英国国家安全委员会成立时间不足四年，就目前来看明显存在平衡政府不同部门利益诉求的问题。国家安全顾问两任继任者皆出自外交和联邦事务部，他们的出身背景让他们对外交安全方面更为注重。作为首相的安全顾问，其个人重点将会影响到首相看待安全事务的重点。这一点也被英国议会国家安全战略联合委员会质疑。未来这一职位将可能出于对国家安全战略重点及部门平衡的方向考虑从其他部门选出。

2. 制度性咨询和表达机制的构建

卡梅伦废除了布朗时期建立的"国家安全论坛"这一政府安全咨询机制，将意见咨询下放到参会大臣自身掌控，以及下属委员会进行非正式的咨询和交流。多渠道意见采集机制的建立是国家安全委员会战略规划集思广益，不断改善的重要渠道，这两种渠道显然过于松散和缺乏制度制约。

制度性咨询和表达机制的建立是双向互动的过程。政府建立有效模式，就不同安全议题咨询相关专家或专业机构；而民间尤其是各领域专家、专业研究机构则通过有效渠道对国内安全议题发表看法。

3. 根据情势变化和需要不断调整和改进的新生机构

国家安全顾问是首相在国家安全事务方面的高级顾问，其对国家安全事务的实际作用受到首相对国家安全事务关注度的影响。由于首相卡梅伦对国家安全事宜的重视，国家安全委员会成为影响国家安全事务的有力机构，国家安全顾问在其中发挥重要作用。然而，若未来首相对国家安全事宜不热衷，在无首相坐镇的局面下，国家安全顾问领导的国家安全秘书处则很难有效开展跨部门的协调、统筹工作，专门的国家安全事务大臣的设立则成为一种必要。为了防止国家安全事务大臣的设立将造成部门职责的重叠，避免资源浪费，安全事务职责划分将需要纳入考虑范围。

除了常设的三个下属委员会外，国家安全委员会还会根据需要设立临时委员会处理一些临时性事务。比如利比亚战争时期，国家安全委员会设立了利比亚委员会来处理利比亚问题。新设的利比亚委员会，是政府集中讨论有关利比亚问题的核心讨论会，是国家安全委员会处理利比亚问题的重要组成部门，在利比亚事务处理中发挥了重要作用。

英国国家安全委员会设立时间仅三年有余，运行机制和机构设置也在不断调整中，比如国家安全秘书处由起初的两名副顾问，调整为三名。将来的安全委员会在以后的发展和具体事务的处理中将会不断调整完善。

主要参考文献

著作及论文：

1. 盛红生：《英国政治发展与对外政策》，北京：世界知识出版社，2008年版。

2. 游志斌："英国政府构建'大国家安全'管理框架"，载《学习时报》2010年10月25日，第2版。

3. 朱建新、王晓东：《各国国家安全机构比较研究》，北京：时事出版社，2009年版。

4. "The National Security Council Defenders of theRealm," in *The Economist*, January 27, 2011, http：//www.economist.com/node/18011808，登录时间：2013年12月1日。

5. William Nye, "The National Security Council and its development," in *The British Army*, 2011Edition, http：//army.newsdeskmedia.com/british-army - 2011/the-national-security-council-and-its-development? p = 2，登录时间：2013年12月4日。

文件及法律：

6. "Establishment of a National Security Council," 英国内阁网站：http：//www.gov.uk/government/news/establishment-of-a-national-security-council，登录时间：2013年12月1日。

7. "Examination of Witnesses (Question Numbers 1 - 19)," 英国议会网站：http：//www.publications.parliament.uk/pa/jt200910/jtselect/jtnatsec/115/10032202.htm，登录时间：2013年11月27日。

8. "Fact Sheet 21：Coordinating Our National Security Approach," 英国内阁网站：http：//www.gov.uk/government/uploads/system/uploads/attachment_data/file/62503/Factsheet21 - Coordinating-Our-National-Security-Approach.pdf，登录时间：2013年12月1日。

9. "First review of the National Security Strategy 2010 - Joint Committee on the National Security Strategy," 英国议会网站：http：//www.publications.parliament.uk/pa/jt201012/jtselect/jtnatsec/265/26506.htm#n128，登录时间：2013年11月28日。

10. "Gordon Brown's National SecurityStatement," march 20, 2008, 英国工党网站：http：//www.labour.org.uk/gordon_brown_national_security_statement, 2008 - 03 - 20，登录时间：2013年12月7日。

11. "Joint Committee on the National Security Strategy Publications Session

2009 – 10,"英国议会网站：http：//www. publications. parliament. uk/pa/jt200910/jtselect/jtnatsec/115/10032203. htm，登录时间：2013 年 11 月 28 日。

12. "Joint Committee on the National Security Strategy-role，"英国议会网站：http：//www. parliament. uk/business/committees/committees-a-z/joint-select/national-security-strategy/role/，登录时间：2013 年 11 月 28 日。

13. "Justice and Security Act 2013，"英国立法网站：http：//www. legislation. gov. uk/ukpga/2013/18/introduction/enacted，登录时间：2013 年 12 月 30 日。

14. "LEGAL FRAMEWORK"，英国国家安全局网站：http：//www. mi5. gov. uk/home/about-us/how-mi5-is-governed/legal-framework. html，登录时间：2013 年 12 月 30 日。

15. "Libya crisis：National Security Adviser's view of central coordination and lessons learned，"英国内阁网站：http：//www. gov. uk/government/uploads/system/uploads/attachment_ data/file/193145/Lessons-Learned – 30 – Nov. pdf，pp. 6 – 31，登录时间：2013 年 12 月 4 日。

16. "Memorandum from the Cabinet Office，"英国议会网站：http：//www. publications. parliament. uk/pa/jt200910/jtselect/jtnatsec/memo/ucm0102. htm，登录时间：2013 年 11 月 27 日。

17. "Memorandum from the Cabinet Office，"英国议会网站：http：//www. publications. parliament. uk/pa/jt200910/jtselect/jtnatsec/115/10032206. htm，登录时间：2013 年 11 月 27 日。

18. "National Security Adviser Sir Kim Darroch，"英国内阁网站：http：//www. gov. uk/government/people/kim-darroch，登录时间：2013 年 12 月 1 日。

19. "National Security Council，"英国内阁网站：http：//www. gov. uk/government/organisations/national-security/groups/national-security-council，登录时间：2013 年 11 月 27 日。

20. "National Intelligence Machinery，"英国内阁网站：http：//www. gov. uk/government/uploads/system/uploads/attachment_ data/file/61808/nim-

novemberr2010. pdf p. 19，登录时间：2013 年 12 月 1 日。

21. "OVERSIGHT," 英国国家安全局网站：http：//www. mi5. gov. uk/home/about-us/how－mi5－is-governed/oversight. html，登录时间：2013 年 12 月 30 日。

22. "PARLIAMENTARY OVERSIGHT," 英国国家安全局网站：http：//www. mi5. gov. uk/home/about-us/how－mi5－is-governed/oversight/parliamentary-oversight. html，登录时间：2013 年 12 月 30 日。

23. "Supporting the National Security Council（NSC）：The central national security and intelligence machinery," 英国内阁网站：http：//www. gov. uk/government/uploads/system/uploads/attachment＿data/file/61948/Recommendations＿Suppporting＿20the＿20National＿20Security＿20Council＿The＿20central＿20national＿20security＿20and＿20intelligence＿20machinery. pdf，登录时间：2013 年 12 月 3 日。

24. "The Governance of Britain," 英国内阁网站：http：//www. officialdocuments. gov. uk/document/cm71/7170/7170. pdf，p. 33，登录时间：2013 年 11 月 29 日。

25. "The national security strategy-a strong Britain in an age of uncertainty," 英国内阁网站：http：//www. gov. uk/government/uploads/system/uploads/attachment＿data/file/61936/national-security-strategy. pdf，pp. 34－35，登录时间：2013 年 11 月 29 日。

26. "The work of the Joint Committee on the National Security Strategy in 2012－Joint Committee on the National Security Strategy," 英国议会网站：http：//www. publications. parliament. uk/pa/jt201213/jtselect/jtnatsec/115/11503. htm#a1，登录时间：2013 年 11 月 28 日。

27. "Transparency data Cabinet Office staff and salary data-senior posts as at 31 March 2013," 英国内阁网站：http：//www. gov. uk/government/uploads/system/uploads/attachment＿data/file/207337/CABINET-OFFICE-FINAL-TEMPLATE-MARCH－2013－senior-data. csv/preview，登录时间：2013 年 12 月 4 日。

第四章

法国国防与国家安全委员会

2008年成立的法国国防与国家安全委员会（Conseil de défense et de sécurité nationale CDSN）是基于宪法和法律赋予总统的国防、外交、核指挥以及国内安全领域的权力和职责，在国家最高层级统筹国家安全、进行咨询和决策的机构。其职能涵盖战略规划、军事规划、核威慑政策、对外军事行动、情报、国内安全规划、反恐、重大危机的预防和管理、经济与能源安全。国防与国家安全委员会经历了国防委员会（Conseil de défense）、国内安全委员会（Conseil de sécurité intérieur）的制度积累，并拥有一个职能健全、体系完备的秘书机构——国防与国家安全总秘书处（Secrétariat général de la défense et de la sécurité nationale，简称：SGDSN）。

一、产生背景与历史沿革

当代法国的国家安全体制基于第五共和国所确立的半总统制。

1958年法兰西第五共和国建立,夏尔·戴高乐(Charles de Gaulle)当选第一任总统。第五共和国是典型的半总统制,总统掌握相当程度的行政权,外交和国防是总统的专属领域(le domaine réservé)。[1] 法国外交、国防和国家安全的制度安排与机构设置基于这一基本政治原则。

在2008年建立国防与国家安全委员会之前,法国的国防和国家安全机构主要有国防委员会、国内安全委员会等,国防与国家安全委员会的常设机构——国防与国家安全总秘书处是从国防总秘书处发展而来。

(一)国防委员会

第五共和国宪法对于总统、总理在国防与国家安全领域的权力有明确规定。宪法第十五条规定,"共和国总统是军队的统帅。总统主持最高国防会议(Comité supérieur de la défense nationale)和国防委员会"。[2] 1962年7月18日的法令进一步明确,总统主持的最高国防会议和国防委员会确保国防的总领导,总理负责具体实施。[3] 宪法第二十一条规定:"总理对国防负有责任。""如果情况需要,总理代替共和国总统主持第十五条规定的最高国防会议和国防委员

---

[1] Maurice Vaïsse, *La puissance ou l'influence? La France dans le monde depuis*1958, Paris: Fayard, 2009, p.16.

[2] 《法兰西共和国宪法》(一九五八年十月四日公布,一九七六年六月十八日最后修改),吴国庆:《当代各国政治体制—法国》,兰州:兰州大学出版社,1998年版,第311页。

[3] 吴国庆:《当代各国政治体制—法国》,兰州:兰州大学出版社,1998年版,第52页。

会。"① 另外，根据宪法第三十四条的规定②，法国政府于1959年1月7日制定了关于国防的法令，即《国防组织法》（Organisation générale de la défense）③，共分5章47条，详细制定了关于国防的相关规定，包括总则、国防的全面领导和军事领导、部长们在国防中的责任、关于国防的领导组织和作战组织、关于人员和资源的运用等。

《国防组织法》明确规定，国防的目的是在任何时候和任何情况下对付各种形式的侵略，确保领土的安全和完整，以及保障人民生命的安全。总统直属的机构有：内阁会议（Le conseil des ministres）、国防委员会、小范围国防委员会（Le comité de défense restreint）和高级国防委员会（Le conseil supérieur de défense）。总理是国防负责人，行使军事领导，协调政府各部门在国防方面的活动。④《国防组织法》所确定的机构及其职能如表1所示：

---

① 《法兰西共和国宪法》（一九五八年十月四日公布，一九七六年六月十八日最后修改），吴国庆：《当代各国政治体制—法国》，兰州：兰州大学出版社，1998年版，第313页。

② 宪法第三十四条：法律应由议会投票通过。法律规定关于下列事项的基本原则，其中第一项为"国防的总则"，《法兰西共和国宪法》（一九五八年十月四日公布，一九七六年六月十八日最后修改），吴国庆：《当代各国政治体制—法国》，兰州：兰州大学出版社，1998年版，第317页。

③ "Ordonnance n° 59 – 147 du 7 janvier 1959 portant organisation générale de la défense，" 详见：http：//www.legifrance.gouv.fr/affichTexte.do? cidTexte = LEGITEXT0000 06069248&dateTexte = 20090413，登录时间：2013年12月30日。

④ 参考自" Ordonnance n°59 – 147 du 7 janvier 1959 portant organisation générale de la défense，" 详见：http：//www.legifrance.gouv.fr/affichTexte.do? cidTexte = LEGITEXT00 0006069248&dateTexte = 20090413，登录时间：2013年12月30日。

表1　《国防组织法》确定的机构及其职能

	内阁会议	国防委员会	小范围国防委员会	高级国防会议	国防科学行动委员会	部际情报委员会
主席	总统				总理	
职能	制定国防政策	有关国防全面领导的决定	军事问题的决策	研究国防问题以提供决策咨询	负责与国防有关的科技研究的指导和协调工作	负责情报和资料部门的指导和协调工作

资料来源：笔者根据《国防组织法》整理制作。Ordonnance n°59－147 du 7 janvier 1959 portant organisation générale de la défense，详见 http：//www.legifrance.gouv.fr/affichTexte.do？cidTexte＝LEGITEXT000006069248&dateTexte＝20090413，登录时间 2013 年 12 月 30 日。

内阁会议是最高决策机构，负责制定国防政策、任免将级军官，决定宣布总动员、发布戒严令和紧急状态令等。总统任主席，成员有总理和所有内阁成员。国防委员会负责国防的全面领导和具体的国防问题的决策。总统任主席，成员有总理和外交部长、内政部长、国防部长和财政经济部长等。

小范围国防委员会负责国防的军事性指挥和其他有关军事问题的决策，总统任主席，其成员不固定，每次会议由总理提名，经总统批准后确定。

高级国防会议为咨询机构，负责研究有关国防的各种问题，提出建议。总统任主席，成员由有关部长和其他高级公职人员组成。

国防委员会对于制定及实施国防与军事政策具有重要的统筹作用。在国防委员会中，除总统担任主席外，组成人员还有总理、外交部长、内政部长、国防部长和财政经济部长等。该法还规定内政部长负责准备和落实民防工作；国防部长负责执行军事政策，领导整个国防力量，一旦进入戒备状态，他在交通、运输、通信和全部资源分配方面拥有优先满足军队需要的权力；经济部长从国防考虑，指导负责生产、汇集、使用各类资源和负责领导工业整治等各部部长的行动，决定资源的初步分配、确定价格和组织进出口商业活动，他需同内政部长和国防部长保持经常性联系，以便在制定经济配制计划时考虑到国防的基本需要。

然而，2004年12月20日法令①的第五条第一款，废除了1959年1月7日法令即《国防组织法》；该法令第六条还规定，第五条中所废除的条款仅在《国防法》（Code de la défense）相关条例公布起（2004年）生效，另外还详细规定了部分条款（包括第十条第二至八段，第十一条第二段，第十二、十三条，第十五条第二段，第二十一条）于2007年废除。至今为止，1959年1月7日法令即《国防组织法》的不同条款已经先后被废除。② 此后，2004年出台的《国防法》，集合了国防与国家安全方面的法律和政令。

（二）国防总秘书处

法国国防与国家安全体系中，在上述各个委员会之间一直存在一个具有协调职能的机构，这个机构也经历了长时间的改革。国防总秘书处经历了国防高级委员会常设总秘书处、国防总秘书处等阶段。

1906年，法国政府建立了国防高级委员会（Conseil supérieur de la défense nationale），当时只是研究性机构，由战争部长、外交部长

---

① "Ordonnance n° 2004 – 1374 du 20 décembre 2004 relative à la partie législative du code de la defense,"详见 http://www.legifrance.gouv.fr/affichTexte.do;jsessionid=31473F3D2638D4E78B9D9EF1279BB010.tpdjo05v_3?cidTexte=JORFTEXT000000238564&dateTexte=20041221，登录时间：2013年12月15日。

② 第1—21, 24, 44—46条废除于2004年12月20日法令，其中第10—13, 15, 21条废除于2007年4月21日生效。第22条废除于1967年10月12日法令。第25, 29, 31—33, 35—42废除于1971年6月10日法令。第28, 30, 34条废除于1965年7月9日法令。资料来源同上。

和内政部长周期性召集。从那时起，该委员会已经具备了一定的协调职能。在 1921—1939 年之间，在总结了一战经验教训的基础上，法国政府委托国防高级委员会和其常设总秘书处负责准备战时人员以及经济、行政资源的调动和协调。解放后，国防的协调工作单独交由国防总参谋部负责，后来，该机构演变为国防高级委员会主席的常设参谋部。1950 年，国防常设总秘书处（Le secrétariat général permanent de la défense nationale）和三军联合参谋部（Le état-major combiné des forces armées）重新进行了任务分工，但两者都对政府总理负责。

第五共和国成立不久，1962 年，国防部下属的三军参谋部与总理领导的国防总秘书处（Le secrétariat général de la défense nationale）进行了职能剥离。1978 年起国防总秘书处改为总统直接领导。之后，国防与国家安全概念的拓展以及现实改革的需要，促使国防总秘书处的职能不断扩大。

国防总秘书处的主要职责是准备和安排国防委员会、小范围国防委员会、高级国防会议的例会或临时会议，了解和掌握国防政策的贯彻和具体执行情况，就重大的国防问题和国际上重大的战略动向总统及其领导下的国防决策机构提供咨询和对策。此外，它还负责进行国防事务的磋商，收集和传达军事等方面的信息，并负责军火输出等事务。

2009 年，在《国防与国家安全白皮书》（Livre blanc sur la défense et la sécurité nationale 2008）与《2009—2014 年军事规划法案》（Loi de Programmation Militaire 2009 - 2014）的相关法律规定之下，国防总秘书处转变为国防与国家安全总秘书处，职能也不断扩大，将在下文详述。

(三) 国内安全委员会

国内安全委员会是在应对国内外恐怖主义和国内治安问题的背景下建立和逐步发展起来的。

进入20世纪80年代后,国际恐怖主义活动日益猖獗,法国也成为恐怖主义活动的主要对象。1985年3月,两名法国外交官在贝鲁特被绑架后,法国就成为了极端伊斯兰秘密组织袭击的首选目标。[①] 巴黎多家百货公司在1985—1986年间遭到连环爆炸袭击,一共有13人死亡、303人受伤,黎巴嫩真主党宣布对其中大部分袭击负责。1985年12月7日,巴黎著名的春天百货和老佛爷百货遭到爆炸袭击,共有43人受伤。1986年3月17日在巴黎—里昂的高速火车上发生炸弹爆炸事件。3天后,在香榭丽舍大街的"秀点"商店发生爆炸,造成2死28伤。1986年夏末初秋,新一轮的袭击事件又重新上演,其中最为惨烈的是9月17日发生在雷恩大街的爆炸案,造成7死54伤。与此同时,法国国内的极端恐怖组织"直接行动"(Action directe)[②] 也制造了多起恐怖事件:1985年1月25日暗杀总工程师奥朗德;1986年7月9日在巴黎警察局制造炸弹爆炸事件;1986年11月17日,在大街上刺杀了雷诺集团总裁乔治·贝斯。[③] 面对频发的恐怖主义事件,巴黎检察院反恐部门负责人阿兰·马索(Alain Marsaud)在1985年12月21日的《世界报》(Le Wonde)上发表观点,呼吁成立一个负责国内安全的委员会,以配合全球打击

---

① [法]雅克·希拉克著,李旦译:《希拉克回忆录:步步为赢(1932—1995)》,南京:译林出版社,2010年版,第204页。
② 成立于1979年6月的法国极左派恐怖组织,1987年覆亡。
③ [法]雅克·希拉克著,李旦译:《希拉克回忆录:步步为赢(1932—1995)》,南京:译林出版社,2010年版,第204页。

恐怖主义的斗争。①

1986年3月，右翼联盟在国民议会改选中获胜，雅克·希拉克（Jacques Chirac）在第一次"左右共治"下出任总理。面对如此严峻的安全形势，为了有力打击恐怖主义活动，同时也为了增强右翼总理在安全领域的权力，希拉克接受了马索所提出的观点，决定仿照美国的国家安全委员会建立法国的国家安全委员会（Conseil national de sécurité）。该委员会隶属于总理府，成员包括内政部长、司法部长、国防部长、外交部长、司法警察指挥中心（La direction centrale de la police judiciaire）的反恐处（La Sous-Direction Anti-terroriste, SDAT）、反恐行动特别办公室（Une chambre spécialisée dans les actes de terrorisme）。该委员会重点开展反恐领域的国际合作，特别是根据1977年签署的《斯特拉斯堡公约》（La Convention de Strasbourg），将恐怖分子引渡到实施犯罪的国家。尽管法国签署了该条约，但是由于遭到总统弗朗索瓦·密特朗的反对，未获批准。② 1986年8月，法国通过了一系列关于违法犯罪活动、恐怖主义及妨碍国家安全活动的法律。希拉克政府取得了一系列打击恐怖主义的成果，包括1987年2月捣毁了国内恐怖组织的"直接行动"，1988年5月成功解救了在黎巴嫩被绑架的外交官。

虽然希拉克有意效仿美国的国家安全委员会，但是这一时期所建立的法国国家安全委员会主要是针对打击恐怖主义活动进行协调和决策，以及开展国际合作的机构，是法国国内安全委员会的雏形，与美国国家安全委员会存在区别。此外，在"左右共治"政治条件

---

① Bertrand Pauvert, "Creation du Conseil de Sicurité Intérieure", in *Journal des Accidents et des Catastrophes*, Numéro 25, Juin 2002. 详见：http://www.jac.cerdacc.uha.fr/internet/recherche/Jcerdacc.nsf/NomUnique/JLAE-5AUGJN, 登录时间：2013年12月30日。

② 同上。

下建立国家安全委员会也是右翼总理在治安问题上与左翼总统争权的体现。

国内安全委员会为希拉克之后的社会党米歇尔·罗卡尔①（Michel Rocard）政府所继承。罗卡尔重视"国内安全"的概念，为了使"国内安全"概念具体化，他于1989年在内政部下建立了一个专门的研究机构——国内安全高级研究所（L'Institut des hautes études de la sécurité intérieure）。这一机构为国内安全相关的行为体提供了一个交换意见的重要场所，最为重要的是提出了"就地安全契约"（contrats locaux de sécurité）和"就近警察"（police de proximité）的概念。② 尽管如此，自1993年之后，国内安全委员会便很少被使用。

直到1997年"左右共治"的局面再现，左翼总理利昂内尔·若斯潘（Lionel Jospin）通过1997年11月18日法令③对国内安全委员会的地位和职权予以规范，使其正式发挥作用。该法令规定：国内安全委员会由总理直接领导，成员包括内政部长、国防部长、司法部长和海关负责人，根据议题不同可能会有其他部长参加；其职责是确定国内安全政策的方针，协调有关安全的部际之间的行动和手段的实施。④ 这一时期的国内安全委员会还推动了罗卡尔时期提出的

---

① 1988—1991年任法国总理。

② Bertrand Pauvert, "Creation du Conseil de Sicurité Intérieure", in *Journal des Accidents et des Catastrophes*, Numéro 25, Juin 2002. 详见：http：//www.jac.cerdacc.uha.fr/internet/recherche/Jcerdacc.nsf/NomUnique/JLAE－5AUGJN，登录时间：2013年12月30日。

③ "Décret n°97－1052 du 18 novembre 1997 portant création du Conseil de sécurité intérieure," 详见：http：//www.legifrance.gouv.fr/affichTexte.do? cidTexte = JORFTEXT000000202392，登录时间：2013年12月30日。

④ Bertrand Pauvert, "Conseil de Sicurité Intérieure," *Journal des Accidents et des Catastrophes*, Numéro 25, Juin 2002. 详见：http：//www.jac.cerdacc.uha.fr/internet/recherche/Jcerdacc.nsf/NomUnique/JLAE－5AUGJN，登录时间：2013年12月30日。

"就近警察"[①]的建立和发展，以解决公共安全，特别是青年人犯罪问题。

"9·11"事件和国内治安问题使"国内安全委员会"成为2002年法国大选的热点和希拉克竞选的主要政治主张。"9·11"事件使国家安全形势发生了重大变化，本土安全和恐怖主义问题再次成为人们关注的焦点。在国内治安方面，若斯潘执政后期，失业率高企，青少年犯罪问题日益严重，越来越成为社会的热点问题。希拉克抓住民众最关心的治安问题，对若斯潘政府的治安措施进行了猛烈攻击。他主张必须立即采取行动和对策，制止暴力。"暴力改变了法国的形象，法国已经没有地方让人感到安全"，希拉克承诺一切犯罪者都不能逃脱惩罚，一旦得以连任将立即设立国内安全部、国内安全委员会和青少年预防管教中心等机构，及时采取打击和预防并重的措施。[②] 在治安问题上采取强硬态度是希拉克赢得大选的重要因素之一。

2002年5月15日希拉克连任当天，根据内阁会议的法令成立了新的国内安全委员会，总统任主席，除总理以外，成员还包括国防部长、内政部长、司法部长、经济部长等政府部长。委员会的职责是负责确保国内安全政策的实施、协调和评估。5月24日，在希拉克的主持下，国内委员会在爱丽舍宫召开了第一次会议。内政部长尼古拉·萨科齐（Nicolas Sarkozy）主持委员会的具体工作。委员会的总秘书处（Secrétariat général du conseil de sécurité intérieur，简称：

---

① 1998年建立，2003年撤销。
② 朱博英：《法国大选忙坏了希拉克和若斯潘》，载《解放军报》，2002年3月4日，第12版。

SGCSI）不再由总理办公室主任担任，改由总统直接通过命令任命。① 希拉克任命前任巴黎警察局长菲利普·马索尼（Philippe Massoni）担任总秘书长。②

希拉克建立的新的国内安全委员会较之以往有明显的不同，使得国内安全委员会真正得以在国内安全领域发挥强有力的领导功能，实现了实体化和职能化。③

第一，将国内安全委员会从总理领导置于总统直接领导之下，提升了委员会的级别和地位，也将国内治安问题纳入总统直接管理之下；

第二，拓展了安全概念，综合运用政治、法律、经济手段打击犯罪，加强治安，打击与预防并重；

第三，进一步增强了委员会的职能和权力，使委员会成为国内安全事务的领导和协调机构，并强化了其执行力。委员会被授予两项核心职权：

（1）领导与协调：新国内安全委员会的主要任务是在国内安全领域，为政府政策设立目标及优先级。部际合作的结构处于共和国总统直接领导之下，委员会必须保证各部委在此领域采取的一切措施目标方向相同，并且互相协助。

（2）评估与监管：确保不同部委行动的协调性，评估政策措施的有效性；保证资源的合理与充分分配；负责检验国内安全利益的

---

① "Décret du 18 mai 2002 portant nomination du secrétaire général du Conseil de sécurité intérieure," 详见：http：//www. legifrance. gouv. fr/affichTexte. do? cidTexte = JORFTEXT000000591664&fastPos = 1&fastReqId = 1959318633&categorieLien = id&oldAction = rechTexte，登录时间：2013 年 12 月 30 日。

② 高振明：《法国情报组织揭秘》，北京：时事出版社，2013 年版，第 109—110 页。

③ Bertrand Pauvert," Conseil de Sicurité Intérieure," Journal des Accidents et des Catastrophes, Numéro 25, Juin 2002. 详见：http：//www. jac. cerdacc. uha. fr/internet/recherche/Jcerdacc. nsf/NomUnique/JLAE－5AUGJN，登录时间：2013 年 12 月 30 日。

规划法案。

第四,在机构设置上,扩充了国内安全委员会的构成,除总统、总理之外,还包括内政部长、司法部长、国防部长经济与财政部长、预算部长、海外部长等。内政部长主持日常工作。

第五,加强了委员会的秘书机构,保障委员会日常功能的发挥。由总统任命专职人员担任总秘书长,发挥总秘书处的核心协调作用,协助相关部委及国防总秘书处监督委员会决议的实施。总秘书处还负责准备提交到国内安全委员会的年度报告。

(四) 国防与国家安全委员会

萨科齐担任法国总统后即着手对法国的国防和国家安全战略以及国家安全体制进行调整。2008年6月17日,萨科齐发表讲话[1],正式颁布2008年法国《国防与国家安全白皮书》。[2] 战后法国一共颁布过三部国防白皮书,分别是1972年法国《国防白皮书》[3],1994年法国《国防白皮书》[4] 和2008年法国《国防与国家安全白皮书》。白皮书的发布都标志着法国国防政策和国家安全战略的重大调整。[5]

---

[1] Nicolas Sarkozy. *Discours de M. Le Président de La République Sur la Défense et la Sécurité Nationale*. Paris : Porte de Versailles, mardi 17 juin 2008, http://www.elysee.fr/download/? mode = press&filename = 17.06_ Def_ et_ sec_ , o 25, Juin 2002., a defense," nationale.pdf, 登录时间:2013年12月30日。

[2] Livre Blanc sur Défense et Sécurité nationale, Paris: Odile Jacob/La Documentation Française, 2008

[3] Livre blanc sur la défense 1972, http://www.cedoc.defense.gouv.fr/IMG/pdf/Livre_ blanc-1972.pdf, 登录时间:2013年12月30日。

[4] Livre blanc sur la défense 1994, http://www.ladocumentationfrancaise.fr/var/storage/rapports-publics/944048700/0000.pdf, 登录时间:2013年12月30日。

[5] 张骥:《法国与欧盟安全与防务政策(ESDP):欧洲化的双向运动》,复旦大学博士论文,2009年10月,第119页。

第四章 法国国防与国家安全委员会

2008年,法国《国防与国家安全白皮书》是在"后冷战时期已经结束,全球化塑造着国际关系",世界"更加多变、更不确定、更难预测"的背景下,以"威胁到法国领土和法国人民的新的脆弱性"为基础制定的指导未来15年的法国国防和国家安全战略。白皮书在对当前和未来15年世界形势以及法国和欧盟面对的安全威胁作出的新的判断的基础上,提出了法国国家安全战略的五项战略功能"了解与预测"、"预防"、"威慑"、"保护"和"干预"。[1]

白皮书对法国的战略定义进行了重大革新。第一次提出法国"国家安全战略"的概念,超出了以往白皮书国防战略的范畴,打破了传统的内部安全和外部安全的分野,制定了一个结合国防政策、国内安全政策、外交政策和经济政策的国家安全战略。这标志着法国国防和安全战略思维的重大变化,这一思维转变对国家利益的界定、威胁的识别和手段的确定都产生了重大影响。[2]

萨科齐提出的新的国家安全战略的一个重要组成部分和改革措施就是重组法国的国家安全体制和机构,建立由总统直接领导的国防与国家安全委员会,下设国家情报委员会,以便更好地统筹协调涉及到国家安全的国防、国内安全、外交、经济的政策与手段,整合情报部门,提升情报为国家安全服务的水平,从而应对白皮书所指出的法国国家安全面临的新威胁。

---

[1] Livre Blanc sur Défense et Sécurité Nationale, Paris: Odile Jacob/La Documentation Française, 2008, pp. 13, 11.

[2] 张骥:《法国与欧盟安全与防务政策(ESDP):欧洲化的双向运动》,复旦大学博士论文,2009年10月,第120页。

二、法律基础与政治地位

（一）相关法律基础

从法国国防与国家安全委员会的建立与相关机构的历史沿革来看，法国国防与国家安全委员会的法律基础涉及到以下方面：

1.《法兰西第五共和国宪法》

关于总统在国防和国家安全方面的职权的规定，宪法第十五条有所规定：

"共和国总统是军队的统帅。总统主持最高国防会议和国防委员会。"

关于总理的职权方面，宪法第二十一条规定：

"总理对国防负有责任"。"如果情况需要，总理代替共和国总统主持第十五条规定的最高国防会议和国防委员会。"

2.《国防组织法》

该法令虽然是从宪法条款中衍生制定的法律，而且现在各项条款已被陆续废除，但它一度是法国国防方面的基本法律。详细内容已在上文进行了具体论述。

3.《国防法》(Code de la défense)[①]

2004年7月，时任法国国防部长米谢勒·阿利奥-马里（Michele Alliot-Marie）宣布，1972年通过的《国防法》已经严重过时，必须制定新的《国防法》。新《国防法》通过2004年12月20日法令颁布，旨在将所有国防方面的法律法规和政府命令集合在一起。该法规定了相关部门的组织结构、职能任务、军事人员、国防行动等内容。

4. 2008年《国防与国家安全白皮书》

这一文件确定了未来15年的法国国防和国家安全战略的目标、政策和措施。白皮书提出建立一个"国家最高层次的新组织——国防与国家安全委员会"，该委员会处于国家最高层次，职责涵盖国家安全问题的所有领域：军事规划、核威慑政策、国内安全规划、反恐以及重大危机的预防和应对。白皮书还提出建立国家情报委员会，作为国防与国家安全委员会的一个特殊机构，该委员会在总统的直接领导下协调各情报部门的相互交流。白皮书还提出了国防与国家安全委员会的组成和运作方式，这将在下文中具体介绍。

5.《2009年至2014年军事计划法案》[②]

该法令中有两项涉及到国防和国家安全委员会的重要规定：第

---

① "Code de la défense (Version consolidée au 20 décembre 2013)，"详见：http://www.legifrance.gouv.fr/affichCode.do?cidTexte=LEGITEXT000006071307，登录时间：2013年12月30日。

② "LOI n° 2009-928 du 29 juillet 2009 relative à la programmation militaire pour les années 2009 à 2014 et portant diverses dispositions concernant la defense，"详见：http://legifrance.gouv.fr/affichTexte.do?cidTexte=JORFTEXT000020915137，登录时间2013年12月30日。

一，规定了国防与国家安全委员会的组成、职能及总理的相关职能。第二，规定对《国防与国家安全白皮书》提出方针的监督落实程序，每年向国防与国家安全委员会报告，并向议会相关委员会提交评估报告。

6.《2009 年 12 月 24 日法令》[①]

该法令于 2010 年 1 月 13 日正式生效，是国防与国家安全委员会及新国家安全战略实施的重要法律基础之一，其具体内容如表 2 所示：

表 2 《2009 年 12 月 24 日法令》内容

条目	内容	涉及到的法律修订
一	国防与国家安全委员会、国家情报委员会、核武器委员会的职责与组成。	替代了《国防法》行政法规第一部分第一本书第二主题第二章的独立内容。
二	国防与国家安全总秘书处地位及职责。	替代了《国防法》行政法规第一部分第一本书第三主题第二章第一部分。
三	该法律颁布之前公民和军事人员地位保留。	
四	十条内容修订《国防法》行政法规部分；2002 年 5 月 15 日法令规定的国内安全委员会废除。	修订部分《国防法》行政法规。
五	关于 2009 年 7 月 7 日法令条款替代；刑法中"国防总秘书处"名称的替代；所有行政法规中相关名称的替代。	

---

① "Décret n° 2009 – 1657 du 24 décembre 2009 relatif au conseil de défense et de sécurité nationale et au secrétariat général de la défense et de la sécurité nationale, JORF n° 0301 du 29 décembre 2009 p. 22561 texte n° 1,"详见：http：//www.legifrance.gouv.fr/affichTexte.do；jsessionid = 31473F3D2638D4E78B9D9EF1279BB010.tpdjo05v_ 3? cidTexte = JORFTEXT000000238564&dateTexte = 20041221，登录时间：2013 年 12 月 30 日。

续表

条目	内容	涉及到的法律修订
六	本法律第三条提到的内容可能被法规修改。	关于《国防法》行政法规第一部分第一本书第三主题第二章第一部分 D.1132—4 至 D.1132—6。
七	本法规2010年1月13日生效。	
八	相关部长负责等。	

资料来源：笔者根据《2009年12月24日法令》整理制作。Décret n° 2009－1657 du 24 décembre 2009 relatif au conseil de défense et de sécurité nationale et au secrétariat général de la défense et de la sécurité nationale, JORF n°0301 du 29 décembre 2009 p.22561 texte n° 1. 详见：http：//www.legifrance.gouv.fr/affichTexte.do；jsessionid = 31473F3D2638D4E78B9D9EF1279BB010.tpdjo05v_3？cidTexte=JORFTEXT000000238564&dateTexte=20041221，登录时间：2013年12月30日。

（二）政治地位

《国防与国家安全白皮书》明确给予国防与国家安全委员会在国家最高层级统筹国家安全的地位。建立国防与国家安全委员会是基于宪法和法律赋予总统的国防、外交、核指挥以及国内安全领域的权力和职责。该委员会没有完全取代国防委员会在传统的军事领域的职能，其功能是为应对法国今天所面临的新的安全威胁，需要克服国家内部以及政府内部的分化，统筹政府内外的资源、手段和意见，统筹政治、经济、金融手段和行动，以为总统最后决定提供辩论和政策选择的机制。

关于国防与国家安全委员会与立法机构的关系。议会将在以下三个方面参与和监督有关国防与国家安全的事务：[①]

第一，对外军事干涉应该向议会报告，并且得到议会的授权。

[①] Livre Blanc sur Défense et Sécurité nationale, Paris：Odile Jacob/La Documentation Française, 2008.

对外行动的性质和目标应在军队部署到位三日内告知议会，议会在投票表决前应进行充分的辩论。对外干涉行动任何超过四个月的延长，必须经过议会投票授权。维和行动也应在部署到位前向议会报告。根据行政权与立法权分立的原则，军事指挥权属于总统和总理。

第二，议会将加强在国家安全领域的立法职能。军事规划法案和国内安全规划法案实施情况、国防及国内安全的重要政策要向议会报告；议会将更密切地参与有关国家安全战略及其方针政策制定的辩论；《国防与国家安全白皮书》的更新要咨询议会。与外国签订的双边军事协定要经议会批准。

第三，议会知情权将被加强。2007年10月9日法案建立议会情报代表团，负责为议员们提供有关情报活动的信息，但机密信息特别是有关反恐的情报除外。同时，总理和国防部长应定期向议会汇报武器出口政策。

三、职权功能、组织结构与运作

（一）职权功能

法国国防与国家安全委员会的职权涵盖了宪法规定的总统在国防与国家安全领域的所有问题和公共政策：

1. 根据2008年《国防与国家安全白皮书》规定，该委员会负责法国国防与国家安全方面所有相关议题——军事规划、核威慑政策、国内安全规划、反恐及对重大危机的预防和应对等。

2. 根据《2009年至2014年军事计划法案》第五条规定，应对重大危机的综合管理、国防政策及战略方向应该被国防与国家安全委员会所通过。

3. 根据2009年12月24日法令第一条规定，该委员会还制定包括情报、经济与能源安全、对外行动等方面的政策。

(二) 组织结构与运作

国防与国家安全委员会的组织结构如图1所示，总统任主席，成员包括总理、外交部长、内政部长、国防部长、经济部长和预算部长。如有需要，其他部长也可能参加。例如在涉及反恐议题时司法部长出席，在涉及预防卫生危机时卫生部长出席。

国防与国家安全委员会由总统领导，决策由总理执行。委员会在不同议题上可能会有不同的形式，特别是在有关对外行动的议题上以及核威慑等特殊议题上可能成为一个小范围的委员会。为加强对情报的统筹，建立隶属于委员会的国家情报委员会（Conseil nationale du renseignement）和小范围情报委员会。委员会还建立了秘书机构——国防与国家安全总秘书处和咨询机构——国防与国家安全咨询委员会（Conseil consultatif sur la défense et la sécurité nationale）。国内安全委员会被撤销。

1. 国家情报委员会

为加强对法国情报系统的统筹和协调，克服不同情报部门之间的分立，法国政府在成立国防与国家安全委员会的同时成立了国家情报委员会，作为国防与国家安全委员会的特殊组成部分。2008年《国防与国家安全白皮书》和2009年12月24日法令规定了该委员会的职能：直接统一领导国内外情报工作，确定情报的战略方向及情报的优先级；批准情报工作目标、人力与技术手段；并依照情报活动的法律框架进行督促和仲裁。国家情报委员会由总统任主席，

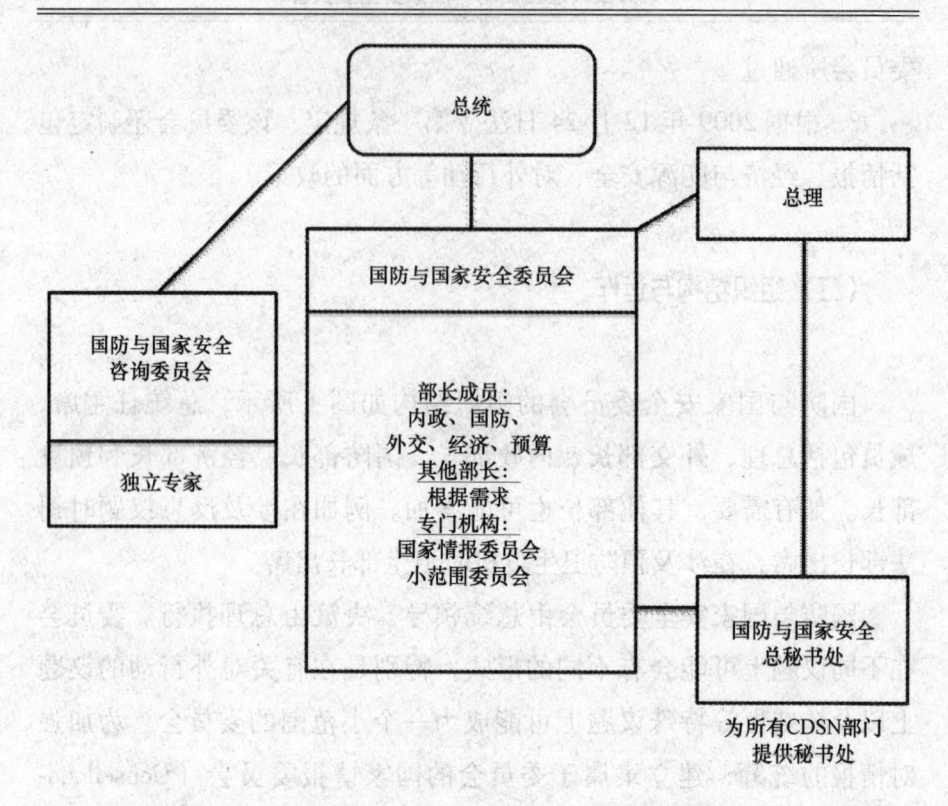

图 1　法国国防与国家安全委员会 CDSN 组织机构图

资料来源：笔者根据 Livre blanc sur la défense et la sécurité nationale 2008（2008 年《国防与国家安全白皮书》）图表编译。*Livre Blanc sur Défense et Sécurité nationale*, Paris：Odile Jacob/La Documentation Française, 2008。

成员包括总理、内政部长、国防部长、外交部长、经济部长与预算部长，其他部长根据具体议题出席，各情报机构负责人的出席由议程和国家情报协调官（Le coordinateur national du renseignement）要求进行安排。此外，它还会应总统的要求负责召集小范围的情报委员会会议。[1]

---

[1]　Livre Blanc sur Défense et Sécurité Nationale, Paris：Odile Jacob/La Documentation Française, 2008；高振明：《法国情报组织揭秘》，北京：时事出版社，2013 年版，第 111 页。

2. 国家情报协调官[①]

2008年8月，法国总统正式批准设立国家情报协调官。它由内阁会议进行任命，接受总统府秘书长直接领导，团队人员一般为5至12人，其主要任务主要有以下几项：

（1）协调和指导国防部、内政部以及经济部的情报工作，协调情报部门与总统之间的联系，并负责将总统的指令传达给相关部门；

（2）在国防与国家安全秘书长的协助下，起草国家情报委员会的决议，同时掌握并跟踪其执行情况；

（3）通过年度预算计划监督情报目标、手段的规划与实施，并主持情报领域技术投资的部际会议；

（4）负责召集情报机构的负责人定期举行会议，确定情报研究的侧重点，了解各情报机构的需求。

总体来说，新组织的建立是为了提高相关情报的交流。国家情报协调官所起的作用基本上是总统、总理与其他情报部门之间的桥梁和纽带作用。

3. 国防与国家安全咨询委员会

与新的国防与国家安全委员会一同建立的还有国防与国家安全咨询委员会。该咨询委员会由总统任命的独立专家组成，也可以号召高级国家公职人员参加。委员会向总统和总理提交独立的意见和评估。在政治、经济、运作和国际层面都应有讨论及辩论，备选意

---

① Décret n° 2009 – 1657 du 24 décembre 2009 relatif au conseil de défense et de sécurité nationale et au secrétariat général de la défense et de la sécurité nationale, JORF n° 0301 du 29 décembre 2009 page 22561 texte n° 1；高振明：《法国情报组织揭秘》，北京：时事出版社，2013年版，第111—112页。

见都应提交到最终决策。①

4. 国防与国家安全总秘书处②

2009年12月23日,内阁会议通过了关于国防与国家安全委员会和国防与国家安全总秘书处的法令,并于2010年1月13日开始生效。根据该法令,国防总秘书处转为国防与国家安全总秘书处,作为国防与国家安全委员会的秘书机构。自2004年7月担任国防总秘书处秘书长的弗朗西斯·德隆(Francis Delon),从2010年1月13日起转而履行国防与国家安全总秘书长的职责。

总秘书处是一个负责执行的政府部门,即为高层的决策做准备并监督其实施。与之密切相关的部门有:国防、外交与欧洲事务、内政、司法、经济、金融和产业、卫生、研究与运输等。总秘书处的职责扩展到安全方面的所有战略和国防问题,与委员会范围相同。其主要任务有:③

(1) 为国防与国家安全委员会及其所有形式的会议提供秘书处,包括小范围委员会等;

(2) 领导和协调有关国防与国家安全政策以及某些公共政策的部际事务;

(3) 关注可能影响到法国国防与国家安全和安全利益的危机与冲突的演变,并对可行性措施进行研究;

(4) 提出、发布、部署有关国防秘密保护的必要手段,起草、发布有关国防与国家安全的部际规章制度,并监督其实施;

---

① Livre Blanc sur Défense et Sécurité nationale, Paris: Odile Jacob/La Documentation Française, 2008, p. 253.
② Secrétariat général de la défense et de la sécurité nationale, 法国国防与国家安全总秘书处网站: www.sgdsn.gouv.fr, 登录时间: 2013年12月30日。
③ 同上。

（5）支持国家情报协调官的工作；

（6）建立和实施国防与国家安全部际规划，监管部际行动；

（7）保证政府网络的通畅与安全；

（8）提出并实施信息系统安全的政策；

（9）确保开展有关国防与国家安全的科研、技术规划等行动的一致性；

（10）控制机密武器的出口及技术的转移；

（11）支持国防的教学。

其中的重点在于为国防与国家安全委员会提供秘书处。在委员会就具体议题进行咨询及提出意见之后，总理负责执行其决策，具体来讲，任务主要由总秘书处中的顾问团队、相对应的部门来完成。

上文所述的的职权功能由国防与国家安全总秘书处独立执行，总秘书处建立了系统的机构和人员来承接上述职能，其组织机构如图2所示：

总秘书处共有5大部门，其主要机构的具体职能分别为：[1]

（1）国防与国家安全委员会秘书处（Le secrétariat pour le conseil de défense et de sécurité nationale）：辅助总秘书长为国防与国家安全委员会的会议做准备，并监督委员会决议的执行情况，同时负责确保与之相关的部际联系。

（2）综合管理服务局（Le service de l'administration générale，SAG）：为总秘书处横向工作提供服务。它负责该组织和支持工作的所有活动，尤其在以下这些方面：

A. 人力资源与职员安排管理；

B. 预算执行情况的准备与监督；

C. 政府采购；

---

[1] Secrétariat général de la défense et de la sécurité nationale，法国国防与国家安全总秘书处网站：www.sgdsn.gouv.fr，登录时间：2013年12月30日。

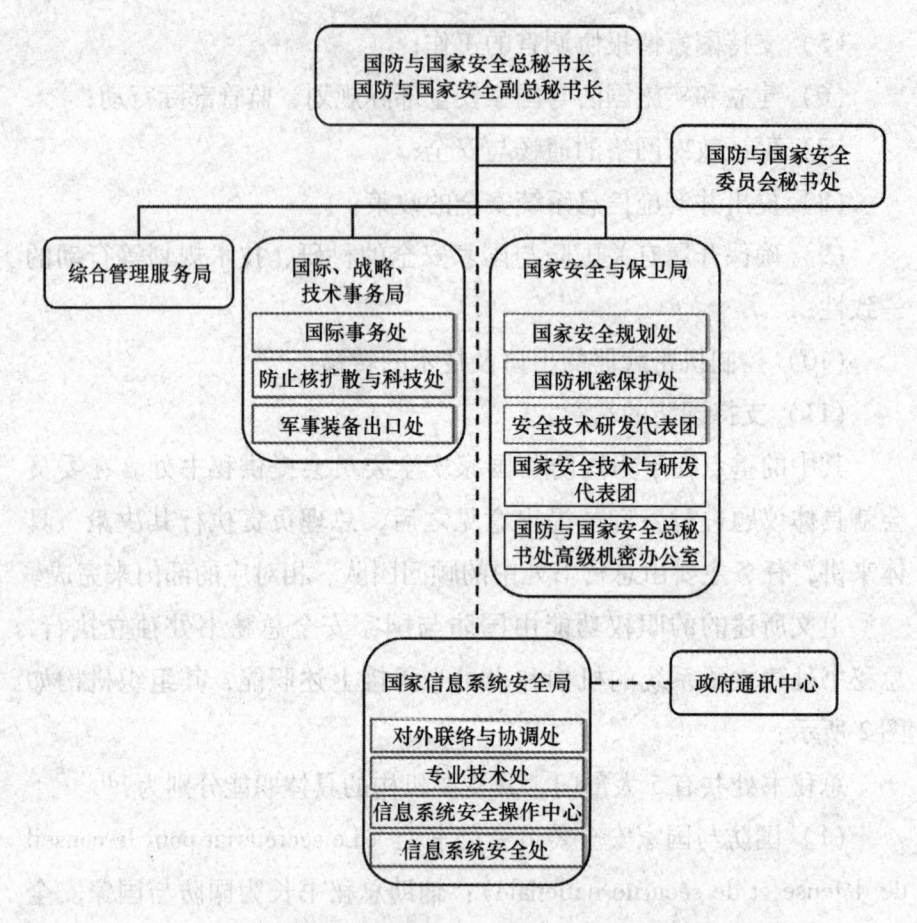

图 2　法国国防与国家安全总秘书处组织结构图

资料来源：Secrétariat général de la défense et de la sécurité nationale，法国国防与国家安全总秘书处网站：www.sgdsn.gouv.fr，登录时间：2013 年 12 月 30 日。

D. 信息技术支持，及总秘书处信息系统执行工作；

E. 总秘书处及其相关机构的后勤工作；

F. 在副秘书长所制定的框架下确保总秘书处的安全。

总之，该部门负责引导与协调总秘书处所有分支机构的行政与财务活动，在预算、人力资源、技术等方面提供支持。

（3）国际、战略、技术事务局（La direction des affaires internationales，stratégiques et technologiques，AIST）：负责在政治战略、防

止核扩散、武器出口控制等方面的国际事务。同时，该机构还可以干预军民两用物品出口控制的过程。在处理相关事务的过程中，该机构负责进行部际协调。该机构还为国家情报委员会的会议作准备，以及监督情报委员会决议的执行情况。其机构有：

A. 国际事务处；

B. 防止核扩散与科技处；

C. 军事装备出口处。

（4）国家安全与保卫局（La direction de la protection et de la sécurité de l'Etat, PSE）：主要负责分析风险和威胁、制定政治预防措施、为处理恐怖主义等威胁做准备（在法国国家及海外利益方面）等任务：

A. 在国家安全方面，发展、协调、监督政府规划；

B. 为国防与国家安全组织提供总体研究；

C. 应对核、放射性、生、化、爆炸（NRBC-E）恐怖主义的部级合作；

D. 分析风险及需求，国家安全技术研究；

E. 发展和执行国际安全、部际安全及国防方面的演习；

F. 随时参与到保卫领土与人民的活动中，处理一切妨碍总理及高级官员安全的行为；

G. 发展和执行保护高级机密的政策。

国家安全与保卫局的机构有：

A. 安全规划处；

B. 国防机密保护处；

C. 领空安全部际代表团；

D. 国家安全技术与研发代表团；

E. 国防与国家安全总秘书处高级机密办公室。

（5）国家信息系统安全局（L'Agence nationale de la sécurité des

systèmes d'information，ANSSI）：是根据 2009 年 7 月 7 日法令建立的，由总理掌管，附属于国防与国家安全总秘书处。该机构在国家最高层的信息系统与安全方面，协助总秘书长的活动，是负责国家信息系统与安全的国家机构。其机构有：

A. 信息系统安全操作中心；

B. 专业技术处；

C. 信息系统安全处；

D. 对外联络与协调处；

政府通讯中心（Le centre de transmissions gouvernemental，简称CTG）隶属于国家信息系统安全局。

四、特点与经验

从法国国家安全体制的发展变迁以及国防与国家安全委员会建立的进程中，我们也可以看到以下特点：

第一，法国始终根据安全环境和安全威胁的变化调整国家安全体制机制。国内安全委员会是在应对内外恐怖主义威胁，解决国内治安问题的背景下建立的，后来在打击犯罪、维护治安方面发挥了重要作用。国防与国家安全委员会的建立是法国应对新的国家安全形势，转变战略思维，打破传统的内部安全和外部安全的分野，统筹防务政策、国内安全政策、外交政策和经济政策的结果和体制创新。法国充分认识到，分割的职能、分化的机构、分散的手段已经无法应对今天国家所面临的安全威胁，必须在国家最高层级建立统一的领导和决策体制。

第二，从国防与国家安全委员会的功能设定、机构设置来看，总统在其中占有至关重要的领导核心地位。国防与国家安全委员会的职能基于宪法和法律赋予总统的国防、外交、核指挥以及国内安全领域的权力和职责。通过国防与国家安全委员会，战略、国防、国内安全、外交、情报等决策更加统一地集于总统的领导之下。当然，它也为各系统、各部门参与决策提供了一个制度的平台和保障。总理负责决策的执行，在所有决策执行过程中协调政府内外各部门的工作。这样的制度设计体现了法国半总统制的根本政治制度。

第三，国防与国家安全委员会虽然是2008年建立的，但法国国家安全体制机制已经有了很长的发展历史。国防委员会，特别是国内安全委员会的建立、运行和作用的发挥为国防与国家安全委员会进行了制度积累和经验积累。尤其是执行和协调机构——国防总秘书处一直存在并发挥作用，在国防与国家安全委员会成立后，直接转变为其秘书机构。2002年，希拉克重建的国内安全委员会在制度化和职能化方面取得了重大进展，为国防与国家安全委员会奠定了基础。在这个过程中，美国国家安全委员会一直是法国借鉴的对象。

第四，在法国的国家安全体制中，始终存在着一个重要的执行和协调机构负责贯彻落实、协调各方，保证最高安全决策得以执行。从国防总秘书处到国防与国家安全总秘书处，始终在发挥这一作用。国防与国家安全总秘书处职能健全、系统完备，拥有庞大的下属机构及人员配置，这使得决策能够得到有效的落实和执行。这是法国国家安全体制的重要特色。

第五，法国的国家安全体制建设始终重视法治基础。国防委员会、国内安全委员会、国防与国家安全委员会的建立、改革都通过相关的法律进行。涉及到国家安全的法律也在不断根据形势的变化进行废立和修订。重视发挥议会在国家安全事务中的作用，加强议会的监督职能、立法职能并保障议会的知情权。

主要参考文献

著作：

1. ［日］大平善悟、田上穰治主编：《世界各国国防制度》，北京：解放军出版社，1986年版。

2. 高振明：《法国情报组织揭秘》，北京：时事出版社，2013年版。

3. 郭奕圻：《比較英國與法國核武戰略》，台北：秀威資訊科技股份有限公司，2011年版。

4. 吴国庆：《当代各国政治体制—法国》，兰州：兰州大学出版社，1998年版。

5. 杨毅：《国家安全战略研究》，北京：国防大学出版社，2007年版。

6. ［法］雅克·希拉克著，李旦译：《希拉克回忆录：步步为赢 1932—1995》，南京：译林出版社，2010年版。

7. 张历历：《外交决策》，北京：世界知识出版社，2007年版。

8. 朱建新、王晓东：《各国国家安全机构比较研究》，北京：时事出版社，2009年版。

9. Maurice Vaïsse. La puissance ou l'influence? La France dans le monde depuis 1958, Paris：Fayard, 2009.

10. M. Clarke, "The Foreign Policy System：A Framework for Analysis", in M. Clarke and B. White (eds) *Understanding Foreign Policy：The Foreign Policy Systems Approach* (Cheltenham：Edward Elgar 1989).

论文：

11. 华晓："法国，十四年后再出国防白皮书"，载《环球军事》，2008年13期。

12. 苏宏达："法国第五共和国外交决策的机制"，载《问题与研究》，1997年第6期。

13. 夏立平："论英国核政策——兼与法国核战略比较"，载《国际观察》，2009年第6期。

14. Bertrand Pauvert, "Conseil de Sicurité Intérieure," Journal des Accidents et des Catastrophes, Numéro 25, Juin 2002. 详见：http：//www. jac.

cerdacc. uha. fr/internet/recherche/Jcerdacc. nsf/NomUnique/JLAE - 5AUGJN，登录时间：2013 年 12 月 30 日。

15. JAC Lewis, "France plans radical reorganisation of national security", in Jane's Defence Weekly, 2008, Vol. 45, No. 3.

法律：

16.《法兰西共和国宪法》（一九五八年十月四日公布，一九七六年六月十八日最后修改），吴国庆：《当代各国政治体制—法国》，兰州：兰州大学出版社，1998 年版。

17. Code de la défense（Version consolidée au 20 décembre 2013），国防法，详见：http：//www. legifrance. gouv. fr/affichCode. do？cidTexte = LEGI-TEXT000006071307，登录时间：2013 年 12 月 30 日。

18. Décret du 18 mai 2002 portant nomination du secrétaire général du Conseil de sécurité intérieure, 2002 年 5 月 9 日法令，详见：http：//www. legifrance. gouv. fr/affichTexte. do？cidTexte = JORFTEXT0 00000591664&fastPos = 1&fastReqId = 1959318633&categorieLien = id&oldAction = rechTexte，登录时间：2013 年 12 月 30 日。

19. Décret n° 2009 - 1657 du 24 décembre 2009 relatif au conseil de défense et de sécurité nationale et au secrétariat général de la défense et de la sécurité nationale, 2009 年 12 月 24 日法令，详见：http：//www. legifrance. gouv. fr/affichTexte. do；jsessionid = 01308C82574FB5D80337 ABFA57418045. tpdjo09v_1？cidTexte = JORFTEXT000021533568&cat egorieLien = id，登录时间：2013 年 12 月 30 日。

20. LOI n° 2009 - 928 du 29 juillet 2009 relative à la programmation militaire pour les années 2009 à 2014 et portant diverses dispositions concernant la défense, 2009 - 2014 年军事规划法案，详见：http：//legifrance. gouv. fr/affichTexte. do？cidTexte = JORFTEXT000020915137，登录时间：2013 年 12 月 30 日。

21. Ordonnance n°59 - 147 du 7 janvier 1959 portant organisation générale de la défense，国防组织法，详见：http：//www. legifrance. gouv. fr/affich-

Texte. do？cidTexte＝LEGITEXT000006069248&dateTexte＝20090413，登录时间：2013年12月30日。

22. Ordonnance n° 2004－1374 du 20 décembre 2004 relative à la partie législative du code de la défense，2004年12月20日法令，详见：http：//www. legifrance. gouv. fr/affichTexte. do；jsessionid＝31473F3D2638D4E78B9D9EF1279BB010. tpdjo05v_3？cidTexte＝JORFTEXT000000238564&dateTexte＝20041221，登录时间：2013年12月30日。

政府报告：

23. Nicolas Sarkozy. Discours de M. Le Président de La République Sur la Défense et la Sécurité Nationale. Paris：Le Elysée，mardi 17 juin 2008，http：//www. elysee. fr，登录时间：2013年12月30日。Livre blanc sur la défense et la sécurité nationale 2008。

24. Livre blanc sur la défense et la sécurité nationale 2008.

25. Livre blanc sur la défense et la sécurité nationale 2013.

网站：

26. http：//www. defense. gouv. fr，Minitère de la défense. 法国国防部

27. http：//www. gouvernement. fr，Portail du governement. 法国政府

28. http：//www. legifrance. gouv. fr，Le service public de la diffusion du droit. 法国政府法律传播的公共服务机构

29. http：//www. sgdsn. gouv. fr，Sècrétariat général de la défense et de la sécurité nationale，SGDSN. 国防与国家安全总秘书处

30. http：//www. ssi. gouv. fr，Agence nationale de la sécurité des systèmes d'information，ANSSI. 国家信息系统安全局

31. http：//www. jac. cerdacc. uha. fr，Journal des Accidents et des Catastrophes.

32. http：//www. liberation. fr，Libération.

33. http：//www. unmultimedia. org/radio，Information et médias-Radio des Nations Unies.

第五章

德国联邦安全委员会

德国联邦安全委员会（德语：Bundessicherheitsrat；英语：Federal Security Council），是德国政府内部的一个内阁委员会。联邦总理担任联邦安全委员会的主席，其他成员一般包括联邦总理府主任、外交部长、国防部长、内政部长、财政部长、经济及科技部长、司法部长、经济合作及发展部长。德国联邦安全委员会的主要任务是授权德国的军备出口贸易、协调德国各部门的安全政策、讨论或决定德国战略方向，是德国安全决策的最高机构。近些年来，随着安全概念的扩展，德国开始讨论是否需要改革联邦安全委员会，建立国家安全委员会，将非传统安全如反对恐怖主义、能源安全等纳入决策范围。

一、产生背景与历史沿革

(一) 产生的历史背景

德国联邦安全委员会的前身是联邦国防委员会。1955年10月6日在联邦内阁第99次会议上决定成立联邦国防委员会。

二战结束后,德国作为战败国被解除武装,不得重建任何武装部队,其国防由四个占领国美国、英国、法国及苏联的军队共同负责。但是随着冷战的开始,美苏关系不断紧张,1949年,德国分裂为德意志民主共和国(东德)和德意志联邦共和国(西德)。1954年10月23日,美、英、法等国签订《巴黎协定》,决定终止对联邦德国的占领状态,吸收它加入北约组织,并允许其重新武装。这样德国的军事和国防问题也就被纳入了德国对外政策范畴,据此建立一种类似于美国国家安全委员会或者英国帝国防御委员会的国防委员会被提上议程,这一委员会应当在民防和军事防御准备中起到建议性的协助作用。当时德国联邦特别任务部长费朗茨·约瑟夫·施特劳斯(Franz Josef Strauβ)认为,"国家的外部安全不仅仅是要靠士兵军队来维持,也依赖于国家内部其他机构的各种功能"。[1] 当时德国的外部安全主要由国防部和外交部负责,根据联邦德国政治中

---

[1] "Das Kuratorium, der Bundessicherheitsrat," 联邦安全政策学院官方网站: http://www.baks.bund.de/de/die-baks/das-kuratorium-der-bundessicherheitsrat,登录时间:2013年12月1日。

的职权原则，联邦总理无权越过部长管理该部门的事务，因此 1954 年 10 月在巴黎召开的会议上讨论有关德国军事、安全和国防等议题，德国总理却无权与会。对此当时的德国总理康纳德·阿登纳在 1955 年 10 月 6 日在联邦内阁第 99 次会议中提出"这种制定军事行动方面的政策需对议会负责的制度会严重阻碍德国军事力量的建设工作"，"由总理执行的事务需要由国防部长批准，而且总理的工作被琐碎的事务所占据"。因此，阿登纳总理"认为对有关国防、德国在北约的参与和德国地面军事力量建设的问题进行协调是非常必要的，并且请求内阁同意建立联邦国防委员会"。[1] 会上有两个主要的争论焦点：一是其他部门，如联邦食品农业和农林部以及交通部，均要求成为联邦国防委员会成员；二是关于联邦国防委员会能否拥有决定权的讨论。最终这次会议决定成立联邦国防委员会，联邦国防委员会不具有决定权，联邦内阁的决定权只能根据具体情况委托于联邦国防委员会。根据联邦总理府的草案，由联邦总理领导联邦国防委员会，委员会副主席由副总理担任，国防部长、外交部长、内政部长、经济和财政部长是常设成员。根据具体的议题，相关的其他部长也可以参与。1955 年 10 月 21 日委员会召开组建会议，会议的重点是确定工作计划。

（二）委员会的历史变迁

德国联邦国防委员会（后更名为"联邦安全委员会"）的工作重点和在政府决策中的地位随着时间的变迁有不同的特点，这反映了时代特色，同时也侧面表现了政府工作重点的变化。

---

[1] "99. Kabinettssitzung am 6. Oktober 1955," （1955 年 10 月 6 日内阁会议档案）德国档案馆官方网站：http：//www. bundesarchiv. de/cocoon/barch/1000/k/k1955k/kap1_2/kap2_46/para3_7. html，登录时间：2013 年 12 月 1 日。

在联邦国防委员会刚成立的前几年,其职能主要集中于发展国防观念、建设联邦国防军以及完善国防部的军事防卫。根据1955年10月6日的内阁会议决定,联邦国防委员会的主要活动领域是:军事防御、民防、经济问题和财政问题。具体来说,到20世纪60年代末,联邦国防委员会讨论的议题有:"建设联邦国防军、联邦领土边界保卫、国防部在军事防御中的职责、义务兵役时间、国防观念、德国对外政策、在防御状态下德国政府的命令权、联邦生活必需品储备、紧急状态立法、给联邦国防军和联邦国防军行政处的成员提供住房和暖气津贴、外交部、内政部和国防部成员在'共同防御'概念(军事和民用部门的合作)上深造。"[1]

路德维希·艾尔哈德(Ludwig Erhards)政府在1965年10月26日成立联邦国防委员会事务部。作为联邦部的联邦国防委员会事务部拥有更广泛的职权,比如掌管情报机构,协调负责情报搜集的机构、负责民防或军事防卫的机构与负责控制通信往来的审查局这3个部门的工作。

到1966年的大联盟政府时期,联邦国防委员会又重新恢复了原来的内阁委员会身份,此后情报机构的协调工作则由总理府6部负责。根据1967年1月6日总理亨利·基辛格(Henry Kissinger)签署的法令,由联邦总理府接手负责联邦国防委员会事务部的任务。原来的联邦国防委员会事务部随即解散。

1969年11月28日,根据内阁决议,联邦国防委员会更名为联邦安全委员会。将委员会更名是基于如下考虑:

---

[1] Kai Zähle, "Der Bundessicherheitsrat", in Ernst-Wolfgang Böckenförde, Armin von Bogdandy, Winfried Brugger, Rolf Grawert, Johannes Kunisch, Fritz Ossenbühl, Walter Pauly, Helmut Quaritisch, Andreas Voβkuhle, Rainer Wahl (Hrsg.), *Der Staat*, Berlin: Duncker & Humblot, 2005.

第五章 德国联邦安全委员会

之前的联邦国防委员会没有突出表现，很少召开会议（1966年联邦安全委员会召开16次会议，1967年11次），而且主要作用只是获悉情况。因此，很有必要将国防内阁机构制度化，以使这一内阁拥有自己的机构来处理相关的事务。而且这一国防内阁机构应该不仅仅只是为联邦政府的最后决议提供方案准备，还应该在其职权范围内自主做出决定。更名为"联邦安全委员会"的另一原因是，借此强调联邦总理维利·勃朗特（Willy Brandt）的缓和外交政策。因为在更名决议的同一天联邦政府也决定加入《不扩散核武器条约》。[①]

20世纪70年代，联邦安全委员会主要是针对安全和国防政策提出建议，协调在总体防御中涉及到的军事和民用领域部门之间的工作。

20世纪80年代以来联邦安全委员会的作用下降。20世纪80年代联邦安全委员会主要是关注裁军、军备出口和军备控制问题。到20世纪90年代其活动范围基本上仅仅是在军备出口问题上。1985年3月26日，内阁决议任命司法部长为联邦安全委员会常任成员。将司法部长作为常任成员的原因是，发挥司法部免于官僚部门利益纠纷的独立性机构的作用，从法律的角度审视委员会采取的每项措施。1998年红绿联盟大选胜利后，提出"新的联邦政府恢复联邦安全委员会原先作为协调德国安全政策的最初角色"。这次换届之后成

[①] Kai Zähle, "Der Bundessicherheitsrat," in Ernst-Wolfgang Böckenförde, Armin von Bogdandy, Winfried Brugger, Rolf Grawert, Johannes Kunisch, Fritz Ossenbühl, Walter Pauly, Helmut Quaritisch, Andreas Voβkuhle, Rainer Wahl (Hrsg.). *Der Staat*, Berlin: Duncker & Humblot, 2005. S. 462f. 转引自：*Archiv der Gegenwart*, *Deutschland 1949 bis 1999*, Bd. 5: *Oktober 1966 bis April 1970*, 2000, S. 4945。

员组成又有了新扩展，根据1998年12月16日的内阁决议，除了联邦总理府主任之外，经济合作及发展部长也被任命为常任成员。将联邦经济合作及发展部长纳入联邦安全委员会是应社会民主党（SPD）和联盟90/绿党（BÜNDNIS 90/DIE GRÜNEN）的联盟协议要求，这份协议将人权状况和政治发展状况纳入军备出口的附加考量标准之中。[1]

另外，当时在民主德国也建立了相关的委员会处理国防和国家安全领域事务，诱因是1953年6月17日东柏林骚乱事件。民主德国统一社会党领导高层内部成立的安全委员会，其职能是在所有与内部安全和外部防御相关的问题上提出建议。根据1960年2月10日法案，民主德国成立国家国防委员会（德语：Der Nationale Verteidigungsrat der DDR）。这一委员会是由统一社会党主席和其他至少12个成员组成。国家国防委员会的成员是由民主德国的国务委员会任命。作为国务委员会的辅助机构，国家国防委员会组织国防，在防御情况下作为紧急内阁拥有广泛立法和执行的全权。另外，国家国防委员会能够决定在东德内部使用武力。

二、法律基础与政治地位

联邦安全委员会是德国联邦政府的内阁委员会中的一个最重要的联邦内阁委员会。联邦德国是议会内阁制国家，理论上说根据议

---

[1] Kai Zähle, "Der Bundessicherheitsrat", in Ernst-Wolfgang Böckenförde, Armin von Bogdandy, Winfried Brugger, Rolf Grawert, Johannes Kunisch, Fritz Ossenbühl, Walter Pauly, Helmut Quaritsch, Andreas Voβkuhle, Rainer Wahl（Hrsg.）, *Der Staat*, Berlin: Duncker & Humblot, 2005.

会制政治逻辑，内阁应该是政治决策的中心。但是在政治实践中，决策程序被转移到各部门官僚、具体的政府部门和内阁委员会等机构。政府成员缺乏稳定的时间，不可能频繁召开内阁会议，这成为阻碍内阁决策的一个瓶颈问题。因此，在德国政府机关内部建立跨部门的委员会和内阁委员会以解释和提前协商各类事务，起到减轻负担的作用。① 为了实现对联邦各部的有效领导，联邦政府设立了常设内阁委员会，其数量每届联邦政府都有所不同，一般在10—15个之间。②

内阁委员会作为一种协调委员会，其功能是在部长层级处理一些重要的跨部门的事务，这些事务不需要或暂不需要交由全体内阁来决议，但是因其复杂性还是需要相关部门的协商以给出建议。虽然在《基本法》和《政府工作条例》中都没有提及内阁委员会，但是它的建立是基于《基本法》第65条规定的关于联邦总理的责任分配权和机构组建权，这赋予了联邦总理一系列重大实权，如人事决定权、方针制定权和单独负责权（参见《基本法》第65条）。③ 这体现了德国政治结构中的一个重要特点——"总理原则"。总理有权根据实际要求向内阁会议建议建立相应的内阁委员会，处理该领域的事务。1955年10月，时任德国总理阿登纳向内阁会议提出建议，要求建立联邦国防委员会负责联邦国防安全政策方面的问题。

---

① ［德］沃尔夫冈·鲁茨欧著，熊炜、王健译：《德国政府与政治》，北京：北京大学出版社，2010年12月第1版，第210页。

② 自1974年以来联邦德国政府内部设立的委员会有：联邦安全委员会、新联邦州委员会、经济委员会、未来科技委员会、环境和健康委员会、欧洲政策委员会、中期财政计划委员会、农业和粮食问题委员会、社会和健康委员会、城市和地区规划委员会、财产构成委员会、宇宙飞行委员会、联邦政策和行政管理改革委员会、核能利用委员会。现在至今联邦政府内设有的内阁委员会：联邦安全委员、新联邦州委员会、经济委员会、未来科技委员会、环境和健康委员会。

③ 连玉如：《新世界政治与德国外交政策》，北京：北京大学出版社，2003年4月第1版，第103页。

内阁委员会的主要职能是提供咨询、为联邦内阁的决定做准备，是为联邦内阁准备决议的机构，但涉及联邦内阁的内部事务或联邦政府的路线方针，则不在其职责范围之内[①]。所以在理论上，这些内阁委员会对前期问题进行"先行澄清"和对议案做"初步决定"。

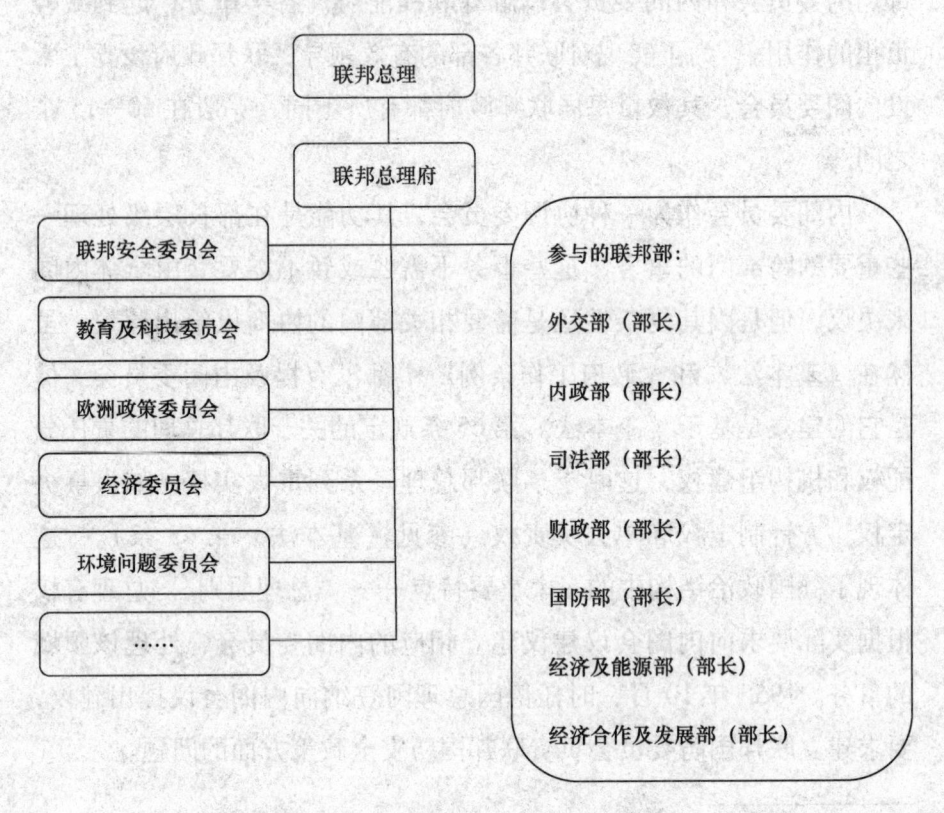

图1　德国联邦内阁委员会及联邦安全委员会涉及的联邦部

资料来源：笔者自制。

联邦安全委员会是联邦政府的内阁委员会。根据三权分立原则，它作为行政领域的工作机构，议会不能无故干涉其事务。它主要负

[①] 陈志斌：《德国政体教程》，上海：华东师范大学出版社，2007年7月第1版，第418页。

责研究德国情报机构提交的报告，处理关系国家安全的重大问题，一般性问题通常先由委员会讨论，形成统一意见后再提交到内阁会议上讨论并形成决议。① 但同时联邦安全委员会只能在其负责的领域做出相关决定，不能侵犯其他政治机构的职能和权限，比如，关于联邦国防军在海外的使用是由议会作出决定，联邦安全委员也无权干预国防部对军队的指挥权和指令权。

像其他内阁委员会一样，联邦安全委员会是联邦政府的一个常设机构，不遵守非连续性原则。② 它不同于像安全内阁一样的联邦总理和部长们之间的非正式会谈。安全内阁并不是常设的机构，只有当政治情势或者安全状况需要时，联邦总理将这一内阁临时召集起来，其成员除了联邦总理、外交部长、国防部长、内政部长和联邦总理府主任之外，也可以酌情让其他部门或者机构的代表参与进来。安全内阁的目的是，面对与内部和外部安全相关的问题时，对此负责的相关部门能够迅速直接地掌握信息和做出评估。所以，这一内阁是根据需要进行会晤且没有固定的议事日程。

另外，联邦安全委员会也与其蓝本美国国家安全委员有区别。它们的任务是有类似之处，但是在总理与各部长之间的关系以及政府与议会之间的关系上，联邦安全委员会首先是议会内阁制特色，而美国国家安全委员会是总统的一个协调机构。③ 在德国，内阁需要对议会负责，而且总理与各个部长之间是有明确的职权划分的，总

---

① 綦甲福、赵彦、朱宇博、邵明：《德国情报组织揭秘》，北京：时事出版社，2013年3月第1版，第76页。

② "非连续性"原则是指联邦德国每届新联邦政府都要在基本法范围内自行决定其活动，这意味着在新一届政府产生时议事规则、人员等在大选之后要重新通过生效程序。

③ Kai Zähle, "Der Bundessicherheitsrat", in Ernst-Wolfgang Böckenförde, Armin von Bogdandy, Winfried Brugger, Rolf Grawert, Johannes Kunisch, Fritz Ossenbühl, Walter Pauly, Helmut Quaritisch, Andreas Voßkuhle, Rainer Wahl (Hrsg.). *Der Staat*, Berlin: Duncker & Humblot, 2005.

理也不得越过部长干涉这个部门的事务。而美国的总统制中各部长更像是总统的智囊咨询机构,部长不如德国部长那样独立地处理部门事务。

三、职权功能与组织结构

根据《联邦安全委员会工作条例》规定,该委员会的主要任务有[①]:第一,在安全政策方面尤其是在国防领域提出建议,如裁军和军控等。第二,在其负责领域内做出"初步决议",或者在重要的政治决定上为联邦总理或者联邦政府提供建议。第三,联邦安全委员会授权批准德国对外军备出口问题。它在联邦政府中的作用是统领、统筹和协调负责德国安全政策和外交政策方面的各部门之间的工作,其常任成员要持续地向它报告在安全领域的一些重要措施的计划和实施。

在1955年的内阁会议上关于成立联邦国防委员会的决议就规定联邦国防委员会不具有决定权,联邦内阁的决定权只能根据具体情况委托于联邦国防委员会。理论上,内阁委员会只是针对需要提交给联邦内阁做出决定的问题,提出一个初步意见,然后再将这个初步意见交给联邦内阁,联邦内阁则以此作为最后决定的参考依据,所以说内阁委员会的作用是提出建议和做出初步决定。但是联邦安

---

① Geschäftsordnung des Bundessicherheitsrates(《联邦安全委员会工作条例》)vom 27. Januar 1959 in der Fassung vom 13. 09. 2006 见于联邦政府官方网址:http://www.bundesregierung. de/Content/DE/_ Anlagen/2013/09/2013 – 09 – 30 – go-bundessicherheitsrat. pdf;jsessionid = 4844BBAB79B509FDFE6B09745C1D91FA. s2t2?_ _ blob = publicationFile&v = 5,登录时间:2013 年 12 月 1 日。

全委员会在实际运行中给联邦内阁提出的建议也就是最终的决定，换而言之，决定是以建议的方式做出。根据《基本法》规定，政府中有决定权的是总理、各联邦部长和联邦内阁会议：总理决定制定施政方针，各联邦部长在其职权部门内负责处理各部事务，在联邦各部部长发生意见分歧时由联邦内阁会议作出决定。宪法并没有赋予联邦安全委员会以决定权。但是联邦安全委员会会议中一致同意的决议对其成员有约束力，考虑到委员会成员都是来自联邦政府中传统重要的部门的部长，并且会议的结果由各个联邦部执行，这样看来，实际上委员会的建议也就是决定。联邦安全委员会会议的作用在更多意义上是一个信息沟通的渠道。会议中各成员的表决使相关部长获悉其他部门部长尤其是总理对其政策的政治态度，这一决定过程也是各部门部长之间对某一议题政治态度交流和协调过程。

因为没有为该委员会提供专门的办公场所，联邦安全委员会的会议一般在联邦总理府举行。总理府是联邦总理的工作机构。在总理府内部，部门设置及其事务领域是和相应的联邦部平行的，由6个部门来实现其功能的，在这6个部门下面还设有各个处或者工作办公室。总理府中负责联邦安全委员会事务的是在2部（负责外交、安全和发展政策的部门）下的第22小组。这个小组专门负责联邦安全委员会的一些行政事务，比如准备会议、通知各位部长、会议记录总结等等。

联邦安全委员会的成员主要是由德国联邦政府中传统的具有重要作用的部门部长组成，具体见下：

主席：联邦总理；

副主席：联邦副总理；

代主席：国防部长；

常任成员（有表决权）：联邦总理、国防部长、外交部长、内政部长、司法部长、财政部长、经济与劳动部长、经济合作及发展部长；

秘书：联邦总理府主任。

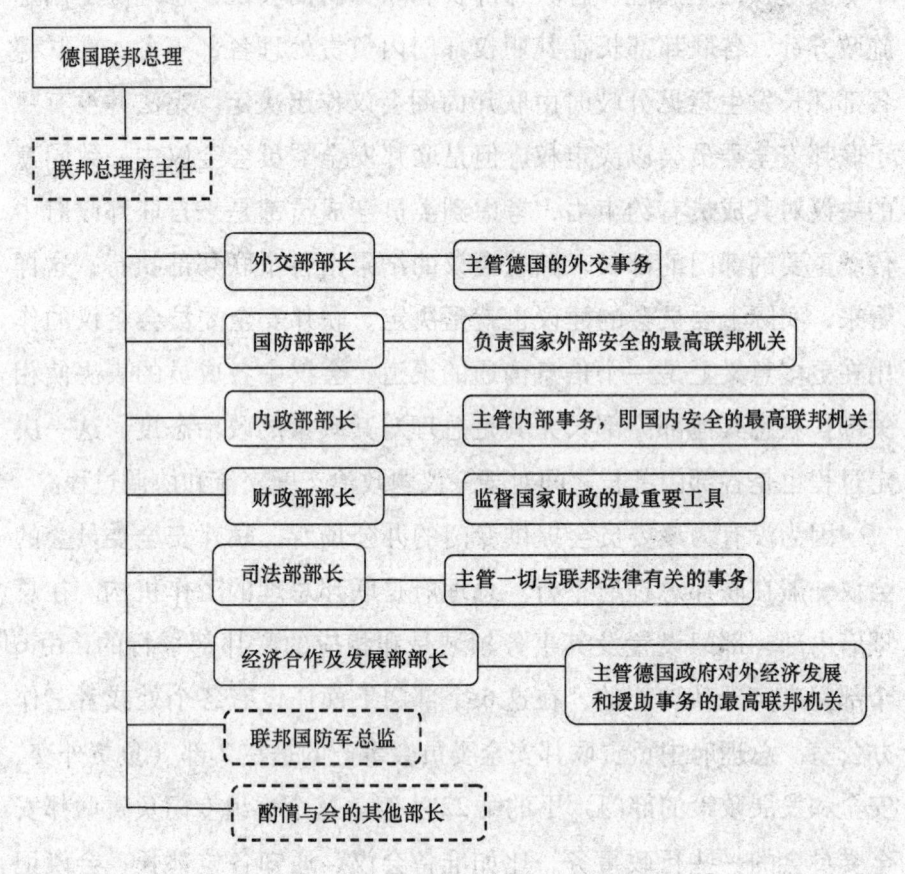

```
德国联邦总理
    │
联邦总理府主任
    ├── 外交部部长 ──── 主管德国的外交事务
    ├── 国防部部长 ──── 负责国家外部安全的最高联邦机关
    ├── 内政部部长 ──── 主管内部事务，即国内安全的最高联邦机关
    ├── 财政部部长 ──── 监督国家财政的最重要工具
    ├── 司法部部长 ──── 主管一切与联邦法律有关的事务
    ├── 经济合作及发展部部长 ──── 主管德国政府对外经济发展和援助事务的最高联邦机关
    ├── 联邦国防军总监
    └── 酌情与会的其他部长
```

图2　德国联邦安全委员会的组成

注：图中虚线方框中的联邦总理府主任、国防军总监和其他参与的部长均无表决权。
资料来源：笔者自制。

组成联邦安全委员会的常任成员来自联邦政府中最有影响力的部门。在德国的联邦部中，虽然每届总理自行决定设立多少个联邦部，但是最古老的五大传统部门如外交部、内务部、国防部、财政部和司法部则必须包括在内。这5个联邦部均被视为一流的部。再

第五章 德国联邦安全委员会

加上经济部，都属于重要的联邦部，其地位要明显地优于其他各部。[①] 所以这也可以充分体现了联邦安全委员会在联邦安全政策制定中的最高地位。

另外，观察联邦政府的政治人员变动，可以发现一些重要的政治人物在不同的任期担任不同联邦部的部长，甚至是联邦总理。这些有重要影响力的政治人物在不同部门先后任职，有过其他部门任职经历的部长会熟悉相关领域的政策，在制定专业政策和做出决定的时候有可能会考虑到其他部门的情况。除了硬性的统筹机构设置，这种人员安排和调动也在一定程度上达到了各个部门之间的沟通和协调，这样也提高了联邦安全委员会各部门协调运作的效率。

同时，因为德国的政党体制是多党制，二战以后德国政府的组阁都是由多党联合执政，一般由在选举中得票最多的政党联合其他党派共同执政，总理从得票最多的政党中产生，并且负责组阁。"在任免联邦部长时，总理需要通盘考虑各方利益，最大限度地满足各个派别和各大利益集团的要求，尤其是结盟伙伴的要求。最典型的例子是，无论基民盟还是社民党，它们在组阁时，无一例外地总是把外交部长的位置留给与自己结盟的政党，这似乎已经成为一种惯例。否则，执政联盟之间很难达成联合执政协议。"[②] 所以在联邦安全委员会内部，其成员的党派背景也是制衡相互之间的权力以及各种利益博弈的重要因素。

此外，联邦安全委员会还设有联邦安全政策学院（Bundesakademie für Sicherheitspolitik，简称：BAKS）。它作为联邦安全委员会直属的进修中心，1992年以来就作为德国战略思维智库，学院的院长和副院长是由外交部和国防部提名，教务方面的人员也都来自联邦

[①] 陈志斌：《德国政体教程》，上海：华东师范大学出版社，2007年7月第1版，第394页。

[②] 同上书，第392页。

安全委员会中的外交部、内政部、司法部、财政部、经济及科技部、国防部和经济合作及发展部。这一学院集结了德国在安全政治领域的专家，为联邦政府高级部员在安全政治问题专业知识方面提供进修，并且向这些官员提供跨部门的、全面的、战略性的安全观。这样学院可以促进各州和联邦的政策制定者、商界、学界、媒体和社会团体等在安全上的共同理解。学院的学员包括某些部门的高级官员、商界代表，同时也对公众开放。每年会挑选大概25名左右官员就安全政治问题进修6个月。另外每年学院安排60场活动，有小范围内机密性的会谈，也有公开的报告会，还有逾百名国际参与者的座谈会议。主题涉及能源、基础设施、网络、军事、政治、发展政策、法治、财政政策和气候变化等。[①] 这样，学院作为联邦安全委员会的智囊团，为官方和民间、学术和政策之间的融合搭建了桥梁，并且在某种程度上弥补了联邦全委员会会议召开不定期性产生的战略研究上不具有延续性的缺点，较好平衡了长期战略研究和短期政策制定。

四、运作程序与议事规则

联邦安全委员会的工作流程是遵循《联邦安全委员会工作条例》、《联邦政府内阁委员会的工作流程框架守则》和《联邦政府工作条例》。

根据《联邦安全委员会工作条例》，主席有权限定与会人员，确

---

① 具体详见联邦安全政策学院官方网址：http://www.baks.bund.de/de，登录时间2013年12月1日。

定会议召开的地点和时间。当总理和副总理因故无法出席时，由代主席负责主持会议。在联邦安全委员会中只有8名常任成员有表决权。联邦总理府主任无表决权，国防军总监列席会议，有提供建议的作用，但无表决权。除了常任成员外还有其他联邦部长和有影响的人物也会根据情况参与会议。另外也会考虑联邦新闻局局长、情报局局长、高级部长部员参加。联邦总理府主任担任联邦安全委员会的秘书，主持会议的日常工作，负责协调政府各部门意见，为联邦总理和联邦政府的"政治决定"进行准备。其中联邦总理府主任鉴于其国务秘书的公务员一般性身份，不属于联邦政府（《基本法》第62条），国务秘书在内阁会议中是没有表决权的。

联邦安全委员会会议的协调工作由联邦总理府中的秘书来负责，管理行政类事务比如对会议进行准备、记录和评估，而不涉及安全政策的发展和执行。先由联邦总理府的各部门的小组成员拟出草案，然后相关的部门领导组成准备小组，在此基础上进行讨论和协调总体的工作，并且负责通知联邦安全委员会的成员。联邦安全委员会不定期会晤。常任成员有义务对联邦安全委员会的信息保持持续的知情权，这关系到在安全政策领域重要措施的计划和执行过程中各个部门的配合。这样会减少因各个部门之间规划缺少协调而出现的问题，也可以使得各部门的决议能够尽可能地具有预见性。

联邦安全委员会的会议是根据需要不定期召开的，没有固定的时间表。不同于一般的内阁会议和其他内阁委员会会议，联邦安全委员会的会议时间、会议议程和表决情况都是机密。[①] 未经授权获得的情报将会危及德国联邦或者州的安全，给国家利益带来严重损失。

---

① 德国的联邦安全委员会没有自己的官方网址介绍，联邦政府的官方网站对联邦安全委员会的机密性有专门有说明。参见："GEHEIM-aus gutem Grund,"德国联邦政府官方网：http://www.bundesregierung.de/ContentArchiv/DE/Archiv17/Artikel/2012/11/2012-11-14-bundessicherheitsrat.html，登录时间2013年12月1日。

因此，明确机密的级别和范围是绝对必要的，这是为了明确委员会中的成员在公共场合中言论的权限，特别是保证联邦、州和内阁在安全和国防的政治利益上的完整性。由于个人泄露信息可能将危及联邦或者州的内部或者外部安全、损害与其他国家和国际组织的外交关系或者将严重损害公共安全和秩序；由于联邦安全委员会是处理联邦安全和国防相关的事务，因此很少会将委员会的议程条目公诸于众，这种做法一般会引起公众极大的政治关注。[①]

在表决权及表决规则问题上，一般来说表决程序是遵循《联邦政府工作条例》和《联邦政府内阁委员会的工作流程框架守则》，但是后者没有关于表决方面的条文规定，在这种情况下就按照《联邦政府工作条例》作为其指导方针，内阁会议的表决原则也一般的适用于内阁委员会的会议。根据《联邦政府工作条例》第24条第1点，联邦安全委员会只有当包括主席在内超过半数的成员出席的情况下才具有决议权。如果联邦安全委员会的决议不能得到一致同意，根据《联邦政府工作条例》第24条，这一决议需要得到简单多数的同意，也即同意人数多于反对人数。根据《联邦政府工作条例》第26条，如果联邦政府在有关财政问题上进行决议，必须要征得财政部长的同意。如果在决议中出现财政部长否决情况，政府就需要在关于此事重新进行表决。而且同样的，如果司法部或内政部因为与相关法律不符，反对一项法律草案或者政府的一项措施，也就是否决了该草案或措施。所以联邦内政部长、司法部长和财政部长在其负责的职权内拥有否决权，一旦他们认为联邦政府的法律草案、法规法令草案或即将采取的措施同先行法律相抵触，便可以提出抗辩，这也是委员会内部的权力制衡因素。当部长们意见发生分歧时，根

---

① "GEHEIM-aus gutem Grund, "November 14, 2012, 德国联邦政府官方网: http://www.bundesregierung.de/ContentArchiv/DE/Archiv17/Artikel/2012/11/2012 – 11 – 14 – bundessicherheitsrat.html, 登录时间 2013 年 12 月 1 日。

据《基本法》第 65 条规定需由联邦内阁作出决定。所以联邦安全委员会的决议并不是免于政治监督和纠正的。

在执行决议上，联邦安全委员会并没有设置下属机构分管各种事务的执行。由于委员会的成员就是各个部长，部长在会议结束后根据决议开展部门内的工作。比如，联邦安全委员会在军备出口问题上作出决定，最后必须由相关部门部长将其作为决定对外宣布以及针对外部的质疑作出回应。所以，联邦安全委员会并没有取代相关的部长职能。

五、案例

联邦安全委员会的核心任务是制定安全和国防政策，另外一个重要任务就是授权批准德国对外军备出口。从 1999 年开始每年由经济和科技部对外部发表《军备出口报告》，我们可以从德国处理军备出口问题上来探讨联邦安全委员会在德国政治结构中的运作过程。

根据《基本法》第 26 条规定："除获得联邦政府的许可外，不得制造、运送或贩卖作战用武器。细则由联邦法律规定。"所以是由联邦政府，具体的说是由联邦安全委员会，来授权军备出口。德国对外出口军备的法律基础是《战争武器控制法》、《对外经济法》以及《对外经济条例》。其中《战争武器控制法》只是涉及战争武器。以《对外经济法》和《对外经济条例》为基础的对外出口控制基本上是针对和军事相关的货物，也就是所谓的其他军事装备。

2000 年 1 月 19 日的《联邦政府关于出口战争武器和其他军事装备的政治原则》具有非常重要的意义。这些政治原则适用于所有小型武器和轻武器的出口。这一法案的主要内容更加强调联邦政府在制定其军备出口政策方面的限制性条件,尤其须衡量接受国和军备最终使用国境内的人权状况,这在任何出口决策中必须加以考虑。可以进一步分为两类国家。一类是北约国家、欧盟成员国和北约等同地位国(澳大利亚、日本、新西兰和瑞士)以及另一类的所谓其他国家。在对第一类国家的出口中是基本上不受限制的。而在对第二类的所谓其他国家的出口受到严格限制。在具有重要政治意义或者有争议的军备出口的申请将由联邦安全委员会审议决定,考量的主要因素是武器接受国、军备产品和贸易的规模。一般这些具体的决定都是不公开的。不过授权的出口会由联邦政府在军备出口报告中公布。

就各个具体的武器类别审批申请的相关审批部门是:(1)根据《军事武器控制法》,负责商业出口审批的部门是经济及劳动部,其他部门如财政部、内政部和国防部则负责在武器贸易中与它们相关领域的授权;(2)根据《对外经济法》/《对外经济条例》,负责其他军备出口审批的是经济及科技部下属的经济和出口管控局,同时它向联邦政府也提交关于政治影响方面的评估;(3)负责其他军备货物的提前问询①的是经济及出口管控局;(4)涉及战争武器的提前问询是由外交部负责。②

康采恩(Konzern)③ 要获得一批订单的授权,一般是由联邦安全委员会作出审批。联邦安全委员会一般需要作出两次表决:首先就某项计划的武器交易达成原则性一致并提出建议,只有通过这一

---

① 除了原来的申请出口授权,近年来也逐渐形成了提前问询制。这样就能够使得申请者预先得知,在条件不变的情况下买卖合同在将来也能否得到出口授权。

② "Bericht der Bundesregierung über ihre Exportpolitik für konventionelle Rüstungsgüter im Jahre 2011"(《德国军备出口年度报告》)Hrsg. vom Bundesministerium für Wirtschaft und Technologie (BMWi), September 2012. 德国经济与科技部官方网址:http://www.bmwi.de/BMWi/Redaktion/PDF/Publikationen/ruestungsexportbericht - 2011, property = pdf, bereich = bmwi2012, sprache = de, rwb = true. pdf, 登录时间 2013 年 12 月 1 日。

③ 根据德国《股份法》第 18 条规定,康采恩(Konzern)是一种垄断形式的企业,或者由单个的非独立企业联合而成的垄断性企业集团。

步，谈判双方——一般一方为外国政府，另一方为德国军火康采恩——才能进入该宗交易的具体商谈阶段；然后，具体的交易还需要再次得到该委员会的确认。①

但是长期以来关于德国军备出口的问题一直为德国各方诟病，一是因为联邦安全委员会内部审核过程的不透明性，其决策过程都是机密的；另外一个原因则是德国也会向传统上被视为有人权问题的国家出售武器。在2011年德国向阿联酋授权高达3.57亿欧元的武器出口，而对卡塔尔出售200辆坦克更是招致了更多的批评。

在这一问题上，有观点认为，联邦议院应被纳入关于军备出口方面的决议当中。但是这一观点没有考虑到，军备出口决议表明了行政权独立负责外交和安全政策，将立法权纳入决策将损害了权力分配原则。

理论上联邦议会负有监督政府的重任，而它也只能到次年年底联邦政府呈交武器出口报告时，才有机会核查政府是否遵守了自己颁布的条例；而此后，还要再等几个月，议会才能够对此展开辩论。这种事后监督大大降低了议会的监督权力。联邦议会无权直接参与到授权程序当中，因为出口授权是属于行政职能范围。但是联邦议院可以通过立法或者有2/3的多数更改《战争武器控制法》来控制政府的行为。但是这一权力在现实实践当中很难实现。

同时由于德国的政治制度中议会议员和内阁成员之间有很高的同质性，一般是由反对党来监督和批评政府的行为。在基民盟与自民党联合执政期间，社民党和绿党批评其军备出售，认为限制和控制军备出口将促进保证和平和防止战争，而左翼政党则完全反对向所有国家出售军备。根据政府披露的2012德国军备出口报告，2012年沙特阿拉伯是德国军备出口的最大客户。报告披露后，左翼党和

---

① 綦甲福、赵彦、朱宇博、邵明：《德国情报组织揭秘》，北京：时事出版社，2013年3月第1版，第76页。

绿党均指责联邦政府违背了自己的武器供应准则,认为德国武器出口已经失去控制,抛开了出口政策的限制。2013年德国大选之后基民盟与社民党达成联合组阁协定,并公布《塑造德国未来》协议,其中承诺将努力提高德国国防出口的透明度。协议称,执政联盟"将更加严格地控制国防出口,以促进国际的和平与稳定",但是这份协议指出德国的国防出口政策大体上也不会发生改变。[①]

虽然欧盟的武器出口机制十分严格,1998年欧盟颁布了一项包含8个方面内容的武器出口行为准则,被视为欧盟共同外交和安全政策的指导性文件。然而,欧盟对武器禁运的规模和使用范围并无详细规定,对武器禁运条款的解释由各国自己决定,这样欧盟武器出口大国便可以根据自己的需要解释禁运条款。

总之,因为军备出口不同于普通的商品贸易,在这一问题上集合了政治、军事、经济、价值观念等问题的博弈,其本身的政治敏感性必然要涉及到政府内各个部门之间的协商和统筹。虽然政府声称其运行是按照相关的法律为基础的,但是由于事务的机密性,各种政治力量无法对其进行监督,而对军备出口问题的监督只能依赖联邦安全委员会内部成员之间的相互制衡和监督。

六、经验与展望

进入21世纪以来安全的内涵不断扩大,由传统的军事国防安全

[①] "Deutsche Rüstungsgüter: Opposition kritisiert, Hemmungslosigkeit 'bei Waffenhandel,'"参见德国《明镜周刊》网络版:http://www.spiegel.de/politik/deutschland/deutsche-ruestungsexporte-opposition-kritisiert-hemmungslosigkeit-a-934424.html 登录时间:2013年12月1日。

领域扩大到非传统安全领域,如反对恐怖主义、气候安全和能源安全等等。同时内部安全与外部安全也不断紧密相连,如何协调各部门之间的关系、维护国家安全成为在新世纪德国需要解决的问题。

自从两德统一以来,德国在世界上扮演着越来越重要的角色,进入21世纪以来德国的外交政策已经实现了"正常化",不再将使用武力和参与北约辖区以外的世界范围军事维和行动视为禁区。[①] 2002年施罗德总理明确表示要完全与美国站在一起,支持国际军事反恐行动:向美国提供3900人的兵力,部署在阿富汗周围有地缘战略意义地区,用以防御原子、生物和化学武器攻击;保障海事交通;撤离伤员和进行空中运输。[②] 这样在外部世界环境和内部战略定位方面都发生了变化的情况下,如何改革联邦安全委员会以适应这种变化成为近年来德国政府讨论的议题之一。

(一) 特点

与其他国家的国家安全委员会相比,作为内阁委员会的德国联邦安全委员会在国家政治中的作用相对较小。这表现在:(1) 从机构设置上看,德国联邦安全委员会没有设定固定的工作地点和安排定期会晤,也没有设置各种功能分类的下属机构,也没有专门的执行机构。在某种程度上,它是介于类似安全内阁这样临时性非正式的讨论机构和正式的联邦政府职能部门之间。(2) 从其权限上看,

---

[①] 连玉如:《新世界政治与德国外交政策——"新德国问题"探索》,北京:北京大学出版社,2003年4月第1版,第6—7页。

[②] 连玉如:《新世界政治与德国外交政策——"新德国问题"探索》,北京:北京大学出版社,2003年4月第1版,第8页。数字与事实转引自Theo Sommer, "Geopolitik-Deutschlands neue Rolle", in: *Deutschland*, Dezember 2001/Januar 2002, hrsg. vom Presse-und Informationsamt der Bundesregierung, Berlin, S. 10 – 13.

没有专门的法律文件明确赋予联邦安全委员会以政治地位，并且理论上它是不具有决定权，只是在实际的机构运作中，它提出的建议是另一种形式的决策。(3) 从其活动范围和职责方面看，它虽然是德国制定安全政策的最高机构，但是20世纪90年代以来，主要的活动基本聚焦在德国军备出口问题上，在处理安全和国防方面问题，这一机构却很少被使用。(4) 从其运转方式上来看，该机构为外界最多诟病的是议程保密、决策过程不透明、无外部监督制约机制，是一个高度集权的机构。但是考虑到它的实际使用范围和频率，这一集中的权力并没有施展的空间。同时从其内部成员来看，仍然是存在各个官僚部门之间的制衡，如在某些问题上必须要征得财政部长、司法部长和内政部长同意，以及党派之间的制衡，执政联盟之间的相互均衡以及在野党对执政党的批评和监督。这些都是在实际运作过程中的软性制约。德国联邦安全委员会在国家政治中的地位不突出在一定程度上反映了德国在二战后形成的以"克制文化"[①]为主导的对外政策。

(二) 展望

为了改变联邦安全委员会在实际的政治中运作不力的状况，2008年执政党基民盟提出要建立以美国为蓝本的国家安全委员。国家安全委员会是在改革联邦安全委员会基础上建立，但不同的是，国家安全委员会的性质不再是联邦政府内阁委员会，而是被纳入到联邦总理府。另外，它的活动范围也扩大到非传统安全领域，如恐怖袭击和自然灾害等。成立国家安全委员会的目的是将所有相关的

---

① 鉴于德国第二次世界大战的特殊历史背景，在二战后德国不强调爱国主义、民族主义、权力国家、实力政策等等观念，在对外政策上采取克制和自我约束的态度，特别是在高层政治的军事安全领域进行自我约束。

力量联合起来共同维护内部和外部的安全,国家安全委员会作为政治分析中心、协调中心和决策中心。同时德国最大的州——巴伐利亚州——州长建议在未来的国家安全委员会改革中应将地方州纳入,因为内部安全,首先是各州的安全。

国家安全委员会隶属于联邦总理府,这将大大增加了总理的权力,总理府成为强势领导中心,同时其他部门的职能也可能被干预,使得该委员会更加的不受到任何监督。这也招致了社民党和自民党的批评。社民党批评了这种"德国安全政策的美国化",尤其反对联邦总理府权力的扩大化。更重要的是,这一高度集权的决策机构将集合外交和国防两个部门的职能,这将有可能弱化外交部的地位,并且导致外交政策的军事化。德国外交部长弗兰克-瓦尔特·施泰因迈尔认为,"德国的《基本法》正是鉴于历史的教训,由两个部门分别负责外交政策和国防政策",规定外交政策和国防政策分别在民用和军事领域地位平等,若这两个部门再次集权于一手,将是"历史的倒退"。[①]

另外,根据这一提议,将使得联邦国防军成为警察的常规化辅助部队。这其实并不是联邦国防军的首要职责。联邦国防军的主要任务是保护德国及其公民不受政治讹诈和外来危险的威胁,确保德国的独立、自由和和平,也就是防御性的军事力量。虽然根据《基本法》第35条,面对内部安全"为维持或恢复公共安全或秩序,在特别重要的情况下,如果没有这种协助警察就不能完成或相当困难才能完成任务时,各州可呼吁联邦边防军的部队和设施来协助其警察",或者在面临自然灾害时"为应付自然灾害或某种特别重大的事

---

① "Provozierender Plan: Steinmeier giftet gegen Merkels Sicherheitsrat,"参见德国《明镜周刊》网络版:http://www.spiegel.de/politik/deutschland/provozierender-plan-steinmeier-giftet-gegen-merkels-sicherheitsrat-a-551481.html,登录时间:2013年12月1日。

件，各州可要求其他各州警察或其他行政当局或联邦边防军或国防军的部队和设施的协助"。同时《基本法》第 87 条也明确规定，"任何法律，如授权联邦武装部队行政机关干预第三者的权利，也需经联邦参议院的同意"。① 这样，根据基民盟建立国家安全委员的提议，原先由联邦参议院对国防军在内部的使用的决定权转移到了国家安全委员会，这样进一步削弱了议会在国家的政治地位。

这样，在一片反对声之中，基民盟提出的建立国家安全委员会建议也就不了了之了。其实早在 2001 年 "9·11" 事件爆发后在德国国内就有了改革联邦安全委员会的讨论。面临恐怖主义威胁，政府各部门需要协调相互之间的工作，其中几种类型的改革方案：

一种是如前所述，建立一种类似于美国"国家安全委员会"，联邦安全委员会应当配有下属机构"联邦安全办公室"。这一办公室应由一位作为联邦总理的国家安全顾问来领导。"联邦安全办公室"的任务是发展对外政策和安全政策上涵盖各部门的国家整体战略。在对外政策和安全政策方面办公室为总理和政府提供决策建议，并且设置有功能分类的各个下属机构，负责不同事务。不过决策的执行还是保留在各部门之中。另外这一建议还提出，在联邦安全委员会中考虑对恐怖主义危险的防范。总之，也就是改变之前联邦安全委员会会晤不定期、无专门办事地的状况，将其归于联邦总理府，并且将国内安全纳入安全考虑范畴，将这一机构完全实体化、正式化和制度化。

另一种建议是，不能过高评估联邦安全委员会的位置和作用。将安全事务划归为各相应的某个部门负责。当涉及到了跨部门的应急事件时，可以召集临时的部长会议，这个特别小组可以根据情况来设置，没有固定的规章。而为解决危机而发展相应的概念和战略，

---

① 《德意志联邦共和国基本法》，姜士林主编：《世界宪法全书》，青岛：青岛出版社，1997 年版，第 791—810 页。

跨部门的委员会显得更加的灵活和合适。①

然而这两种建议分别存在着法律和现实的问题。为了保证职能原则，内阁委员会不可以拥有自己的行政下属机构，否则是干涉了其他部门的职能。因此要将联邦安全委员会实体化、正式化和制度化则面临着如何处理该机构与其他政府部门之间关系的问题。所以要在联邦安全办公室下设置相应的部门这一目标是无法实现的。

联邦的政治实践也无法完全遵循第二种建议。联邦政府为了解决危机，2004年5月12日的内阁决议中已经通过《关于在公民范围内防止危机、解决矛盾和巩固和平》这一行动规划。根据该行动规划，负责"民事危机防范"的部门在外交部领导之下，主要负责州以及地区的战略问题，和顾问一起致力于"民事危机防范"，其对话伙伴主要由议员、公民社会、知识界和有兴趣的公众。该部门定期向联邦安全委员会报告。只有在需要的时候才由联邦安全委员会做出解决这些危机的决议。所以在面临危机时，无法理想的由单独的部门负责，而必须要集中各方力量和协调各个部门。这样就存在着这样的悖论：委员会越是非正式，就越没有能力制定长期的计划和战略；而委员会越是正式，就越会违背宪法规定的职能原则。

（三）联邦安全委员会的改革困境

1. 在三权分立的政治制度中，如何平衡政府权力与其他政治机构的权力关系

目前的德国联邦安全委员会隶属于行政范畴，根据三权分立的原则，议会和法院不能干涉其运作，比如在军备出口问题上，议会

---

① Cord Meier-Klodt, *Einsatzbereit in der Krise? Entscheidungstrukturen der deutschen Sicherheitspolitik auf dem Prüfstand*, Berlin: Stiftung Wissenschaft und Politik Deutsches Institute für Internationale Politik und Sicherheit, Oktober 2002, S. 12 – 13.

只能对其进行事后问询。而且随着现代政治的复杂化和专业化，政府的行政权不断扩大，议会对政府实际监督日益下降。虽然在现行的运作中由于其地位尚不突出以及存在某些内部的软性制约，但是在理论上，联邦安全委员会是一个不受外部监督和控制的权力机构。而涉及到机构改革时，权力运行如何监督的问题则必须要提上议事日程。

2. 如何分割政府各部门在对外安全和对内安全、传统安全和非传统安全的权力关系

在关于这一机构改革争议中更深层次的矛盾是关于是否要改变德国传统的对外安全和对内安全、传统安全和非传统安全相互关系和相关机构权力分割的问题。面临现实中安全挑战，一方面要求提高安全决定的效率和战略性，而另一方面又担心权力失去制约。这其实反映了"德国联邦政府的法律结构建立在三个有时候相互处于紧张关系的原则之上：总理原则、内阁原则和职能原则"。[①] 这三个原则反映了德国政治过程中的分权和集权相互牵制，力图实现政治民主与政府效率之间的均衡。在上述的改革争议中涉及的问题是要扩大总理的权力应对现实挑战，从而损害宪法规定的内阁原则和各部门的职能原则，还是要保持法律规定的原则弱化委员会地位。如果随着面临安全状况压力的增大，选择前者，将会牵涉到机构和法律规定的大规模调整。

尤其是德国本身基于对二战的历史教训的反思，对集权于一身的机构设置存在很大的疑虑和担忧。因此在机构设置中需要考虑到联邦政府内部的权力分配问题，需要平衡好总理原则、职能原则和内阁原则之间的关系。而2008年提出的建立国家安全委员会的方案

---

① [德] 沃尔夫冈·鲁茨欧著，熊炜、王健译，《德国政府与政治》，北京：北京大学出版社，2010年12月第1版，第204页。

没有获得社会各方的认同，也表明了在改革联邦安全委员会需要谨慎全面的平衡好历史教训与现实要求之间的张力。

主要参考文献：

中文参考文献：

1. 陈志斌著：《德国政体教程》，上海：华东师范大学出版社，2007年7月第1版。

2. 连玉如著：《新世界政治与德国外交政策——"新德国问题"探索》，北京：北京大学出版社，2003年4月第1版。

3. 綦甲福、赵彦、朱宇博、邵明著：《德国情报组织》，北京：时事出版社，2013年3月第1版。

4. ［德］沃尔夫冈·鲁茨欧著，熊炜、王健译：《德国政府与政治》，北京：北京大学出版社，2010年12月第1版。

5. 《德意志联邦共和国基本法》，姜士林主编：《世界宪法全书》，青岛：青岛出版社，1997年版。

外文参考文献：

6. Kai Zähle, "Der Bundessicherheitsrat," in: *Der Staat*, Berlin: Duncker & Humblot, 2005, S. 462 – 482.

7. Cord Meier-Klodt, *Einsatzbereit in der Krise? Entscheidungstrukturen der deutschen Sicherheitspolitik auf dem Prüfstand*. Berlin: Stiftung Wissenschaft und Politik, 2002.

8. Johannes Varwick, "Kommt Zeit, kommt Rat?" In: *Internationale Politik*, Juni 6, 2008, S. 80 – 83.

9. "GEHEIM-aus gutem Grund," 见于德国政府官方网址：http://www.bundesregierung.de/Content/DE/Artikel/2012/11/2012 – 11 – 14 – bundessicherheitsrat.html，登录时间：2013年12月1日。

10. Geschäftsordnung des Bundessicherheitsrates（《联邦安全委员会工作条例》）vom 27. Januar 1959 in der Fassung vom 13.09.2006，见于联邦政府官方网址：http://www.bundesregierung.de/Content/DE/_Anlagen/2013/09/2013

- 09 - 30 - go-bundessicherheitsrat. pdf；jsessionid = 4844BBAB79B509FDFE6B09745C1D91FA. s2t2？ _ _ blob = publicationFile&v = 5，登录时间：2013 年 12 月 1 日。

11. Geschäftsordnung der Bundesregierung（《联邦政府工作条例》） vom 11. Mai 1951，见于德国联邦政府官方网址：http：//www. bundesregierung. de/Content/DE/StatischeSeiten/Breg/regierung-und-verfassung-geschaeftsordnung-der-bundesregierung. html，登录时间：2013 年 12 月 1 日。

12. 德国 2012 年军备出口报告 "Bericht der Bundesregierung über ihre Exportpolitik für konventionelle Rüstungsgüter im Jahre 2011，"Hrsg. vom Bundesministerium für Wirtschaft und Technologie（BMWi），2012，见于德国经济与科技部官方网址：http：//www. bmwi. de/BMWi/Redaktion/PDF/Publikationen/ruestungsexportbericht - 2011，property = pdf，bereich = bmwi2012，sprache = de，rwb = true. pdf，登录时间 2013 年 12 月 1 日。

13. "Deutsche Rüstungsgüter：Opposition kritisiert，Hemmungslosigkeit 'bei Waffenhandel，'"参见德国《明镜周刊》网络版：http：//www. spiegel. de/politik/deutschland/deutsche-ruestungsexporte-opposition-kritisiert-hemmungslosigkeit-a – 934424. html 登录时间：2013 年 12 月 1 日。

14. "Provozierender Plan：Steinmeier giftet gegen Merkels Sicherheitsrat，"参见德国《明镜周刊》网络版：http：//www. spiegel. de/politik/deutschland/provozierender-plan-steinmeier-giftet-gegen-merkels-sicherheitsrat-a – 551481. html，登录时间 2013 年 12 月 1 日。

15. 德国档案馆官方网址：http：//www. bundesarchiv. de/cocoon/barch/1000/k/k1955k/kap1_ 2/kap2_ 46/index. html，登录时间 2013 年 12 月 1 日。

16. 联邦安全政策学院官方网站：http：//www. baks. bund. de/de，登录时间 2013 年 12 月 1 日。

第六章

日本国家安全保障会议

　　2013年，日本对原有的国家安全保障体制进行了彻底的改革并完成了对"国家安全保障会议"的筹建。随着这个被外界称为日本版"国家安全会议"（National Security Council，简称：NSC）机制的设立，日本不仅在宏观战略上更新了《国家安全保障战略》、《防卫计划大纲》及《中期防卫力整备计划》等一系列重要文件，"国家安全保障局"等具体负责日本国家安全事务的微观实务机构也即将成立。日本的国家安全保障已进入了一个更系统、更务实、更外向的时期。

一、产生背景与历史沿革

　　由于第二次世界大战后对自卫队行动力的限制，日本在国家安全保障方面的举措一直十分有限和谨慎。1993年底，基于客观的外部环境和内部运作问题，日本内阁政府开始考虑设立明确的汇集国家安全重要情报、制定对策并强化应对的高层决策机制[①]，"安全保障会议"应运而生。日本此次新筹设的国家安全保障会议正是在原有的安全保障会议机制基础上的一次系统改革。

（一）原有的安全保障会议

日本原有的安全保障会议依据日本法律设立，负责对国防安全战略的制定及重大危机事态的应对等相关事项进行审议，是行政体制的重要组成部分。

1954年7月1日，日本国会通过昭和29年第164号《防卫厅设置法》，其中第43条规定"将按相关法律程序进行国防委员会及其他必要的国防会议有关事项的设立"[②]，日本内阁国防会议作为最早主管日本国家安全保障的高层机制开始筹划组建。1956年7月2日，日本法律昭和31年第166号《日本国防会议的构成等相关法律》定案，并在内阁会议上达成一致意见，由首相官邸主持，开始成立内阁国防会议与相关事务局。1957年8月1日，内阁的国防会议和首相办公室主张修改《内阁法》等部分法律，在国防会议下设立直属事务局来扩大国防会议的职能范围。但1986年7月4日，日本强大的经济实力使得当时的首相中曾根康弘产生了追求日本政治大国地位的思想，他不仅突破了防卫费占国民生产总值1%的限制，也更重视安全保障领域的机制建设。日本的内阁国防会议因职责不明，运作欠佳而被叫停，1986年（昭和61年）第71号《安全保障会议设

---

① 日本国际问题恳谈会：《日本的安全保障与防御力量的走向》，日本内阁官房保障，1994年版，第28页。

② 《防卫省设置法》，日本法律昭和29年第164号，1954年6月9日，http://law.e-gov.go.jp/htmldata/S29/S29HO164.html，登录时间：2013年11月23日。

立法》① 为基础的"安全保障会议"建立并取而代之。

按照昭和22年第5号《内阁法》②法案的修正案规定，安全保障会议由首相担任议长，指定的内阁总务大臣、外务大臣、财务大臣、经济产业大臣、国土交通大臣、防卫大臣、内阁官房长官、国家公安委员长为会议成员组成常规会议机制。2004年（平成15年）日本自卫队响应盟友美国要求，海外派兵参与伊拉克战争，从而引发了要求其撤兵的"3名在伊日本人质事件"，这一事件并震动了日本全国。当时的首相小泉纯一郎及官房长官福田康夫由此意识到应对紧急事态处理的重要性。为了有效应对特殊事态，安全保障会议的机能得到进一步强化，成立了对紧急事态进行调查分析和建议的"事态应对专门委员会"，③这一相对更开放的内部组织允许政党议员等辅佐人员干事参与，从而形成了安全保障会议"常态和应急"的全面职责分工和人事安排，见图1。

但由于这种涉及跨部门协调却无核心统筹的组织形式，导致原有的安全保障会议效率较低，决策延迟。日本现任首相安倍晋三早就希望在此问题上实现改革和突破。

（二）安倍政权的执意推动

现任日本首相安倍晋三于2006年9月第一次当选首相时就立刻

---

① 《安全保障会议設置法》，日本法律昭和61年第71号，1986年5月27日，http://www.houko.com/00/01/S61/071.HTM，登录时间：2014年1月6日。

② 《内阁法》，日本法律昭和22年第5号，1947年1月16日，http://law.e-gov.go.jp/htmldata/S22/S22HO005.html，登录时间：2014年1月6日。

③ 国家安全保障会議の創設に関する有識者会議（第3回会合）会议资料，《安全保障会議（現行）の概要》，日本首相官邸，2013年2月15日，http://www.kantei.go.jp/jp/singi/ka_yusiki/dai1/siryou3.pdf，登录时间：2013年12月12日。

常态组成	- 安全保障会议 议长：首相（内阁总理） 议员：总务大臣、外务大臣、财务大臣、经济产业大臣、国土交通大臣、防卫大臣、内阁官房长官、国家公安委员会委员长
应急组成	- 事态应对专门委员会 委员长：首相（内阁总理） 委员：内阁官房副长官（政务、事务）、内阁危机管理监、内阁官房副长官、内阁情报官、内阁府政策统筹官（防灾担当）、警察厅警备局长、总务审议官、消防厅长官、法务省入国管理局长、外务省总合外交政策局长、外务省北美局长、财务官、财务省关税局长、文部科学省大臣官房长、厚生劳动省大臣官房技术总审议官、农林水产省消费安全局长、经济产业省贸易经济协力局长、自然资源及能源厅长官、国土交通审议官、海上保安厅长官、核能管理厅长官、防卫省防卫政策局长、防卫省运用企划局长、防卫省统合幕僚长

图1　原有安全保障会议的组成

资料来源：笔者根据首相官邸网站资料制作：http：//www.kantei.go.jp/jp/singi/jitaitaisyo/kousei.html，登录时间：2013年11月26日。

提出设立"日本版NSC"[①]的构想。他在2006年底促使国会通过《防卫厅设置法》修正案，将防卫厅升格为防卫省，成为中央一级部门，并使防卫厅长官升级为内阁高级官员"防卫大臣"，以此增加安全保障问题在内阁及国会议题中的份量。同时进一步组织东京大学教授北冈伸一、内阁首相辅佐官（国家安全保障问题担当）小池百合子和军事分析家小川和久等开放型的"国际派"专家组成"强化首相官邸国家安保功能会议"，以安倍首相为议长，定期召开会议，旨在进行行政改革并提高首相官邸在国家安全保障事项上的机能和权威。"强化首相官邸国家安保功能会议"在2006年11月22日至2007年2月27间共召开了7次会议，并最终就新设国家安全保障会议、相关事务局及国家安全保障会议首相辅佐官等"日本版NSC"

---

① 国家安全保障会議の創設に関する有識者会議（第3回会合）会議資料，《「日本版NSC」をめぐる近年の動き》，日本首相官邸，2013年2月15日，http://www.kantei.go.jp/jp/singi/ka_yusiki/dai1/siryou3.pdf，登录时间：2014年1月1日。

构想形成报告书①，并在此基础上于 2007 年 4 月向日本国会提交《NSC 法案》（即《安全保障会议设置法等相关法律的修改法案》）待审。然而不久后，安倍本人由于健康等原因辞去首相一职，福田康夫上台接任首相。在 2007 年 12 月的官房长官会议上，福田政府认为当时已存在的由首相和官房长官、外务大臣和防卫大臣组成的安全保障会议已持续加强了紧密协商并能充分发挥作用，其在国家安全保障方面的机能成效已在首相的指示下达成，不需要新的改变。同时福田政府根据当时执政党执政失利、国会占席甚少的政治和法案审议状况，对"日本版 NSC"成立的意见反馈并不十分积极。于是，日本国家安全保障会议法案的第一次提出在 2008 年 1 月被福田政府废除，未能付诸表决。但从此之后，"国家安全保障会议"（"日本版 NSC"）的概念已在日本国内行政系统中拥有了一定的拥护，日本政府内与防卫事务相关的各类专家会议及各个政党（比如自由民主党国防改革小组委员会②）都陆续提议，希望建立更统合、更体制化的国家安全保障会议。

2012 年 12 月，安倍晋三复出参选并再次就任日本首相，马上又重新提出了日本国家安全保障会议的设立计划并立即指示内阁推进相关的准备工作。首相官邸迅速组建了会议成员包括株式会社独立总合研究所代表取缔役社长青山繁晴、内阁官房副长官漆间巖元、前统合幕僚长折木良一、PHP 总研主席研究员金子将史、京都大学名誉教授中西辉政、平和安全保障研究所理事长西原正、防卫省顾问（原防卫事务次官）增田好平、立命馆大学客员教授宫家邦彦、

---

① 《国家安全保障に関する官邸機能強化会議報告書》，2007 年 2 月 27 日。http://www.kantei.go.jp/jp/singi/anzen/070227houkoku.pdf，登录时间：2014 年 1 月 1 日。

② "提言·新防衛計画の大綱について"，自由民主党国防部会，2010 年 6 月 18 日，https://www.jimin.jp/policy/policy_topics/pdf/seisaku-017.pdf，登录时间：2014 年 1 月 2 日。

千叶商科大学政策情报学部长宫崎绿、内阁官房参事（原外务事务次官）谷内正太郎在内的较为"保守型"的专家组成的"安全保障会议创立相关人员会议"[1]。该会议从2013年2月15日开始共召开了6次会议，商讨完成了国家安全保障会议筹建中核心的地位、法律、功能、议事程序等设置细节。在"安全保障会议创立相关人员会议"的首次记者会上，安倍首相历数了日本当下面临的岛屿争端等国土防御威胁并表示了保卫日本安全的决心，称"日本的安全保障涉及每个人并正面临着危机。有必要新设立强化安全保障职责的担当大臣和像司令塔一样的国家安全保障会议，在内阁政府内采取外交及安全保障体系的强化措施"。[2]

近年来，东亚安全形势发生了很大变化，朝鲜局势巨变，日本也频频在周边海域制造领土事端，不惜与俄"北斗"北方四岛、与韩"西争"独岛，并时刻没有忘记向中国领土钓鱼岛"南侵"，频繁的与邻国"较劲"为敌，引起了国际社会的广泛关注，也使得日本国内的政治家和民众对国家安全保障保持高度关注，大众的注目给日本国家安全保障会议的设立提供了所需的"热度"。在这样的氛围下，安倍第二次执政以来，提出"积极和平主义"的外交理念，内容包括：修改日本和平宪法，修改内阁关于集体自卫权的解释，试图更不受限地把日本自卫队派出去参加武力行动，以使日本成为一个"正常国家"，这些政治目标也是安倍作为第一位在战后出生的日本首相的执政夙愿。在首相官邸内成功新设国家安全保障会议机制，是其谋求亲自掌控国防、凭强权搞外交、成为"总统式"的集

---

[1] 国家安全保障会議の創設に関する有識者会議開催会議資料，日本首相官邸，2013年2月14日。http://www.kantei.go.jp/jp/singi/ka_yusiki/pdf/konkyo.pdf，登录时间：2013年12月5号。

[2] 国家安全保障会議の創設に関する有識者会議（第3回会合）会議資料，《「日本版NSC」をめぐる近年の動き》，日本首相官邸，2013年2月15日，http://www.kantei.go.jp/jp/singi/ka_yusiki/dai1/siryou3.pdf，登录时间：2013年12月20日。

权领导人的有力助推器。不仅如此，为了防止绝密情报泄露，并加强对海外信息的收集能力，旨在与国家安全保障会议相配套的《特定秘密保护法案》在2013年10月25日提交第185次国会众议院会议，12月6日提交国会参议院会议审议。审议过程中，在安倍政府的大力支持下，国会无视在野党的强烈批判与抗议、日本媒体和民众的极度反感，以自民党与公明党组成的执政联盟在日本国会众参两院占多数席位的优势强行表决通过了这一法案。从安倍政府近期的一系列举动来看，日本对国家安全保障会议的变革可能已导致了日本政治权力向安倍个人的集中，相关专家会议的重要参与也正体现了日本官僚体制从"官僚高政治家低"向"政治家高官僚低"的转变。

2013年12月3日，已有27年历史的安全保障会议进行了最后一次会议。同一天，日本国家安全保障会议正式宣告成立并召开第一次会议，日本国家安全保障会议机制完成新旧交接。

二、法律基础与政治地位

日本在迈向全面国防安全保障建设的道路上，一贯比较重视及时制订相关的法规和政策作为改革的依据。经过多年的筹划，在强大的政府当局支持下，日本迅速开展了与国家安全保障会议设立相关的法律基础的修订和改革。相关的法规制度也对国家安全保障会议的设立和功能发挥起到了规范和保证的作用。

(一) 相关法律依据

日本安全保障会议的法律基础可分为两个部分。首先，从其设置来看，分别遵行《安全保障会议设置法》（昭和61年法律第71号）；《应对武力攻击保障国家独立及国民安全的法律》（平成15年法律第79号）；《周边事态及保障国家和平安全措施的相关法律》（平成11年法律第61号）；《自卫队法》（昭和29年法律第65号）。其次，有关的人员安排方面，则依据《内阁法》（昭和22年法律第5号）；《国家公务员法》（昭和22年法律第120号）；《特别职位公务员相关法律》（昭和24年法律第252号）。[1] 这些法律中都涉及了有关设立国家安全保障会议的相关规定和内容，日本此次的国家安全保障会议改革就从上述两方面中最重要的两个法律——《安全保障会议设置法》和《内阁法》出发，筑建其所需的依据和保障。

国家安全保障会议相关的修改法案不仅明确地阐述了国家安全保障会议的资料情报提供、守秘义务、相关出席人员、行政干事的设置以及下属的事务局设立等相关细节，而且提出了两处重要的新设变化：第一，改法案名称为《国家安全保障会议设置法》，并在内阁内设置"国家安全保障会议"；[2] 第二，对此会议审议形态的扩充，设为由不同人员参与的常规和紧急两种会议形式以应对各种事态。在《内阁法》修正中，也相应地提出两处重要变动：第一，新设常任的国家安全保障担当首相辅佐官一职；第二，在内阁政府内

---

[1] 《安全保障会議設置法等の一部を改正する法律案》，内阁政府文件集，http://www.cas.go.jp/jp/houan/130610/taishou.pdf，登录时间：2013年12月2日。
[2] 《国家安全保障会議設置法》，日本法律平成25年第89号，2013年12月4日，http://www.kantei.go.jp/jp/singi/anzenhosyoukaigi/konkyo.html，登录时间：2013年12月4日。

设置国家安全保障局作为事务综合处理部门，并设局长一位，副局长两位，[1] 为国家安全保障会议运作和发挥作用提供人力的支持。

2013年6月6日，日本国会众议院的国家安全保障特别委员会表决通过了关于负责制定日本外交和安全保障政策的国家安全保障会议的设置法案《国家安全保障会议设置法》。[2] 日本国会众议院在6月7日举行第183次全体会议上，以执政党多数赞成的结果也通过了该项法案，[3] 同时根据日本国会立法程序，将该法案移送参议院审议。在11月27日上午召开的参议院全体会议上，该法案又以自民、公明两党的执政联盟及在野的民主党等赞成多数的表决结果正式通过，日本国家安全保障会议成功获得了其成立及行使权力的合法性。借助在国家安全保障会议法案上与公明党和在野党保守势力的合作与磋商，安倍政权还进一步拉拢了在野的日本维新会和民主党等保守政党势力，为下一步推动日本行使集体自卫权以及修改宪法奠定了基础。

（二）核心政治地位

除法律基础外，日本于2010年12月确定的《防卫计划大纲》中的第五条"本国安全保障基本方针第1项第2点战略及举措的统合"中也提出，通过对包括安全保障会议在内的安全保障相关内阁

---

[1] 安全保障会議設置法等の一部を改正する法律案，国家安全保障会議の創設に関する有識者会議会議資料，http://www.kantei.go.jp/jp/singi/ka_yusiki/kaisai.html，登录时间：2013年11月30日。

[2] "日本版NSC"法案を閣議決定 官邸主導で安保政策立案へ"，《产经新闻》，2013年6月7日，http://sankei.jp.msn.com/politics/news/130607/plc13060709540005-n1.htm，登录时间：2013年11月30日。

[3] 第183回国会での内閣提出法律案，http://www.clb.go.jp/contents/diet_183/reason/183_law_075.html，登录时间：2013年11月30日。

政府组织、机能、体制等验证表明,有必要在首相官邸内设置新的组织形式,能让与国家安全保障相关的内阁官员之间进行政策协调并接受首相的领导。① 这些政府纲要从最根本出发,阐明了新成立的日本国家安全保障会议,对例如情报收集、局势分析、制定了中长期战略、紧急应对政策等国防、外交、安全保障相关的重大问题,拥有最高的决策与指挥权。

  日本原有的国家安全保障体系权力分化,致使问题重重。以情报体制为例,最大问题就是"支持内阁决策的情报汇集—评估机制非常薄弱"②,没有实现一元化的领导。在日本众多的情报机构中,虽然内阁情报调查室是唯一每周向首相直接汇报情报的部门,从这点上可以说是日本最高的情报机构,但外务省、警察厅、公安调查厅、防卫省等情报机构却可以通过内阁情报调查室或直接上报内阁上层领导两种方式递送重要情报。从而使得内阁情报调查室的情报汇总和向上级传递的功能形同虚设,上级官员的决策反应也变得低效。"我国所处的安全保障环境日益严峻,为了强化首相官邸的指挥功能,(国家安全保障会议)是必不可少的。"2013年10月25日安倍在日本第185次国会众议院全体会议上做出如此表示。

  日本安全保障会议作为日本政府的外交与安保政策的最高决策机构,旨在克服跨省厅垂直领导的弊端,确立首相官邸在外交及国家安全事务上的主导地位和功能。国家安全保障会议的工作方式是,在各个主要省厅设立情报联络官,通过事务局的衔接,起到对首相

---

① 安全保障と防衛力に関する懇談会会議資料,《安全防卫战略大纲》,2010年12月, http: //www. kantei. go. jp/jp/singi/anzen＿bouei/dai6/siryou. pdf, 登录时间:2013年12月22日。

② 梁陶:《日本情报组织揭秘》,北京:时事出版社,2012年版,第242页。

第六章　日本国家安全保障会议

日常化、制度化提供情报的作用①，打破日本以往层层领导式的过于官僚的行政体制和决策机制的局限。国家安全保障会议将进一步扩大日本首相的权力，强化官邸机能，并调整日本目前在国家安全保障上的决策权力分散、事务运作散乱的结构。它将统合政府各部门独立收集的信息并进行分析、迅速做出决策，成为一个直属首相、相对独立、能够全面统筹规划国家安全战略的机制，一个真正发挥指挥作用的"司令塔"。②

```
         ┌─────────────────────────────────┐
         │   国家安全保障会议核心4大臣会议      │
         │         首相（议长）              │
         │  官房长官    外相     防卫相       │
         └─────────────────────────────────┘
              ↑一元化汇报         ↓指示
         ┌─────────────────────────────────┐
         │   事务局（情报收集、实务运作）      │
         └─────────────────────────────────┘
           ↓指示   ↓指示   ↓指示   ↓指示
          ┌──┐   ┌──┐   ┌──┐   ┌──┐
          │外│   │防│   │警│   │海│
          │务│   │卫│   │察│   │上│
          │省│   │省│   │厅│   │保│    等
          │  │   │  │   │  │   │安│
          │  │   │  │   │  │   │厅│
          └──┘   └──┘   └──┘   └──┘
```

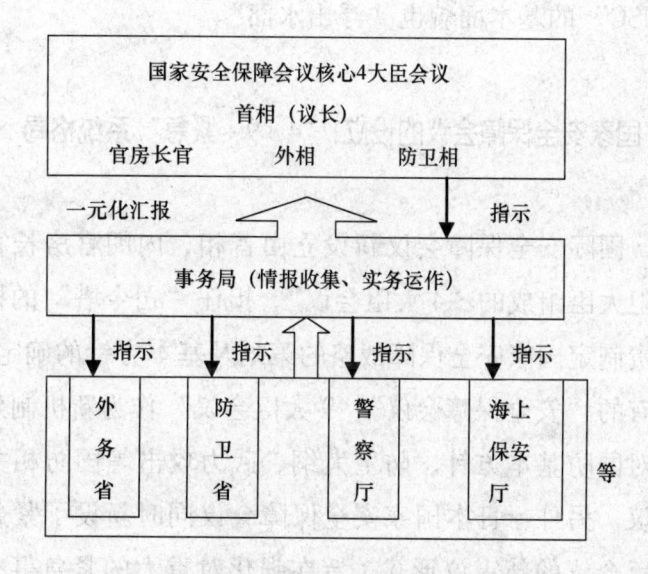

图2　日本国家安全保障会议的司令塔地位

资料来源：笔者根据日本媒体新闻报道制作：http://www.worldtimes.co.jp/today/kokunai/130311-2.html，登录时间：2013年12月11日。

---

① 国家安全保障会议の創設に関する有識者会議（第6回和会）会议资料，《国家安全保障会議（.SC）における情報の流れ（イメージ）》，日本首相官邸，2013年5月28日，http://www.kantei.go.jp/jp/singi/ka_yusiki/dai6/sankou.pdf，登录时间：2013年12月22日。

② 国家安全保障会議の創設に関する有識者会議会议资料，《安全保障会议的必要性》及NHK电视台解读，http://www.nhk.or.jp/kaisetsu-blog/300/158038.html，登录时间：2013年12月2日。

三、组织结构与职权功能

安倍政府在内阁体制内设立了专职的"国家安全保障会议设置准备室"来快速推动组建国家安全保障会议的组织结构及人员安排,"日本版 NSC"的基本面貌也"浮出水面"。

(一)国家安全保障会议的设立:"4+9+紧急"系统格局

首先,国际安全保障会议新设立由首相、内阁官房长官、外务大臣、防卫大臣组成的"4大臣会议",担任"司令塔"的核心决策部分,负责制定国家安全保障战略的策划及基本方针的确定。其次,保留了原有的"安全保障会议""9大臣会议"作为新机制延续的机能维持,对国防基本方针、防卫大纲、武力攻击等国防相关重要事项进行审议。另外,日本国家安全保障会议同时新设了紧急事态下不固定大臣会议的新审议形式,旨在强化对重大的紧急事态、以及需要高级别政治判断的事项进行迅速应对。此类紧急事态大臣会议的参与人员会因事态不同而调整,"安全保障会议创立相关人员会议"的会议资料中特别举例领海侵入和不法登入事态,所涉及的出席会议大臣除了首相、官房长官以外,还包括首相指定的法务大臣、外务大臣、国土交通大臣、防卫大臣、以及国家公安委员会委员长。[1] 如此布局使国家安全保障会议成为"4+9+紧急"的系统格局。

---

[1] 国家安全保障会議の創設に関する有識者会議会議资料,日本首相官邸,http://www.kantei.go.jp/jp/singi/ka_yusiki/,登录时间:2013年11月30日。

第六章　日本国家安全保障会议

4大臣会议（新设）（首相、官房长官、外相、防卫相）	9大臣会议（原安全保障会议人员）	紧急事态大臣会议（首相、官房长官及首相大臣指定出席的国务大臣）
·国家安全保障相关的外交、防卫政策司令塔 ·中长期的国家安全保障战略、基本方向的策定	·安全保障机制的机能维持 ·国防的基本方针、防卫大纲、武力攻击及其他国防相关重要事项应对的审议	·紧急事态的应对强化危机管理 ·重大紧急事态及需高级别政治判断的事项审议

图3　日本国家安全保障会议的职能

资料来源：笔者根据首相官邸网站资料制作：http://www.kantei.go.jp/jp/singi/ka_yusiki/dai6/siryou1.pdf，登录时间：2013年11月30日。

国家安全保障会议
·4大臣会议（新设）：首相、官房长官、外相、防卫相
·原有9大臣安全保障会议（延续）：首相、总务大臣、外相、财务大臣、
　　　　　　　　　　　　　　　经济产业大臣、国土交通大臣、防卫相、
　　　　　　　　　　　　　　　内阁官房长官、国家公安委员会委员长
·紧急事态临时召集大臣会议（新设）：不固定

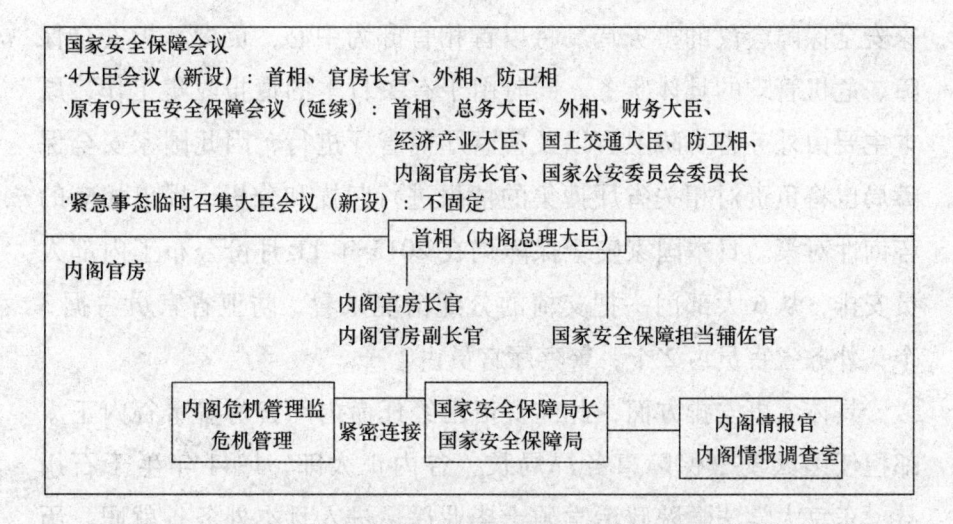

内阁官房
　　首相（内阁总理大臣）
　　内阁官房长官
　　内阁官房副长官　　国家安全保障担当辅佐官
　　内阁危机管理监　紧密连接　国家安全保障局长　内阁情报官
　　危机管理　　　　　　　　　国家安全保障局　　内阁情报调查室

图4　日本国家安全保障会议的组织结构

资料来源：笔者根据日本国家安全保障会议相关人员会议资料绘制：http://www.kantei.go.jp/jp/singi/ka_yusiki/dai6/siryou1.pdf，登录时间：2013年11月30日。

（二）国家安全保障担当首相辅佐官的新设

国家安全保障会议下，日本还将仿照美国国家安全事务助理新

设立常任"国家安全保障担当辅佐官"一职,该官员可以辅佐首相的立场,直接参与国家安全保障会议并发表意见,该职位将由安倍的亲信——现任的首相大臣辅佐官礒崎阳辅兼任。但是这个模仿美国而来的安全事务助理辅佐官的具体职责及该职位的权力分配在所有的法案及政府文件都没有清晰的阐述,使其增添了几分神秘感。

(三)国家安全保障局的新设

将于2014年1月新设的国家安全保障会议的事务局是国家安全保障会议机制组成并运作的核心执行部分。国家安全保障局作为国家安全保障会议的事务局,将以首相官邸为中心,负责承担安全保障、危机管理的具体实务。同时由于有关日本的情报收集工作,原本主要由外务省、防卫省以及警察厅等省厅进行,因此国家安全保障局也将负责对相关省厅搜集的情报进行归拢和分析,提出相应的咨询性对策。日本国家安全保障局在2013年11月份公布了内部人员安排,从6大部门头把交椅的分配情况来看,防卫省官员占据3个,外务省官员占2个,警察厅官员占1个。

具体人事安排方面,此前安倍已经任命内阁官房参事谷内正太郎担任国家安全保障事务局局长。谷内正太郎,1944年生于石川县,东京大学法学院政治学硕士毕业后,进入日本外务省就职。历任综合外交政策局长、内阁官房长官助理、外务次官、外务省顾问等。在安倍第二次执政后,被任命为内阁官房参与,即内阁高级顾问。此人以对东亚邻国态度强硬著称,曾因贬低韩国政府、挑拨韩美盟国关系引发韩国政界激烈抗议。

安全保障局的两位副局长由外务省和防卫省内文职官员出身的官房副长官助理担任。下设的审议官由外务省、防卫省和自卫队的3名军职官员担任。

日本国家安全保障事务局6大部门职责和官员安排中，"总括"部门负责整体协调，为安全保障局的核心牵头部门，准备起用防卫省官员日美防卫合作科长增田和夫担任部长。"战略"部门负责制定日本外交与防卫政策基本方针的"国家安全保障战略"和防卫力量建设的基本方针"防卫计划纲要"，决定起用防卫省官员僚赤濑正洋担任一把手，他曾担任过冲绳防卫局企划部部长及冲绳高级协调官，是冲绳问题通。"信息"部门负责整体管理和分析政府机关在国内外收集到的外交与防卫领域的相关信息，一旦有战事和紧急事态发生，将这些汇总的信息提交给国家安全保障会议以便制定应对措施。目前，日本政府所掌握信息的综合分析是由内阁情报调查室负责，因而国家安全保障事务局与内阁危机管理监和情报机构也将存在紧密联系。所以该部门会由派遣到内阁情报调查室的警察厅官员担任首要职位，确保国家安全保障事务局与内阁情报调查室信息共享。该部门将启用警察厅官僚、现于内阁情报调查部任职的白井利明。

"同盟·友好国"部门负责强化其与美国、澳大利亚等"友好国家"之间的合作，将启用在外务省美使馆负责安全保障工作的船越健裕。"中国·朝鲜"部门专管中国和朝鲜事务，显然含有将两国视为"地区威胁力量"的暗示，将启用外务省负责日美安保条约的科长鲶博行。"其他区域"部门负责侦探收集中东与非洲恐怖活动征兆的相关情报，将启用防卫省宣传科长伊藤茂树。

日本国家安全保障局总共约有60余人的人员编制，分别配属到按照工作内容分的"总括"（即总管）、"战略"和"信息"和按照地域和国别分的"同盟·友好国"、"中国·朝鲜"和"其他地区"这6大部门中。据日本《读卖新闻》透露，这60人中专门加入了军事专家等自卫队军官10多人。这些自卫队军官主要是自卫队1佐、2佐的中坚干部，有担任美军司令部联络官及大使馆防卫联络官等工作经验，并且精通外国形势。[①] 国家安全保障局内人员的拣选从侧面体现了日本政府内部国家安全保障相关的省厅的势力竞争，防卫省军方势力占上风的现状也表明了日本国家安全保障对军事防卫的侧重。

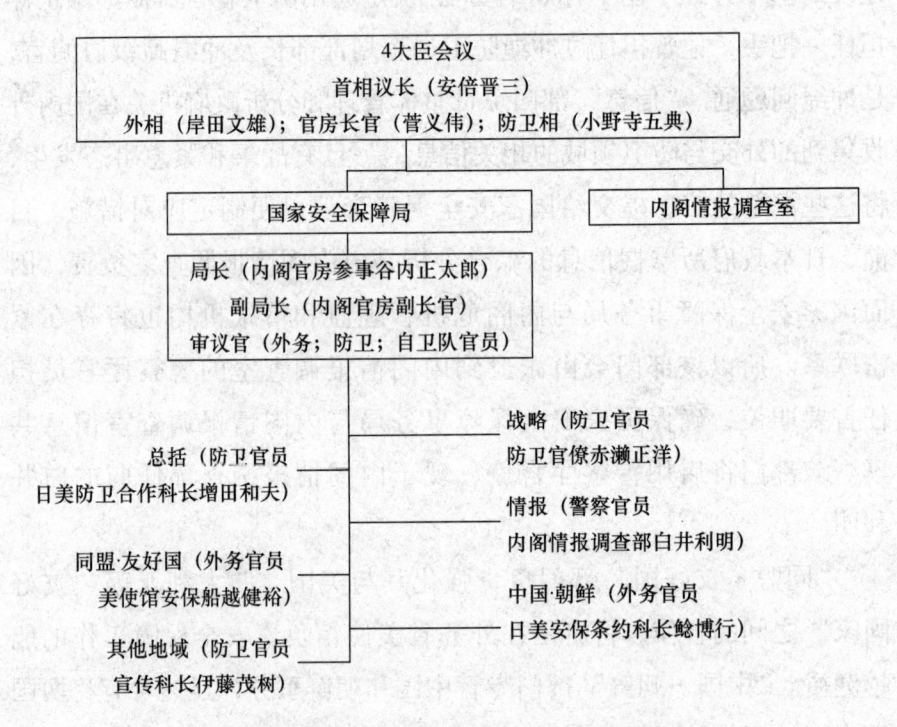

```
                    4大臣会议
                  首相议长（安倍晋三）
        外相（岸田文雄）；官房长官（菅义伟）；防卫相（小野寺五典）

          ┌─────────────────────┐      ┌─────────────┐
          │    国家安全保障局    │      │  内阁情报调查室 │
          └─────────────────────┘      └─────────────┘
          局长（内阁官房参事谷内正太郎）
          副局长（内阁官房副长官）
          审议官（外务；防卫；自卫队官员）

                                    ── 战略（防卫官员
                                        防卫官僚赤濑正洋）
  总括（防卫官员
  日美防卫合作科长增田和夫）         ── 情报（警察官员
                                        内阁情报调查部白井利明）
  同盟·友好国（外务官员
  美使馆安保船越健裕）               ── 中国·朝鲜（外务官员
                                        日美安保条约科长鲶博行）
  其他地域（防卫官员
  宣传科长伊藤茂树）
```

图5　日本国家安全保障局组织机构与人员安排

资料来源：笔者根据日本媒体新闻报道制作：http://www.sankeibiz.jp/express/photos/131128/exa1311281000001-p2.htm，登录时间：2013年12月12日。

概括来看，日本"国家安全保障会议"是在借鉴美国国家安全委员会的基础上产生的，但与美国国家安全委员会咨询性质的职能不同，日本的国家安全保障会议是一个"司令塔"性质的决策机制，

[①] 产经新闻，http://japan.people.com.cn/n/2013/1108/c35469-23473135.html，登录时间：2013年12月1日。

其主要职能覆盖以下 9 大事务范围[①]：

1. 国防的基本方针；
2. 防卫计划的大纲；
3. 产业等调整计划的大纲；
4. 武力攻击等事态的应对基本方针；
5. 首相认为必要的武力攻击等事态应对的相关重要事项；
6. 首相认为必要的周边事态应对的相关重要事项；
7. 首相认为必要的自卫队参与国际平和活动的相关重要事项；
8. 首相认为必要的重大紧急事态应对的相关重要事项（防灾，应战）；
9. 其他首相认为必要的国防相关重要事项（情报）。

在上述范围内，值得我们注意的是，日本国家安全保障会议的设立与运行也将进一步加强在周边地区问题，特别是在应对中国海洋活动、朝鲜导弹核问题等安保环境的变化时，将与美国等盟友国家开展紧密的信息共享和政策合作。

四、运作程序与议事规则

（一）运作与议事程序

日本原有安全保障会议，是由 9 名内阁官僚组成的内阁会议作

[①] 国家安全保障会議の創設に関する有識者会議会議資料，日本首相官邸，2013年 4 月 11 日，http://www.kantei.go.jp/jp/singi/ka_yusiki/dai6/siryou1.pdf，登录时间：2013 年 11 月 30 日。

为商讨国家重要防务事宜的主要组织形式运作，但由于牵扯部门与官员众多，权力分配混杂不清，被认为在大臣派别争论中迷乱方寸、决策不力，使得近年来日本政府因对近期紧急事态反应迟缓而饱受批评。安全保障会议的本次革新变化，不仅拓展了职能范围也统筹了事务运作。

按照现有的日本《国家安全保障会议设置法》，国家安全保障会议担任审议决策的司令塔，国家安全保障局担任分析咨询的事务局的垂直分工运作之外，国家安全保障会议部内的3大会议之间也有了较为清晰的运作程序和议事规则。

一般情况下，由首相等人组成的4大臣会议是每月定期会晤2次的例行会议，也是机动的会议，可由首相临时召集。① 主要负责研讨日本中长期战略性问题，制定涉及外交和安保问题的基本方针和大纲。如议题需要，4大臣会议将扩大为由财务大臣、国家交通大臣、国家公安委员长等内阁成员参加的9大臣会议，就涉及日本国防、外交的重要事项进行审议。②

一旦遇到需要紧急应对的危机事件，日本国家安全保障会议将先召开紧急会议，然后才是根据事态状况变化，进行4大臣会议或9大臣会议直接对内阁危机管理监的汇报进行合适的决策及应对指导。

---

① 国家安全保障会議の創設に関する有識者会議会議資料，日本首相官邸，2013年2月15日，http：//www.kantei.go.jp/jp/singi/ka_yusiki/uai1/siryou3.pdf，登录时间：2014年1月2日。

② 国家安全保障会議の創設に関する有識者会議会議資料，日版NSC的运营指导，日本首相官邸，2013年5月9日，http：//www.kantei.go.jp/jp/singi/ka_yusiki/，登录时间：2013年12月3日。

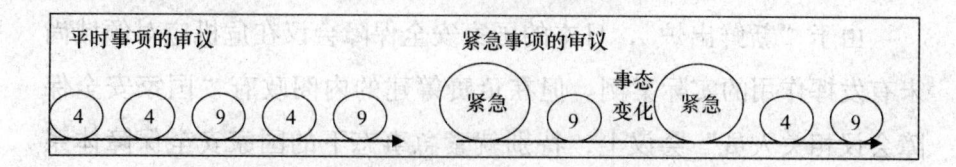

图 6　日本国家安全保障会议的运作和议事程序

资料来源：笔者根据日本国家安全保障会议相关人员会议资料制作：http://www.kantei.go.jp/jp/singi/ka_yusiki/dai6/siryou1.pdf，登录时间：2013 年 12 月 24 日。

（二）案例

日本的国家安全保障会议成立之后，马上在修改更新日本中长期国家安全保障战略上发挥了关键的作用。2013 年底，中国筹建国家安全委员会以及确定东海空中识别区等事件催使日本政府进一步加快国家安全保障会议的实际运行。

2013 年 12 月 3 日召开第一次会议后，日本国家安全保障会议在 12 月 10 日与 12 日，分别召开了一次 4 大臣会议和 9 大臣会议，就修改制定日本在国家安全保障领域的三大指导性文件《国家安全保障战略》、《防卫计划大纲》、《中期防卫力整备计划》听取了"安全保障和防卫能力的座谈会"等专家智库的提议并进行讨论。这两次国家安全保障会议迅速做出决策通过了制定以强调"乡土爱国之心"，重视应对网络攻击以及太空安全利用等国家安全新课题的《国家安全保障战略》；以提升自卫队机动性及"统一机动防御力量"为基本设想的后 10 年防卫指针《防卫计划大纲》；及以加强针对中国军事力量的海洋防卫，加强针对朝鲜核问题的美日防卫合作及同盟遏制力，彻底废除"武器出口三原则"限制为 5 年目标的《中期防卫力整备计划》。这一系列重要的安全保障文件是日本国家安全保障会议发挥功能的第一枪，也为日本在未来 5—10 年的国家安全保障定下了战略方针。

由于"新鲜出炉",日本的国家安全保障会议在危机应对领域尚未有发挥作用的实际案例。但在负责筹建的内阁政府"国家安全保障会议相关人员"会议上,特别就紧急事态下的国家安全保障体系应对做出了示例。

一旦发生紧急事态,民间情报、公共机构和相关省厅首先向24小时运作的内阁情报收集中心汇报,由内阁情报调查室迅速向首相、官房长官及副长官报告。并同时向24小时运作的首相官邸危机管理中心及新设的国家安全保障担当首相辅佐官报告。首相将启动紧急国家安全保障会议运行机制,召开相关大臣的紧急会议商议决策,并负责向内阁危机管理监及相关省厅下达命令。[1] 政府文件中特别从国内、国外两方面探讨3个事例的紧急参议大臣。[2]

(1)领海入侵,不法登陆事件:法务大臣、外务大臣、国土交通大臣、防卫大臣、国家公安委员会委员长。

(2)发射物质泄露事件:总务大臣、法务大臣、文部省大臣、劳动省大臣、国土交通大臣、环境大臣、防卫大臣、国家公安委员会委员长。

(3)大规模难民事件:法务大臣、外务大臣、财务大臣、劳动大臣、农业大臣、国土交通大臣、防卫大臣、国家公安委员会委员长。

虽然并不是实际发生的案例,但从国家安全保障会议紧急会议参与官员信息及相关的运作程序和议事规则的透露中可以看出一旦此类事件发生,日本国家安全保障会议将主要以机动的核心大臣会

---

[1] 国家安全保障会议の創設に関する有識者会議会议资料,日本的危机管理,2013年3月13日,http://www.kantei.go.jp/jp/singi/ka_yusiki/dai2/siryou2.pdf,登录时间:2014年1月4日。

[2] 国家安全保障会议の創設に関する有識者会議会议资料,日本首相官邸,http://www.kantei.go.jp/jp/singi/ka_yusiki,登录时间:2013年12月2日。

议形式运行并做出决策。

五、特点与展望

（一）日本国家安全保障会议的特点

日本国家安全保障会议的新设和安全保障体制的改革，有几点值得关注的特点。

1. 合法性的先行保障

日本的国家安全保障会议，极为重视其设立和人事安排的法律依据，法案先行，贯彻有法可依的行政改革，从最大程度上保证了国家安全的法治，也从根本上确立了国家安全保障会议发挥高层决策作用的合法性地位。

2. 集权性的效率决策

日本的国家安全保障会议的本次变革，确立了以首相为中心的一元化核心决策模式，旨在做到应对国家安全问题的集权与效率，防止部门及官僚间的沟通障碍和互相掣肘所造成的决策低效，从而实现国家安全保障领域的以首相为中心的全面集中统筹指挥。日本原先的安全保障会议最主要问题是政策制定并不是出自"安全保障会议"，而是由内阁开会来讨论决定。因此，即使是在紧急情况下，内阁会议作为政府最高行政机构，拥有最终决策权，而首相的决策权是受到限制的。在日本国家安全保障会议参照的美国等总统制国家政治体制内,国家安全委员会由总统直接领导,总统拥有最终决策权,其领导的国家安全委员会也就相当于拥有了制定国防和安全决策,以及处理危机情况的权力。在国家安全保障领域从"首相"式提升到"总统"式的领导及决策权力,期望通过集权实现高效决策正是安倍晋三推动日本国家安全保障会议机制改革、成立以首相为核心的4大臣会议的一大原因。

3. 灵活性的议事应对

日本的国家安全保障会议的特色是其以会议审议形式运作,不仅能常规议事,制定中长期战略大纲与实行蓝图,更能灵活机动,内外兼顾,对出现的紧急事态进行快速的危机管理。

4. 全面性的事务落实

国家安全保障会议的下属事务局——国家安全保障局的成立从实际上保证了国家安全保障相关情报与决策的上传下达,也体现了日本国家安全保障会议在决策和执行上的完整体系设计和安排。这样宏观顶层决策会议与微观下属实务机构相结合的全面运行机制是日本国家安全保证会议的一大优势。

(二) 日本国家安全保障会议的未来发展

参照美国国家安全委员会而建立的日本国家安全保障会议只是安倍政府勾勒的日本国家安保政策转型的第一步,这个更集权、更高层级的决策机构实际上也是一次强行的安全保障决策机制调整。其背后更藏着安倍政府决意在今后推进所谓日本"国家正常化"和"重新解释集体自卫权"的巨大野心。

第六章 日本国家安全保障会议

1. 强法集权的独裁倾向

国家安全保障会议这个"司令塔"实际上是把国家安全保障相关的内政、外交、军事权力集中到了首相、外务大臣、防卫大臣和内阁官房长官4个人手里，首相的权力得到了很大程度的扩大，而其他的十几名内阁阁僚的作用则会渐渐丧失，成为具体事务的参与者和执行者。甚至我们可以更深入的揭示，日本国家安全保障会议形成了一个以首相为核心的集权中枢。安倍政府通过国家安全保障会议将国家安全战略的制定权、对自卫队的指挥控制权、对危机状态的处置权集中在首相安倍晋三一人手中，形成一元化的领导力。加之自民党所在的执政联盟在国会众参两院的绝对多数席位优势，致使国会对安倍的制约作用大幅衰落。日本国家安全保障相关的一系列法案和文件的通过情况也从事实上证明，安倍政府不惜威胁到日本国内的民主制度，而强行通过相关"强法"对首相官邸及其个人对日本国家安全的集权提供了合法性及运作性支持。日本国家安全保障会议的强势成立运行却没有相应制约力量的缺陷也揭露了安倍政府一意孤行独揽国家安全保障指挥大权，在统筹日本的外交和安保政策的过程中再次打造"军事政治强国之梦"，甚至最终以"强权"为安倍的"独裁"强军铺路。

2. 扩军修宪的扩张趋势

成立国家安全保障会议彰显了安倍政府在现实政治问题特别是军事国防上的强硬姿态。国家安全保障局的权力分布更体现了日本对防卫特别是军力增长的倾向，单独设立针对"中国·朝鲜"的独立部门，更暗示了日本将中国和朝鲜视为"区域威胁力量"，要在周边区域加大军事安全防卫力量的部署。日本在国家安全保障方面朝着"警察国家"和"能够进行战争的国家"猛踩油门，其背景则是日本政治、社会的右倾势力和海洋扩张意识的抬头，也隐含着安倍路人皆知的政治目的，即为日本修宪扩军、调整军事政策做借口。这样的扩张企图极易引发战争受害国的强烈不满，冲击着日本与周边邻国的关系。

3. 日美安保的合作前景

在国家安全保障相关机制完全对应可衔接的情况下，安倍政府紧接着将谋求进一步加强日美同盟。据日本内阁透露，国家安全保障会议下设的事务局局长走马上任后将遍访各国国家安全机构，第一站就是美国。在国家安全保障会议和《特定秘密保护法案》的护航下，日本将加强同美国在应对网络攻击、窃取国家机密情报和对军事系统的妨碍等日益严重的情报安全问题上的合作，扩大并加快日美同盟情报共享和转移。另一方面，日本新设国家安全保障会议，也应当引起美国方面的注意。从表面上看，日本设立国家安全保障会议是为了迎合美国"重返亚太"战略，强化与美国同盟在安全保障上的合作；但实际上，日本可能也有期望提高独立收集情报、独立制定决策能力，借机减轻对美国依赖的"如意算盘"。美国对日本在安保上军力膨胀的纵容无疑将埋下大患。

当前，东亚局势错综复杂，虽然东亚国家在经济上有融合的需求，但在政治上缺乏信任，日本国家安全保障会议的设立，更意味着东亚在军事上对峙因素也大幅增加，从而致使东亚国家间的区域合作进程遇挫，进一步导致东亚局势的不确定性。其他亚洲邻国都在密切关注日本的国家安全战略和有关政策动向，而日本在偏离和平发展的道路上渐行渐远的苗头，提醒周边国家和国际社会不得不对其提高警惕、加强戒备。有了国家安全保障会议的机制推动，日本今后更加外向、更有野心的国家安全保障策略和行动势必有威胁地区稳定的风险，需要得到世界的持续关注。

主要参考文献

专著：

1. 梁陶：《日本情报组织揭秘》，北京：时事出版社，2012 年版，第 242 页。

2. 日本国际问题恳谈会：《日本的安全保障与防御力量的走向》，1994 年版，第 28 页。

法律：

3. 《防卫省设置法》，日本法律昭和 29 年第 164 号，1954 年 6 月 9 日，http：//law.e-gov.go.jp/htmldata/S29/S29HO164.html，登录时间：2013 年 11 月 23 日。

4. 《安全保障会議設置法》，日本法律昭和 61 年第 71 号，1986 年 5 月 27 日，http：//www.houko.com/00/01/S61/071.HTM，登录时间：2014 年 1 月 6 日。

5. 《内阁法》，日本法律昭和 22 年第 5 号，1947 年 1 月 16 日，http：//law.e-gov.go.jp/htmldata/S22/S22HO005.html，登录时间：2014 年 1 月 6 日。

6. 《安全保障会議設置法等の一部を改正する法律案》，内阁政府文件集，http：//www.cas.go.jp/jp/houan/130610/taishou.pdf，登录时间：2013 年 12 月 2 日。

7. 《国家安全保障会議設置法》，日本法律平成 25 年第 89 号，2013 年 12 月 4 日，http：//www.kantei.go.jp/jp/singi/anzenhosyoukaigi/konkyo.html.登录时间：2013 年 12 月 4 日。

8. 第 183 回国会での内阁提出法律案，http：//www.clb.go.jp/contents/diet_183/reason/183_law_075.html，登录时间：2013 年 11 月 30 日。

文件：

9. 日本首相官邸，强化首相官邸国家安保功能会议资料，《国家安全保障に関する官邸機能強化会議報告書》，2007 年 2 月 27 日。

10. 日本首相官邸，安全保障と防衛力に関する懇談会会議資料，《安全防卫战略大纲》，2010 年 12 月，http://www.kantei.go.jp/jp/singi/anzen_bouei/dai6/siryou.pdf，登录时间：2013 年 12 月 22 日。

11. 日本首相官邸，国家安全保障会議の創設に関する有識者会議（第 3 回会合）会议资料，《安全保障会議（現行）の概要》，2013 年 2 月 15 日，http://www.kantei.go.jp/jp/singi/ka_yusiki/dai1/siryou3.pdf，登录时间：2013 年 12 月 12 日。

12. 日本首相官邸，国家安全保障会議の創設に関する有識者会議（第 3 回会合）会议资料，《「日本版 NSC」をめぐる近年の動き》，2013 年 2 月 15 日，http://www.kantei.go.jp/jp/singi/ka_yusiki/dai1/siryou3.pdf，登录时间：2014 年 1 月 1 日。

13. 日本首相官邸，国家安全保障会議の創設に関する有識者会議（第 6 回和会）会议资料，《国家安全保障会議（.SC）における情報の流れ（イメージ）》，2013 年 5 月 28 日，http://www.kantei.go.jp/jp/singi/ka_yusiki/dai6/sankou.pdf，登录时间：2013 年 12 月 22 日。

14. 日本首相官邸，国家安全保障会議の創設に関する有識者会議会议资料，http://www.kantei.go.jp/jp/singi/ka_yusiki/，登录时间：2013 年 11 月 30 日。

15. 日本首相官邸，国家安全保障会議の創設に関する有識者会議会议资料，《安全保障会議設置法等の一部を改正する法律案》，http://www.kantei.go.jp/jp/singi/ka_yusiki/kaisai.html，登录时间：2013 年 11 月 30 日。

16. 日本首相官邸，国家安全保障会議の創設に関する有識者会議会议资料，日本的危机管理，2013 年 3 月 13 日，http://www.kantei.go.jp/jp/singi/ka_yusiki/dai2/siryou2.pdf，登录时间：2014 年 1 月 4 日。

17. 国家安全保障会議の創設に関する有識者会議会议资料，日本首相官邸，2013 年 4 月 11 日，http://www.kantei.go.jp/jp/singi/ka_yusiki/dai6/siryou1.pdf，登录时间：2013 年 11 月 30 日。

18. 日本首相官邸，国家安全保障会議の創設に関する有識者会議会

议资料，日版 NSC 的运营指导，2013 年 5 月 9 日，http：//www. kantei. go. jp/jp/singi/ka_ yusiki/，登录时间：2013 年 12 月 3 日。

19. 日本首相官邸，国家安全保障会議の創設に関する有識者会議会议资料，http：//www. kantei. go. jp/jp/singi/ka_ yusiki，登录时间：2013 年 12 月 2 日。

网站：

20. 日本首相官邸网站，http：//www. kantei. go. jp/jp/singi/jitaitaisyo/kousei. html，登录时间：2013 年 11 月 26 日。

21. 日本首相官邸网站，http：//www. kantei. go. jp/jp/singi/anzen/070227houkoku. pdf，登录时间：2014 年 1 月 1 日。

22. 日本首相官邸网站，国家安全保障会議の創設に関する有識者会議開催资料，2013 年 2 月 14 日，http：//www. kantei. go. jp/jp/singi/ka_ yusiki/pdf/konkyo. pdf，登录时间：2013 年 12 月 5 号

23. 自由民主党网站，"提言・新防衛計画の大綱について"，2010 年 6 月 18 日，https：//www. jimin. jp/policy/policy_ topics/pdf/seisaku－017. pdf，登录时间：2014 年 1 月 2 日。

24. NHK 电视台解读网站，http：//www. nhk. or. jp/kaisetsu-blog/300/158038. html，登录时间：2013 年 12 月 2 日。

25. 日本《世界新闻》网站，http：//www. worldtimes. co. jp/today/kokunai/130311－2. html，登录时间：2013 年 12 月 11 日。

新闻：

26. "日本版 NSC" 法案を閣議決定　官邸主導で安保政策立案へ"，《产经新闻》，2013 年 6 月 7 日，网址？登录时间：2013 年 11 月 30 日。

27. 产经新闻报道，http：//japan. people. com. cn/n/2013/1108/c35469－23473135. html，登录时间：2013 年 12 月 1 日。

第七章

韩国国家安全保障会议

韩国国家安全保障会议（국가안전보장회의）是韩国总统制定国家安全保障政策时的主要咨询机构，就有关国家安保的对外政策、军事政策和国内政策，在国务会议审议前，为总统提供咨询。国家安全保障会议始建于1963年，但由于朝鲜半岛长期处于南北对峙的特殊安全环境和韩国国内政治变化的原因，国家安全保障会议的机构设置和功能运作一直处于不断的变化和重组之中，特别是随着南北形势的变化和突发重大安保问题的出现而不断调整，这是韩国国家安全体制的显著特点，也显示出韩国国家安全面临的持续挑战。

一、国家安全保障会议的初建

（一）国防委员会

韩国国家安全保障会议的前身是1953年6月朝鲜战争结束时依据大总统令设立的审议国家安保政策的国防委员会。[①] 当时，韩国面临的安全形势极其严峻：朝鲜战争虽然结束，但南北双方并未停战；韩国处于冷战两极对立的前沿；南北双方相互敌对、势均力敌。在这样的安全形势下，战争随时有可能爆发，国防成为国家安全的首要问题。

国防委员会由大总统、国务总理、国务部长、内务部长、外务部长、财务部长、陆军总参谋长、海军总参谋长、空军总参谋长组成，大总统担任议长，国务总理为副议长。[②] 在当时的国内外情况下，国防委员会是依托国家资源为了讨论朝鲜战争前后发生的军事问题而建立的执行审议主要国防政策的机构。但是，随着停战协定的签署和国防问题告一段落，国防委员会召开次数减少，蜕变成为一个有名无实的机构。

[①] 국가안전보장회의（国家安全保障会议），국가안전보장회의연혁집（国家安全保障会议沿革集），1984，p. 28。转引自박형환（Park Hyeonghwan），"국가안전보장회（NSC）발전방안에 대한 연구"（对国家安全保障会议发展方案的研究）. Hankuk University of Foreign Studies. 2002. p. 13。

[②] "国防委员会设置"（국방위원회설치），동아일보（the Dong-A Daily News），June 26，1953，http：//newslibrary.naver.com/viewer/index.nhn? articleId = 1953062600209101015&edtNo = 1&printCount = 1&publishDate = 1953 - 06 - 26&officeId = 00020&pageNo = 1&printNo = 9256&publishType = 00010，登录时间：2013年11月12日。

(二) 国家安全保障会议的初建

由于朝鲜战争以后南北分裂的特殊情况以及冷战的东西对垒，韩国实行以向美国"一边倒"为基础的外交政策，获得了美国对韩国国家安全的保障，使得韩国可以致力于经济的重建。但是到了20世纪60年代初，国际形势发生了巨大变化：第一，二战以后美苏一直维持的绝对领导地位开始逐渐动摇；第二，美国政府内部有关韩军和驻韩美军裁减问题的讨论使韩国面临安保和外交上的巨大危机。朴正熙政府必须有效应对摆在眼前的国家安保和外交问题，确保自主经济的基盘和自主国防力量的稳定。认识到国家安保政策企划和发展的重要性和必要性，为了使国家制度和职能更加有效地发展，朴正熙政府在其执政早期的1963年12月设立了国家安全保障会议。

国家安全保障会议的根本法律基础来源于1962年2月第三共和国宪法第87条（目前宪法第91条）的规定："第一款：有关国家安保的对外政策、军事政策和国内政策之设立，在国务会议审议前，应大总统之咨询设立国家安全保障会议。第二款：国家安全保障会议由大总统仲裁。第三款：国家安全保障会议之组织、职权范围及其他必须事项依法规定。"[1] 根据宪法于1963年12月制定并颁布了

---

[1] 국가법령정보센터（国家法令情报中心），"대한민국헌법"（大韩民国宪法）【宪法第6号，1962.12.26 修正案】，http：//www. law. go. kr/lsInfoP. do？lsiSeq＝53191&ancYd＝19621226&ancNo＝00006&efYd＝19631217&nwJoYnInfo＝N&efGubun＝Y&chrClsCd＝010202#0000，登录时间：2013年11月16日。

第七章 韩国国家安全保障会议

相应的部门法《国家安全保障会议法》①，由此国家安全保障会议最终创设。《国家安全保障会议法》规定了国家安全保障会议的目的、人员构成和职能等，从 1963 年制定以来至今已被修改了 12 次。

1963 年创设时，国家安全保障会议为了行使安保政策的判断和研究、制定企划、发展研究动员制度以及管理安保会议议事录等职能设置了事务局，在其下设立政策企划室、调查研究室等 5 个单位和 47 名成员。②

但是在朴正熙政府后期，由于国防部和中央情报部③在国家安全保证政策中发挥了更大的作用，国家安全保障会议的职能和对国家安保政策的影响力被削弱，这种情况一直持续多年。④ 1981 年，全斗焕政府废除了国家安全保障会议事务局。卢泰愚政府时期则几乎没召开国家安全保障会议。金泳三政府在 1993 年建构安保关系长官会议、统一关系长官会议，其成为关于国家外交安保政策的主要会议体。因此，从朴正熙到全斗焕、卢泰愚政府时期，国家安全保障会议仅仅发挥大总统的国家安全咨询的作用，在韩国外交安全决策中的地位并不突出。

---

① 법제처（法制处），"국가안전보장회의법"（国家安全保障会议法），【法律第 1508 号，1963. 12. 14 制定】，http：//www. law. go. kr/lsInfoP. do? lsiSeq = 3554&ancYd = 19631214&ancNo = 01508&efYd = 19631217&nwJoYnInfo = N&efGubun = Y&chrClsCd = 010202#0000，登录时间：2013 年 11 月 17 日。

② 안선주（Ahn Seonju），국가안전보장회의에 관한 연구（对韩国的安全保障会议（NSC）的研究）. Dongguk University. 2004.

③ 历届政府对于国家情报院的命名存在一定差异，分别为朴正熙政府时期的"中央情报部"，全斗焕、卢泰愚、金泳三时期的"国家安全企划部"以及金大中、李明博、朴槿惠时期的"国家情报院"，为了行文一致，本文之后一般使用"国家情报院"。

④ 박형환（Park Hyeonghwan），"국가안전보장회의（NSC）발전방안에대한연구"（对国家安全保障会议发展方案的研究）. Hankuk University of Foreign Studies. 2002. p. 13.

二、国家安全保障会议地位的提升：
金大中政府时期

金大中政府时期，通过新设国家安全保障会议常任委员会、事务处以及事务调整会议和情势评价会议等机构，使韩国国家安全保障会议与之前相比体系更加完备。同时，通过外交安保首席兼任国家安全保障会议事务处处长，形成了以外交安保首席室和国家安全保障会议事务处为支柱的国家安全保障体系的二元化控制平台。因此，在金大中时期，国家安全保障会议的地位快速提升。

（一）国家安全保障会议改组的背景

1998年，金大中政府上台后认真反思历届政府对朝鲜政策和仔细研究朝韩关系的演变历史，提出了与朝鲜全面接触的"阳光政策"。这一政策坚持在不容忍破坏和平的无理挑衅下推动同北方的和解与合作的原则。为了适应安保环境的变化，统合外交、国防、统一政策的运行，均衡促进对北政策，国家安全保障会议以大总统的顾问机构和国务会议召开之前的审议机构的双重身份再次登台。为了应对安保政策决策过程体系化的要求和加强国家危机管理的要求，为了使宪法规定下的国家安全保障会议能够有效运行，依据1998年5月25日第15808号大总统令，国家安全保障会议设置了常任委员会、实务调整会议和情势评价会议，为了给这些会议提供支持，又首次设置了国家安全保障会议的秘书机构——事务处。①

（二）金大中政府的国家安全保障会议

依据《国家安全保障会议法》（1998.5.25 法律第 5543 号）第三条，国家安全保障会议担任向总统提供关于国家安全保障、对外政策、国内政策咨询的角色。国家安全保障会议由总统（担任议长）、国务总理、统一部长官、外交通商部长官、国防部长官、国家情报院长及总统任命的相关人士构成。《关于国家安全保障会议运行的规定》（2001.6.30 总统令第 17275 号）第五条明确规定：安全保障会议必须有 2/3 以上的在籍委员出席才能召开，会议决议必须经半数以上与会委员同意才能通过。

1. 常任委员会

主要负责如下工作：协商有关国家安全保障的对外政策、对北政策、军事政策及国内政策等相关事项；并将结果报告给总统，并最终落实为实际政策。根据《关于国家安全保障会议运行的规定》，常任委员会由统一部长官作为委员长，外交通商部长官、国防部长官、国家情报院长以及国家安全保障会议事务处处长参加会议，国务调整室长②可出席常任委员会并发表演讲。常任委员会每周召开一次例会，但一旦发生危及到国家安全的紧急事态时可根据需求召开紧急会议。

---

① 윤태영（Yoon Taeyeong），"미국과 한국의 국가안전보장회의（NSC）체제 조직과 운영 위기관리시각에서 분석"（美国和韩国国家安全保障会议的运行：危机管理视角下的分析），*The Journal of Peace Studies*, Vol. 11, No. 3, 2010, p. 241.
② 国务调整室是辅佐国务总理的行政机构，其领导者为国务调整室长。

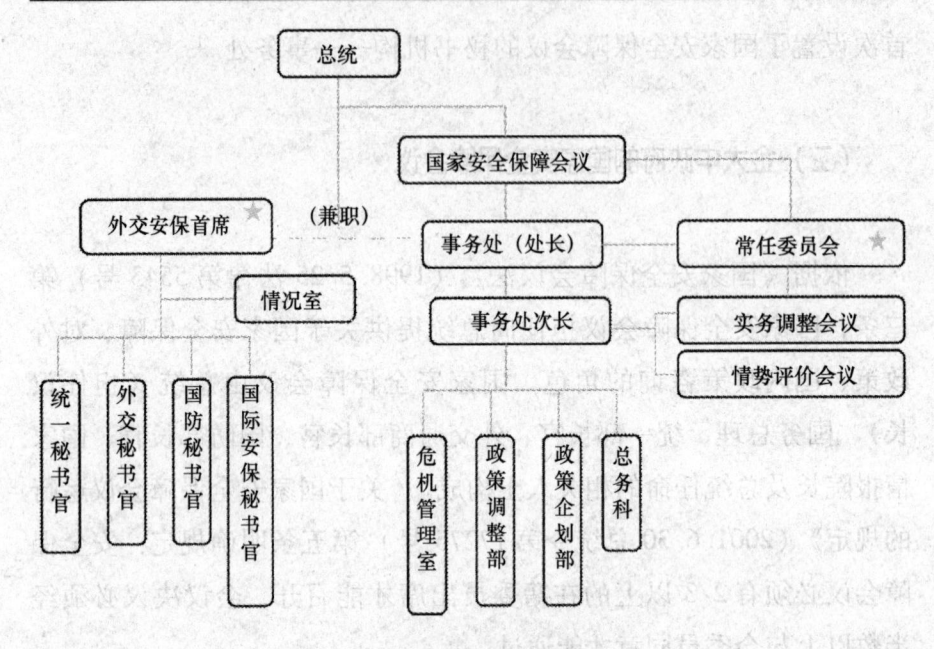

图1　金大中政府的外交安保机构

（★：核心调整机构）

资料来源：笔者根据以下资料整理制作：전봉근（Jeon Bonggeun）"국가안보 총괄 조정체제변천과 국가안보실 구상"（国家安保统筹调整体系的变迁与国家安保室的构想），국립외교원외교안보연구소（国立外交院外交安保研究所），2013。

2. 实务调整会议

为保障常任委员会有效运行，在常任委员会召开之前召开，讨论提交委员会的报告。会议在常任委员会召开前有必要时才会召开。

3. 情势评价会议

负责评价分析朝鲜半岛安保情势并且向总统和常任委员会报告。

实务调整会议与情势评价会议都由安全保障会议事务处次长主持，国家安保有关机构（统一、外交、国防）的次官辅或者与议题相关的政务人员出席会议。①

4. 事务处

金大中政府首次设立国家安全保障会议事务处，作为国家安全保障会议的秘书机构。国家安全保障会议事务处依据《关于国家安全保障会议事务处运行的规定》（事务处处长训令，1988.11.2），由事务处处长、事务处次长和危机管理室、政策调整部、政策企划部、总务科四个部门运行。职能分配依据《关于国家安全保障会议运行的规定》（总统令第17275号，2001.6.30）第14条施行。

危机管理室负责通过情势评价会议及安保情势分析，预防危机并负责企划、调整相关管理业务；还负责整合战时国家指挥的相关事务及危机时期紧急应对政策。政策调整部主要负责国家安全保障会议会议体的相关事务，不仅支持安全保障会议及常任委员会的工作，而且还处理实务调整会议的相关事务。此外，它还负责报告会议结果，检查实施情况，特别是负责调整四方会谈、板门店将星级会谈及核武器会谈等政策。政策企划部负责企划调整国家安保与相关战略和多方安保协力及军备统治等政策。② 总务科负责国家安全保障会议运行过程中的预算整合及执行、与国会相关的日常行政业务。

---

① 법제처（法制处），"국가안전보장회의 운영 등에 관한 규정"（关于国家安全保障会议运行的规定），总统令第17275号修正案，2001.7.1施行，http://www.law.go.kr/lsInfoP.do?lsiSeq = 56662&ancYd = 20010630&ancNo = 17275&efYd = 20010701&nwJoYnInfo = N&efGubun = Y&chrClsCd = 010202#0000，登录时间：2013年11月20日。

② 한나라당；현 새누리당정책위원회【一国党（现更名为新国家党）政策委员会】，"국가안전보장회의운영의 정상화를 위한 공청회：NSC법개정을 중심으로"（国家安全保障会议正常化的公众听证会：以NSC法的修正为中心），서울：한나라당 정책위원회（一国党政策委员会），2005，p.18。

（三）金大中政府国家安全保障会议的特点

金大中政府对国家安全保障会议的改组，使得国家安全保障会议有了具体下设机构和人员的支撑，真正开始日常运转和发挥职能，它作为统筹综合意见并执行外交、国防、统一政策的作用得以加强。国家安全保障会议在1998年东海岸间谍侵入案、2001年"9·11"恐怖袭击事件、2002年西海交战等对内外紧急事件发生时召开。每年都召开会议分析前一年的统一、外交、安保政策的实际情况，以此为基础确定新一年安保政策的方向。①

国家安全保障会议事务处的设置使得国家安全保障会议有了秘书和执行机构，保障各会议体能够有条不紊地运行，大大提高了组织的制度化水平，构筑了关于国家安全保障的相关对外政策、对北政策、军事政策及国内政策制定和调整的基石。②

同时，金大中政府的国家安全保障体系以外交安保首席室和国家安全保障会议事务处为两大支柱的二元化控制平台。总统秘书室的外交安保首席担任国家安保企划与调整、危机管理和各种调整会议体书记职务，并且兼任国家安全保障会议事务处处长一职。因此，由于两个机构主要领导合一的特点使得国家安保机构能够较好地维持对全局的单一指挥。

但是，金大中时期的国家安全保障会议也存在一些缺陷，主要体现在以下三个方面：

第一，由于实务调整会议和情势评价会议的领导（事务处次长）

---

① 외교안보정책결정체계연구팀（EAI 外交安保政策制定体系研究），"바람직한한국형외교안보정책컨트롤타워"（理想的韩国型外交安保政策的控制塔），동아시아연구원（东亚研究院），2013，p.8.

② 同上书，p.7.

与常任委员会议长（统一部长官）不由同一人担任，造成在政策调整的权限上缺乏一贯性，导致本由事务处次长传达的总统意见在委员会中较难发挥有效的作用。

第二，事务处的地位和功能没有以法律或者制度的形式确认下来，导致事务处无法在各种会议体的政策讨论过程中起到有效的作用，同时也导致了会议体机构之间的混乱及事务处事务分配的混乱，最终使国家安全保障会议的战略企划功能水平下降。例如，负责分析评价朝鲜半岛的安保情势向总统和常任委员会报告的情势评价会议，不是只通过情势评价会议整理报告，而是各个关于国家安保相关机构的情况报告系统另行运作，互相限制情报分析及评价的共享，导致相关部处和实务参谋之间的信息沟通不畅，最终导致国家安全保障会议的政策调整功能效率下降。

第三，金大中政府的国家安全保障会议事务处是包括从国家安保相关机构派遣的成员（派出人员）在内的只有十几名工作人员的小型组织，没有办法非常专业地履行国家安保的义务。因此从处理国家安保事务的角度来看缺乏专业性。[①]

三、国家安全保障会议的转折：卢武铉政府时期

卢武铉时期的国家安全保障会议经历了一个转折。前期通过重组国家安全保障会议事务处实现了国家安全保障会议职能的协调与扩展。但是后期由于在野党的揭露，国家安全保障会议的权力滥用

[①] 문장렬（Moon Jangryeol），국가안전보장회의（NSC）발전방안（国家安全保障会议（NSC）发展方案），안보정책총론2（安保政策论丛2），国家安全保障会议事务处 [编]，2001，p. 360。

及违宪问题持续受到关注，加之政府各组织间的矛盾及相关安全部门与青瓦台间的不和等问题与日俱增，不可避免地导致国家安全保障会议与国家安全保障会议事务处的改组。最终，国家安全保障会议的职能地位不断地下降，决策影响不断被边缘化。

（一）国家安全保障会议改组的背景

进入21世纪以后，全球化和信息化的发展潮流一方面要求国家安全概念从传统安全向综合安全扩展；另一方面，对情报、外交、国防功能的统筹整合要求也不断提升。更为重要的是，卢武铉政府面临一系列国内外安全形势的变化。首先，从2000年金大中政府时期南北高峰会谈以来，维持了朝鲜半岛的相对和平稳定的状态，但是2002年6月发生了第二次延坪海战，同年10月朝鲜又向全世界公开了朝鲜在宁边拥有铀浓缩设施。这些南北之间的对立和朝核问题引起了朝鲜半岛以及东北亚局势的紧张。尤其是朝核问题对韩国的国家安全造成了新的重大威胁。其次，卢武铉总统上台几个月之前的2003年2月18日发生了大邱地铁火灾案，造成180多人遇难，暴露了韩国政府应对公共安全危机事件的能力欠缺。在韩国国内形成了再次建立国家危机管理体系必要性的舆论环境。

针对国内外安保形势的变化，卢武铉政府扩大了"安保"的概念，不仅限于传统的军事性威胁，而是将超国家、非军事的所有威胁囊括到"安保"的概念中来，包括国际恐怖主义、毒品、环境、人权、网络恐怖主义等等。为此，卢武铉政府进一步推进国家安保体系的改组。

（二）卢武铉政府前期的国家安全保障会议

从2003年卢武铉政府开始，韩国安全保障会议才得以系统化。卢武铉政府前期国家安全保障会议沿袭了金大中政府时期的安排，吸收了金大中政府的外交安保首席室和青瓦台情况室的职能和人员，形成了新的国家安全保障会议。但更加明晰化地规定其职能与作用，同时保证每周召开例会。为了更好地发挥国家安全保障会议的职能，保证国家安保及相关政策的有效实施，也为了弥补金大中政府时期国家安全保障会议事务处的组织问题，2003年3月22日，根据总统令第17944号的规定整编了国家安全保障会议的职能和人员数量。[①]此举措弥补了以外交安保首席室与国家安全保障会议事务处为代表的二元模式运行的金大中政府的国家安保体系的不足，同时也是为了克服官僚利己主义的努力。

与金大中政府相比，卢武铉政府前期国家安全保障会议中的常任委员会、实务调整会议和情势评价会议继续存在并发挥同样的职能。主要的变化是常任委员会委员长由原来的统一部长官变更为总统决定，统一部长官、外交通商部长官、国防部长官、国家情报院长、国家安全保障会议事务处处长参加会议，国务调整室长可出席常任委员会并发表演讲。而且由总统秘书室内的外交国防辅佐官作

[①] 배정호（Bae Jung Ho），"국가안전보장회의（NSC）의 조직과 운영"（国家安全保障会议的组织与运行），*JOURNAL OF NATIONAL DEFENSE STUDIES*，Vol. 47 No. 1，2004，pp. 174 – 175.

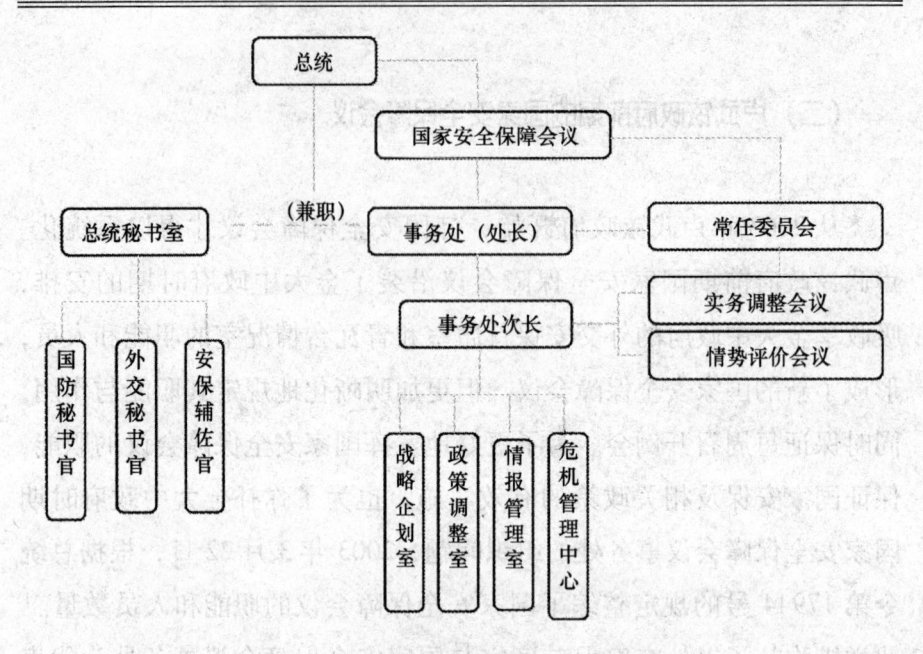

```
                        总统
                         │
                    国家安全保障会议
                         │
         ┌───────────────┼────────────────┐
     (兼职)              │                │
    总统秘书室      事务处（处长）      常任委员会
       │                 │                │
       │            事务处次长       ┌─实务调整会议
   ┌───┼───┐             │          └─情势评价会议
  国  外  安         ┌──┬─┴─┬──┐
  防  交  保        战  政  情  危
  秘  秘  辅        略  策  报  机
  书  书  佐        企  调  管  管
  官  官  官        划  整  理  理
                    室  室  室  中
                                心
```

图 2　卢武铉政府前期的外交安保机构

（★：核心调整机构）

资料来源：笔者根据以下资料整理制作：전봉근（Jeon Bonggeun）"국가안보 총괄 조정체제변천과 국가안보실구상"（国家安保统筹调整体系的变迁与国家安保室的构想），국립외교원외교안보연구소（国立外交院外交安保研究所），2013。

为陪席，每周召开一次会议。①

　　实际上，卢武铉政府前期对国家安全保障会议的改革主要集中在事务处。与金大中政府时期的国家安全保障会议事务处相比，根据总统令第 17944 号改组的卢武铉政府前期的国家安全保障会议事务处，存在几点结构性、职能性的转变：

---

①　법제처（法制处），"국가안전보장회의 운영 등에 관한 규정"（关于国家安全保障会议运行的规定），【总统令第 17944 号修正案，2003.3.22 施行】http: // www.law.go.kr/lsInfoP.do? lsiSeq = 56665&ancYd = 20030322&ancNo = 17944&efYd = 20030322&nwJoYnInfo = N&efGubun = Y&chrClsCd = 010202#0000，登录时间：2013 年 11 月 20 日。

第一，卢武铉政府时期新设的战略企划室、政策调整室、情报管理室、危机管理中心接替了金大中政府时期的危机管理室、政策调整部、政策企划部和总务科等四个部门。

第二，事务处的职责在《关于国家安全保障会议运行的规定（修正案）》第13条规定：负责国家安全保障战略的企划和制定；制定及调整关于国家安全保障的中、长期政策；调整相关国家安全保障的方案政策和事务；监督国家安保会议及常任委员会审议事项的执行情况；执行安全保障会议、常任委员会、实务调整会议及情势评价会议运行中的相关业务。国家安全保障会议事务处依据《关于国家安全保障会议运行的规定（修正案）》第18条规定，情报管理室和政策调整室是国家安全保障会议事务处的核心部门。①

1. 战略企划室

战略企划室主要任务是制定国家安保战略、军事力量的建设和中、长期国家安保战略。同时，负责谋划和调整针对朝鲜核问题的解决方法、拟定韩国与日美关系的发展战略。必要时，为了更好地应对宪法中关于安全保障的相关条款，组建并运行了针对不同事件的任务组。战略企划室先设定政策课题，在政策实行阶段移送到政策调整室。

2. 政策调整室

政策调整室承担了前任政府的外交安保首席室职能，重点负责关于统一、外交、国防等事务的调整；安全保障会议、常任委员会、实务调整会议的运行及支援；有关机构之间关于安全保障的主要对

---

① 안선주（Ahn Seonju），국가안전보장회의에 관한 연구（对韩国的安全包装会议（NSC）的研究）. Dongguk University. 2004.

外方案的协调；对安全保障会议及常任委员会审议事项履行情况的审查；正常外交事务的企划与修正。

3. 情报管理室

情报管理室负责情报的总结和判断、运行和对情势评价会议的支持作用。同时负责处理国家情报院、国防部、外交通商部、统一部等四个部门递交的情况报告（包括情报管理事务、外交部驻外部门文书、国内外国家情报院人员的日常报告和分类别报告、国防部和联合参谋部的安保威胁及特殊动向分析、统一部的朝鲜情势变化分析等）。诸如此类的报告书经过情报管理室的整理、加工后，几乎每天都会向总统和安保辅佐官报告。情报管理室将整合的情报分享到国家安全保障会议内部，在必要时还会在各个部门之间传达。事务处处长与内部进行协商后拟定哪些情报可以在部门间进行分享。情报管理室又负责情势评价会议的运行。[1]

4. 危机管理中心

负责管理各种国家危机预防及对策的制定，以及紧急状态发生时向各部门传达危机形势和采取先期对策。危机管理中心因大邱地铁火灾案（2003年2月18日）而在卢武铉政府上台后于2003年3月22日设立。[2] 以此为契机，在各种国家危机及灾难等特殊情况发生时，危机管理中心负责人和国家安全保障会议事务处处长商讨后，

---

[1] 한나라당; 현 새누리당정책위원회【一国党（现更名为新国家党）政策委员会】，"국가안전보장회의운영의 정상화를 위한 공청회: NSC법 개정을 중심으로"（国家安全保障会议正常化的公众听证会：以NSC法的修正为中心），首尔：한나라당정책위원회（一国党政策委员会），2005，p. 23。

[2] 외교안보정책결정체계연구팀（EAI 外交安保政策制定体系研究），"바람직한 한국형 외교안보정책컨트롤 타워"（理想的韩国型外交安保政策的管制塔），동아시아연구원（东亚研究院），2013，p. 8。

依据危机管理中心负责人的决定，向安保辅佐官和总统报告情况。危机管理中心组建了1个基于统一、外交、国防的联合事务部门，1个中央应急总部，23个情况情报网，8个影像情报网，84个机关视频会议和27个热点联络系统网。① 另一方面，国家安全保障会议在2004年7月12日制定了《国家危机管理基本指南（总统训令第124号）》，制定了以综合安保概念为基准的整合传统安保、灾难管理、国家核心机关等涉及国家危机全方位管理的基本原则。2004年9月，制定与施行了《危机管理标准说明书》，内容包括应对不同危机的多种不同对策及预警体系，各个机关职能和机关间的协作体系。以总统令形式施行的《标准说明书》中包括了13个传统的安保领域、11个灾难领域、9个国家核心领域等33个国家危机领域。格局不同的危机类型构成了政府的危机管理体系（预防—准备—应对—恢复）和危机预警体系（管理—注意—警戒—深入）。②

(三) 卢武铉政府后期的国家安全保障会议

相比金大中执政时期的国家安全保障会议事务处，卢武铉政府的国家安全保障会议事务处具有收集各部门情报并使之在机构间相互传达的功能，无论是机构的系统化方面还是效率方面都有显著改善。因此，卢武铉总统通过将关于外交安保相关报告的传输渠道简化为国家安全保障会议事务处，使得国家安全保障会议事务处成为

---

① 청와대브리핑（青瓦台简报），"NSC 위기관리센터 본격 가동"（NSC 危机管理中心正式运行），第81号，P.1, June 25, 2003, http://16cwd.pa.go.kr/kr/brief/pdf/brief_81.pdf, 登录时间: 2013年11月19日。

② 배기철（Baek Gicheol），"NSC 국가위기?"（NSC 国家危机警报体系组建），한겨레 (The hankyoreh), September 8, 2004, http://news.naver.com/main/read.nhn?mode=LSD&mid=sec&sid1=100&oid=028&aid=0000077292, 登录时间: 2013年11月13日。

卢武铉政府前期名副其实的国家安保总部。

但是到了卢武铉政府后期，处于在野党地位的一国党指责卢武铉政府的国家安全保障会议事务处在人员及功能等方面都远远超出了原有的职权范畴，并且将过多的政策决定权集于一身。另一方面，根据宪法及国家安全法，有权就国家安全向总统提供咨询的机构是国家安全保障会议而不是国家安全保障会议事务处，而国家安全保障会议事务处不顾《关于国家安全保障会议运行的规定》第14条、第18条、第19条及第20条上明确写明的"国家安全保障会议事务处仅行使事务处所要行使的如负责企划国家安全保障会议的会议准备、会议记录及传达等功能"[①]这一规定，大幅度地扩大自身职能，事实上起到了对国家安全行使全部职能的作用。这一现象已经违背了《关于国家安全保障会议运行的规定》中所提到的"超过宪法与法律制定的咨询业务范围而行使企划及执行业务是脱离了宪法的授权范围"，这是违宪的。

同时也有人担心，没有法律规定国家安全保障会议事务处的职能，而是简单地使用总统令来规定，会在施政运行的合法性及效率方面引起严重后果。特别是侵害了统一部、外交部及国防部等中央行政机关的职能，反而削弱了维护国家安全的整体部署，并会出现躲避责任、责任转嫁等现象。

鉴于此，国家安全保障会议对国家安全滥用权力及违宪问题在第17届国会中不断被提出。[②]另外，初期国家安全保障会议系统与

[①] 한나라당；현 새누리당정책위원회【一国党（现更名为新国家党）政策委员会】，"현 새누리당정책위원회운영의 정상화를 위한 공청회：NSC법 개정을 중심으로（国家安全保障会议正常化的公众听证会：以NSC法的修正为中心），首尔：한나라당정책위원회（一国党政策委员会），2005, p.6.

[②] 외교안보정책결정체계연구팀（EAI 外交安保政策制定体系研究），"바람직한 한국형 외교안보정책 컨트롤타워（理想的韩国型外交安保政策的管制塔），동아시아연구원（东亚研究院），2013, p.11.

第七章 韩国国家安全保障会议

总统秘书室辅佐官系统的竞争格局引起了国家安全相关部门和青瓦台之间的不和。这迫使卢武铉政府将国家安全保障会议事务处内的战略企划室、政策调整室和情报管理室归入到新设立的统一外交安保政策室，而国家安全保障会议事务处仅行使国家安全保障会议管理和运行支援以及对国家危机管理、国家安全综合分析等职能。之后在2006年5月2日设立的安保政策调整会议事实上已取代了国家安全保障会议常任委员会的作用①，加之在2006年1月27日国会将国家安全保障会议事务处的工作人员数量缩小为30人（定员15名，派出成员15名），成功缩小了国家安全保障会议事务处的规模。

由总统领导，由任国家安全保障会议常任委员长的统一部长官、外交部长官、国防部长官、国家情报院长、国务调整室室长、青瓦台秘书室室长和统一外交安全政策首席等参加②的安保政策调整会议代替了由统一部长官领导的国家安全保障会议常任委员会。③ 统一外交安保政策室从上到下依次由统一外交安保政策室长、统一外交安保政策首席以及其下并行的战略企划、政策调整、情报管理和危机管理等四个部门组成。之后在2007年5月25日，根据总统令20071

---

① 법제처（法制处），"국가안전보장회의 운영 등에 관한 규정"（关于国家安全保障会议运行的规定），【总统令第20071号修正案，2007.5.25施行】http://www.law.go.kr/lsInfoP.do?lsiSeq=79186&ancYd=20070525&ancNo=20071&efYd=20070525&nwJoYnInfo=N&efGubun=Y&chrClsCd=010202#0000，登录时间：2013年11月14日。

② "노대통령 북한 핵실험시 초래될 상황알게해야"，연합뉴스（YTN），http://news.naver.com/main/read.nhn?mode=LSD&mid=sec&sid1=100&oid=001&aid=0001428550，October 4, 2006，登录时间：2013年11月6日。

③ 청와대 브리핑（青瓦台简报），"회의운영 지원 및 위기관리 업무"，(2006.1.24) 转引自윤태영（Yoon Taeyeong），"미국과 한국의 국가안전보장회의（NSC）체제 조직과 운영：위기관리 시각에서 분석"（美国和韩国国家安全保障会议的运行：危机管理视角下的分析），*The Journal of Peace Studies*, Vol.11, No.3, 2010, p.242；법제처（法制处），"국가안전보장회의 운영 등에 관한 규정"（关于国家安全保障会议运行的规定），【总统令第19309号修正案，2006.1.27施行】。

· 261 ·

号由总统秘书部的统一外交安保政策室长兼任国家安全保障会议事务处处长一职。① 从此,统一外交安保政策室和安保政策调整会议成为卢武铉政府后期处理整个国家安全的核心机构。

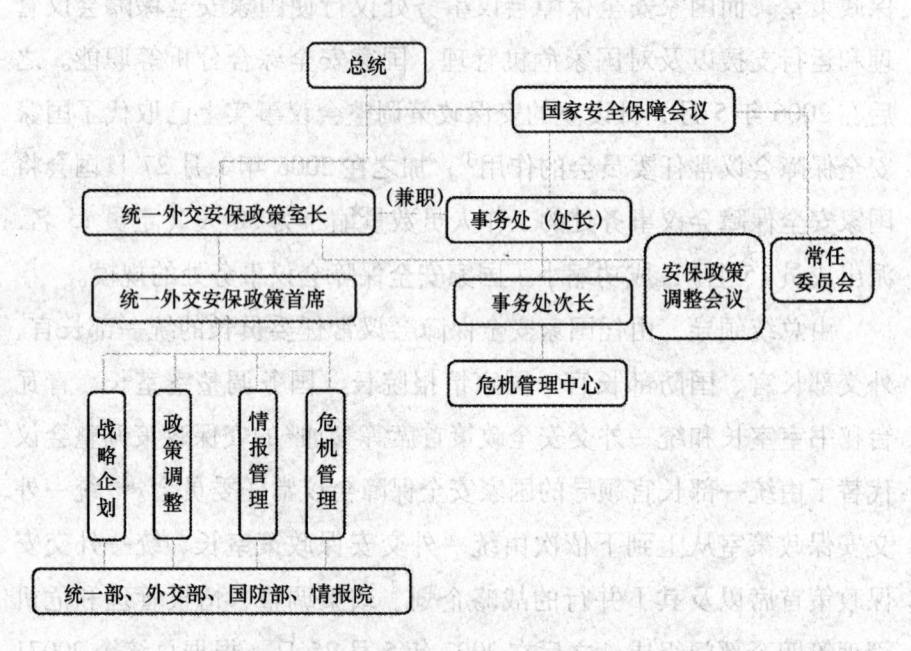

图3 卢武铉政府后期的外交安保机构

(★:核心调整机构)

资料来源:笔者根据以下资料整理制作:전봉근(Jeon Bonggeun)"국가안보 총괄 조정체제변천과 국가안보실구상"(国家安保统筹调整体系的变迁与国家安保室的构想),국립외교원외교안보연구소(国立外交院外交安保研究所),2013。

---

① 국가안전보장회의 사무처(2008),pp.1-2,转引自윤태영(Yoon Taeyeong),"미국과 한국의국가안전보장회의(NSC) 체제 조직과 운영: 위기관리 시각에서 분석"(美国和韩国国家安全保障会议的运行:危机管理视觉下的分析),*The Journal of Peace Studies*, Vol.11, No.3, 2010, p.243;법제처(法制处),"국가안전보장회의 운영 등에 관한 규정"(关于国家安全保障会议运行的规定),【总统令第20071号修正案,2007.5.25 施行】http://www.law.go.kr/lsInfoP.do?lsiSeq=79186&ancYd=20070525&ancNo=20071&efYd=20070525&nwJoYnInfo=N&efGubun=Y&chrClsCd=010202#0000,登录时间:2013年11月17日。

（四）卢武铉政府国家安全保障会议的特点

卢武铉政府时期国家安全保障会议的改革始终围绕事务处这一机构的重组进行。前期事务处机构的重设实际上提升了其职能范围使其成为国家安全体系的协调中枢，但是后期事务处机构的裁撤则削弱了其职能和地位。

1. 卢武铉政府前期经过结构改组的国家安全保障会议事务处为国家安全保障会议的有效运作提供了根本保障

担任收集各部门情报并使之相互传达功能的国家安全保障会议事务处，相比金大中执政时期的国家安全保障会议事务处，无论是从机构的系统化方面抑或从效率方面来说，都有显著的改善。

实际上，高效的办事机构的存在是国家安全体系良好运行的前提。卢武铉政府后期，国家安全保障会议事务处内的战略企划室、政策调整室和情报管理室归入到新近设立的统一外交安保政策室。而情报管理室和政策调整室是事务处的核心部门，这也就意味着统一外交安保政策室取代国家安全保障会议事务处成为国家安全体系的协调中枢。

2. 机构调整要以法律基础为保障

正是因为卢武铉政府前期对事务处的重组没有及时通过立法充实其法律基础，从而出现了后来在野党所批评的事务处权力滥用和越权的现象。这也体现出机构改革调整应以相应的法律调整为保障，这样才能巩固机构改革的成果与稳定运行。

3. 国家安全理念的不断扩展与更新

卢武铉政府前期设立的危机管理中心集中体现了这一特点，大邱地铁火灾使韩国政府开始不仅关注传统的军事安全，同时开始关注社会安全；不仅统筹外交、情报和国防，同时开始注重统筹国内与国外。总之，这一机构的设立反映了韩国的国家安全理念正在与时俱进地拓展与更新。

四、国家安全保障会议的边缘化：李明博政府时期

由于李明博政府时期半岛问题急剧恶化，加之自卢武铉后期以来国家安全保障会议及其事务处出现的一系列问题，在李明博政府上台后，国家安全保障会议逐渐呈现被削弱的趋势，外交安保首席室和外交安保政策调整会议成为李明博政府国家安全体系的核心调整机构。

（一）安全环境与国家安全体系调整的背景

李明博政府时期朝鲜半岛南北关系逐渐恶化，这一方面来自于 2005 年六方会谈谈判破裂之后形成的极具紧张的半岛局势，另一方面来自于李明博政府上台之后对于北方采取较为强硬的政策以及由此形成的朝鲜对南政策的反弹。这种紧张局势随着 2010 年 3 月天安舰事件和 2010 年 11 月 23 日延坪岛炮击事件的爆发达到顶点。

从韩国国家安全体系来看，卢武铉后期国家安全保障会议事务处的违宪争议和国家安全保障会议作为咨询机构对于日常国家安保问题的应对不力，使得李明博政府在上台之后重组了国家安全体系，韩国国家安全体系呈现出削弱国家安全保障会议及其事务处，同时将外交安保首席室及外交安保政策调整会议作为核心调整机构的基本特点。

（二）李明博政府的国家安全体系及其机构的重组

1. 李明博政府前期的外交安保体系

2008年李明博政府上台之后，根据《政府组织法》和《总统室及所属机关职务制度》改组了政府组织和总统室。同时，通过修改《国家安全保障会议法》，大幅度改组卢武铉政府时期的国家安全保障会议体制。根据法律，新的国家安全保障会议废除了1998年金大中政府时期设立的国家安全保障会议常任委员会和国家安全保障会议事务处。使得国家安全保障会议彻底成为了一个提供有关国家安全保障、对外政策、军事政策和国内政策的咨询机构。国家安全保障会议事务处将职能移交给了总统秘书室下设的外交安保首席室。[1]

在李明博政府前期，青瓦台外交安保首席室和外交安保政策调整会议是国家安全体系的核心调整机构。

（1）外交安保首席室

外交安保首席室是国家安保核心调整机构的一部分，隶属于起统筹作用的总统秘书室，主管外交安保政策的制定与调整。外交安保首席室下设对外战略秘书室、外交秘书室、统一秘书室、国防秘

---

[1] 윤태영（Yoon Taeyeong），"미국과 한국의 국가안전보장회의（NSC）체제조직과 운영: 위기관리 시각에서 분석"（美国和韩国国家安全保障会议的运行：危机管理视觉下的分析），*The Journal of Peace Studies*，Vol. 11，No. 3，2010，p. 244。

书室。其中对外战略秘书室（之后升格为对外战略企划室）由于担任全部的统筹调整职能，因此在实际运行过程中存在一定的超负荷工作的问题。

(2) 外交安保政策调整会议

除了外交安保首席室之外，李明博政府于2008年3月7日设立的外交安保政策调整会议也是国家安保的核心调整机构。外交安保政策调整会议取代原有的国家安全保障会议常任委员会，主要任务是外交安保政策及主要方案的协调，以及辅佐总统制定政策。由外交通商部长官担任外交安保政策调整会议议长，统一部长官、国防部长官、国家情报院长、总统室外交安保首席秘书官等参加会议，原则上每周召开一次。

为了保障外交安保政策调整会议能够有效运行，其下设立外交安保政策事务调整会议。该会议议长为国家安保首席，由有关部处级和相关人员组成。原则上每周都召开外交安保政策会议并负责对议题进行事先研究与调整。会议议长从原来的统一部长官转变为由外交部长官兼任，由此能看出李明博政府的政策重点从原先仅侧重于对北的政策扩大为更广阔视角的外交政策。当国家发生紧急状况时，会议由总统主持，国防部长官、统一部长官、外交通商部长官、国家情报院长、总统办公室长、外交安保首席等人参加。[①]

---

① "MB의 관계장관회의 선호가 천안함 초기대응 실패 원인"（李明博过于偏爱外交安保关系长官会议是天安舰事件初期应对失败的原因），신동아（新东亚），June 25, 2010, http://shindonga.donga.com/docs/magazine/shin/2010/06/01/201006010500007/201006010500007_1.html, 登录时间：2013年12月3日。

第七章 韩国国家安全保障会议

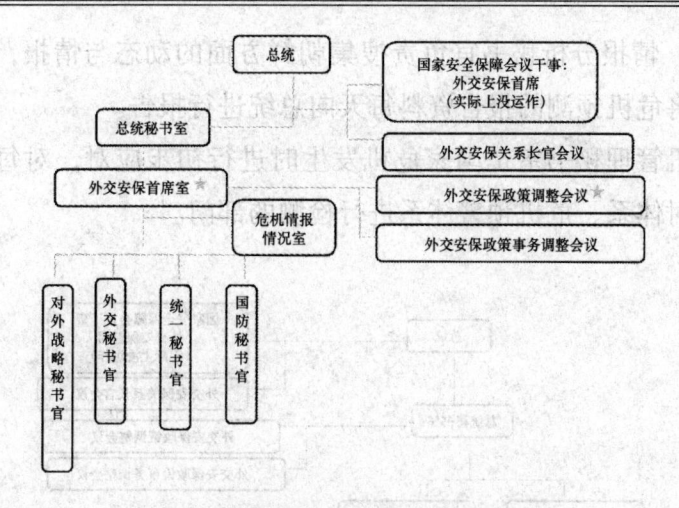

图4 李明博政府前期的外交安保机构
（★：核心调整机构）

资料来源：전봉근（Jeon Bonggeun），"국가안보 총괄조정체제 변천과 국가안보실 구상"（国家安保统筹调整体系的变迁与国家安保室的构想）국립외교원 외교안보연구소（国立外交院外交安保研究所，2013）。

2. 李明博政府后期的外交安保体系

"天安舰"事件和"延坪岛炮击"事件发生后，李明博政府意识到改组国家安全体系的重要性和紧迫性，这使得政府后期国家安保调整体系呈现出新的面貌。原来秘书官级的外交安保首席升级为首席秘书官级，由其来掌管新设立的首席级国家危机管理室，从而进行了总统秘书室的改组。国家危机管理室由危机管理秘书室、情报分析秘书室以及情况室组成，当国家发生危机时负责初期应对指挥及平时危机管理、检查各机关运行状况、主要情报分析、24小时状况监控等业务。

（1）国家危机管理室室长是替代国家安保首席负责掌控国家安全保障会议的官员，以此来应对朝鲜的军事挑衅、各种天灾疾病等基本国家危机状况，将这些状况分析后报告给总统和总统办公室。

(2）情报分析秘书官负责搜集朝鲜方面的动态与情报，整合分析之后将危机预测的报告资料每天向总统进行报告。

危机管理秘书室是国家危机发生时进行初步应对，对每个部门危机应对体系、危机预警体系进行检测的部门。①

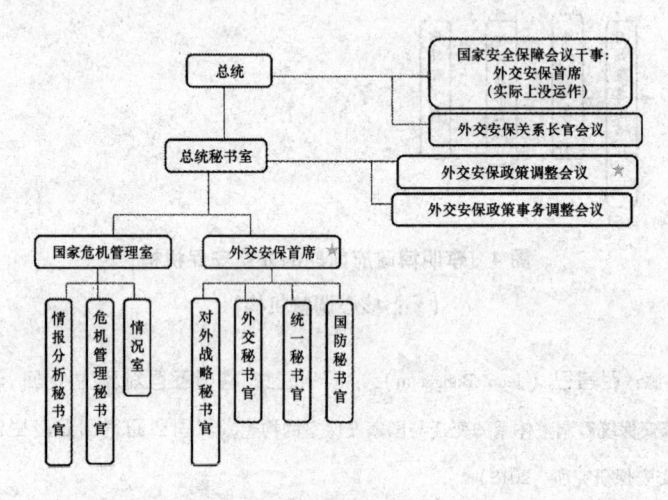

图5　李明博政府后期的外交安保机构

（★：核心调整机构）

资料来源：（Jeon Bonggeun），"국가안보 총괄조정체제변천과 국가안보실구상"（国家安保统筹调整体系的变迁与国家安保室的构想）국립외교원외교안보연구소（国立外交院外交安保研究所，2013）。

（三）李明博政府国家安全体系的主要特点

1. 国家安全保障会议及其事务处的职能不断被弱化直至处于空置状态

国家安全保障会议由于在前任政府后期危机应对不力，加之事

---

① "국가관리실 신설"（青瓦台成立国家危机管理室），연합뉴스（YTN），December 21，2010，http：//www.ytn.co.kr/_ln/0101_201012211802407086，登录时间：2013年12月1日。

务处产生一定的越权违宪问题，在李明博政府上台之后逐渐成为了一个空置的机构。

2. 外交安保首席室和外交安保政策调整机构的核心调整地位

李明博政府时期国家安全体系调整之后形成以外交安保首席室和外交安保政策调整会议为两大核心。在职能方面进行了一定的扩张，填补了国家安全体系改组后国家安全保障会议及其事务处原有职能的空缺。

3. 应对北方的危机管理成为国家安全体系应对的一大重点

由于李明博政府时期特殊的半岛安全形势，因此李明博政府后期在总统秘书室下增设了国家危机管理室，通过单独设立该部门来专项应对急剧变化且难以预测的半岛局势。

五、朴槿惠政府的国家安全保障会议

朴槿惠政府时期的国家安全体系一定程度上恢复了国家安全保障会议的部分机构，但是通过法律对其职能的严格控制，使得国家安全保障会议仍然在朴槿惠政府下处于一个边缘地位，国家安全体系以国家安保室和外交安保首席室为调整核心。同时朴槿惠政府未来的安全体系如何发展还有待进一步观察。

（一）安全环境与国家安全体系调整的背景

朴槿惠政府时期相对于李明博政府时期，半岛环境和南北关系呈现出相对缓和的状态。但是随着南北双方最高领导人的权力交接，加之朝鲜国家安全及发展战略、新班子的组织架构以及人员安排仍然处于不断调整和修改的阶段，尚不明朗，这使得南北紧张对峙的状态仍然没有出现缓和的迹象，半岛局势仍然高度紧张。朴槿惠政府根据半岛形势的变化及时反应部署，制定了该届政府的国家安全体系。

（二）朴槿惠政府时期国家安全体系及其机构的重组

2013年朴槿惠政府上台后，根据《政府组织法》重组了国家安保的核心调整机构。同年3月23日，根据第24427号总统令设立青瓦台国家安保室，[①] 将其作为"防止政策混乱，加强危机管理，构建外交、安保、统一政策的控制塔"。

朴槿惠政府设立了以国家安保室和外交安保首席室为核心的国家安全保障体系。国家安保室的职责包括制定国家安保的中长期战略、政策调整、危机管理等事务。外交安保首席室之下设立外交秘书室、统一秘书室、国防秘书室，主要执行外交、统一、国防部门的应对方案。

而在朴槿惠政府的国家安全体系中，国家安全保障会议同李明博政府时期一样仅发挥咨询作用，并且其象征作用远大于实际作用。同时依据宪法第91条第1款的规定，其性质及功能被牢牢控制，难以发挥之前卢武铉时期政策调整会议体的作用。

---

① 법제처（法制处），"국가안보실 직제"国家安保室管理规则），【总统令第24427号，2013.3.23 修正案】，http://www.law.go.kr/lsInfoP.do? lsiSeq = 137463&ancYd = 20130323&ancNo = 24427&efYd = 20130323&nwJoYnInfo = N&efGubun = Y&chrClsCd = 010202#0000，登录时间：2013年12月1日。

第七章 韩国国家安全保障会议

1. 国家安保室

国家安保室起着向总统提供有关国家安保事务辅佐的职能，目前由卢武铉政府时期国防部长官金长秀担任国家安保室室长职务。国家安保室室长兼任国家安全保障会议干事，同时兼任国家安保政策调整会议（协调、调整主要外交安保政策及公案的长官级会议）议长。国家安保室室长还参与由总统主持的制定外交安保方案的外交安保长官会议。外交安保首席同时兼任国家安保室次长，这是为了有机联系国家安保室的中长期企划及调整功能与外交安保首席室的安保事务。国家安保室由40名成员组成，大部分都是过去李明博政府时期的国家危机管理室的成员。

国家安保室分为国际合作秘书室、情报整合秘书室、危机管理中心等三个部门。其主要任务有三：一是企划及调整有关安保问题的中长期政策及战略；二是综合管理及整合有关国家安保的情报；三是执行中长期安保战略和危机管理职能。国家安保室搜集并分析外交部、统一部、国防部的情报，国家安保室长将其中的主要事项直接向总统报告。为了持续有效地解决安保问题，国防部、外交部、统一部构成了由有关部处和专家组成的任务组。国家安保室希望在日后构筑国家层面的国家危机管理系统，其中包括"预防—准备—应对—恢复"的指导方针，同时将"国家战争指导方针"和"国家危机管理方针"一同纳入到了执行体系里。

外交安保室侧重点有两个方面：一方面是怎样解决朝鲜核问题带来的威胁；另一方面是在国家层面上怎样应对朝鲜的挑衅。国家安保室以危机管理中心为重点，对朝鲜进行24小时不间断监控，以及在危机发生时能够迅速做出应对策略。

2. 国家安保室 VS 外交安保首席室

朴槿惠政府上台后，由于外交安保首席室与国家安保室的职能重叠，曾考虑过要废弃外交安保首席室。但是由于国家安保室和外交安保首席室的实际职责职务仍然存在不同，还是保留了原来的二元模式。

根据国家安保室的职责规范（总统令第 24930 号第 2 条），国家安保室起着向总统进行有关国家安保辅佐的职能。根据《青瓦台职责规范条例》[①]，外交安保首席室的职务范围是：执行外交、统一、国防部门的应对方案，检查总统令的执行情况，以及辅佐总统制定国家安保政策。

但是在实际操作中两个部门在有关对朝政策方面的立场产生了一些分歧，这使得外界产生两个部门存在不和的猜想。而且单从国家安保室和外交安保首席室所管领域来讲，由于很难界定两者权责之间的具体界限，因此在实际操作中会产生一定的摩擦。当然，总统规定国家安保室次长兼任外交安保首席，可以在一定程度上为国家安保室和外交安保首席室提供沟通的契机。

3. 朴槿惠政府外交安保体系的最新变动

2013 年 12 月初，朝鲜内部政权发生变化，朝鲜劳动党政治局委员、朝鲜国防委员会副委员长张成泽被免职、判处死刑，半岛局势再次出现变数。朴槿惠政府于 2013 年 12 月 16 日至 21 日修改了早前制定的国家外交安保体系，以应对东北亚局势的变化。新方案于 21

[①] 법제처（法制处），"국가안보실 직제"（国家安保室管理规则），【总统令第 24930 号，2013.12.12 修正案】，http://www.law.go.kr/lsInfoP.do?lsiSeq=147393&ancYd=20131211&ancNo=24930&efYd=20131212&nwJoYnInfo=N&efGubun=Y&chrClsCd=010202#0000，登录时间：2013 年 12 月 13 日。

第七章 韩国国家安全保障会议

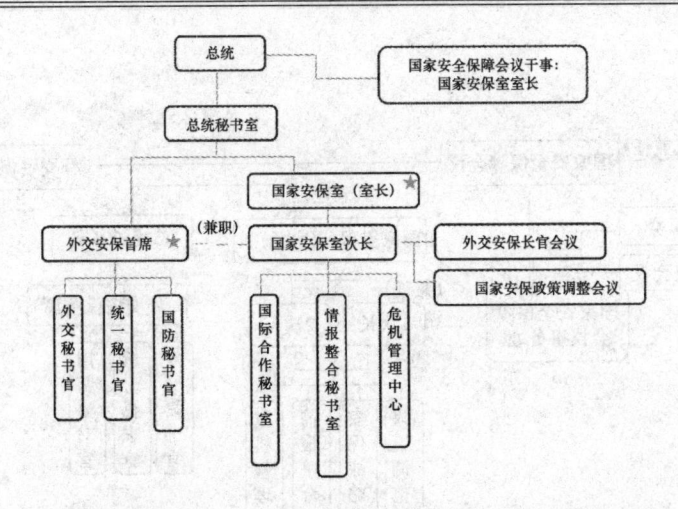

图6 朴槿惠政府2013年3月至12月21日的外交安保机构

（★：核心调整机构）

资料来源：笔者根据以下资料整理制作：전봉근（Jeon Bonggeun），"국가안보 총괄조정 체제변천과 국가안보실 구상"（国家安保统筹调整体系的变迁与国家安保室的构想）국립외교원외교안보연구소（国立外交院外交安保研究所，2013）。

日正式出台，但仍需要国会对国家安全保障会议常任委员会和事务处的法律地位、国家安保室职责与人员的调整以及有关机构权限的调整进一步批准方可生效。

新方案对于国家外交安保体系调整后的主要特点有：

第一，国家安保室处于国家外交安保体系的核心调整机构地位。

第二，国家安保室室长同时作为国家安全保障会议干事、以及国家安全保障会议常任委员会委员长，国家安全保障会议事务处处长兼任国家安保室1次长，外交安保首席兼任国家安保室2次长，有效地促进了几个重要部门之间的统筹协调，形成以国家安保室为核心的、逐渐呈现体系化特点的国家外交安保结构，从而避免以往政府政出多门所产生的一系列弊端。

第三，国家安全保障会议恢复了常任委员会、实务调整会议和事务处，但具体职能仍有待观察。

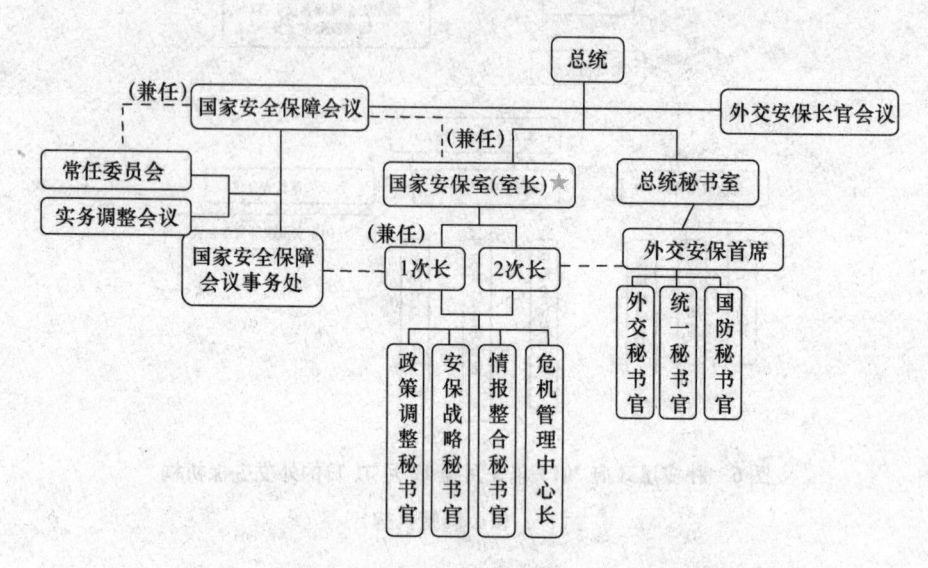

图7　2013年12月21日新方案公布的外交安保机构

（★：核心调整机构）

资料来源：笔者根据以下资料整理制作："더 세진 김장수 실장···외교안보사령탑 NSC이끈다", 중앙일보（中央日报），December 21, 2013, http://joongang.joins.com/article/aid/2013/12/21/13041982.html?cloc=olink|article|default，登录时间：2013年12月22日。

（三）朴槿惠政府时期国家安全体系的主要特点

1. 国家安全保障会议仍然处于边缘地位

从结构图中可以看出，国家安全保障会议仍然在法律控制范围内仅仅起到向总统提供咨询的作用，虽然在新的方案中恢复了其一些常设的机构，但是其具体职能仍有待观察，同时没有撼动朴槿惠政府实际的核心调整机构国家安保室和外交安保首席室的地位。

2. 国家安全体系仍然以国家安保室和外交安保首席室为核心

朴槿惠时期新的国家安全核心调整机构是国家安保室和外交安

保首席室，两个机构在职能分工方面存在一定的差异，因此二元体制得到了保留。但是在实际操作当中二者之间在一定程度上存在权责不明的状况，具体如何整合国家安全核心调整机构还有待进一步观察。

3. 半岛危机及朝鲜内部动向仍然是韩国国家安全体系变动的最大导火索

随着南北两个新的政府正在不断进行调整和修正，因此存在诸多不确定的因素，半岛危机、尤其是朝鲜内部动向牵动着韩国国家安全的神经，韩国的国家安全体系会随之进行变动、重组。

六、经验与展望

（一）韩国国家安全体系的变动与发展深受半岛局势及国内政治进程影响

从历史沿革可以看出，韩国的国家外交安保体系一直处于不断变化、修正、重组的过程之中。究其根本原因在于韩国所面临的特殊安全环境，这种环境来源于朝鲜给韩国带来的持续的安全威胁和挑战。这使得韩国的外交安保体系呈现危机主导特点，尤其是朝鲜所带来的突发安全威胁事件导致韩国不断调整外交安保体系的组织架构和职能分配。值得一提的是，韩国的国家危机管理体系也随着半岛的安全局势紧张而逐渐建立与完善起来。另外，韩国国内因素主要是总统任期一届5年且不得连任，以及政党轮替所带来的政策调整和机构重组也对国家外交安保体系的持续性产生了一定的冲击。

（二）国家安全体系核心调整机构的多元特点与问题

韩国国家外交安保体系机构调整的内在逻辑在于试图营造一个单一整合的国家安全体系，这要求有单一核心的统筹调整机构和权责分明的咨询机构以及执行机构。但是从实际操作来看，历届政府始终都存在两个统筹调整机构，虽然不同时期两个统筹调整机构有一定的权限与分工安排，但是在实际操作中很容易出现权责不明以及由此产生的安全管理混乱等问题。

因此，朴槿惠政府的新方案的出台试图建立一个以国家安保室为核心的单一统筹调整机构，一定程度能够改善以往政府二元统筹调整机构格局的重大问题，避免在面对诸如天安舰事件、延坪岛事件之中由于多元调整、较难统合而导致紧急应对不利，无法形成良好、整合的危机预警体系和危机临时应对体系。

（三）机构调整与改革需要有明确的法律地位和职权范围

卢武铉后期的国家安全保障会议事务处越权违宪问题主要原因就在于机构调整与改革时没有明确的法律地位和规定权限，使得该机构从本来作为国家安全保障会议的办事机构直接跃升为核心调整机构，引起了极大争议，也造成了之后全面弱化国家安全保障会议。因此在之后历届政府中较为注意机构调整与改革时所必须的明确的法律地位与职权范围，以免再次发生违宪问题。

（四）国家安全保障会议实际作用的有限性

国家安全保障会议自1963年建立以来，除了卢武铉政府前期成为国家外交安保体系的核心机构以外,其他政府时期仅发挥向总统提供咨询的职能。这是因为国家安全保障会议的职能在宪法第 91 条第 1 款中被明确限定为提供咨询,因此国家安全保障会议不适合发展成为政策调整和决策机构,其实际作用具有有限性。

(五) 韩国未来国家安全体系展望

虽然还需要国会的批准,但是朴槿惠政府的新方案仍需要在两方面进行完善,以避免之前政府在运行中出现的常见问题。其一,应当完善国家安全保障会议常任委员会和国家安全保障会议事务处的法律地位,明确规定两个机构具体的职责和权限,防止处理具体事务的执行机构越权成为实际的调整机构;其二,虽然新方案通过兼任的方式将政府重要安全机构有机联系在了一起,但是如何处理机构之间的职能权限、避免由于机构之间权责的模糊性而产生互相推诿的问题,这给新方案提出了一定的挑战。新方案在国会批准和具体运行方面存在何种问题仍待后续观察。

主要参考文献

论文:

1. 전봉근(Jeon Bonggeun),"국가안보총괄조정체제변천과 국가안보실구상"(国家安保统筹调整体系的变迁与国家安保室的构想)국립외교원외교안보연구소(国立外交院外交安保研究所),2013.

2. 윤태영(Yoon Taeyeong),"미국과한국의국가안전보장회의(NSC)체제조직과운영:위기관리시각에서분석"(美国和韩国国家安全保障会议的运行:危机管理视觉下的分析),*The Journal of Peace Studies*, Vol. 11, No. 3, 2010, pp. 229–253.

3. 배정호(Bae Jung Ho),"국가안전보장회의(NSC)의조직과운영"(国家安全保障会议的组织与运行),*JOURNAL OF NATIONAL*

DEFENSE STUDIES, Vol. 47, No. 1, 2004, pp. 169 - 191.

4. 외교안보정책결정체계연구팀 (EAI 外交安保政策制定体系研究), "바람직한한국형외교안보정책컨트롤타워" (理想的韩国型外交安保政策的管制塔), 동아시아연구원 (东亚研究院), 2013, pp. 1 - 40.

5. 대식 (Park DaeShik), "국가안전보장회의의조직간갈등에대한해석과처방" (对国家安全保障会议组织之间纠葛的解释与方案?) Analysis and Prescription for Organizational Conflict of the National Security Council in Korea, Journal of Institute for Social Sciences, Vol. 18, No. 3, 2007, pp. 1 - 16.

6. 정찬권 (Jeong Changwon), "국가위기관리조직운영체계발전방안연구" (关于国家危机管理组织运营体系发展方案研究) Journal of safety and crisis management, Vol. 9, No. 7, 2013, pp. 57 - 76.

7. 길병옥, 허태희 (Gil Byeongok and Heo Tachui), "국가위기관리체계확립방안및프로그램개발에관한연구" (对国家危机管理体系的确立方案及项目开发的研究), 국제정치논집 (国际政治论集) Vol. 43, No1, 2003, pp. 339 - 359.

8. 배종윤 (Bae Jongyun), "한국외교정책결정과정의관료정치적이해" (韩国外交政策制定过程: 官僚政治的解释), 국제정치논총 (国际政治论丛), Vol. 42, No4, 2002, pp. 97 - 116.

9. 홍규덕 (Hong KyuDok), "파병외교와안보신드롬: 60년대한국외교정책의평가" (兵外交与安保典范: 60 年代韩国外交政策的评估), 국제정치총론, Vol. 32, No2, 1992, pp. 23 - 44.

10. 이현진 (Lee Hyun Chin), "한국에있어서의국가안전보장회의기구에관한연구" (关于韩国国家安全保障会议的研究), JOURNAL OF NATIONAL DEFENSE STUDIES, Vol. 15, 1963, pp. 9 - 71

11. 황혜신 (Hwang Hyesin), "노무현정부와이명박정부의정부조직개혁비교분석" (卢武铉政府与李明博政府的政府组织改革的比较分析), Institute of Social Sciences Chungmam National University, Vol. 24,

No. 3, 2013, pp. 333-360.

12. 이채언(Lee Chaeeon), "한국의국가위기관리조직체계에관한연구"(关于韩国危机管理组织体系的研究), *Journal of safety and crisis management*, Vol. 8, No. 4, 2012, pp. 1-28.

13. 이상현(Lee Sanghyeon), "신정부의외교안보정책방향과과제"(新政府的外交保政策的方向与课题), 전략연구(战略研究), Vol. 15, No. 1, 2008, pp. 42-72.

14. 허태희, 이희훈(Heo Taehui and Lee Huihun), "위기관리와국가안전보장회의: 법·제도적고찰"(危机管理与国家安全保障会议: 从法律·制度方面分析), *Korean Review of Crisis & Emergency Management*, Vol. 9, No. 1, 2013, pp. 113-130.

15. 윤태영(Yoon Taeyeong), "한국안보위기관리체계및전략의발전방향"(韩国安保危机管理体系及战略的发展方向), *JEJU PEACE INSTITUTE*, Vol. 103, No. 11, 2012, pp. 1-20.

16. 박형환(Park Hyeonghwan), 국가안전보장회의(NSC)발전방안에대한연구(对国家安全保障会议发展方案的研究), Hankuk University of Foreign Studies. 2002. (硕士论文)

17. 안선주(Ahn Seonju), 국가안전보장회의에관한연구(对韩国的安全保障会议(NSC)的研究), Dongguk University. 2004. (硕士论文)

18. 서용수(Seo Yongsu) 한국의안보위기관리체계발전에관한연구, 对韩国的安保危机管理体系的发展研究, Yonsei University. 2012. (硕士论文)

19. Sung Jungyeong, "노무현정부의안보·외교정책에대한연구: 김대중정부와의비교중심으로"(卢武铉政府安保—外交政策研究: 以与金大中政府的比较为中心), Korea University. 2012. (硕士论文)

法律及政策文件:

20. 국가법령정보센터(国家法令情报中心), "대한민국헌법"(大韩民国宪法)【宪法第6号, 1962.12.26修正案】http://www.law.

go. kr/lsInfoP. do？ lsiSeq＝53191&ancYd＝19621226&ancNo＝00006&efYd＝19631217&nwJoYnInfo＝N&efGubun＝Y&chrClsCd＝010202#0000，访问时间：2013.11.16。

21. 법제처（法制处），"국가안전보장회의법"（国家安全保障会议法），【法律第1508号，1963.12.14制定】，http：//www.law.go.kr/lsInfoP. do？ lsiSeq＝3554&ancYd＝19631214&ancNo＝01508&efYd＝19631217&nwJoYnInfo＝N&efGubun＝Y&chrClsCd＝010202#0000，访问时间：2013.11.17。

22. 법제처（法制处），"국가안전보장회의 운영 등에관한규정"（关于国家安全保障会议运行的规定），总统令第17275号修正案，2001.7.1施行，http：//www.law.go.kr/lsInfoP. do？ lsiSeq＝56662&ancYd＝20010630&ancNo＝17275&efYd＝20010701&nwJoYnInfo＝N&efGubun＝Y&chrClsCd＝010202#0000，登录时间：2013年11月20日。

23. 법제처（法制处），"국가안전보장회의 운영 등에관한규정"（关于国家安全保障会议运行的规定），【总统令第17944号修正案，2003.3.22施行】http：//www.law.go.kr/lsInfoP. do？ lsiSeq＝56665&ancYd＝20030322&ancNo＝17944&efYd＝20030322&nwJoYnInfo＝N&efGubun＝Y&chrClsCd＝010202#0000，登录时间：2013年11月20日。

24. 법제처（法制处），"국가안전보장회의 운영 등에관한규정"（关于国家安全保障会议运行的规定），【总统令第20071号修正案，2007.5.25施行】http：//www.law.go.kr/lsInfoP. do？ lsiSeq＝79186&ancYd＝20070525&ancNo＝20071&efYd＝20070525&nwJoYnInfo＝N&efGubun＝Y&chrClsCd＝010202#0000，登录时间：2013年11月14日。

25. 법제처（法制处），"국가안보실 직제"国家安保室管理规则），【总统令第24427号，2013.3.23修正案】，http：//www.law.go.kr/lsInfoP. do？ lsiSeq＝137463&ancYd＝20130323&ancNo＝24427&efYd＝20130323&nwJoYnInfo＝N&efGubun＝Y&chrClsCd＝010202#0000，登录时间：2013年12月1日。

26. 법제처（法制处），"국가안보실 직제"（国家安保室管理规

则),【总统令第24930号,2013.12.12修正案】,http://www.law.go.kr/lsInfoP.do? lsiSeq = 147393&ancYd = 20131211&ancNo = 24930&efYd = 20131212&nwJoYnInfo = N&efGubun = Y&chrClsCd = 010202#0000,登录时间:2013年12月13日。

27. 문장렬(Moon Jangryeol),*국가안전보장회의(NSC) 발전방안*(国家安全保障会议(NSC)发展方案),안보정책총론2(安保政策论丛2),国家安全保障会议事务处[编],2001,pp. 358 – 422。

28. 한나라당;현새누리당정책위원회【一国党(现更名为新国家党)政策委员会】,"국가안전보장회의운영의정상화를위한공청회:NSC법개정을중심으로"(国家安全保障会议正常化的公众听证会:以NSC法的修正为中心),首尔:한나라당정책위원회(一国党政策委员会),2005,pp. 1 – 94。

网站:

29. 법제처(法制处):http://www.moleg.go.kr/:关于国家安全保障会议运行的规定、国家安全保障会议法。

30. 청와대:http://www.president.go.kr/:青瓦台简报、青瓦台新闻。

第八章

印度国家安全委员会

　　印度自 1947 年建国后的一段时间内,国家安全决策并没有形成一套制度化的体系。1962 年中印边界冲突以后,印度政府先后建立了内阁国防委员会、内阁紧急情况委员会、内阁政治事务委员会,但是都无法完全解决国家安全决策面临的制度化问题。为了应对这一挑战,1998 年印度设立国家安全委员会,结构不断趋于稳定,并逐渐成为印度国家安全政策咨询的重要平台。正如一名印度杰出的政策分析人士指出的:"印度需要这样一个国家安全机构,它可以从各个领域的专家中汲取智慧,成为各种观点的协调者。它应该关注安全问题,但是却并不直接管理安全问题。"[①]

---

　　① Raju G. C. Thomas, *Indian Security Policy*, Princeton, N. J: Princeton University Press, 1986.

一、印度国家安全决策机构的演变

印度国家安全决策机构自 1947 年建国以后就已经存在，而制度化的国家安全委员会直到 1999 年才真正确立。这期间，印度的国家安全决策机构经历了两次巨大的调整。下面将按照时间顺序梳理印度自建国以来国家安全决策机构的发展演变进程。

（一）内阁国防委员会（DCC）：1947—1962 年

在 1947 年独立建国以后，印度实际上继承了英国殖民统治时期的国家安全管理系统。这个系统由三个层次组成：最高层为内阁国防委员会（Defense Committee of the Cabinet，简称 DCC）；第二层为国防部长会议（Defense Ministers' Committee，简称 DMC）；第三层为参谋长联席会议（Chiefs of the Staff Committee，简称 COSC）。除了这三个机构以外，国家安全决策系统还包括其他专门机构，分别是联合情报委员会（Joint Intelligence Committee，简称 JIC）、联合计划委员会（Joint Planning Committee，简称 JPC）[1]，当然还有学者指出除了上述两个机构外还存在国防科技咨询委员会（DTAC）。[2]

---

[1] D. Shyam Babu, "India's National Security Concil: Stuck in the Cradle?" *Security Dialogue*, Vol. 34, No. 2, 2003, p. 218.

[2] 吴永年、赵干城、马孆著：《21 世纪印度外交新论》，上海：上海译文出版社，2004 年版，第 80—81 页。

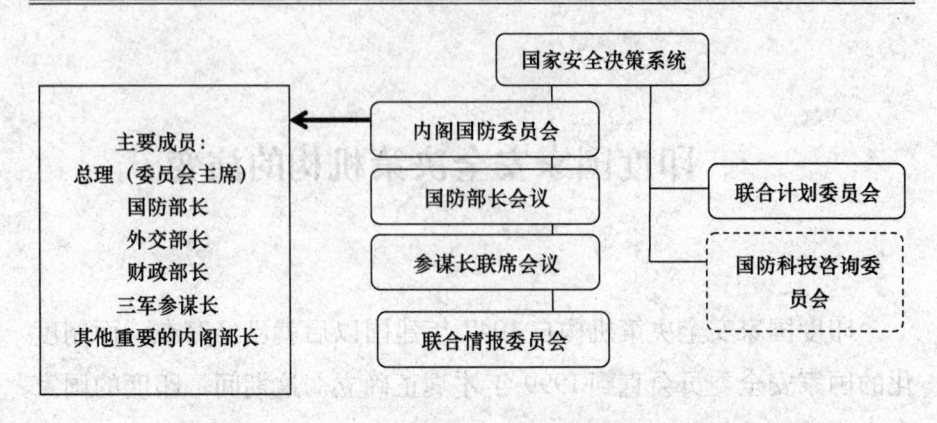

图1　1947—1962年印度国家安全决策系统结构示意图

资料来源：笔者根据以下资料整理制作：D. Shyam Babu, "India's National Security Concil: Stuck in the Cradle? *Security Dialogue*," Vol. 34, No. 2, 2003。

虽然印度建立了较为完备的国家安全决策机制，但是在实际运行过程中决策大权往往被内阁总理一人独揽，决策的个人色彩极为浓厚。我们从1962年中印边界冲突中就可以管窥一二。

在当时的印度，尼赫鲁几乎成为了唯一负责制定安全战略的人。他不仅是总理，而且还一直兼任外交部长，又在不同时期兼任计划委员会和原子能委员会主席。尼赫鲁的工作风格是"从不让内阁集体承担责任，在处理国内问题时会就问题的具体情况咨询特定专家。但是在处理外交事务时他绝不会这样做。当内阁开会讨论对外政策时，总是他在发言"。[①]

印度国防部门与情报部门之间的协调配合并不因为内阁国防委员会的存在而运行顺畅。当时，情报部门的情况汇报常常不与国防部协商就提交内阁国防委员会，从而导致误判。例如在1962年，印度情报机构首脑穆力克（B. N. Mullik）错误地估计并认为"印度越

[①] Steven A. Hoffman, *India and the China Crisis*, University of California Press, 1990, p. 44.

第八章　印度国家安全委员会

过中国所主张的边界设立哨所，对方除了提出外交抗议外，不会有其他的反应，肯定不会采用武力"。[①] 有时国防部和情报部门的意见甚至难以到达最高层的决策机构。这直接导致尼赫鲁依靠个人判断做出错误决策并最终酿成中印边界的冲突。

综上，这一时期由于领导人个人垄断国家安全决策权，实际上内阁国防委员会并没有发挥多少作用。而这也在很大程度上导致了印度决策层在中印边界冲突过程中的误判。

（二）内阁紧急情况委员会（ECC）：1962—1976年

1962年中印边界冲突暴露了印度国家安全战略决策中的盲目、短期、混乱。为了改变这种局面，提升国家安全战略决策的规划性、科学性和长期性，内阁国防委员会更名为内阁紧急情况委员会（Emergency Committee of the Cabinet，简称ECC）。

此次国家安全决策机构的变革具有重大影响。一方面，联合情报委员会（JIC）从原来的内阁国防委员会划归到直属内阁秘书处；另一方面，因为中印边界冲突中印军的糟糕表现，三军参谋长从内阁国防委员会中被除名。这种变化有两个方面的影响：一方面，削弱了内阁紧急情况委员会的情报职能；另一方面，军事力量的决策影响力受到了严重的限制。印度文官逐渐成为一股在国家安全机构中发挥职能的主要力量，军方始终处于次要地位。[②] 这种影响一直持续到今天。

[①] 赵晓春：《尼赫鲁家族》，北京：社会科学文献出版社，1996年版，第199页。
[②] 刘善国、傅彤编译："印度专家谈'印、巴国家安全机制'"，载《南亚研究季刊》，1995年第1期，第51页。

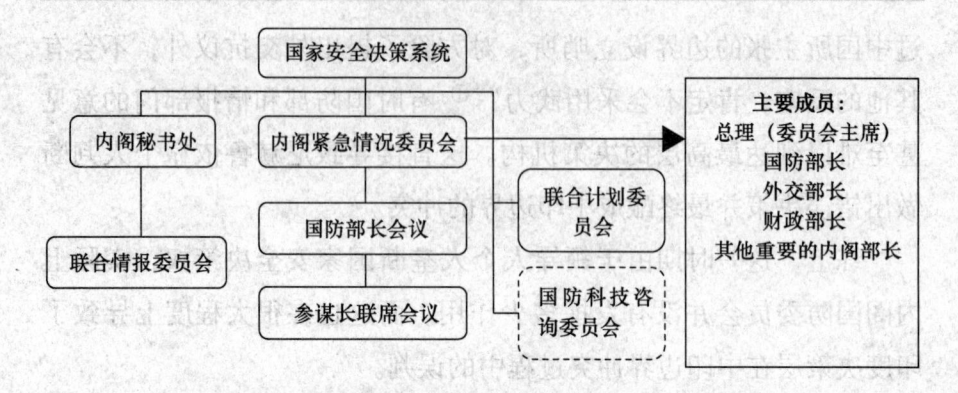

图 2　1962—1976 年印度国家安全决策系统结构示意图

资料来源：笔者根据以下资料整理制作：D. Shyam Babu，"India's National Security Concil: Stuck in the Cradle? *Security Dialogue*," Vol. 34, No. 2, 2003。

基于以上分析，我们可以认为印度内阁紧急情况委员会的职权和功能实际上在战后被弱化了。但是即使结构和功能发生了变化，印度整体的战略决策模式与战前相比并没有发生根本性的变化，个人垄断决策的现象一直存在。国家安全决策机构的制度化渠道一直没有找到合适的发展机会。

（三）内阁政治事务委员会（CCPA）：1976—1990 年

英迪拉·甘地（Indira Gandhi）自 1966 年担任印度总理以来，通过一系列措施改革政府的人事和机构，从而加强其对于政府的控制。

甘地于 1970 年，废除内阁中的外交事务委员会、紧急情况委员会和内部事务委员会，取而代之的是内阁政治事务委员会（Cabinet Committee of Political Affairs，简称 CCPA）。

第八章 印度国家安全委员会

```
                    ┌── 外交事务委员会
                    │
    印度内阁 ───────┼── 紧急情况委员会 ────── 内阁政治事务委员会
                    │
                    └── 内部事务委员会
```

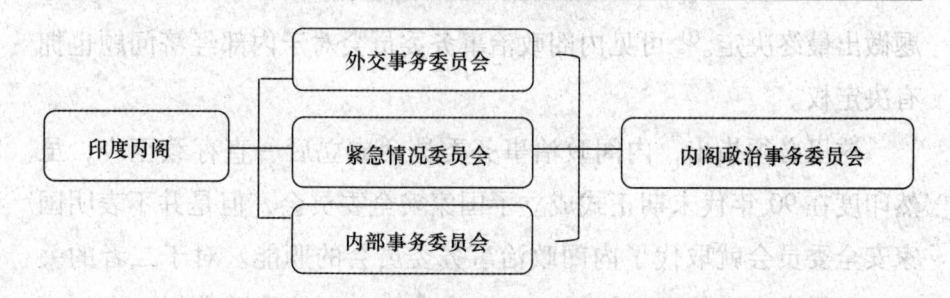

图3 印度内阁国家安全相关机构的整合

资料来源：笔者自制。

有部分学者指出，印度内阁政治委员会实际上是印度最高的国家安全决策机构，它既制定国家的目标和符合国情的国防战略，又探讨如何为国家战略工具更能好地调动人力和物力。[①] 2002年10月14日，印度国防部一位高级官员在接受印度媒体采访时透露，印度即将建立的国家战略核司令部将控制印度的核武器及其投送系统。他说，印度所有的核武器及其投送系统，无论是可以携带核弹的飞机还是陆基或海基导弹都将由这一新司令部统辖。国家战略核司令部将由印度内阁政治事务委员会直接管理。[②] 从这条新闻中我们可以推测印度内阁政治事务委员会确实在国防决策中发挥着关键作用。

同时，内阁政治事务委员会的职责范围又不限于国家对外安全战略，从一定程度上讲内阁政治事务委员会整合了内部事务委员会的职能。据印度媒体报道，2002年6月4日，在经过近10天的讨论之后，印度内阁政治事务委员会召开会议，就成品油的价格调整问

[①] 高颖："印度的军事战略和军事力量"，载《国际资料信息》，2002年第7期，第6页。

[②] 严伟江："印度战略核司令部呼之欲出"，人民网，2010年10月22日，http://www.people.com.cn/GB/junshi/62/20021022/847814.html，登录时间：2013年11月30日。

题做出最终决定。① 可见内阁政治事务委员会对于内部经济问题也拥有决定权。

这里必须指出，内阁政治事务委员会成立后一直存续至今，虽然印度在 90 年代末期正式成立了国家安全委员会，但是并不表明国家安全委员会就取代了内阁政治事务委员会的职能。对于二者的关系，学界没有进行深入探讨，下文将会对二者的关系进行一个初步的探索。

（四）国家安全委员会（NSC）的初创：1990—1999 年

为了兑现竞选时的承诺，也为了彻底改变印度政府在国家安全政策上存在的种种问题和弊端，建立和完善印度的国家安全决策机制，匆忙上任的辛格（V. P. Singh）总理于 1990 年 8 月 24 日宣布建立印度国家安全委员会。其实，对于建立国家安全委员会可行性的研究工作在辛格的前任——拉杰夫·甘地（Rajiv Gandhi）任期（1984—1989 年）时就已经开始了。新成立的印度国家安全委员会由以下三个部门构成：战略核心小组（Strategic Core Group，简称 SCG）、秘书处、国家安全咨询委员会（National Security Advisory Board，简称 NSAB）。②

---

① 楼春豪："提油价激起印度局势惊叹号"，大众网，2008 年 6 月 30 日，http://www.dzwww.com/xinwen/xinwenzhuanti/071122hqlt/zxbd/200806/t20080630_3749586.htm，登录时间：2013 年 11 月 30 日。

② D. Shyam Babu, "*National Security Council: Yet Another Ad Hoc Move?*", in P. R. Kumaraswamy, *Security beyond Survival: Essays for K. Subrahmangyam*, New Delhi: Sage press, 2004, p. 93.

第八章 印度国家安全委员会

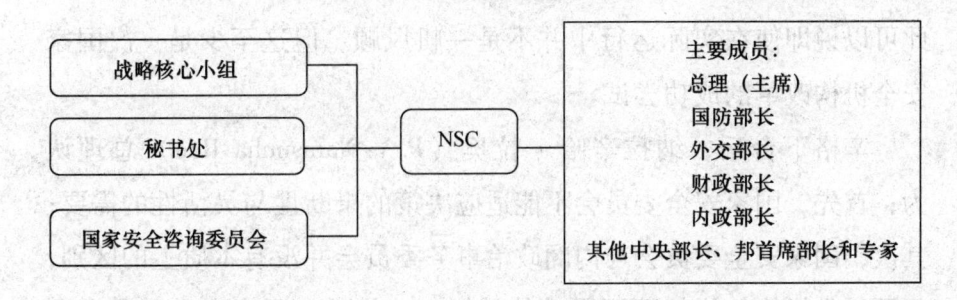

图4 印度国家安全委员会（NSC）结构示意图

资料来源：笔者根据以下资料整理制作：D. Shyam Babu, "India's National Security Concil: Stuck in the Cradle? *Security Dialogue*," Vol. 34, No. 2, 2003。

战略核心小组主席由内阁秘书兼任，其成员包括三军和有关政府部门的代表；秘书处秘书由联合情报委员会的秘书兼任；国家安全咨询委员会的成员包括各邦首席部长、国会议员、学者、科学家以及部分具有行政经验或从事媒体新闻行业的人员。[①]

20世纪90年代成立的国家安全委员会有以下新特点：第一，地方各邦的首席部长作为国家安全咨询委员会（NSAB）成员第一次参加国家安全委员会，实现了中央与地方国家安全政策的协调；第二，民间专家学者第一次进入国家安全重大问题的咨询与决策机制。

与内阁紧急情况委员会和内阁政治事务委员会相比，国家安全委员会在一定程度上放宽了军方对政策提出建议的渠道。国家安全委员会中会吸收一些在军队中有经验的人士参与，这在一定程度上改善了自中印边境冲突以来军人在国家安全战略决策中的边缘地位。但是，这并不能从根本上改变印度军事力量由文官控制的传统。

通过以上的分析，我们发现1990年设立的国家安全委员会在机构上实现了优化，在人员组成上从横向和纵向上都有所扩大了，因

---

① *The Gazette of India*, Part Ⅰ, Section Ⅰ, 22 September 1990, pp. 652–653 and *The Gazette of India*, Part Ⅰ, Section Ⅰ, 19 April 1990, pp. 4–8.

此可以说即使在实际运行中并不是一帆风顺。但这至少是一次国家安全机构改革的成功尝试。

辛格下台后，纳拉辛哈·拉奥（P. V. Narasimha Rao）总理认为：首先，国家安全委员会不能适应决策的果断性与灵活性的需要；其次，国家安全委员会与内阁政治事务委员会并没有本质上的区别，只不过是机构的增加而不是功能的增加；最后，国家安全委员会更适合总统制的国家而不是像印度式的议会民主国家。[1] 其后，由于印度政局的动荡，新成立的国家安全委员会并没有发挥作用，在实际的政治运行中，内阁政治事务委员会依然发挥着关键的作用。

（五）国家安全委员会的再立与制度化：1999年至今

国家安全委员会本是为了国家安全战略的长期性而设立，但是1999年印度再次设立的国家安全委员会却完全是由危机催生的。

1998年匆匆上台的阿塔尔·比哈里·瓦杰帕伊（Atal Bihari Vajpayee）政府为了取得印度人民对于执政联合政府的信任，借以稳固印度人民党在国民心目中的执政地位，同时也为了满足国内一些民族主义和激进教派要求，急需一项重大的行动——核试验。1998年5月11—13日，印度在博客伦地区分别进行了5次地下核试验，至此印度的核武器由秘密研制转入公开发展。其后，印度又宣布实行"可信的最低限度核威慑"战略。[2]

印度核试验以后面临国际社会的强大压力，同时印度需要一项

---

[1] D. Shyam Babu, "*National Security Council: Yet Another Ad Hoc Move?*" in P. R. Kumaraswamy, *Security beyond Survival: Essays for K. Subrahmangyam*, New Delhi: Sage press, 2004, p. 93.

[2] 夏立平："论印度核政策与核战略"，载《南亚研究》，2007年第3期，第15页。

明确的核战略。为了解决上述问题，1998年11月19日印度再度设立国家安全委员会，这一组织形态持续至今。

通过上述对于印度国家安全机构发展演变的梳理，我们可以发现印度建国后较长的一段时期内国家安全决策具有以下特点：经常出现个人决策或小团体决策的现象，决策制度化水平低；内政与外交行为缺乏必要的协调；外交决策经常为应对危机服务，应激反应的特点比较明显。正是这些制度上的缺陷加之危机的政治压力促使印度政府做出了成立国家安全委员会的决定。

二、职权功能与组织结构

1998年成立至今的印度国家安全委员会由4个部分构成：战略政策小组（Strategic Policy Group，简称SPG）、秘书处、国家安全咨询委员会（National Security Advisory Board，简称NSAB）和国家安全顾问（National Security Adviser，简称NSA）。

印度国家安全委员会的制度化运作，无论是人员的任期还是会议的召开都有了明确的程序规定。从成员最广泛的国家安全咨询委员会就能看出这一特点，其每月召开一次会议，其成员一般具有两年的任期，可以连任。这一特点就保证了国家安全委员会可以在国家安全决策中发挥稳定和连贯的作用

同样，新成立的国家安全委员会有其明确的目标与战略侧重，根据相关的文件显示国家安全委员会的职能从1990—1999年只发生

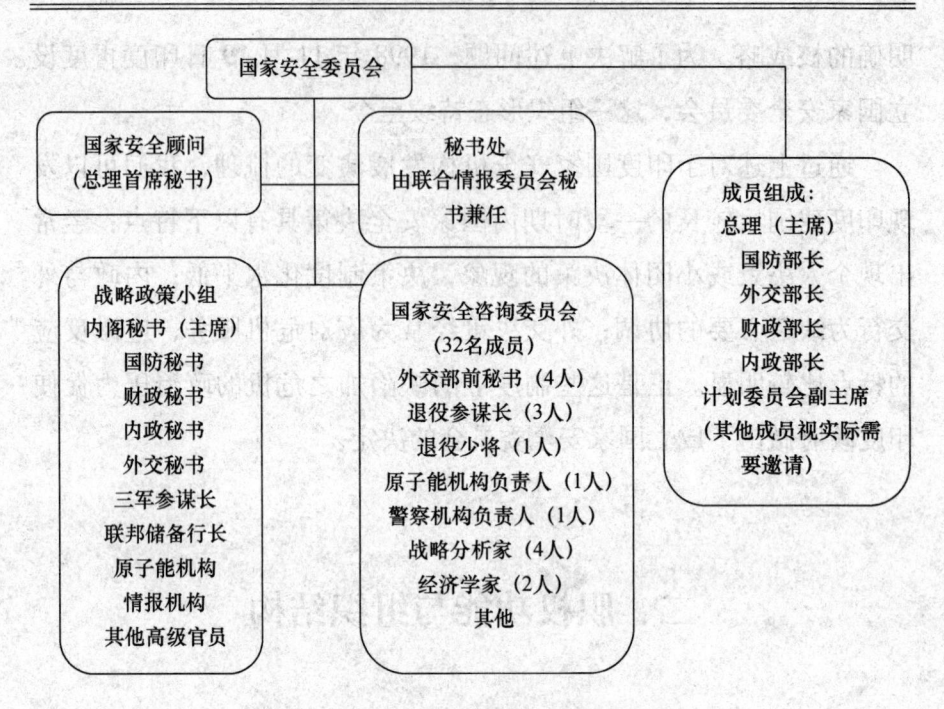

```
                    国家安全委员会
        ┌──────────────┼──────────────┐
  国家安全顾问      秘书处          成员组成:
  (总理首席秘书)   由联合情报委员会秘    总理(主席)
                    书兼任            国防部长
                                      外交部长
   战略政策小组    国家安全咨询委员会   财政部长
   内阁秘书(主席)    (32名成员)       内政部长
   国防秘书        外交部前秘书(4人)  计划委员会副主席
   财政秘书        退役参谋长(3人)    (其他成员视实际需
   内政秘书        退役少将(1人)       要邀请)
   外交秘书        原子能机构负责人(1人)
   三军参谋长      警察机构负责人(1人)
   联邦储备行长    战略分析家(4人)
   原子能机构      经济学家(2人)
   情报机构        其他
   其他高级官员
```

图5 1998年印度国家安全委员会结构图

资料来源：笔者根据以下资料整理制作：D. Shyam Babu, "*National Security Council: Yet Another Ad Hoc Move?*", in P. R. Kumaraswamy, *Security beyond Survival: Essays for K. Subrahmangyam*, New Delhi: Sage press, 2004。

了细微的变化。[①]

印度的国家安全委员会主要有三方面的职能：首先是政策评估，即对国家所处的安全环境以及面临的安全威胁进行总体评估；其次是威胁界定，即关注某些方面的严重安全威胁，主要涉及国家主权安全（反恐怖，反分裂等）、国家发展安全（高科技领域、经济领域）和社会安全（跨国有组织犯罪）等；最后是统筹协调，即协调政府不同部门的职能，确保涉及到国家安全领域的战略资源得到充

[①] *The Gazette of India*, Part Ⅰ, Section Ⅰ, 22 September 1990, pp. 652 – 653 and *The Gazette of India*, Part Ⅰ, Section Ⅰ, 19 April 1990, pp. 4 – 8.

分的保障（例如情报信息）。

表1　国家安全委员会职能目标的对比图

1990 年	1998 年
• 外部威胁情景	• 外部安全环境与威胁情景
• 战略防御政策	• 无
• 其他安全威胁，尤其是涉及原子能、空间、高科技方面	• 涉及原子能、空间、高科技方面的安全威胁
• 包括反暴动、反恐怖、反间谍的国家内部安全	• 包括反暴动、反恐怖、反间谍的国家内部安全
• 国家内部可能出现的分离主义倾向，尤其是具有社会组织性、地区性的分离主义	• 国家内部可能出现的分离主义倾向，尤其是具有社会组织性、地区性的分离主义
• 世界经济发展形势对于印度经济安全和外交政策安全的影响	• 无
• 涉及能源、贸易、食品、金融方面的外部金融威胁	• 涉及能源、贸易、食品、金融和生态方面的外部经济威胁
• 跨国界犯罪的威胁，例如军火、毒品和麻醉品走私与运输	• 跨国界犯罪的威胁，例如军火、毒品和麻醉品走私与运输
• 增进在战略和安全问题上的国家共识	• 与情报部门进行沟通，确保情报机关的力量集中于事关国家安全的领域

资料来源：笔者根据以下资料编译：D. Shyam Babu, "*National Security Council: Yet Another Ad Hoc Move?*", in P. R. Kumaraswamy, *Security beyond Survival: Essays for K. Subrahmangyam*, New Delhi: Sage press, 2004。

三、法律基础与政治地位

不同于其他国家的国家安全委员会，印度的国家安全委员会并不是一个法律实体，它是通过行政命令建立的，并没有议会的法案作保障。从美国的政治实践的来看，1947 年国会通过《国家安全法案》（Act of National Security），美国政府不仅据此建立了美国的国家安全委员会,并且明确了其职能和人员构成,从而确保了其在美国政治架构的重要地位,成为国家安全战略决策的核心部门。

一般来说,如果一国的国家安全委员会具有法律实体地位,那么将具有以下三个特点:一是总统或总理有义务接受国家安全委员会的咨询与建议;二是一旦国家安全委员会主席做出决定则具有法律效力;三是国家安全委员会主席需要对做出的决策负法律责任。[①] 以上几点一方面确保了国家安全战略决策的科学性;另一方面能够确保国家安全委员会在整个政治架构中的地位。但是因为印度国家安全委员会缺乏法律保障,这给其政治地位带来了非常消极的影响。

实际上,印度政府中真正能够影响国家安全决策的部门有内阁政治事务委员会、内阁安全事务委员会和国家安全委员会。从印度政府网站来看,并没有国家安全委员会的官方链接。而内阁秘书处网站中涉及到国家安全决策的部门主要有两个:一个是内阁政治事务委员会;另一个是内阁事务安全委员会。[②] 这从一个侧面反映出印度国家安全委员会的政治地位弱于其他两个机构。

表2 内阁政治事务委员会与内阁安全事务委员会的人员构成对比

内阁政治事务委员会		内阁安全事务委员会
内阁总理	民航部长	国防部长
国防部长	通讯与信息技术部长	内政部长
农业部长	外交部长	财政部长
财政部长	新能源部长	外交部长
内政部长	城市发展部长	

资料来源:笔者根据以下资料制作:http://cabsec.gov.in/showpdf.php?type=council_cabinet_committees,登录时间:2013年12月4日。

[①] 南亚分析小组网站:http://www.southasiaanalysis.org/paper123,登录时间:2013年12月1日。

[②] 印度政府内阁秘书处网站:http://cabsec.gov.in/showpdf.php?type=council_cabinet_committees,登录时间:2013年12月1日。

第八章 印度国家安全委员会

如果再对比内阁政治事务委员会和内阁安全事务委员会的话，可以发现前者的人员构成比后者更加广泛，这也就决定了内阁政治事务委员会职能范围更大，政治地位更高。同时，内阁安全事务委员会的人员构成与国家安全委员会的人员构成高度重合，但是因为内阁安全事务委员会具有法律实体地位，这就决定了与国家安全委员会相比其在国家安全战略的决策中发挥的作用更加具有法律效力。因此不难发现，在印度国家安全决策的实际运行过程中，内阁政治事务委员会居于主导地位，内阁安全事务委员会主要关注狭义国家安全问题，而国家安全委员会的主要作用是战略咨询。

正如某些学者指出的那样，印度内阁政治事务委员会是印度国家安全的最高权力机构，而国家安全委员会主要职能是为国家制定长期的军事战略与安全战略提供咨询服务。[①]

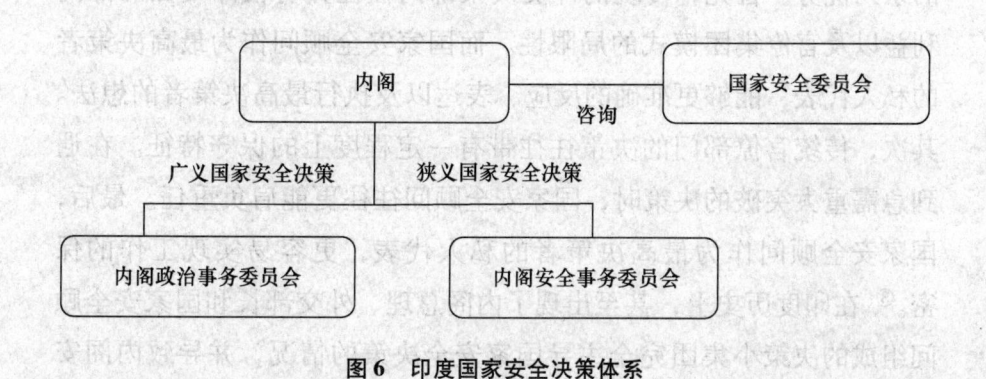

图6 印度国家安全决策体系

资料来源：笔者自制。

印度国家安全委员会在整个国家安全决策体系中的弱势地位一方面与它的非法律实体地位密切相关，另一方面则与它产生的政治

---

① 高颖："印度的军事战略和军事力量"，载《国际资料信息》，2002年第7期，第6页。

环境密切相关。

　　自印度独立以来，军人一直被排除在决策体系之外。英印殖民地时期，英印政府为了避免以印度人为主的军队干预政治，在军队建设上形成了一套较为完善的防范体系，印度独立以后把这种体制继承了下来。① 在辛格和拉奥总理任期内，设立国家安全委员会的计划遭到文官集团的强烈反对，他们认为这是对其决策权力的侵蚀。② 因此设立国家安全委员会成为了文官系统与军队系统进行权力争夺的一个象征。

　　虽然国家安全委员会在整个政治架构中处于弱势的地位，但是不能否认国家安全顾问（NSA）在决策中的重大影响力。可以说在某种程度上国家安全顾问在政治架构中的地位就是国家安全委员会在政治架构中地位的集中体现。

　　一般来说，国家安全顾问作为制度的一部分，具有作为"个体"的系列优势。首先，传统的外交决策部门往往具有根深蒂固的部门利益以及官僚集团模式的局限性。而国家安全顾问作为最高决策者的私人代表，能够更准确的反应、表达以及执行最高决策者的想法。其次，传统官僚部门的决策往往带有一定程度上的保守特征。在遇到急需重大突破的决策时，国家安全顾问往往更能肩负重任。最后，国家安全顾问作为最高决策者的私人代表，更容易实现工作的保密。③ 在印度历史上，甚至出现了内阁总理、外交部长和国家安全顾问组成的决策小集团完全主导国家安全决策的情况，并导致内阁安

---

　　① 宋海啸著：《印度对外政策决策——过程与模式》，北京：世界知识出版社，2011年版，第244—245页。

　　② 南亚分析小组网站：http://www.southasiaanalysis.org/paper123，登录时间：2013年12月1日。

　　③ 蔡舒晓：《论国家安全委员会在外交决策中的作用——以英美印国安委为例》，外交学院硕士研究生学位论文，指导老师：张历历，2012年6月。

全事务委员会和国家安全委员会全部边缘化的现象。[1]

在印度国家安全委员会历史上,国家安全顾问发挥显著影响的要数第一任国家安全顾问布拉杰什·米士拉(Brajesh Mishra)。从1998—2004年以来,米士拉担任印度首任国家安全顾问,其通过自身高超的政治技巧和外交艺术在印度国家安全委员会建设以及印度外交政策的制定及转变方面发挥了重要的影响。

在米士拉的影响下,印度建立了卡吉尔冲突调查委员会(Kargil Review Committee)。此后在该调查委员会的建议下,印度政府又成立了四个工作组,对于印度的国家安全进行全面的评估。其后,米士拉又主导了对这些工作组建议的全面落实。

在米士拉的任期内,他也见证了一系列事关印度国家安全的新机构的设立,例如国家信息委员会(National Information Board,简称NIB)、国防情报局(Defense Intelligence Agency,简称DIA)。

米士拉不仅对印度的国家安全做出了卓越贡献,其在外交政策领域也发挥了杰出的作用。随着中国的不断崛起,印度逐渐开始加强与中国的友好关系。而中印关系不断发展的几次里程碑式的事件都发生在米士拉担任国家安全顾问期间。例如,2003年印度总理瓦杰帕伊访华,米士拉作为特别代表与中国有关方面就边界问题开展了几次富有成果的政治对话。

许多国家意识到米士拉对于印度政策的影响力,无论是美国、俄罗斯、欧盟、中亚国家的领导人都与米士拉发展了良好的私人关系。同样米士拉也通过自身国家安全顾问的影响力推动了印度与许

---

[1] Bandyopadhyaya J. *The Making of India's Foreign Policy*. Allied Publishers, 2003, p. 148.

多的国家在安全领域的合作。[①]

四、决策程序与案例

通过上文的分析，可以发现当前印度国家安全决策体系中实际负责国家安全战略决策的部门是内阁政治事务委员会和内阁安全事务委员会，而国家安全委员只是起到咨询作用。在国家安全委员会中真正对决策有重大影响的就是国家安全顾问一职。

一般来说，印度的国家安全决策经过以下程序：

1. 国际局势的变化直接影响印度民众对于国家利益的理解，从而影响智库和学者的态度，并通过国家安全顾问委员会输入决策咨询系统；

2. 代表不同利益的政府部门通过内阁政治事务委员会和内阁安全事务委员会这两个平台进行政策博弈与协商，从而形成决策备选项；

3. 国家安全顾问作为总理顾问，在内阁委员会中进行政策协调，并且对总理决策提供建议并施加直接影响；

4. 总理具有最终决定权，并通过议会立法上升为国家意志。

下面笔者将通过印度在伊拉克战争中的决策过程以及印度制定本国核战略的决策过程来说明国家安全委员会在当前主要发挥的咨询作用；同时，通过分析内阁安全事务委员会在卡尔吉尔冲突中的

[①] 印度国防分析所网站：http：//idsa.in/idsacomments/BrajeshMishrasLegacytoNationalSecurityandDiplomacy_ agupta_ 300912，登录时间：2013 年 12 月 2 日。印度国防分析位于德里，是印度影响最大的战略专家团体。它由印度政府资助的一个半官方的研究机构，长期以来一直就国家战略事务发表专家报告。

作用来说明内阁政治事务委员会和内阁安全事务委员会在国家安全战略中的决策作用。

(一)伊拉克战争中的印度国家安全决策过程

2003年美国发动的伊拉克战争使印度处于一种进退维谷的尴尬境地。一方面,当时印度正在积极与美国建立"战略伙伴关系",很容易受到美国的压力。在联合国讨论美国进攻伊拉克的同一天,美国政府负责南亚事务的助理国务卿 C. 诺加(Christina Rocca)在参议院外交关系委员会作证时称赞印度是一个"崛起中的世界大国",称美国正与印度通过军事演习扩大双边的安全合作。[1] 从中可以看出美国希望通过加强与印度的防务合作来换取印度对于美出兵伊拉克的支持。[2]

另一方面,美国出兵伊拉克对于印度的国家利益具有重大影响,有学者指出以下几个方面的影响:1. 直接的宏观经济影响,表现为印度最大一宗进口产品原油价格的上涨;2. 引起工业和市场滑坡;3. 中东地区经济震荡对印度经济产生中长期的间接影响;4. 如果美国长期占领伊拉克,中东局势的长期不稳定将会给印度带来长期的政治影响;5. 如果巴基斯坦参战,战争将会对印巴敌对状态产生战

---

[1] 张力:"从伊拉克战争看印度的务实外交",载《南亚研究季刊》,2003年第2期,第7页。

[2] Ninan Koshy, "*India's 'Middle Path' Through War in Iraq: A Devious Route to the U. S. Camp*", Foreign Policy in Focus, 2003年,4月1日, http://fpif.org/indias_middle_path_through_war_in_iraq_a_devious_route_to_the_us_camp/, 登录时间:2013年12月2日。

略影响。①

如何在该危机中做出合理决策是国家安全委员会面临的重要任务。对此，瓦杰帕伊总理召集国防部长、外交部长、内政部长进行紧急会议。国家安全委员会下的战略政策小组进行战略情景评估、制定战略选项；秘书处依靠联合情报委员会情报支持进行前景分析；国家安全咨询委员会则广泛听取政策学者和各领域专家的意见。

在综合评估了各方面的意见以后，国家安全委员会建议政府采取不偏不倚的"中间路线"。战争爆发当天，印度政府发表声明：一度以极其痛苦的心情注意到在伊拉克的军事行动已经开始。印度承认国际社会按照联合国1441号决议解除伊拉克武装的合法性，但同时注意到近几个星期以来，联合国安理会成员国在伊拉克是否遵守联合国决议问题上的意见分歧，它严重削弱了联合国的权威，同时也使对伊军事行动缺乏合法性。②

在美国向印度提出向伊拉克驻兵要求后，国家安全委员会在国内进行了广泛的社会调查，并召开了安全会议。外交部和国防部的代表商讨、研究和评估了印度对伊拉克派兵的后果、作用和影响。最后，国家安全委员会向政府建议拒绝向伊拉克派驻部队。③

（二）印度国家核战略的决策过程

1998年印度连续进行核试验以后，面临着严重孤立的国际环

---

① Praful Bidwai, "*India, Pakistan in Diplomatic Maze Over Iraq*," 2003年3月15日，http://original.antiwar.com/bidwai/2003/03/14/india-pakistan-in-diplomatic-maze-over-iraq/，登录时间：2013年12月2日。

② 《印度发表声明称对伊军事行动缺乏合法性》，人民网，2003年3月21日，http://www.people.com.cn/GB/guoji/22/85/20030321/949681.html，登录时间：2013年12月2日。

③ 张历历：《外交决策》，北京：世界知识出版社，2007年版，第443页。

境。为了缓解日益恶化的国家环境,印度继续制定一个完整的国家核战略。

印度战略界代表的 K·萨布拉曼亚(K. Subrahmanyam)作为新成立的国家安全顾问委员会的主席,召集代表拟定了印度的核原则草案。这份草案不仅对印度最低核威胁做出了评估,同时还规划了印度发展三位一体核打击能力的长期规划。

尽管该草案在当时并没有被赋予官方政策的地位,但是草案的主要内容在 2003 年 1 月印度政府发表的一份简要的官方核文件中得到重申,从而上升为印度政府的核战略理论。[①] 并且在 2003 年 1 月 6 日,印度政府根据这份草案,成立了核指挥部和战略力量指挥系统,具体负责控制和主导核力量的生产和部署。

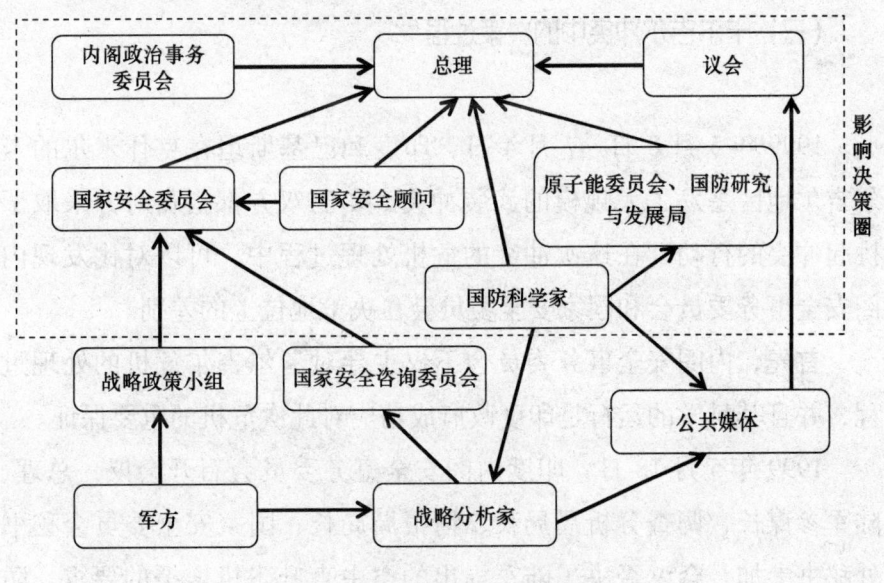

图 7 印度核政策的决策框架

资料来源:笔者根据以下资料制作:章节根:《印度核战略产生的国内政治过程分析》,载《国际问题研究》,2007 年第 4 期,第 175 页。

[①] 章节根:"印度核战略产生的国内政治过程分析",载《国际问题研究》,2007 年第 4 期,第 174—186 页。

通过图7的分析，我们发现在印度核政策的决策框架中，对最终决策者发挥重要影响的是：（1）战略决策部门：内阁政治事务委员会；（2）战略咨询部门：国家安全委员会、原子能委员会、国防研究与发展局、国防科学家；（3）立法部门：议会。还需指出的是国家安全顾问虽然是国家安全委员会的一部分，但是，当时作为总理的首席秘书布拉杰什·米士拉还是对印度的核政策产生了重要的影响。

通过以上两则案例的分析我们发现，印度国家安全委员会只是作为国家安全决策的咨询机构而发挥作用，其对决策的影响力主要体现在国家安全顾问的身上。

（三）卡尔吉尔冲突中的决策过程

1999年5月8日—7月4日，印度和巴基斯坦在克什米尔的卡尔吉尔地区爆发了大规模的武装冲突。印巴双方都指责对方采取了挑起冲突的行动。在这次冲突的危机处理过程中，可以对比发现内阁安全事务委员会和国家安全委员会在决策地位上的差别。

首先，内阁安全事务委员会不仅主导对卡尔吉尔危机的处理过程，并且其科学的运行是印度政府成功应对此次危机的重要保证。

1999年5月18日，印度内阁安全事务委员会召开会议，总理、陆军参谋长、调查分析局局长、情报局局长、国家安全委员会秘书处秘书参加。会议否决了陆军提出的空中直升飞机增援的要求，防止冲突进一步扩大。

1999年5月24日，内阁安全事务委员会决定动用三军力量来应对巴基斯坦的军事渗透。此次会议没有出现太多争议，三军联合作战提案顺利通过。外交部长贾斯旺特·辛格（Jaswant Singh）也没有异议，只是坚持印度军队的行动不应该越过实际控制线和印度国界。

国家安全顾问布拉杰什·米士拉代表内阁安全委员会重申了会议决议之后就结束会议。①

1999年7月之后，内阁安全会议几乎天天召开。会议通常由情报机构长官报告最新情报或跟踪事项结果，然后由会议主席简单介绍与会人员以及他们过去一天行动的相关细节。他们也会提出构想计划并要求内阁安全事务委员会批准或协调。②

其次，国家安全委员会主要负责战略咨询与协调作用。1999年6月，在战斗最为激烈的时候，国家安全顾问布拉杰什·米士拉知会美国国家安全顾问桑迪·伯格（Sandy Berger），印度不会长久坚持"克制"政策，印度再也管束不了自己的军队。

国家安全委员会著名战略家K·萨布拉曼亚向内阁安全委员会建议，应该允许印度军队跨越边境作战。但是内阁安全委员会担心冲突升级导致更大范围的战争而没有批准越境军事行动，这一举动更是集中体现了内阁安全委员会在危机解决中的主导地位。③

通过卡尔吉尔冲突的分析，可以发现实际上在这次危机决策中，印度内阁安全委员会发挥着至关重要的作用，而国家安全委员会只是发挥了咨询与协调的作用。这些发现与笔者上文中对国家安全委员会的政治地位的描述一致。

---

① General V. P. Malik, Kargil, *From Surprise to Victory*, Harpercollins Publishers India, New Deli, 2006, pp. 123 – 124.

② 宋海啸：《印度对外政策决策——过程与模式》，北京：世界知识出版社，2011年版，第212—220页。

③ 同上书，第215页。

五、问题与经验

在印度国家安全决策系统的实际运作中起主要作用的是总理和内阁。印度宪法中并没有规定设立内阁,但在印度现实的政治生活中,内阁不仅存在,而且逐渐取代部长会议发挥着越来越重要的作用。随着内阁职权的不断的扩大,为了处理内阁的日常事务性工作,印度政府设立了总理直接领导的内阁秘书处。同时为了更好的协助内阁审查和处理国家重大事务,内阁通常设立众多常设性的委员会,而这些常设性的委员会大都直属内阁秘书处管理。因此我们可以发现印度的国家安全决策是由总理最后决定、内阁秘书处主导、秘书处下设的内阁政治事务委员会和内阁安全事务委员会操作、国家安全委员会提供咨询与协调这样的体系组成。

在印度国家安全委员会的实际运行当中,我们可以发现一些值得思考的问题:

首先,国家安全委员会的法律基础问题。

任何国家机构的决策效力都是由其法律地位决定的。印度成立国家安全委员会的重要初衷之一就是使其成为印度摆脱个人决策的制度探索。为实现决策的科学化与制度化,必须建立一个由法律保障的强大机构。同时这一机构须将权威、权力的来源从个人向组织转移,用法律和制度约束个人和家族的影响。[①]

印度国家安全委员会是由行政命令建立的,并没有相应的法律

---

① 蔡舒晥:《论国家安全委员会在外交决策中的作用——以英美印国安委为例》,外交学院硕士研究生学位论文,指导老师:张历历,2012年6月,第15页。

基础。这就决定了在印度的政治架构下,其作用发挥受到其他功能相似决策机构的极大制约,最明显体现就是内阁政治事务委员会和内阁安全事务委员会。

其次,国家安全委员会与其他机构的关系问题。

这一问题一方面受其法律地位影响,比如因为国家安全委员会建立在行政命令基础上,其功能遭受内阁政治事务委员会的侵蚀;另一方面,其人员构成也很大程度影响了其发挥作用的范围和限度。

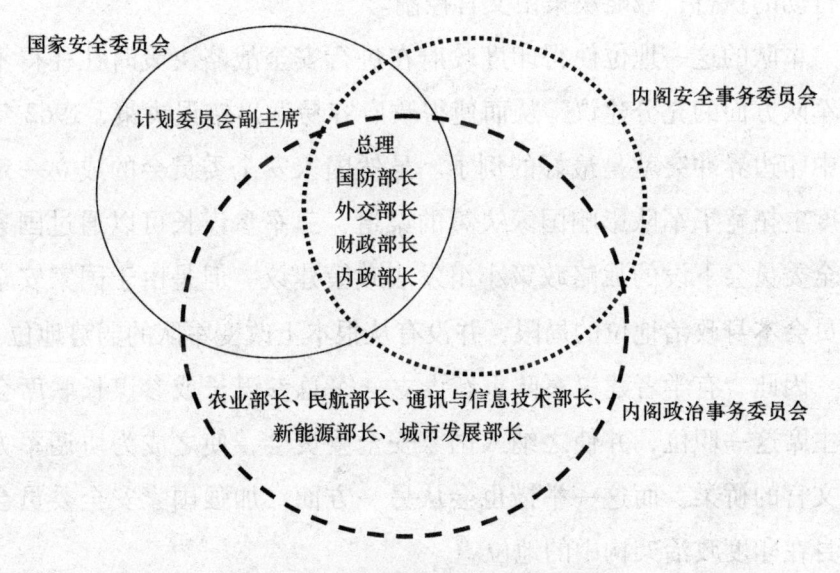

图8 战略决策机构人员构成比较图

资料来源:笔者根据以下资料制作:http://cabsec.gov.in/showpdf.php?type = council_cabinet_committees,登录时间:2013年12月4日。

通过上图我们看到,国家安全委员会与内阁安全事务委员会相比,人员构成高度一致,那么如何定位这两个机构的功能属性就成了一个很棘手的问题。由于国家安全委员会存在一个成员广泛的国家安全咨询委员会,导致其功能很容易向政策咨询方向偏移。而内阁安全事务委员会由于成员精干且均作用关键,很符合危机决策和重大决策的实际需要，使其更易向决策方向偏移。这一功能分野在上文的卡尔吉尔危机决策中体现的最明显。

再次，应该提升军方在国家安全委员会中的作用，从而增强国家安全委员会在印度政治架构的独特作用。

由于历史原因，印度军方一直被排除在决策体系之外。印度现行国防体制的鲜明特点是文官治军、三级决策、三军分立。① 政府从权力结构、决策程序和军事预算方面对军队实施控制。军队负责军事行动的执行，战略决策由文官控制。

军队的这一地位使得印度政府在进行安全战略决策时往往得不到军队方面的充分建议，从而使得政府容易做出错误决策，1962年的中印边界冲突就是最好的例子。虽然国家安全委员会的成立一定程度上拓宽了军队影响国家决策的渠道，三军参谋长可以通过国家安全委员会下设的战略政策小组发表政策建议。但是由于国家安全委员会本身政治地位的局限，并没有从根本上改变军队的弱势地位。

因此，有学者建议军队重新设立三军总参谋长或参谋长联席会议主席这一职位，并使之纳入国家安全委员会，使之成为协调军方和文官的桥梁。而这一举措也会从另一方面，加强国家安全委员会本身在印度政治架构中的地位。②

最后，国家安全顾问的双重职位问题。

在印度的国家安全委员会中，国家安全顾问更重要的职务是内阁总理首席秘书。首席秘书这一职务一方面保证了国家安全顾问与最高决策领导的亲密关系，从而奠定了其政策影响力；但是另一方

---

① 宋海啸：《印度对外政策决策——过程与模式》，北京：世界知识出版社，2011年版，第243页。

② 南亚分析小组网站："India's National Security Council-a Critical Review," 2000年10月5日，http: //www.southasiaanalysis.org/paper123，登录时间：2013年12月1日。

面，国家安全顾问功能的正常行使受到一定程度的影响。有学者批评指出总理首席秘书决定了其不可能有充足的精力投入到国家安全顾问的工作中去，毕竟像布拉杰什·米士拉这样能够在官僚机构中游刃有余的是少数。正如卡尔吉尔调查委员会指出的"印度必要有一个'全职'的国家安全委员会"。[①]

虽然印度的国家安全委员会存在一些缺陷，但是这并不妨碍其在印度国家安全决策中发挥积极作用，下面将介绍印度国家安全委员会建立、运行过程中的一些经验。

首先，建立国家安全咨询委员会，为政府安全战略决策提供了充分的智力支持。政界与学界的有效、充分沟通是西方战略决策的重要经验。西方国家在战略决策实践中创造了"政治旋转门"、"战略辩论"、"舆论操作"、"委托—代理"等机制，在人员、信息、资料、身份等方面进行频繁的交流，让智库政策专家增加政策实践经验，让决策官员增加政策研究背景，此种战略互动使得智库不说外交事务的外行话，决策官员不做战略决策的外行事。[②] 同样，广泛借鉴西方经验基础上建立的印度国家安全咨询委员会凭借其成员的广泛性、专业性，以及其运作的制度化，大大提升了印度国家安全战略决策的科学性和有效性。

其中，最为著名的就是印度战略家K·萨布拉曼亚。他作为印度国家安全咨询委员会召集人，对卡尔吉尔冲突决策、印度核战略的确定、印度对华政策制定等方面发挥了巨大而积极的作用。这是在这些拥有十几年战略安全研究经验的专家帮助下，印度逐渐褪去

[①] D. Shyam Babu, "*National Security Council: Yet Another Ad Hoc Move?*" in P. R. Kumaraswamy, *Security beyond Survival: Essays for K. Subrahmangyam*, New Delhi: Sage press, 2004, p. 97.

[②] 赵曙光："中国外交智库的变革之道"，载《文汇报》，2013年2月26日，http://whb.news365.com.cn/ly/201302/t20130226_973955.html，登录时间：2013年12月4日。

了被批评为没有战略思想的旧面貌。①

其次,国家安全委员会发挥了较好的协调作用,提升了决策的一致性与有效性。格雷厄姆·阿里森(Graham Allison)在"政府政治模型"中提出,战略决策是以组织行为模型为基础的,并不关注高层领导人的控制和协调,而是假定在不同的决策单位之间存在着激烈的竞争。最后的决策结果并不取决于对问题的理性判断,也不取决于常规的组织程序,而是取决于决策参与者的权力和讨价还价的技巧。②

这一点在印度的决策实践中体现的十分明显。首先,印度军队被排除在决策体系之外,国家安全决策过程中,军队与文官的分歧明显;其次,种姓制度在政治领域的反映就是家族政治,加之议会民主制下党派政治的消极影响,印度的对外政策甚至会让位于国内政治;最后,以总理为核心的内阁权力中心与国内社会政治力量的交互影响。③ 以上三点,导致印度安全决策中利益冲突明显,达成共识较为困难,严重影响决策效率和科学性。而国家安全委员会的建立一般能够减小部门利益冲突,提高决策主体的一致性;加强部门配合,强化危机决策能力。印度的国家安全委员会通过国家安全顾问作为部门沟通的桥梁很好的协调了各个部门之间的利益。同时,战略政策小组在一定程度上弥合了军方与文官的决策分歧。以上优势在印度对美国出兵伊拉克问题决策中体现的最为明显。

最后,印度国家安全委员会的职能范围涵盖比较广泛,有利于巩固提升其政治地位。从上文的印度国家安全委员会的职能中,我

---

① George K. Tanham, "Indian Strategic Culture," *The Washington Quarterly*, Vol. 15, NO. 1, Wniter, 1992.

② [美]詹姆斯·多尔蒂、小罗伯特·普法尔茨格拉夫著,阎学通、陈寒溪译:《争论中的国际关系理论(第五版)》,北京:世界知识出版社,2003年版,第615页。

③ 主要受到宋海啸提出的印度决策的"双螺旋"模式的启发:《印度对外政策决策——过程与模式》,北京:世界知识出版社,2011年版,第246页。

们可以发现印度国家安全委员会目标不仅涉及外部安全还涉及国内安全，不仅涉及到外交安全还涉及到经济安全。实际上，印度国家国家安全委员会的职能还随着社会的发展需要而不断扩展。据印度媒体报道，2013年5月10日，高尔杉·里亚（Gulshan Rai）被任命为首位国家网络安全协调官，隶属于国家安全委员会秘书处（NSCS）。这一决定是为了适应网络安全发展的实际需要而做出的。[①]

　　印度国家安全委员会的日益广泛的职能使其可以与内阁安全事务委员会逐渐区别开来。同时，它的协调功能也会逐渐增强。但是，国家安全委员会功能的扩展必须以其法律地位的明确为前提，否则在印度的政治实践中，虽然国家安全委员会与内阁安全事务委员会相比职能大大扩展。但是与内阁政治事务委员会相比却区别不大，从而容易成为其影子机构。

　　在可以预见的未来，如果印度国家安全委员会的法律地位能够落实，凭借其在强大的咨询功能和国家安全顾问的政策影响力，国家安全委员会甚至可以超越内阁政治事务委员会从而成为印度政治体制内发挥首要作用的安全决策机构。[②]

主要参考文献

著作：

1. 宋海啸：《印度对外政策决策——过程与模式》，北京：世界知识出

---

① 印度快报："*Gulshan Rai to be first National Cyber Security Coordinator*"，http://www.indianexpress.com/news/gulshan-rai-to-be-first-national-cyber-security-coordinator/1113777/，登录日期：2013年12月2日。

② 语出萨布拉曼亚的一段话，他认为国家安全委员会只有取代内阁政治事务委员会，军队才能真正发挥它的决策影响力，而国家安全委员会才能体现出独立性。D. Shyam Babu, "National Security Council: Yet Another Ad Hoc Move?", in P. R. Kumaraswamy, *Security beyond Survival: Essays for K. Subrahmangyam*, New Delhi: Sage Press, 2004, p. 90.

版社，2011年版。

2. 吴永年、赵干城、马嬰著：《21世纪印度外交新论》，上海：上海译文出版社，2004年版。

3. ［美］詹姆斯·多尔蒂、小罗伯特·普法尔茨格拉夫著，阎学通、陈寒溪译：《争论中的国际关系理论（第五版）》，北京：世界知识出版社，2003年版。

4. 张历历著：《外交决策》，北京：世界知识出版社，2007年版。

5. 赵晓春著：《尼赫鲁家族》，北京：社会科学文献出版社，1996年版。

论文：

6. 蔡舒睆：《论国家安全委员会在外交决策中的作用——以英美印国安委为例》，外交学院硕士研究生学位论文，指导老师：张历历，2012年6月。

7. 高颖："印度的军事战略和军事力量"，载《国际资料信息》，2002年第7期。

8. 刘善国、傅彤编译："印度专家谈'印、巴国家安全机制'"，载于《南亚研究季刊》，1995年第1期。

9. 夏立平："论印度核政策与核战略"，载《南亚研究》，2007年第3期。

10. 章节根："印度核战略产生的国内政治过程分析"，载《国际问题研究》，2007年第4期。

11. 张力："从伊拉克战争看印度的务实外交"，载《南亚研究季刊》，2003年第2期。

新闻：

12. 赵曙光："中国外交智库的变革之道"，载《文汇报》，2013年2月26日，http：//whb.news365.com.cn/ly/201302/t20130226_973955.html，登录时间：2013年12月4日。

13. 人民网：《印度发表声明称对伊军事行动缺乏合法性》，2003年3月21日，http：//www.people.com.cn/GB/guoji/22/85/20030321/949681.

html，登录时间：2013 年 12 月 2 日。

14. 严伟江：《印度战略核司令部呼之欲出》，人民网，2010 年 10 月 22 日，http：//www.people.com.cn/GB/junshi/62/20021022/847814.html，登录时间：2013 年 11 月 30 日。

Books：

15. General V. P. Malik, Kargil, *From Surprise to Victory*, Harpercollins Publishers India, New Deli, 2006.

16. P. R. Kumaraswamy, *Security beyond Survival: Essays for K. Subrahmangyam*, New Delhi: Sage press, 2004.

17. Raju G. C. Thomas, *Indian Security Policy*, Princeton, N. J: Princeton University Press, 1986.

18. Steven A. Hoffman, *India and the China Crisis*, University of California Press, 1990.

Articles：

19. D. Shyam Babu, "India's National Security Concil: Stuck in the Cradle?" *Security Dialogue*, Vol. 34, No. 2, 2003, p. 218.

20. George K. Tanham, "Indian Strategic Culture," *The Washington Quarterly*, Vol. 15, N0. 1, Wniter, 1992.

Documents/Policy Papers：

21. *The Gazette of India*, Part I, Section I, 22 September 1990, pp. 652 - 653 and *The Gazette of India*, Part I, Section I, 19 April 1990, pp. 4 - 8.

22. South Asia Analysis：http：//www.southasiaanalysis.org/paper123，登陆时间：2013 年 12 月 1 日。

23. Cabinet Secretariat：http：//cabsec.gov.in/showpdf.php? type = council_ cabinet_ committees，登录时间：2013 年 12 月 1 日。

Others：

24. The Indian Express："Gulshan Rai to be first National Cyber Security Coordinator," http：//www.indianexpress.com/news/gulshan-rai-to-be-first-na-

tional-cyber-security-coordinator/1113777/,登陆日期：2013 年 12 月 2 日。

25. Ninan Koshy, "India's "Middle Path" Through War in Iraq: A Devious Route to the U. S. Camp," Foreign Policy in Focus, 2003 年, 4 月 1 日, http://fpif.org/indias_middle_path_through_war_in_iraq_a_devious_route_to_the_us_camp/,登录时间：2013 年 12 月 2 日。

26. Praful Bidwai, "*India, Pakistan in Diplomatic Maze Over Iraq*," 2003 年 3 月 15 日, http://original.antiwar.com/bidwai/2003/03/14/india-pakistan-in-diplomatic-maze-over-iraq/,登录时间：2013 年 12 月 2 日。

第九章

巴基斯坦国家安全委员会与内阁国防委员会

巴基斯坦伊斯兰共和国（Islamic Republic of Pakistan）存在两个协调、统合国家安全的机构，分别为"国家安全委员会"与"内阁国防委员会"。二者在功能、结构方面存在一定的相似性，也存在很多不同。两个机构分别由军方集团与文官集团掌控，国家安全系统在两个机构的不断轮替中逐渐成形，这深刻反映了巴基斯坦自1956年独立以来内部政治力量纷繁复杂的斗争史。

一、历史沿革

(一)"国家安全委员会"(National Security Council,简称 NSC)概念的塑造(1969—1971年)

建立"国家安全委员会"的想法最早由军方提出。他们多次提出建议希望能够成立一个类似于美国国家安全委员会的职能部门,作为国家安全政策制定和协调的机构。其中最具代表性的报告是由东巴基斯坦(East-Pakistan,今孟加拉国)最高指挥官、海军上将 S. M. 哈桑(S. M. Ahsan)于1969年提交给时任巴基斯坦总统叶海亚·汗(Yahya Khan)的。① 这份报告指出建立一个由军方主导的国家安全委员会的重要性,哈桑将军认为这个机构能够高度整合文官和军方高层的意见,从而为政府在国家安全事务方面提供战略建议,以此来应对外交事务的挑战。

1969年总统叶海亚·汗将军建立国家安全委员会,少将 G. 奥马尔(G. Omar)成为首任委员会主席。该委员会作为总统办公室和军管会的职能部门,直接听命于以总统为代表的军方系统。但是国家安全委员会在这一时期从来没有参与过军政府政策制定的相关过程。这是因为叶海亚·汗将政府掌握在自己手中,主要依靠自己的

---

① Pakistan Institute of Legislative Development and Transparency (PILDAT), "National Security Council: A Comparative Study of Pakistan and Other Selected Countries," August 2005, p.12, http://www.pildat.org/Publications/publication/CMR/nationalsecurity-council-comparativestudy.pdf. 登录时间:2013年11月15日。

军方和文官亲信，国家安全委员会成为一纸空文。①

（二）内阁国防委员会（Defence Committee of the Cabinet，简称 DCC）的初步建立与搁置（1976—1985 年）

1971 年第三次印巴战争爆发，巴基斯坦战败，东巴基斯坦在印度的支持下独立成为孟加拉国，总统叶海亚·汗辞职。阿莫杜尔·拉曼委员会（Hamoodur Rahman Commission）在调查报告中指出，战败导致驻扎在东巴基斯坦的巴基斯坦军方与巴基斯坦文官的关系出现了极度紧张状态。② 与此同时，改革派希望建立一个能够真正协调外交和国防政策的机构，军方已有的做法显然不能满足诉求，改革的呼声愈发强烈。

为了应对改革呼声，总理佐勒菲卡尔·阿里·布托（Zulfikar Ali Bhutto）于 1976 年 5 月发表国防白皮书，规划建立由文官主导的针对国防和安全事务的专门机构，由此内阁国防委员会初步建立。③ 稍早时间，国会否决了军方强烈要求再次建立以军方为主导的国家安全委员会的提案。

内阁国防委员会主要向总理提供针对地缘战略事务、国家安全评估和国内政治局势的分析与建议。内阁国防委员会于 1976 年第一

---

① Hasan-Askari Rizvi, "National Security Council: A Debate on Institutions and Processes for Decision-Making on Security Issues," Pakistan Institute of Legislative Development and Transparency (PILDAT), April 2012, p. 17, http: //www. pildat. org/publications/publication/CMR/NaionalSecurityCouncil-debateonInstitutionsandprocessesfordecisionmakingonsecurityissues. pdf. 登录时间：2013 年 11 月 15 日。

② Hamoodur Pahman Commission, "Hamoodur Rahman Commission Report," http: //www. pppusa. org/Acrobat/Hamoodur% 20Rahman% 20Commission% 20Report. pdf. 登录时间：2013 年 11 月 23 日。

③ Ministry of Defence, Government of Pakistan, "White Paper on Higher Defence Organizations," 1976.

次正式运作，由总理布托主持，讨论阿富汗对巴基斯坦的挑衅危机。然而，1977 年军方发生政变推翻布托政府，穆罕穆德·齐亚·哈克（Muhammad Zia-ul-Haq）将军担任总统，总理职务被废除（直到 1985 年恢复），内阁国防委员会地位受到挑战。

（三）国家安全委员会的初步组建与失效（1985—1993 年）

军方一直青睐"国家安全委员会"这个概念，甚至提出了一套特殊的架构设想来保证军方领导人在委员会中的地位。哈克总统在"1973 年宪法"的基础上在《宪法秩序复兴法》（Revival of the Constitution Order，简称 RCO）中增加了"152 – A 条款"。该条款旨在建立一个由军方高层主导决策的国家安全委员会。国家安全委员会被赋予以下权力："针对基于第 232 条款所规定的'宣布紧急状态'（Proclamation of Emergency）所涉的各项情况、巴基斯坦国家安全和任何其他重大事项向总统和总理提供建议。"[1]

但是国家安全委员会没有得到文官集团的支持，军方只得在国家安全委员会运转方面让步来取得议会通过修正版的《宪法秩序复兴法》（"1985 年宪法"修正案）。由此国家安全委员会依然处于构想阶段，没有实际运作，再次处于搁置状态。[2]

---

[1] Pakistan Institute of Legislative Development and Transparency (PILDAT), "Performance of the Defence Committee of the Cabinet," March 2012, p. 11, http://www.pildat.org/publications/publication/CMR/PerformanceoftheDefenceCommitteeoftheCabinet_Report_March2012.pdf. 登录时间：2013 年 11 月 15 日。

[2] 同上。

(四) 内阁国防委员会的虚设状态 (1993—1999 年)

1993 年总理贝·布托 (Benazir Bhutto) 掌权,彻底解散军方控制的国家安全委员会,重新恢复文官主导的内阁国防委员会。不过内阁国防委员会在 20 世纪 90 年代没有发挥实际作用。

1997 年 1 月,看守政府[①]总统法鲁克·莱加里 (Farooq Leghari) 和总理米拉吉·哈立德 (Meraj Khalid) 建立了一个由 10 人参与的"国防与国家安全委员会"(Council for Defence and National Security,简称 CNDS),成员包括总统、总理、相关部门部长和军方人员。职责包括向内阁提供国防政策建议,协调国内和国外涉及到安全与稳定的相关事务。第一次会议涉及以上事务并包括了其他事项:审定官僚腐败问题的数量,确定于 1997 年 2 月 3 日举行大选等。有分析认为莱加里总统建立国防与国家安全委员会旨在于看守政府时期获得军方对其执政的支持。[②]

当 1997 年 2 月纳瓦兹·谢里夫 (Nawaz Sarif) 重新获得总理职务后,国防与国家安全委员会被废除。内阁国防委员会在表面上虽然还处于运转状态,但这一委员会仍然受到军方的质疑。对谢里夫政府最具挑战的批评来自陆军总参谋长杰汗吉尔·卡拉麦特 (Jehangir Karamat) 将军。他认为内阁国防委员会应当扩大它的人员构成范围来更好地完成使命,他强调巴基斯坦"需要中立、有能力和安全

[①] 1996 年 11 月 5 日贝·布托因被指控涉及贪污和治国不当下台,选举新总理期间设立看守政府,该届看守政府止于 1997 年 2 月 17 日。

[②] Pakistan Institute of Legislative Development and Transparency (PILDAT), "Performance of the Defence Committee of the Cabinet," March 2012, p. 11, http://www.pildat.org/publications/publication/CMR/PerformanceoftheDefenceCommitteeoftheCabinet_Report_March2012.pdf. 登录时间:2013 年 11 月 15 日。

的政府机构",而不是"两极化的国家状态"。谢里夫对此大为不满,立即批准卡拉麦特的辞呈,其继任者为佩尔韦兹·穆沙拉夫(Pervez Musharraf)。[①]

(五) 穆沙拉夫的国家安全委员会及其法律地位的确立 (1999—2008 年)

1999 年 10 月 12 日,陆军总参谋长穆沙拉夫将军发动政变推翻谢里夫政权,旋即担任首席执行官 (Chief Executive)。5 天后他发表演说宣布建立一个由其领衔的国家安全委员会,其他 6 位成员包括海军总参谋长、空军总参谋长以及分别在法律、财政、外交和内务方面的专家。[②] 国家安全委员会同时会建立自己的智库,但是不包括文职集团成员。

国家安全委员会于 1999 年 10 月 30 日通过《首席执行官令》正式建立。2000 年 8 月穆沙拉夫对国家安全委员会成员进行改组,成员包括:
——首席执行官
——海军总参谋长、空军总参谋长
——外交部长、内务部长、财政部长
国家安全委员会的作用是向首席执行官提供不具有约束力的建

[①] Pakistan Institute of Legislative Development and Transparency (PILDAT), "National Security Council: A Comparative Study of Pakistan and Other Selected Countries," August 2005, p. 14, http://www.pildat.org/Publications/publication/CMR/nationalsecurity-council-comparativestudy.pdf. 登录时间:2013 年 11 月 15 日。

[②] "Chronology of Pakistan October 1999," http://www.ghazali.net/world/pakistan/To_Date_Events/99Oct/99oct.html. 登录时间:2013 年 11 月 20 日。

议。① 涉及事务众多，包括国家安全、外交、法律与秩序、腐败、问责、银行借贷、金融、经济与社会福利、教育、健康、伊斯兰主义意识形态、人权、少数族裔权利、妇女发展等等。国家重建局（National Reconstruction Bureau，简称NRB）作为其智囊机构。同时，穆沙拉夫（2001年卸任首席执行官，成为总统）还任命文官塔里克·阿齐兹（Tariq Aziz）作为国家安全委员会秘书，在2008年8月18日穆沙拉夫及其政府被迫辞职之前，阿齐兹一直担任此职。②

2004年4月20日通过的《国家安全委员会法案（2004）》正式确立国家安全委员会的法律地位。虽然该法案在参议院遭到强烈反对，但是第12届巴基斯坦国民议会通过了该法案，赋予国家安全委员会合法权力。法律赋予的职权功能与组织结构请见第三部分。然而在实际运转中，穆沙拉夫治下的国家安全委员会更加侧重于讨论政治局势，而较少关注具体的国家安全事务。③

（六）国家安全委员会的危机与当今的内阁国防委员会（2008—2013年）

2008年8月19日，随着国家安全委员会秘书阿齐兹随穆沙拉夫

---

① Pakistan Institute of Legislative Development and Transparency（PILDAT），"Performance of the Defence Committee of the Cabinet," March 2012, pp. 11 – 12, http://www.pildat.org/publications/publication/CMR/PerformanceoftheDefenceCommitteeoftheCabinet_Report_March2012.pdf. 登录时间：2013年11月15日。

② Pakistan Institute of Legislative Development and Transparency（PILDAT），"National Security Council: A Comparative Study of Pakistan and Other Selected Countries," August 2005, pp. 20 – 21, http://www.pildat.org/Publications/publication/CMR/nationalsecuritycouncil-comparativestudy.pdf. 登录时间：2013年11月28日。

③ Hasan-Askari Rizvi, "National Security Council: A Debate on Institutions and Processes for Decision-Making on Security Issues," Pakistan Institute of Legislative Development and Transparency（PILDAT），April 2012, p. 30, http://www.pildat.org/publications/publication/CMR/NaionalSecurityCouncil-debateonInstitutionsandprocessesfordecisionmakingonsecurityissues.pdf. 登录时间：2013年11月15日。

辞职而解职，马哈茂德·阿里·杜拉尼（Mahmud Ali Durrani）接管国家安全委员会秘书处，直接听命于总理优素福·拉扎·吉拉尼（Yousaf Raza Gillani）。但是好景不长，国家安全委员会随着杜拉尼的"过失"所导致的危机彻底被搁置起来。

这场危机起源于杜拉尼"没有征得总理同意擅自对外发表声明"。他对印度媒体声称2008年孟买爆炸案唯一生还的恐怖分子穆罕穆德·阿吉马·卡萨布（Mohammed Ajmal Kasab）是巴基斯坦国籍，而在这之前巴基斯坦官方一直否认这个说法。[①] 杜拉尼的行为引发重大外交危机，总理威胁要废除国家安全委员会。从此该机构只是在法律层面维持其存在性。

国家安全委员会的危机为被军方压制多年的内阁国防委员会的复出提供了契机。自从2009年以来，历经人民党（Pakistan Muslim League-Nawaz，简和PML-N）政府、看守政府、穆斯林联盟—谢里夫派（Pakistan Muslim League-Nawaz）政府，内阁国防委员会依然是文官政府处理国家安全事务最重要的决策与协调机构，截止到2013年3月，内阁国防委员会一共召开了12次会议。[②] 该委员会在实际操作中起到了一定作用。

---

① "National Security Advisor Sacked by PM," *PK Politics*, http://pkpolitics.com/2009/01/07/national-security-advisor-sacked-by-pm. 登录时间：2013年11月23日。

② Pakistan Institute of Legislative Development and Transparency（PILDAT），"Performance of the Defence Committee of the Cabinet（March 2012 - March 2013），" March 2013, pp. 22 - 24，http://www.pildat.org/publications/publication/CMR/PerformanceoftheDefence-CommitteeoftheCabinet_ Mar2012toMar2013.pdf. 登录时间：2013年12月10日。

二、法律基础与政治地位

从法律角度看，国家安全委员会和内阁国防委员会目前都拥有合法地位。国家安全委员会的合法地位来源于 2004 年 4 月生效的《国家安全委员会法案（2004）》（National Security Council Act，2004），[①] 该法案适用于巴基斯坦全境，并且自生效之日起立即具有法律效力。该法案正式确认国家安全委员会在国家中的合法地位。从法律角度看该委员会在总统的领导下对国家安全及相关事务发挥咨询功能，因此该委员会不是凌驾于其他部门之上的政策制定和协调部门，而仅是作为穆沙拉夫军政府国家安全决策的咨询部门。《法案》同时规定只有得到国家安全委员会主席的同意，国家安全委员会的建议才能上升为规定和政策，从而得到贯彻执行。《国家安全委员会法案（2004）》关于国家安全委员会的职能和构成的具体规定将在下文中予以介绍。

当今的内阁国防委员会随着民选政府重新获得执政地位而立即成立，机构运行的指导精神遵循 2006 年 5 月人民党（领袖为贝·布托）与穆斯林联盟—谢里夫派（领袖为谢里夫）在伦敦签署的《民

[①] "Text of the National Security Council Act, 2004" (Act No. 1 of 2004), April 20, 2004, http://www.pakistancounstitution-law.com/appendix21.asp. 登录时间：2013 年 11 月 23 日。

主宪章》（Charter of Democracy，简称 CoD）。[1] 根据《黎明报》的报道，2013年9月谢里夫政府上台后（政党轮替）与人民党总统阿西夫·阿里·扎尔达里（Asif Ali Zardari）达成共识，为了延续巴基斯坦的民主道路，一切行为必须与《民主宪章》的步调一致，[2] 由此可见《民主宪章》在民选政府当中的至高地位。两党达成共识认为国家安全委员会应当被废除，内阁国防委员会应当以政府总理为首，并且拥有一个常设的秘书处架构。人民党在2008年选举宣言中确认了《民主宪章》精神。[3] 同时宪章中还有诸多强调限制军方的作用和加强文官集团主导地位的条款。在实际操作中，即2008年人民党政府以及2013年穆斯林联盟—谢里夫派政府执政时期内阁国防委员会都将《民主宪章》精神作为基本行动准则。由此可见，内阁国防委员会是一个由文官集团主导、较为排斥军方集团的决策和协调机构，由政府总理直接领导也体现其在应对国家安全危机时的主导地位。

---

[1] Charter of Democracy on PML-N website, http://ww50.pmln.org.pk/charter-demo.php. 登录时间：2013年11月22日。Charter of Democracy on PPP website, http://www.ppp.org.pk/elections/cod.html. 登录时间：2013年11月22日。"Text of the Charter of Democracy," *The Dawn*, May 16, 2006, http://dawn.com/news/192460/text-of-the-charter-of-democracy. 登录时间：2013年11月27日。

[2] "PM Sharif Meets President Zardari, Felicitates on Completing Term," *The Dawn*, September 5, 2013, http://www.dawn.com/news/1040738/pm-sharif-meets-president-zardari-felicitates-on-completing-term. 登录时间：2013年12月22日。

[3] Sartaj Aziz, "Parliamentary Oversight of Defence in Pakistan: The Way Forward," Pakistan Institute of Legislative Development and Transparency (PILDAT), September 2010, p. 5.

三、职权功能与组织结构

由于从法律地位来看,国家安全委员会和内阁国防委员会都是国民议会通过的合法机构,因此本节分别介绍法律规定和实际运作下的国家安全委员会和内阁国防委员会的职权功能和组织架构。

(一) 国家安全委员会

2004年国会通过的《国家安全委员会法案(2004)》赋予国家安全委员会以下职能:

基本职能:赋予国家安全委员会在主权、统一、国防、国家安全与危机管理方面提供政策建议的权利。

具体职能:[1]

(1) 委员会作为总统和政府在国家安全事务方面(包括主权、统一、国防、国家安全和危机管理)咨询的主要平台。

(2) 委员会有向总统和政府对(1)中所列举的事务提供规划与建议的权利。

(3) 委员会在任何关系国家安全方面的重要提议如需执行,必须诉诸国民议会批准。

而从实际操作来看,穆沙拉夫为了防止自己在政治规划时受到

---

[1] "Text of the National Security Council Act, 2004" (Act No. 1 of 2004), April 20, 2004, http://www.pakistancounstitution-law.com/appendix21.asp. 登录时间:2013年11月23日。

国家安全委员会的限制，极少在国家重要的政治及安全事务上咨询国家安全委员会，而只是将其作为讨论政治局势等功能使用。例如，"9·11"事件之后穆沙拉夫在决定加入美国领导的"反恐战争"时就没有咨询国家安全委员会的建议；[1] 再比如2007年几个国家安全的重要事件（伊斯兰堡"红色清真寺"事件；2007年11月3日裁判陆军总参谋长违宪，认为宪法没有赋予总参谋长宣布紧急状态法令的权力等）的解决方案都是由总统个人制定，国家安全委员会没有被赋予权力提供问题解决的咨询职能。[2] 因此法律赋予国家安全委员会的（1）、（2）项职能在实际操作中无法发挥，由此则更无需讨论第（3）项赋予国民议会对于国家安全委员会权力的限制。

国家安全委员会的组织结构为：

表1 国家安全委员会组织架构

（1）总统（委员会主席）
（2）总理
（3）参议院议长
（4）国民议会议长
（5）参谋长联席会议主席
（6）陆军总参谋长、海军总参谋长、空军总参谋长

---

[1] Hasan-Askari Rizvi, "National Security Council: A Debate on Institutions and Processes for Decision-Making on Security Issues," *Pakistan Institute of Legislative Development and Transparency* (PILDAT), April 2012, pp. 29-30, http://www.pildat.org/publications/publication/CMR/NaionalSecurityCouncil-debateonInstitutionsandprocessesfordecisionmakingonsecurityissues.pdf. 登录时间：2013年11月28日。

[2] Hasan-Askari Rizvi, "National Security Council: A Debate on Institutions and Processes for Decision-Making on Security Issues," Pakistan Institute of Legislative Development and Transparency (PILDAT), April 2012, p. 30, http://www.pildat.org/publications/publication/CMR/NaionalSecurityCouncil-debateonInstitutionsandprocessesfordecisionmakingonsecurityissues.pdf. 登录时间：2013年11月15日。

续表

(7) 国民议会反对党领袖
(8) 四省省长（旁遮普、俾路支、信德、开伯尔—普什图）

资料来源："National Security Council: A Comparative Study of Pakistan and Other Selected Countries," *Pakistan Institute of Legislative Development and Transparency* (PILDAT), August 2005, p. 16, http://www.pildat.org/Publications/publication/CMR/nationalsecuritycouncil-comparativestudy.pdf. 登录时间：2013 年 11 月 15 日。

而从实际操作来看，穆沙拉夫是国家安全事务的实际决策者，可能在做决策之前咨询军方主要将领和亲信人物，但基本没有按照 2004 年国民议会法案的法律安排进行执行，基本排除文官集团在国家安全事务方面的决策作用。同时正如前文指出的，穆沙拉夫治下的国家安全委员会更加侧重于讨论政治局势，而较少关注具体的国家安全事务，[①] 因此从实际效果来看，国家安全委员会处于半搁置状态。

（二）内阁国防委员会

根据《民主宪章》的规定，内阁国防委员会主要的职能是民选总统与高级政府智囊、各部门高级官员和军方智囊共同研究国家安全、地缘战略和外交政策的主要决策和咨询机构，是文官集团和军方高层讨论国防与国家安全事务的最高与核心机构。该机构强调了文官领导人对于国家利益的最终解释权和对国防、外交政策的最终

[①] Hasan-Askari Rizvi, "National Security Council: A Debate on Institutions and Processes for Decision-Making on Security Issues," Pakistan Institute of Legislative Development and Transparency (PILDAT), April 2012, p. 30, http://www.pildat.org/publications/publication/CMR/NaionalSecurityCouncil-debateonInstitutionsandprocessesfordecisionmakingonsecurityissues.pdf. 登录时间：2013 年 11 月 15 日。

决策权。从实际操作来看，内阁国防委员会主要决策者是总理领导下的文官官僚（无论是人民党还是穆斯林联盟—谢里夫派），该委员会在印巴问题、反恐问题、国家主权安全问题、双边及多边等问题中一直发挥着战略决策的主导地位，是巴基斯坦应对国家安全及相关事务的最重要决策和咨询机构。

内阁国防委员会的组织架构为：

表2　内阁国防委员会组织架构

基本成员：（1）政府总理 　　　　　（2）国防部长 　　　　　（3）外交部长 　　　　　（4）财政部长
其他成员不定期参加内阁国防委员会会议，主要起到协助作用，包括： 　　　　　（1）国防部门秘书 　　　　　（2）外交部门秘书 　　　　　（3）财政部门秘书 　　　　　（4）参谋长联席会议主席 　　　　　（5）陆军总参谋长、空军总参谋长、海军总参谋长

资料来源：Pakistan Institute of Legislative Development and Transparency（PILDAT），"Performance of the Defence Committee of the Cabinet," March 2012, p.9, http://www.pildat.org/publications/publication/CMR/PerformanceoftheDefenceCommitteeoftheCabinet_Report_March2012.pdf. 登录时间：2013年11月15日。

由以上组织架构可见，军方在内阁国防委员会中处于从属地位，主要起协助作用；而文官在内阁总理的领导下处于主导地位，对最终决策起到关键作用。这种机构架构安排与巴基斯坦"文官—军方"的斗争现状相吻合。

同时，内阁国防委员会设立了一个执行与协调机构——"内阁武装处"（Military Wing of the Cabinet Division）。它的前身是"国防计划与协调处"（Defence Planning and Coordination Wing，成立于

1956 年)，后于 1972 年更名为"内阁武装处"，职责为"在非军方部门协调和贯彻军事事务"，该部门具有以下功能：①

（1）协助内阁国防委员会在国家层面协调军事事务；

（2）向不同的涉及国防与安全的委员会及部门提供协助功能；

（3）计划与贯彻战时军需分配；

（4）联邦政府车辆使用管理相关事务；

（5）雇员车辆使用规定的制定与完善；

（6）情报部门相关事务。

但是从实际操作来看，这个部门仍然处于设想层面，在 2008 年重新建立内阁国防委员会之后，人民党没有兑现竞选承诺建立一个真正属于内阁国防委员会的常设的秘书处，这使得内阁国防委员会成员只有最高决策层（"4+7"），没有实际的执行与协调机构。

四、案例

由于在穆沙拉夫军政府时期采用的决策模式是一种顶层决策、军队立体式决策方式，所以国家安全委员会在军政府之中的作用非常弱小，基本没有参与国家安全事务的重要决策和咨询事务。②

相较于国家安全委员会，文官集团的内阁国防委员会自 2008 年

---

① Military Wing, Cabinet Division，内阁武装处网站 http：//ww.cabinet.gov.pk. 登录时间：2013 年 11 月 27 日。

② Hasan-Askari Rizvi, "National Security Council: A Debate on Institutions and Processes for Decision-Making on Security Issues," Pakistan Institute of Legislative Development and Transparency (PILDAT), April 2012, p. 30, http://www.pildat.org/publications/publication/CMR/NaionalSecurityCouncil-debateonInstitutionsandprocessesfordecisionmakingonsecurityissues.pdf. 登录时间：2013 年 11 月 15 日。

8月18日接管国家安全事务后,针对一系列内部和外部安全事务进行了较为有效的决策和应对。据媒体报道,截至2013年3月一共召开了12次会议,下表是笔者根据智库"巴基斯坦立法发展与透明机构"(Pakistan Institute of Legislative Development and Transparency,简称PILDAT)的发展报告①和《黎明报》相关报道整理的12次会议的简要介绍:

表3 2008年文官政府以来内阁国防委员会讨论议题

序数	时间	讨论议题
1	2008.12.8	孟买恐怖袭击及其后续相关事务
2	2009.3.21	(1) 国防及安全事务讨论② (2) 《军队发展计划2025报告》评估
3	2010.1.5	(1) 国家安全挑战评估 (2) 反恐运动部署 (3) 印度军方发表声明"采取一个激进的战略来同时应对巴基斯坦和中国向其发动的战争",巴基斯坦讨论应对策略③

---

① Pakistan Institute of Legislative Development and Transparency (PILDAT), "Performance of the Defence Committee of the Cabinet," March 2012, pp. 13 – 17, http://www.pildat.org/publications/publication/CMR/PerformanceoftheDefenceCommitteeoftheCabinet_Report_March2012.pdf. 登录时间:2013年11月15日。Pakistan Institute of Legislative Development and Transparency (PILDAT), "Performance of the Defence Committee of the Cabinet (March 2012 – March 2013)," March 2013, pp. 11 – 13, http://www.pildat.org/publications/publication/CMR/PerformanceoftheDefenceCommitteeoftheCabinet_Mar2012toMar2013.pdf. 登录时间:2013年12月10日。

② "PM Chairs Cabinet's Defence Committee Meeting," The Nation, http://www.nation.com.pk/pakistan-news-newspaper-daily-english-online/Islamabad/21 – Mar – 2009/PM-chairs-cabinets-defence-committee-meeting. 登录时间:2013年11月28日。

③ Press Release No. 32, DCC Meeting, PID, January 5, 2010, http://www.pid.gov.pk/press05 – 01 – 2010.htm. 登录时间:2013年11月28日。

第九章　巴基斯坦国家安全委员会与内阁国防委员会

续表

序数	时间	讨论议题
4	2010.12.3	针对"维基解密"（Wikileaks）泄露的涉及"美国—巴基斯坦"关系敏感问题的讨论及应对①
5	2011.5.12	（1）2011年5月2日美国未经巴基斯坦同意在巴基斯坦境内阿伯塔巴德（Abbottabad）击毙"基地"组织头目奥萨马·本·拉丹（Osama bin Laden），引起巴基斯坦强烈抗议 （2）国家安全状况评估 （3）巴基斯坦与美国的关系问题②
6	2011.5.26	针对塔利班武装分子对于巴基斯坦位于卡拉奇的迈赫兰（PNS Mehran）海军基地的袭击事件（摧毁美国提供的两架新的 P-3C "猎户座"反恐巡逻机）的应急反应③
7	2011.8.18	讨论对原教旨主义（fundamentalism）和极端主义采取去激进化方案（de-radicalization plan）④
8	2011.11.26	针对北约（NATO）对莫赫曼德特区（Mohmand Angency）边防哨所袭击的后续应对事务
9	2012.1.14	针对美国调查报告的评估⑤（该报告是关于"北约对巴基斯坦边防哨所造成大量伤亡的空袭"的调查）

---

① "Civilian, Military Leaders Meet Concern over Damage Done by Leaks," *The Dawn*, December 4, 2010, http://www.dawn.com/2010/12/04/civilian-military-leaders-meet-concern-over-damage-done-by-leaks.html. 登录时间：2013年11月28日。

② "Pakistan to Define Anti-terror Cooperation with US," *The Dawn*, May 12, 2011, http://www.dawn.com/2011/05/12/pakistan-to-define-anti-terror-cooperation-with-us.html. 登录时间：2013年11月28日。

③ "Karachi Attack Stokes Fears," *FT Chinese*, http://www.ftchinese.com/story/001038751/ce. 登录时间：2013年11月28日。

④ "De-radicalization Plan Under Study," *The Dawn*, August 18, 2011, http://www.dawn.com/2011/08/18/de-radicalization-plan-under-study.html. 登录时间：2013年11月28日。

⑤ "US Report Rejected," *The Dawn*, January 15, 2012, http://epaper.dawn.com/~epaper/DetailImage.php?StoryImage-15_01_2012_001_004. 登录时间：2013年11月28日。

续表

序数	时间	讨论议题
10	2012.4.17	讨论国民议会关于修复巴基斯坦—美国关系和重新开放西方通往阿富汗的军需物资运输通道的指导方针①
11	2012.5.15	评估巴基斯坦—美国关系和重启西方通往阿富汗的军需物资运输通道②
12	2012.7.3	评估巴基斯坦—美国关系和重启西方通往阿富汗的军需物资运输通道

资料来源：笔者根据以下资料整理制作：Pakistan Institute of Legislative Development and Transparency（PILDAT），"Performance of the Defence Committee of the Cabinet," March 2012, pp. 13 – 17, http：//www.pildat.org/publications/publication/CMR/PerformanceoftheDefenceCommitteeoftheCabinet_Report_March2012.pdf. 登录时间：2013年11月15日。Pakistan Institute of Legislative Development and Transparency（PILDAT），"Performance of the Defence Committee of the Cabinet（March 2012 – March 2013），" March 2013, pp. 11 – 13, http：//www.pildat.org/publications/publication/CMR/PerformanceoftheDefenceCommitteeoftheCabinet_Mar2012toMar2013.pdf. 登录时间：2013年12月10日。

笔者根据智库报告与媒体报道整理了部分会议的后续动作，如表4：

表4 2008年文官政府以来内阁国防委员会部分会议后续动作

序数	时间	讨论议题	关于后续动作的报道
8	2011.11.26	针对北约（NATO）对莫赫曼德特区（Mohmand Angency）边防哨所袭击的后续应对事务	（1）无限期关闭西方通往阿富汗的军需物资运输通道 （2）要求美国立即从沙姆西空军基地（Shamsi Airbase）撤出，之前同意美国可以在15天之内撤出

---

① "DCC Go-ahead for Resetling Pak-US Ties," The Dawn, April 18, 2012, http：//dawn.com/2012/04/18/parliaments-guidelines-discussed-dcc-go-ahead-for-resetting-pak-us-ties. 登录时间：2013年11月28日。

② "DCC Remains Indecisive; Decision after Consultation," The Dawn, May 15, 2012, http：//dawn.com/2012/05/15/gilani-chairs-dcc-meeting-over-us-ties. 登录时间：2013年11月28日。

第九章　巴基斯坦国家安全委员会与内阁国防委员会

续表

序数	时间	讨论议题	关于后续动作的报道
8	2011.11.26	针对北约（NATO）对莫赫曼德特区（Mohmand Angency）边防哨所袭击的后续应对事务	（3）对目前与美国、北约的合作进行全面评估①；国民议会国家安全事务委员会（Parliamentary Committee on National Security）负责评估相关事宜
9	2012.1.14	针对美国调查报告的评估②（该报告是关于"北约对巴基斯坦边防哨所造成大量伤亡的空袭"的调查）	（1）内阁国防委员会强烈驳斥美国和北约的官方辩驳 （2）内阁国防委员会决定继续切断西方通往阿富汗的军需物资运输通道
10	2012.5.15	讨论国民议会关于修复巴基斯坦—美国关系和重新开放西方通往阿富汗的军需物资运输通道的指导方针③	（1）基于国民议会报告开始磋商重启对美关系 （2）针对国民议会关于巴基斯坦国家利益的指导方针制定切实有效的贯彻方案

---

① "US Told to Vacate Shamsi Base; NATO Supplies Stopped," *The Dawn*, November 27, 2011, http://www.dawn.com/2011/11/27/us-told-to-vacate-shamsi-base-nato-supplies-stopped.html. 登录时间：2013 年 11 月 28 日。

② "US Report Rejected," *The Dawn*, January 15, 2012, http://epaper.dawn.com/~epaper/DetailImage.php?StoryImage–15_01_2012_001_004. 登录时间：2013 年 11 月 28 日。

③ "DCC Go-ahead for Resetling Pak-US Ties," *The Dawn*, April 18, 2012, http://dawn.com/2012/04/18/parliaments-guidelines-discussed-dcc-go-ahead-for-resetting-pak-us-ties. 登录时间：2013 年 11 月 28 日。

续表

序数	时间	讨论议题	关于后续动作的报道
12	2012.7.3	评估巴基斯坦—美国关系和重启西方通往阿富汗的军需物资运输通道	(1) 重启西方通往阿富汗的军需物资运输通道① (2) 巴基斯坦与美国签署了一份谅解备忘录 (Memorandum of Understanding, 简称 MoU)②

资料来源：笔者根据以下资料整理制作：Pakistan Institute of Legislative Development and Transparency (PILDAT), "Performance of the Defence Committee of the Cabinet," March 2012, pp. 13–17, http://www.pildat.org/publications/publication/CMR/PerformanceoftheDefenceCommitteeoftheCabinet_Report_March2012.pdf. 登录时间：2013 年 11 月 15 日。Pakistan Institute of Legislative Development and Transparency (PILDAT), "Performance of the Defence Committee of the Cabinet (March 2012 – March 2013)," March 2013, pp. 11–13, http://www.pildat.org/publications/publication/CMR/PerformanceoftheDefenceCommitteeoftheCabinet_Mar2012toMar2013.pdf. 登录时间：2013 年 12 月 10 日。

表3 中所列举的12 次会议内容中，最典型的一个案例是美国在未经巴基斯坦政府许可的情况下擅自派遣"海豹突击队"在巴基斯坦阿伯塔巴德地区成功击毙"基地"组织头目本·拉丹事件。该事件在巴基斯坦国内产生了非常严重的影响。巴基斯坦官方在强烈批评、质疑美国侵犯主权行为的同时，也面临社会各界对于其保护国家安全能力的强烈抨击。

内阁国防委员会第5 次会议是在这个突发事件发生后10 天内召开的。参加此次会议的成员有政府总理、国防部长、国防工业部高级部长、外交部长、财政部长、内政部长、情报及广播部长、参谋

---

① "Cabinet Gives Nod to NATO Supply Restoration," *The Dawn*, July 4, 2012, http://dawn.com/2012/07/04cabinet-gives-nod-to-nato-supply-restoration. 登录时间：2013 年 11 月 28 日。

② "Memorandum of Understanding between the Islamic Republic of Pakistan and the United States of America for the Transit of U.S. Cargo to and from the Islamic Republic of Afghanistan through the territory of the Islamic Republic of Pakistan", http://zh.scribd.com/doc/101130414/Memorandum-of-Understanding-Between-Pakistan-US. 登录时间：2013 年 11 月 30 日。

长联席会议主席、陆军总参谋长、空军总参谋长、外交部门秘书和国防部门秘书。① 由此可见，这次会议将危机所涉及的各部门最高长官都召集起来，尤其是军方高级将领（从内阁国防委员会的架构来看，此次危机的严重性提高了军方在此次会议中的地位）。从巴基斯坦发行量最大的报纸《黎明报》获得的信息来看，此次会议是巴基斯坦独立以来较为少见的总理领导的文官集团与整个军方集团在国家安全事务上达成一致的案例，二者均强烈谴责美国的侵犯主权行径。

而文官与军方在其他国家安全事务方面较难达成共识，因此根据内阁国防委员会的架构设计，虽然据媒体报道能够参加会议的军方高级官员几乎悉数到齐，但军方高级官员主要起到的作用是提供军事技术及辅助功能，而较难在文官与军方产生冲突时直接影响总理和委员会的决策。例如在第四次会议中，由于"维基解密"曝光了驻阿富汗美军电报，电报中称美国怀疑巴基斯坦情报部门暗中支持塔利班武装等信息。巴基斯坦内阁国防委员会主要文官公开谴责"维基解密"对于敏感信息的泄露行为，认为持续泄露行为会损害与"其他国家的友好联系"。而军方在表达对"维基解密"谴责的同时强烈建议文官应当紧急处置和重新制定对美关系，但是没有得到文官集团和整个委员会的支持。直到"阿伯塔巴德事件"后才使得文官集团最终开始考虑重新制定对美关系，在会议议程中讨论与美国及北约关系问题。

---

① Pakistan Institute of Legislative Development and Transparency (PILDAT), "Performance of the Defence Committee of the Cabinet," March 2012, p. 14, http://www.pildat.org/publications/publication/CMR/PerformanceoftheDefenceCommitteeoftheCabinet_ Report_ March2012.pdf. 登录时间：2013 年 11 月 15 日。

五、问题与展望

(一) 特点与问题

1. 缺乏长期战略预防功能及常设执行机构

从第四部分笔者整理的内阁国防委员会召开的 12 次会议议程可以看出，巴基斯坦主要是从危机临时反应机制方面入手进行国家安全事务的管理和规划的。12 次会议分别对应不同的国家安全事务范畴，分别从反恐、国家主权、国家安全、双边及多边关系等方面切入。但是几乎没有从国家整体安全战略，即长期战略预防机制方面入手进行战略规划，因此会议多显现出"反应性"、"短时效性"等特点。同时内阁国防委员会至今没有设置一个常设秘书处，没有建立起一套定期议事的规则和机制。[1] 从媒体能够获得的信息和智库分析材料中较少看到长期战略预防机制的构建，但是否真正存在这样的长期战略还有待进一步观察。

巴基斯坦是一个安全问题较多的国家，东南面临与印度的传统矛盾，西北与阿富汗都面临塔利班、"基地"组织安全威胁的问题。同时地区恐怖主义问题多发又将该地区与美国的反恐战略捆绑在一起，这为美国采取"单边主义"政策侵犯巴基斯坦主权提供了一定的"借口"；北约对于巴基斯坦边防哨所的轰炸也体现了这一特点。

---

[1] Pakistan Institute of Legislative Development and Transparency (PILDAT), "Performance of the Defence Committee of the Cabinet," March 2012, p. 16, p. 20, http://www.pildat.org/publications/publication/CMR/PerformanceoftheDefenceCommitteeoftheCabinet_Report_March2012.pdf. 登录时间：2013 年 11 月 15 日。

因此为了更加有效地完善巴基斯坦的国家安全体系，内阁国防委员会应当在维持巴基斯坦政治体制稳定的基础上，对国家安全所涉各项传统事务进行归类，制定一个较为合理、清晰的分层次的国家安全规划，通过对于国家安全威胁程度的强弱进行归类、评估，制定一套较为合理的长期预防和临时反应双层机制；同时建立一个能够处理、执行日常事务和协调各方资源的常设秘书处。这样能够更加有效地减少危机频发对于国家安全、政府机构的冲击和政府对于危机反应的"脆弱性"。

2. 文官与军方的协调性问题

文官与军方的权力协调是巴基斯坦自1956年独立以来长期存在的影响国家政权稳定的重要问题。具体特点是军方试图通过自上而下、严格按照军队等级制的部署来完成对于国家安全委员会的掌控，最极端的状态表现为军方最高领导人将国家安全委员会掌握在自己手中（如叶海亚·汗、穆沙拉夫），同时将该委员会放置在不干涉军方领导人个人决策的位置上。而文官系统则采用"另起炉灶"的方式设立内阁国防委员会形成对于国家安全决策的主导地位，以期一定程度调和文官与军方之间的矛盾。

但双方在实际操作自己治下的国家安全委员会或内阁国防委员会时都存在一些固有矛盾。例如，军方的自上而下体制在应对突发性问题时如果处理不当，尤其是未向国家安全委员会以及相关智库、情报机构咨询时，常常会导致民众对于军政府的执政能力产生较大质疑，直接威胁其执政地位，典型的案例包括1971年第三次印巴战争失败对叶海亚·汗执政地位的毁灭性打击、2007年一系列事件处置不当对穆沙拉夫军政府的致命打击等等。虽然这其中有军政府特殊体制的考量，一定程度上也有军队体制在政治体制上的执政惯性，但若能够在一定程度上吸取之前的教训，在危机应对和战略预防方面能够更加主动地与文官系统、智库进行协商，真正发挥国家安全委员会在宪法上被赋予的"咨询"功能，可以在一定程度上加强其国家安全和军政府的统治地位。

而从文官执政的角度来看，存在的一个重要问题是文官集团国家决策落实的有效性问题。尽管目前是文官政府的内阁国防委员会执掌国家安全事务，但是如果没有军方参与决策制定和规划、单靠文官政府进行决策制定，将同样对于国家安全产生一定的负面效应。这就产生了一个严重的"悖论"——赋予军方更多的权力来更好地促进国家安全战略的制定，然而这些权力又会反过来威胁文官政府的统治基础，因此如何协调文官与军方的关系对于巴基斯坦国家安全战略制定和内阁国防委员会的长期战略规划产生重大影响。

3. 决策机构与智囊机构的协调问题

由于军政府下的国家安全委员会主要是一个空壳机构，同时宪法赋予其的功能是"咨询建议权力"，因此机构本身不存在决策功能与咨询功能协调的问题。但正如前文指出的，军方决策者如能够在决策前适当了解和采纳智库对于国家安全的解读与分析，则一定程度上有利于国家安全和军政府政权的稳定。

而从文官主导的内阁国防委员会角度来看，亟需思考决策机构与智囊机构协调的问题。从《民主宪章》的角度来看内阁国防委员会是一个决策和咨询兼顾的机构，而从实际运作和组织架构上来看，主要由文职和军方的高级官员，尤其是文职高级官员构成，是一个较为彻底的决策机构，缺乏一个下设的权责分明的政策咨询和智囊机构。建立常设的内阁国防委员会下的智囊机构能够在一定程度上为解决上文所述的第一个问题提供智力支撑和战略基础。

（二）新的起航：内阁国家安全委员会

在 2013 年 8 月 22 日谢里夫政府召开的一次内阁国防委员会会议中出现了一个值得关注的新动向。在这次会议上谢里夫决定重新组建其一贯反对的国家安全委员会，从而缓和文官集团与军方之间的紧张关系，为共同应对过去几年不断发生的、造成重大人员损失的叛乱事件提供基础。[①] 据《黎明报》报道，在宣布恢复国家安全委员会的同时，谢里夫政府希望通过将国家安全委员会整合到内阁国防委员会之中、同时将整个委员会更名为"内阁国家安全委员会"（Cabinet Committee on National Security，简称 CCNS）的方式向外界传达穆斯林联盟—谢里夫派与军方的良好合作关系，从而促进国家安全与政权的巩固。

此次谢里夫政府公布的新委员会组建计划中关于组织架构的方案与 2008 年文官政府以来的内阁国防委员会组织架构进行对比如表 5：

表 5　"内阁国家安全委员会"与内阁国防委员会组织架构对比

内阁国家安全委员会（2013 年）	内阁国防委员会（2008 年）
主要成员：（1）政府总理 （2）国防部长 （3）外交部长 （4）财政部长 （5）内务部长 （6）参谋长联席会议主席	基本成员：（1）政府总理 （2）国防部长 （3）外交部长 （4）财政部长 其他成员不定期参加内阁国防委员会会议，主要起到协助作用，包括：

[①] Sumaira Khan, "Battling Militancy: Govt Revives National Security Council," *The Express Tribune*, August 23, 2013, http://tribune.com.pk/story/594103/battling-militancy-govt-revives-national-security-council. 登录时间：2013 年 11 月 28 日。

内阁国家安全委员会（2013 年）	内阁国防委员会（2008 年）
（7）陆军总参谋长 （8）空军总参谋长 （9）海军总参谋长	（1）国防部门秘书 （2）外交部门秘书 （3）财政部门秘书 （4）参谋长联席会议主席 （5）陆军总参谋长 （6）空军总参谋长 （7）海军总参谋长

资料来源：笔者根据以下资料整理制作：Sumaira Khan, "Battling Militancy: Govt Revives National Security Council," *The Express Tribune*, August 23, 2013. http://tribune.com.pk/story/594103/battling-militancy-govt-revives-national-security-council. 登录时间：2013 年 11 月 28 日。

由表 5 可以看出，军方四位主要高级官员全部被吸收到"内阁国家安全委员会"之中，成为正式、常规成员。官方将该委员会的职能确定为"重点关注国家安全规划进程，以期制定一套合理的国家安全政策指导框架（guiding framework）"，同时官方明确了国家安全所涉的具体相关领域为"国防、外交、内部安全事务和其他影响国家安全的相关事务"。

虽然"内阁国家安全委员会"在初步规划上较好地整合了文官与军方双方力量，但也存在一些问题。例如穆斯林联盟—谢里夫派高级领导人、目前担任总理外交事务顾问的萨尔塔·阿齐兹（Sartaj Aziz）认为，增强军方领导人在委员会中的作用会削弱刚刚成为执政惯性的民主原则。[①]

阿齐兹的疑虑不在少数，事实上"内阁国家安全委员会"的架构设计也体现了非常强烈的文官对于军队的深刻不信任。据消息人士陈述，政府在将内阁国防委员会转化为内阁国家安全委员会的过程中，使用一切手段保持新的委员会牢牢掌控在文官手中，排斥和

[①] Dr Riffat Hussain, "Securing the System," *The Dawn*, October 9, 2013, http://herald.dawn.com/tag/pakistan-civil-military. 登录时间：2013 年 11 月 28 日。

第九章 巴基斯坦国家安全委员会与内阁国防委员会

否定强大的军方在塑造国家安全战略中的主导地位。[1] 同时"内阁国家安全委员会"仍然没有获得国民议会的正式批准,这反映了一些政党人士对于将军方高层官员"请进"该委员会充满疑虑。由此可见,"内阁国家安全委员会"能否成为正式机构仍然存在很大的变数。

巴基斯坦面对如此严峻的国家安全形势,人民最害怕的便是政局持续动荡反复下去。"内阁国家安全委员会"是否能够制定一个长期的国家安全战略预防机制以及建立配套常设的秘书处,能否较好解决文官与军方协调性的问题,能否有力达成决策机构和智囊机构的整合统一,需要在实际的委员会常规运作中找到答案。或许"内阁国家安全委员会"就是这样一个起点。

主要参考文献

Documents / Policy Papers

1. "Charter of Democracy", PML-N) Website, http://ww50.pmln.org.pk/charter-demo.php. 登录时间:2013年11月22日。

2. "Charter of Democracy", PPP Website, http://www.ppp.org.pk/elections/cod.html. 登录时间:2013年11月22日。

3. "Chronology of Pakistan October 1999," http://www.ghazali.net/world/pakistan/To_Date_Events/99Oct/99oct.html. 登录时间:2013年11月20日。

4. "Memorandum of Understanding between the Islamic Republic of Pakistan andthe United States of America for the Transit of U. S. Cargo to and from the Islamic Republic of Afghanistan through the territory of the Islamic Republic of Pakistan", http://zh.scribd.com/doc/101130414/Memorandum-of-Understanding-

---

[1] Riffat Hussain, "Securing the System," *The Dawn*, October 9, 2013, http://herald.dawn.com/tag/pakistan-civil-military. 登录时间:2013年11月28日。

Between-Pakistan-US. 登录时间: 2013 年 11 月 30 日。

5. "Military Wing of the Cabinet Division," Military Wing, Cabinet Division, http: //ww. cabinet. gov. pk. 登录时间: 2013 年 11 月 27 日。

6. "Text of the Charter of Democracy," *The Dawn*, May 16, 2006, http: //dawn. com/news/192460/text-of-the-charter-of-democracy. 登录时间: 2013 年 11 月 27 日。

7. "Text of the National Security Council Act, 2004" (Act No. 1 of 2004), April 20, 2004, http: //www. pakistancounstitution-law. com/appendix21. asp. 登录时间: 2013 年 11 月 23 日。

8. "White Paper on HigherDefence Organizations," Ministry of Defence, Government of Pakistan, 1976.

9. Hamoodur Pahman Commission, "Hamoodur Rahman Commission Report," http: //www. pppusa. org/Acrobat/Hamoodur%20Rahman%20Commission%20Report. pdf. 登录时间: 2013 年 11 月 23 日。

10. Hasan-Askari Rizvi, "National Security Council: A Debate on Institutions and Processes for Decision-Making on Security Issues," Pakistan Institute of Legislative Development and Transparency (PILDAT), April 2012, http: //www. pildat. org/publications/publication/CMR/NaionalSecurityCouncil-debateonInstitutionsandprocessesfordecisionmakingonsecurityissues. pdf. 登录时间: 2013 年 11 月 15 日。

11. Pakistan Institute of Legislative Development and Transparency (PILDAT), "National Security Council: A Comparative Study of Pakistan and Other Selected Countries," August 2005, http: //www. pildat. org/Publications/publication/CMR/nationalsecuritycouncil-comparativestudy. pdf. 登录时间: 2013 年 11 月 15 日。

12. Pakistan Institute of Legislative Development and Transparency (PILDAT), "Performance of theDefence Committee of the Cabinet," March 2012, http: //www. pildat. org/publications/publication/CMR/PerformanceoftheDefenceCommitteeoftheCabinet_ Report_ March2012. pdf. 登录时间: 2013 年 11 月

15 日。

13. Pakistan Institute of Legislative Development and Transparency (PILDAT), "Performance of theDefence Committee of the Cabinet (March 2012 – March 2013)," March 2013, http://www.pildat.org/publications/publication/CMR/PerformanceoftheDefenceCommitteeoftheCabinet_Mar 2012 to Mar 2013.pdf. 登录时间：2013 年 12 月 10 日。

14. Sartaj Aziz, "Parliamentary Oversight of Defence in Pakistan: The Way Forward," Pakistan Institute of Legislative Development and Transparency (PILDAT), September 2010.

News：

15. Riffat Hussain, "Securing the System," *The Dawn*, October 9, 2013, http://herald.dawn.com/tag/pakistan-civil-military. 登录时间：2013 年 11 月 28 日。

16. Sumaira Khan, "Battling Militancy: Govt Revives National Security Council," *The Express Tribune*, August 23, 2013, http://tribune.com.pk/story/594103/battling-militancy-govt-revives-national-security-council. 登录时间：2013 年 11 月 28 日。

17. "Cabinet Gives Nod to NATO Supply Restoration," *The Dawn*, July 4, 2012, http://dawn.com/2012/07/04cabinet-gives-nod-to-nato-supply-restoration. 登录时间：2013 年 11 月 28 日。

18. "Civilian, Military Leaders Meet Concern over Damage Done by Leaks," *The Dawn*, December 4, 2010, http://www.dawn.com/2010/12/04/civilian-military-leaders-meet-concern-over-damage-done-by-leaks.html. 登录时间：2013 年 11 月 28 日。

19. "DCC Go-ahead forResetling Pak-US Ties," *The Dawn*, April 18, 2012, http://dawn.com/2012/04/18/parliaments-guidelines-discussed-dcc-go-ahead-for-resetting-pak-us-ties. 登录时间：2013 年 11 月 28 日。

20. "DCC Remains Indecisive; Decision after Consultation," *The Dawn*, May 15, 2012, http://dawn.com/2012/05/15/gilani-chairs-dcc-meeting-o-

ver-us-ties. 登录时间：2013 年 11 月 28 日。

21. "De-radicalization PlanUnder Study," *The Dawn*, August 18, 2011, http：//www. dawn. com/2011/08/18/de-radicalization-plan-under-study. html. 登录时间：2013 年 11 月 28 日。

22. "Karachi Attack Stokes Fears," *FT Chinese*, http：//www. ftchinese. com/story/001038751/ce. 登录时间：2013 年 11 月 28 日。

23. "National Security Advisor Sacked by PM," *PK Politics*, http：//pk-politics. com/2009/01/07/national-security-advisor-sacked-by-pm. 登录时间：2013 年 11 月 23 日。

24. "Pakistan to Define Anti-terror Cooperation with US," *The Dawn*, May 12, 2011, http：//www. dawn. com/2011/05/12/pakistan-to-define-anti-terror-cooperation-with-us. html. 登录时间：2013 年 11 月 28 日。

25. "PM Chairs Cabinet'sDefence Committee Meeting," *The Nation*, http：//www. nation. com. pk/pakistan-news-newspaper-daily-english-online/Islamabad/21 - Mar - 2009/PM-chairs-cabinets-defence-committee-meeting. 登录时间：2013 年 11 月 28 日。

26. "PM Sharif Meets President Zardari, Felicitates on Completing Term," *The Dawn*, September 5, 2013, http：//www. dawn. com/news/1040738/pm-sharif-meets-president-zardari-felicitates-on-completing-term. 登录时间：2013 年 12 月 22 日。

27. "US Report Rejected," *The Dawn*, January 15, 2012, http：//epaper. dawn. com/~epaper/DetailImage. php? StoryImage - 15_ 01_ 2012_ 001_ 004. 登录时间：2013 年 11 月 28 日。

28. "US Told to VacateShamsi Base; NATO Supplies Stopped," *The Dawn*, November 27, 2011, http：//www. dawn. com/2011/11/27/us-told-to-vacate-shamsi-base-nato-supplies-stopped. html. 登录时间：2013 年 11 月 28 日。

第十章

伊朗伊斯兰共和国最高国家安全委员会

伊朗最高国家安全委员会（Supreme National Security Council，简称SNSC）是伊朗最高国家安全机构、最高军事领导机构、最高国防政策制定机构，同时也是伊朗处理突发外交事件的机构。最高国家安全委员会直接从属于最高领袖，由最高国防委员会扩大改组而成。宪法规定其宗旨是维护伊朗伊斯兰革命、保卫国家利益和捍卫主权与领土完整。职能是在领袖拟定的所有大政方针范围内决定国家防卫安全政策；协调同国家防卫安全政策有关的政治、情报、社会、文化和经济活动；使用国家物质或非物质资源对抗国内外威胁。最高国家安全委员会同时也是伊朗核计划的最高负责机构，委员会秘书兼任首席核谈判代表。委员会的决议必须在最高领袖批准后方可实施，因此性质偏向咨询性而非决策性。

一、产生背景与历史沿革

1989年7月30日伊朗伊斯兰共和国通过对1979年宪法的修改,其中1989年宪法①第176条决定设立最高国家安全委员会,取代两伊战争时期的最高国防委员会。1979年2月11日,巴列维王朝被鲁霍拉·霍梅尼(Ruhollah Khomeini)②领导的伊斯兰革命推翻,伊朗伊斯兰共和国正式成立。最高国防委员会(Supreme Defense council, 简称SDC)③正式建立于1980年,在两伊战争期间发挥过重要作用。根据伊朗伊斯兰共和国1979年宪法第110条,决定成立最高国防委员会,负责制定伊朗的战略计划以及军事防御政策。规定法基赫④是最高军事统帅,有权任免联合参谋部主席,革命卫队总指挥,两名在最高国防委员会的代表,以及在最高国防委员会推荐下的陆海空三军统帅。最高领袖同时也拥有监督最高国防委员会行动的权力,以及宣战、调动军队的权力。第一任最高领袖由大阿亚图拉⑤霍梅尼担任。除了明确最高统帅的职权,宪法第110条还规定了最高国防

---

① *The Constitution of the Islamic Republic of Iran*, 2nd edition, Tehran: Islamic Propagation Organization, 1990.

② 1902—1989年,1979—1989年任最高领袖。

③ "Supreme Defense Council, SDC", in *Global Security org*, http://www.globalsecurity.org/military/world/iran/sdc.htm,登录时间:2013年11月22日。

④ Faqih,教法学家,根据霍梅尼法基赫监护学说,伊斯兰教通过法基赫的监护实施对国家的统治,法基赫既是国家最高领导者,也行使宗教领袖的职能。第一任法基赫为霍梅尼。

⑤ Grand Ayatollah,意为"安拉的最伟大象征",根据什叶派宗教学者教职制度,是最高级教职人员的职衔和荣誉称号。

委员会的组成，包括：总统、总理①、国防部长、武装部队联合部参谋长、革命卫队总指挥以及最高领袖的两名代表。一些其他高级官员也会不定期参与最高国防委员会会议商议国家安全问题。例如，外交部长，内政部长，海、空军总司令，战争信息办公室主任等。

时任陆军总司令赛义德·设拉兹（Seyyed Shirazi）上校担任最高领袖在最高国防委员会的军事代表，阿里·拉夫桑贾尼（Ali Rafsanjani）则担任其政治代表，他们相当于最高领袖在最高国防委员会中的"钦差大臣"，有权越级向最高领袖禀报。最高国防委员会在作战区和现场指挥部也派有代表对战地指挥官们提供战略和政治指导，且最高国防委员会的派驻代表具有军事决定否决权。伊朗总统，作为最高国防委员会的主席，对国防工业组织、国有军工产业集团负有最终责任。但作为法基赫，最高领袖才是最终仲裁者。现任最高领袖大阿亚图拉赛义德·阿里·哈梅内伊（Seyyed Ali Khamenei）曾担任当时最高领袖霍梅尼在最高国防委员会的代表。

两伊战争之初，战区指挥官受到来自最高国防委员会代表以及最高领袖霍梅尼私人代表的双重限制。两者都有权越过战区指挥官直接与更高权威接触。1987年的报告显示，最高国防委员会对地方战区代表的指令曾被占地指挥篡改以防止他们不合理的建议带来更多的人员伤亡。可以看出，没有战争经验的宗教顾问对纯技术问题的干涉权力受到了很大的限制。同时，伊朗是世界上唯一有两支军队的国家，政府军和革命卫队分别有各自的陆海空三军系统和人员机制。历史上双方互不信任，摩擦不断。② 伊朗政府军军队与伊斯兰

---

① 总理这一职位于1989年修宪后被撤销。

② Wilfried Buchta, "Iran's Security Sector: An Overview," Geneva Center For The Democratic Control of Armed Forces (DACF), 2004, p.7, http://scholar.google.com.hk/scholar?cluster=7586702926991966686&hl=zh-CN&as_sdt=0,5&as_vis=1，登录时间：2013年11月25日。

革命卫队之间的摩擦在最高国防委员会时有发生，以至后来国防部长（主管政府军）和革命卫队主席被移出最高国防委员会。1988年8月20日，两伊双方正式停战，战时发挥过重要作用的最高国防委员会不能适应和平时期国家安全政策制定的需要，因此，1989年，最高国防委员会被重组扩大后的最高国家安全委员会取代，从此退出伊朗历史舞台。

二、法律基础与政治地位

（一）法律基础

根据1989年宪法[①]第176条，决定成立最高国家安全委员会。宪法规定，最高国家安全委员会的宗旨是维护伊斯兰革命、保卫国家利益和主权与领土完整。最高领袖监督委员会的运作，由总统担任主席一职。成员包括总统、立法部门首脑即议长、司法总监、武装部队联合参谋部主席、外交部部长、内政部部长、情报部长、最高领袖的两名代表（其中一名担任委员会秘书）、伊斯兰革命卫队总司令、正规军总司令。其职能是：在领袖拟定的所有大政方针范围内决定国家防卫安全政策；协调同国家防卫安全政策有关的政治、情报、社会、文化和经济活动；使用国家物质或非物质资源对抗国内外威胁。最高国家安全委员会的决议须由最高领袖签字认可后方可生效。

---

① *The Constitution of the Islamic Republic of Iran*, 2nd edition, Tehran: Islamic Propagation Organization, 1990.

（二）政治地位

最高国家安全委员会是伊朗最高军事领导机构和国防政策的制定机构，直接从属于最高领袖，由伊朗政界、军方高层领导直接参与，也是伊朗核政策的主要制定机构，其秘书自 2003 年核谈判开启以来担任伊方首席核谈判代表。[①] 最高领袖监督最高国家安全委员会的活动，与最高国防委员会一样，最高领袖不直接参与会议，而是通过其派驻在委员会的代表施加影响，委员会的决议也必须在最高领袖批准后方可实施，因此偏向咨询性而非决策性。

法基赫即最高领袖是伊朗伊斯兰共和制的权力中枢。根据法基赫监护学说，宪法规定，在伊玛目隐遁期间，法基赫作为穆斯林乌玛的领袖代行伊玛目的一切权力。伊朗伊斯兰共和国实行立法、司法和行政三权分离，但三个分支机构的权力都源于法基赫，都必须在法基赫的监督下运行。法基赫不由民选，不对任何机构负责，没有任期限制。虽然议会和总统由普选产生，相对独立于法基赫系统，但法基赫及其所属机构可以使用任免权、候选人事先筛选制和立法否决权等手段将其置于控制之下。[②] 根据伊朗 1979 年宪法，国家高层领导是由一位根据伊斯兰法委任的最高领导人（他对国家的统治被定义为"教法学家统治"）和一位民选总统组成。最高领导人与神权势力相关，民选总统与世俗权力相关，伊斯兰教法学家监督整个局势，并不参与具体政治事务，政府职务由世俗政治家担任。根据 1979 年伊朗伊斯兰共和国宪法，最高领袖的职务和权限包括：（1）任命监护委员会中的教士人员；（2）任命最高法院院长；

[①] 2013 年 8 月 20 日，由外交部长接替这一职务。
[②] 李春放："论伊朗现代伊斯兰政治模式"，载《历史研究》，2001 年第 6 期，第 153 页。

（3）以下述方式统帅武装部队，第一，任免总参谋长；第二，任免伊斯兰革命卫队总司令；第三，组织并监督最高国防委员会；（4）批准由最高国防委员会推荐的三军高级指挥官的任命；（5）根据最高国防委员会的建议宣战、宣布停战以及动员军队；（6）人民选出总统以后签署总统任命书，总统候选人资格即符合宪法规定的条件在选举前经监护委员会的批准；（7）考虑国家利益，在最高法院院长宣判总统有渎职行为、国民议会认为总统政治无能之后，罢免总统。[①] 可以看出伊斯兰共和国宪法赋予最高领袖几乎与前国王穆罕默德·礼萨·巴列维[②]（Mohammad Reza Pahlavi）相当的权力。[③] 因此虽然最高领袖不直接参与最高国家安全委员会的决策过程，但他具有最终决定权。

三、职权功能与组织结构

（一）职权功能

1989年宪法规定最高国家安全委员会的职能包括以下三项：

第一，在领袖拟定的所有大政方针范围内决定国家防卫安全政策；

第二，协调同国家防卫安全政策有关的政治、情报、社会、文

[①] 彭树智主编，王新中、冀开运著：《中东国家通史—伊朗卷》，北京：商务印书馆，2002年版，第353—354页。

[②] 1919—1980年，1941—1979年在位。

[③] 彭树智主编，王新中、冀开运著：《中东国家通史—伊朗卷》，北京：商务印书馆，2002年版，第356页。

第十章　伊朗伊斯兰共和国最高国家安全委员会

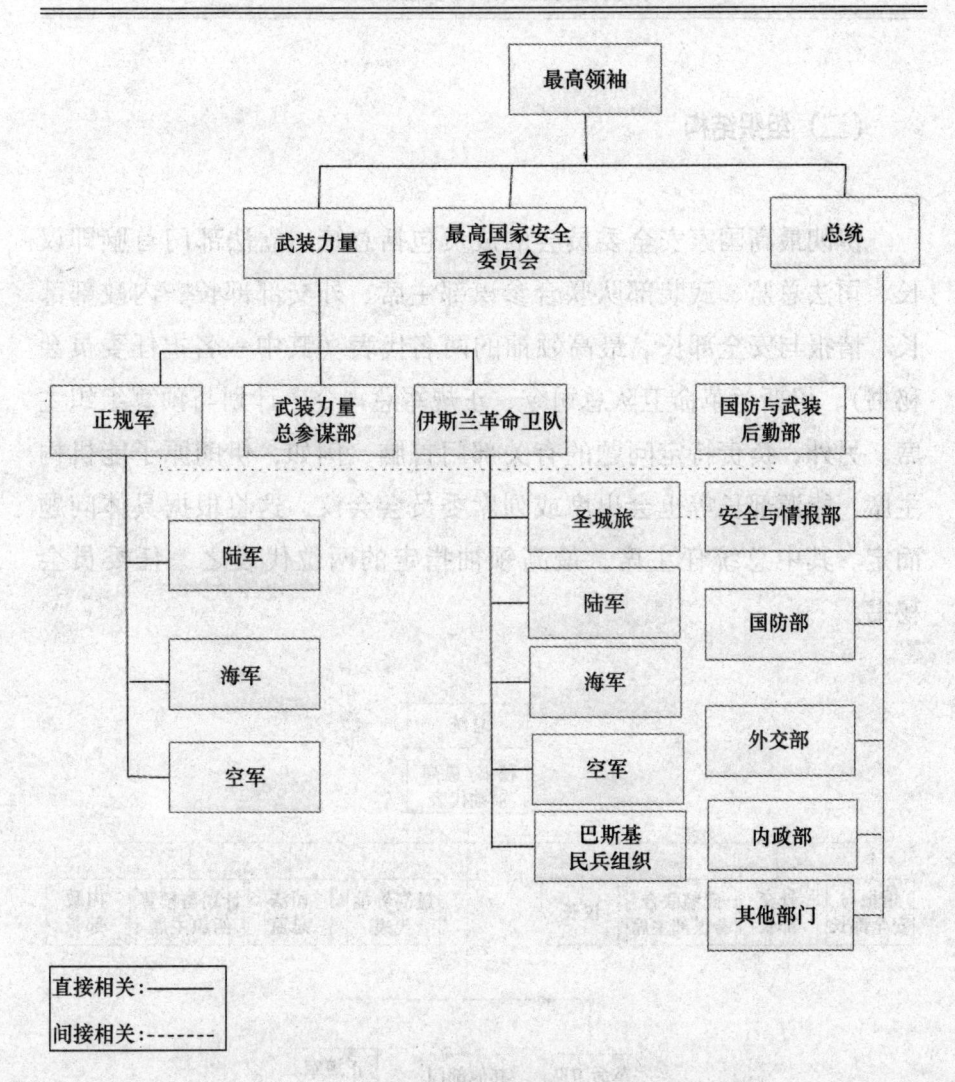

图1　最高国家安全委员会在国家安全机制中的位置

资料来源："Iran's Ministry of Intelligence and Security: A Profile," The Federal Research Division, Library of Congress, 2012, p. 11, http://www.fas.org/，登录时间：2013年11月26日。

化和经济活动；

第三，使用国家物质或非物质资源对抗国内外威胁。

（二）组织结构

伊朗最高国家安全委员会的成员包括总统、立法部门首脑即议长、司法总监、武装部队联合参谋部主席、外交部部长、内政部部长、情报与安全部长、最高领袖的两名代表（其中一名担任委员会秘书）、伊斯兰革命卫队总司令、正规军总司令、计划与预算组织主席。另外，负责特定问题的有关部门首脑，例如，伊朗原子能机构主席、能源部长等也会出席或列席委员会会议，这将根据具体问题而定。其中总统任主席，最高领袖指定的两位代表之一任委员会秘书。

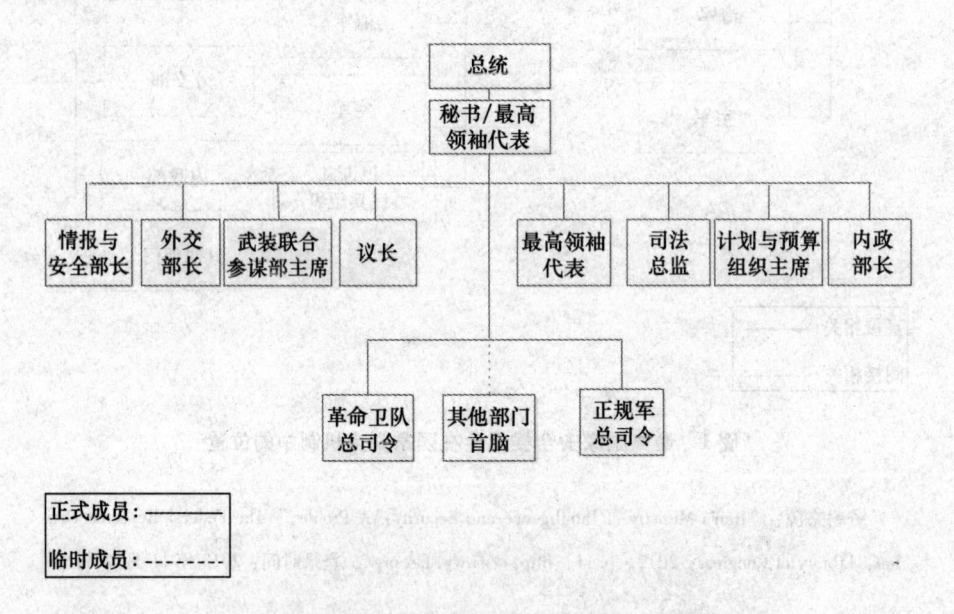

图2 伊朗最高国家安全委员会组织结构图

资料来源：笔者根据以下资料整理制作："Iran's Ministry of Intelligence and Security: A Profile," The Federal Research Division, Library of Congress, 2012, p. 14, http://www.fas.org，登录时间：2013年11月26日。

第十章 伊朗伊斯兰共和国最高国家安全委员会

表 1 最高国家安全委员会成员表

最高国家安全委员会成员表（2013—）	
正式成员	
职务	人名
总统	哈桑·鲁哈尼（Hassan Rouhani）
秘书/最高领袖代表	阿里·沙姆哈尼（Ali Shamkhani）
武装联合参谋部主席	哈桑·费罗扎巴迪，少将（Major General Hassan Firouzabadi）
计划与预算组织主席	默罕穆德·阿多拉·诺巴克（Mohammad Bagher Nobakht）
最高领袖代表	萨义德·贾利利（Saeed Jalili）
议长	阿里·拉里贾尼（Ali Larijani）
司法总监	阿亚图拉，萨迪克·拉里贾尼（Ayatollah Sadeq Larijani）
外交部长	默罕默德·贾瓦德·扎里夫（Mohammad Javad Zarif）
内政部长	拉赫玛尼·法兹里（Abdolreza Rahmani Fazli）
情报与安全部长	穆罕默德·阿拉维（Mahmoud Alavi）
伊斯兰革命卫队总司令	默罕默德·阿里·贾法里，少将（Major General Mohammad Ali Jafari）
正规军总司令	阿多拉·萨利希，少将（Major General Ataollah Salehi）

资料来源：笔者根据以下资料整理制作："Supreme National Security Council Members," in Global Security.org, http://www.globalsecurity.org/military/world/iran/sndc-mem.htm, 登录时间：2013年11月15日。

除了以上由宪法规定的组成成员之外，其他负责具体事务的部长级官员也会出席会议，视具体问题所涉及的领域而定。

1. 总统

总统是伊朗政治的二号人物，最高国家安全委员会主席。1979年宪法规定，共和国总统是最高领袖之后的国家最高领导人。总统负责实施宪法，协调三权关系并领导除直接由领袖负责的那部分事务之外的行政事务。总统任期4年，由人民直接投票选举产生，可以连任一届。① 1989年修宪后取消总理职位，行政权直接由总统及各部部长行使。内政部、外交部和计划与预算组织从属于总统领导下的行政部门，部门首脑由总统任命。由于宪法对总统权力有明显限制，整个行政机构，特别是其下属的情报与安全部，从属于最高领袖。

虽然总统由选民直接选举产生，但他的实际权力取决于他同最高领袖之间的关系。② 每届总统获得的实际权力不尽相同，特别是在国防外交领域，与其自身的个性相关。例如，前总统哈什米·拉夫桑贾尼③（Hashimi Rafsanjani）是国防与安全的决策中的重要人物，卸任之后依然活跃在伊朗政坛。而其后任赛义德·默罕默德·哈塔米（Seyyed Mohammad Khatami）④ 在这一领域则相对处于边缘化的状态。而且，由于委员会秘书由最高领袖任命并充当其在这一机构的代理人角色，总统在最高国家安全委员会主席的身份并不那么名副其实。尽管如此，总统在决策层的法律地位以及接触最高领袖的机会使他能够发挥作用。⑤

2. 最高国家安全委员会秘书

由最高领袖在最高国家安全委员会任命的两名代表中的其中一名担任。另一领袖代表负责做秘书的顾问和咨询工作。现任总统哈

---

① 彭树智主编，王新中、冀开运著：《中东国家通史——伊朗卷》，北京：商务印书馆，2002年版，第354页。

② Shmuel Bar, "Iranian Defense Doctrine and Decision Making," Institute for Policy and Strategy, 2004, p. 25, http://www.herzliyaconference.org/_Uploads/2615Iranian Defense1.pdf, 登录时间：2013年11月26日。

③ 1989~1997年任伊朗总统。

④ 1997~2005年任伊朗总统。

⑤ Shmuel Bar, "Iranian Defense Doctrine and Decision Making," Institute for Policy and Strategy, 2004, p. 25, http://www.herzliyaconference.org/_Uploads/2615Iranian Defense1.pdf, 登录时间：2013年11月26日。

桑·鲁哈尼（Hassan Rouhani）在拉夫桑贾尼与哈塔米任总统期间一直担任此职长达 16 年，深受两位总统与最高领袖信任。2003 年之后最高国家安全委员会接管核问题，委员会秘书则兼任伊方首席核谈判代表，权力空前扩大。

3. 革命卫队

革命卫队是激进派教士集团于 1979 年 5 月组建的武装，其最初的作用在于抗衡军队和增强伊斯兰共和党夺权的实力。根据伊斯兰宪法，"革命胜利初期组建的伊斯兰革命卫队将予以保留，以便继续发挥其捍卫革命及其成果的作用"，革命卫队是当局镇压武装反对派和民族分离主义运动的主要力量。1985 年 9 月，霍梅尼下令革命卫队仿照正规军设立陆海空三个部门，以及自己的情报部门。正规军事组织二元化的格局从此正式形成。两伊战争期间，伊朗当局组建了名为"巴斯基"（Basiji）的民兵部队，协同军队和革命卫队与伊拉克作战，战后"巴斯基"民兵保留了下来，1993 年改组后专门负责维持国内治安。[①] 名义上革命卫队从属于总统属下的国防与武装后勤部，而实际上则直接听命于最高领袖。[②] 同时也是伊朗保守势力代表。

4. 司法总监

司法总监由最高领袖任命。尽管宪法赋予司法部门独立的地位，

[①] 李春放："论伊朗现代伊斯兰政治模式"，载《历史研究》，2001 年第 6 期，第 150 页。

[②] Shmuel Bar, "Iranian Defense Doctrine and Decision Making," Institute for Policy and Strategy, 2004, p. 28, http://www.herzliyaconference.org/_Uploads/2615Iranian Defense1.pdf, 登录时间：2013 年 11 月 26 日。

但实践中,其受到了政治和宗教机构的强大影响。[1] 例如,1998年德国商人霍费尔因触犯伊朗法律而被德黑兰法院判处乱石砸死,在德国政府的强烈交涉下,考虑到两国政治经济上的相互需要,最终德黑兰法庭判其无罪。大多数司法部门成员对国内外政策都持保守态度。[2]

5. 武装部队联合参谋部

拉夫桑贾尼任总统期间将参谋部长联席会议扩大为武装部队联合参谋部,主要为整合正规军与革命卫队之间的关系,尽管两者的敌对情绪依然存在,这一改革有助于两个军事力量的合作。[3]

6. 伊斯兰议会议长(Majles)

伊朗宪法规定伊朗议会实行一院制。伊斯兰议会是伊朗立法机构。议会通过的一切决议案必须通过宪法监护委员会的审议和确认,确保它们不违背伊斯兰教义和宪法原则。因此,其实质上并非一个决策制定或决策形成机构,最多可以看成伊朗主体政治内社会和政治发展趋势的晴雨表。[4]

7. 正规军(ARTESH)

从属于国防与武装后勤部,最高指挥官为国防部长。主要职责

---

[1] Glenn Curtis and Eric Hooglund, *Iran*: *A country Study*, Library of Congress Cataloging-in-Publication Data, 2008, p. 223.

[2] Shmuel Bar, "Iranian Defense Doctrine and Decision Making," Institute for Policy and Strategy, 2004, p. 27, http://www.herzliyaconference.org/_Uploads/2615Iranian Defense1.pdf. 登录时间:2013年11月26日。

[3] Glenn Curtis and Eric Hooglund, *Iran*: *A country Study*, Library of Congress Cataloging-in-Publication Data, 2008, p. 262.

[4] Ibid.

是守卫国境安全。因此,其部队多驻扎在伊朗同伊拉克和阿富汗边界,承担日常防卫任务,包括防止外部渗透、收集军事情报,等等。20世纪20年代,巴列维王朝第一任国王礼萨·汗·巴列维(Reza Shah Pahlavi)① 在模仿欧洲军队的基础上建立起新式部队。② 1953年美国推翻时任总理穆罕默德·摩萨台(Mohammad Mosadde)政权之后,正规军力量迅速扩大,配备先进美式装备,与当时声名欠佳的秘密间谍组织萨瓦克一起成为巴列维王朝的两大支柱。1978年伊斯兰革命期间,由于巴列维对是否对反对派非暴力示威活动进行全面武力镇压犹豫不决,军队处于瘫痪状态。霍梅尼掌权之后,除了对主要军队将领进行人事变更,整个军队的组织结构基本上原封不动地被纳入新政权。经过数次领导层清洗,政府军成为现任政权忠实的职业部队,且无意参与伊朗内部政治斗争。

8. 情报与安全部(Ministry of Intelligencee and Security, MOIS)

名义上从属于总统,实际上情报与安全部的高级官员一直与最高领袖关系更为亲密。1979—1980年间的伊朗伊斯兰革命政府创建了一系列大大小小的情报组织,其中影响力最大的为建立在前巴列维王朝情报机构萨瓦克③(SAVAK,波斯语简称)基础之上萨瓦玛(SAVAMA)。萨瓦玛继萨瓦克之后承担起收集情报、反间谍和揭露

---

① 1925—1941年在位。

② Wilfried Buchta, "Iran's Security Sector: An Overview," Geneva Center For The Democratic Control of Armed Forces (DACF), 2004, p. 7, http://scholar.google.com.hk/scholar? cluster =7586702926991966686&hl = zh-CN&as_ sdt =0, 5&as_ vis =1,登录时间:2013年11月25日。

③ 在美国和以色列的帮助下,时任国王巴列维创建了国家安全与情报组织,即萨瓦克,这一组织的目标是保卫政权,镇压反对派,防止共产主义者或其它左翼党派渗入军队或者政府组织。

反伊斯兰革命的任务。[①] 随着时间推移，安全与情报机构的数目越来越多，包括隶属总理的情报部，革命卫队、政府军以及警察机关都建立了自己的情报部门。由于互相之间缺少合作，1983 年 8 月，这些情报部门经整合改组后成立了现在的情报与安全部，成为迄今伊朗乃至整个中东地区最大的情报组织，但并非伊朗唯一的情报机构。根据 1983 年议会通过的相关法律，情报与安全部负责协调情报部门工作，包括收集、获取以及分析国内外情报；揭发密谋推翻现状的阴谋活动、间谍和渗透行为、煽动民间暴乱等危害国家和体制安全的行为。同时伊朗境内寻求脱离伊朗中央政府统治的少数民族如库尔德人、土耳其人、阿拉伯人等也在情报与安全部的监视之下。[②] 过去 10 年间，伊朗的核项目日益受到西方情报组织的监视。作为应对措施，情报与安全部也将注意力更多转移到在核计划领域反外国情报行为。

（三）最高国家安全委员会主席（总统）与最高国家安全委员会秘书的关系

表 2　1989 年至今总统与最高国家安全委员会秘书对应表

总统	最高国家安全委员会秘书
哈什米·拉夫桑贾尼（1989—1997）	哈桑·鲁哈尼
赛义德·穆罕默德·哈塔米（1997—2005）	哈桑·鲁哈尼
马哈茂德·艾哈迈迪—内贾德（2005.6—2005.8）	哈桑·鲁哈尼

---

① "Iran's Ministry of Intelligence and Security: A Profile," The Federal Research Division, Library of Congress, 2012, p. 8, http://www.fas.org/，登录时间：2013 年 11 月 25 日。

② "Iran's Ministry of Intelligence and Security: A Profile," The Federal Research Division, Library of Congress, 2012, p. 9, http://www.fas.org/，登录时间：2013 年 11 月 25 日。

续表

总统	最高国家安全委员会秘书
马哈茂德·艾哈迈迪—内贾德（2005.8—2007.10）	阿里·拉里贾尼
马哈茂德·艾哈迈迪—内贾德（2008.3—2013.8）	赛义德·贾利利
哈桑·鲁哈尼（2013.8—2013.9）	赛义德·贾利利
哈桑·鲁哈尼（2013.9—）	阿里·沙姆哈尼

资料来源：笔者自制。

总统和最高国家安全委员会秘书是最高国家安全委员会的核心。虽然秘书由最高领袖任命，但根据表2，纵观自1989年最高国家安全委员会成立之后与总统所对应的秘书人选，可以看出秘书人选也会随总统的变更而更换。最高国家安全委员会的两大核心人物，主席（即总统）与秘书（即最高领袖代表）之间需要高度信任与合作，这一机制才能有效运转。

温和保守派拉夫桑贾尼、哈塔米任总统期间与持同样立场的鲁哈尼一直保持高度互信，最高国家安全委员会也因总统与秘书两个核心人物的良好合作而得以正常运作。但2005年新任总统、保守派代表人物马哈茂德·艾哈迈迪—内贾德（Mahmoud Ahmadi-Nejad）上任后不久，鲁哈尼便请求最高领袖允许他辞去已担任长达16年的最高国家安全委员会秘书一职。他辞职的原因是这一职位要求与总统之间要绝对的相互信任，这种信任存在于他与拉夫桑贾尼和哈塔米之间，但与内贾德却很难达到。

据鲁哈尼的回忆披露，内贾德上任伊始曾询问过他有关为什么西方能够对国际原子能机构（International Atomic Energy Agency，简称IAEA）施加影响的原因。鲁哈尼回答说是因为国际原子能机构大部分经费来自于西方国家。因此，内贾德指示他与默罕默德·巴拉迪（Mohamed M. EL Baradei，时任国际原子能机构主席）联系并提出伊朗要承担该机构的所有经费。鲁哈尼回答国际原子能机构有自己的办行事规则不会接受伊方的提议,并且有关政府支出也得要等到伊朗议会的许可。这一回答激怒了内贾德,并说这不是鲁哈尼应该考虑的事情。因此,鲁哈尼拒绝听从总统的命令并且告诉内贾德如果不事先咨询自己,他最好任命一名新的最高国家安全委员会秘书。随后鲁哈尼便告知阿里·拉里贾尼(Ali Larijani)让他准备好接任秘书一职。[①] 然而,在核问题上,拉里贾尼相对于内贾德寸步不让的强硬态度,一直主张以适度的让步为核计划换取更大的回旋空间。因此,引起内贾德及其支持者不满。舆论也普遍认为2007年拉里贾尼突然申请辞职与保守派阵营的排挤有很大关系。接着内贾德便提名其密友,同样是保守派人物的赛义德·贾利利(Saeed Jalili)接替秘书一职直至自己两届任期结束。这一时期伊朗对外政策特别是在核问题方面表现出明显强硬的保守特点。2013年温和派鲁哈尼当选总统后不久后,强硬保守派秘书贾利利也被温和派前国防部长阿里·沙姆哈尼(Ali Shamkhani)所替换。

可以看出,总统与秘书的分歧,究其根源来讲是伊朗内部政治派系之争即温和保守派与极端保守派之争。虽然两派都致力于维护伊朗伊斯兰共和国的政治体制,但两大阵营对具体问题的看法却千差万别。在外交国防领域中,温和保守派倾向于缓和与西方关系,谋求国际合法性,在核问题上方法灵活愿意做出让步。而极端保守派则倾向于持相反观点,对西方态度强硬,在核谈判中寸步不让。

将秘书换成与总统亲近且立场相似的人选有助于消弭高层领导人之间的分歧,便于总统方面集中权力,按照自己意愿做出决策。

---

① Dr. Raz Zimmt, "Spotlight on Iran, From the memoirs of former chief nuclear negotiator: Hassan Rouhani exposes new details on Iran's nuclear policy," The Meir Amit Intelligence and Terrorism Center at the Israeli Intelligence &Heritage Commemoration Center, November 2012, p. 9, http://www.terrorism-info.org.il/en/aboutTheLibrary.aspx,登录时间:2013年11月27日。

可见，虽然秘书由最高领袖任命，但总统对其人选也有很大发言权。同时，在决策方面，虽然最高领袖对所有决策具有最后决定权，但总统任命外交、国防、内政等一系列重要职务，在外交政策的制定中也起到重要作用。特别是就核问题有很大发言权，核谈判小组不仅要向最高领袖汇报情况也需要与政府进行协调，而且政府也会处理谈判小组反馈的一些具体问题。尤其是当总统对国防外交政策具有自己明显倾向和发展意愿时，总统的力量不可忽视。因此，不同派系立场总统执政时，伊朗国防与对外政策会明显表现出时任总统的派别立场。

为了最高国家安全委员会的正常运作，哈梅内伊一般会同意总统的人事安排建议。他沿袭了霍梅尼"相互制衡，避免一方独大"的策略，当两大派系之争有可能触发危机之时，最高领袖倾向于充当调解者的角色。因此，尽管最高领袖有最终的决定权，但他也需要就具体问题寻求政策各行为体之间的共识。总统、委员会秘书等都需要遵循这一原则来发挥自己的影响力。[①]

四、运作程序与议事规则

（一）运作规则

最高领袖和总统都有权决定一个问题是否交予最高国家安全委员会讨论并表决。在最高国家安全委员会内外存有两套运作规则：

[①] 高新涛："伊朗核问题决策的基本路径与关键角色"，载《西亚非洲》，2008年第11期，第45页。

一是在最高国家安全委员会内部的正式决策过程，即通过就某一问题进行投票的方式做出决定。然后交由最高领袖做出最后判断。二是由于最高领袖有最终决策权，各种利益集团或政治派别在决议之前会对最高领袖进行游说，这构成了在最高国家安全委员会之外的非正式决策过程。

影响最高领袖最终决策的因素有：①

（1）最高领袖自己就所涉问题的了解和态度；

（2）所涉问题与国家安全和政权存亡的相关程度；

（3）各种利益集团、官方机构、个人就所涉问题的分歧程度；

（4）与国防外交相关的权力人物、利益集团就所涉问题的立场坚定程度。

以伊朗伊斯兰革命卫队为例，革命卫队在伊朗政界极具影响力，不仅干预政治、经济，而且积极争夺外交发言权。作为伊朗核计划最主要、最直接的利益集团与国内保守势力代表，在发展核武器方面态度最为坚决。从正式决策程序的角度说，革命卫队是通过其在最高国家安全委员会的成员资格与投票权来影响决策的。在最高国家安全委员会之外，他们利用接近最高领导人办公室的机会，主动向最高领导人及其核心幕僚建言。革命卫队领导人还常就国家安全问题发表声明和对总统提出警告。相比之下，正规军无法以这种方式表达立场。内贾德总统时期的内阁部长中有5人是革命卫队成员；有超过80名伊朗议员是革命卫队成员，几乎占了议员总数的30%；在28名省长中有11人是革命卫队成员；革命卫队成员中有34人出任伊朗驻外大使。现任革命卫队总司令穆罕默德·阿里·贾法里（Mohammad Ali Jafari）跟哈梅内伊私交甚好，长期以来为其所赏识。

---

① Amir Ali Nourbakhsh, "Iran's Foreign Policy and Its Key Decision Makers," *Payvand Daily News*, April 25, 2005, http://www.payvand.com/news/05/apr/1188.html, 登录时间：2013年12月1日。

贾法里与最高领导人关系密切势必进一步加强革命卫队在国防安全问题上的发言权。①

尽管存有各种不同利益集团对最高领袖不同程度上的游说，但鉴于最高国家安全委员会的人员组成情况，其最终表决结果绝非一个走形式的过程。②

（二）案例：以核政策为例

2003年2月，伊朗宣布发现并提炼出铀后，其核计划立即遭到美国的强烈反对，并引起国际社会的极大关注，伊朗核问题浮出水面。当时由伊朗原子能机构和外交部主导处理这一问题。但在伊朗核问题第一次在国际原子能机构理事会讨论后，随着问题越来越复杂化，最高国家安全委员会开始就这一问题组织讨论并最后接手成为伊朗核战略的主要制定机构。③ 伊朗核问题也由外交问题上升为国家安全问题。2003年10月，伊朗对其核计划的决策制定机制进行了统一，时任最高国家安全委员会秘书鲁哈尼被授权负责核外交。④ 伊朗最高领导人在最高国家安全委员会内部创建了3个专门委员会来

---

① 高新涛："伊朗核问题决策的基本路径与关键角色"，载《西亚非洲》，2008年第11期，第47页。

②. Amir Ali Nourbakhsh, "Iran's Foreign Policy and Its Key Decision Makers," *Payvand Daily News*, April 25, 2005, http://www.payvand.com/news/05/apr/1188.html, 登录时间：2013年12月2日。

③ Dr. Raz Zimmt, "Spotlight on Iran, From the family grocery store to holding nuclear talks: Iranian website publishes more of President Rowhani's memoirs," The Meir Amit Intelligence and Terrorism Center at the Israeli Intelligence & Heritage Commemoration Center, November 2013, p. 7, http://www.terrorism-info.org.il/en/aboutTheLibrary.aspx, 登录时间：2013年12月3日。

④ Paul Kerr, Divided from Within, *Bulletin of the Atomic Scientists*, Vol. 2, 2006, p. 20.

处理核问题，试图厘定相关机构的职责分工及其决策机制。最高层级是"领导委员会"（Council of Heads），制定重大战略性问题，例如要不要与西方谈判，是否与国际原子能机构合作，具有最终决策权，成员包括最高领袖、总统与最高安全委员会秘书。第二层级是"决策委员会"（Policy-making Committee），又称"部长级委员会"，由各部部长、最高领导人的两位代表及其他有关列席者，如伊朗原子能机构主席等组成。第三层级是"专家委员会"（Expert Committee），由与核问题相关的不同机构的专家组成。最高国家安全委员会秘书负责统筹协调这三个委员会，同时领导与国际原子能机构的谈判。①

如图 3 所示，大多数情况下，决策过程是自下而上，即由专家级或部长级委员会讨论出的结果会交由领导委员会裁决。例如，在是否恢复伊斯法罕（Esfahan）② 的铀转化活动问题上，各方分歧很大。最后所采取的决策过程是首先由专家委员会讨论，最后交予领导委员会定夺。在专家委员会决定恢复这一活动后，领导委员会权衡利弊给予支持。

但一些特殊问题则直接由领导委员会或由领导委员会与另一委员会共同开会商议做出最后决定，无须自下而上的过程。例如，伊方谈判"红线"是核燃料循环绝不能放弃等，由专家委员会和领导委员会共同商议制定。

最高国家安全委员会秘书不仅负责统筹三个委员会也是首席核谈判代表，拥有处理核问题的空前权力。但涉及重大问题仍要交予领导委员会决定。2004 年 11 月，伊方核谈判小组在巴黎与英、法、

---

① "Hassan Rouhani Interviewed on Nuclear Negotiations," NTIS, US Dept. Of Commerce. July 2005, pp. 3 – 4, http://lewis.armscontrolwonk.com/files/2012，登录时间：2013 年 12 月 6 日。

② 伊朗中部城市。

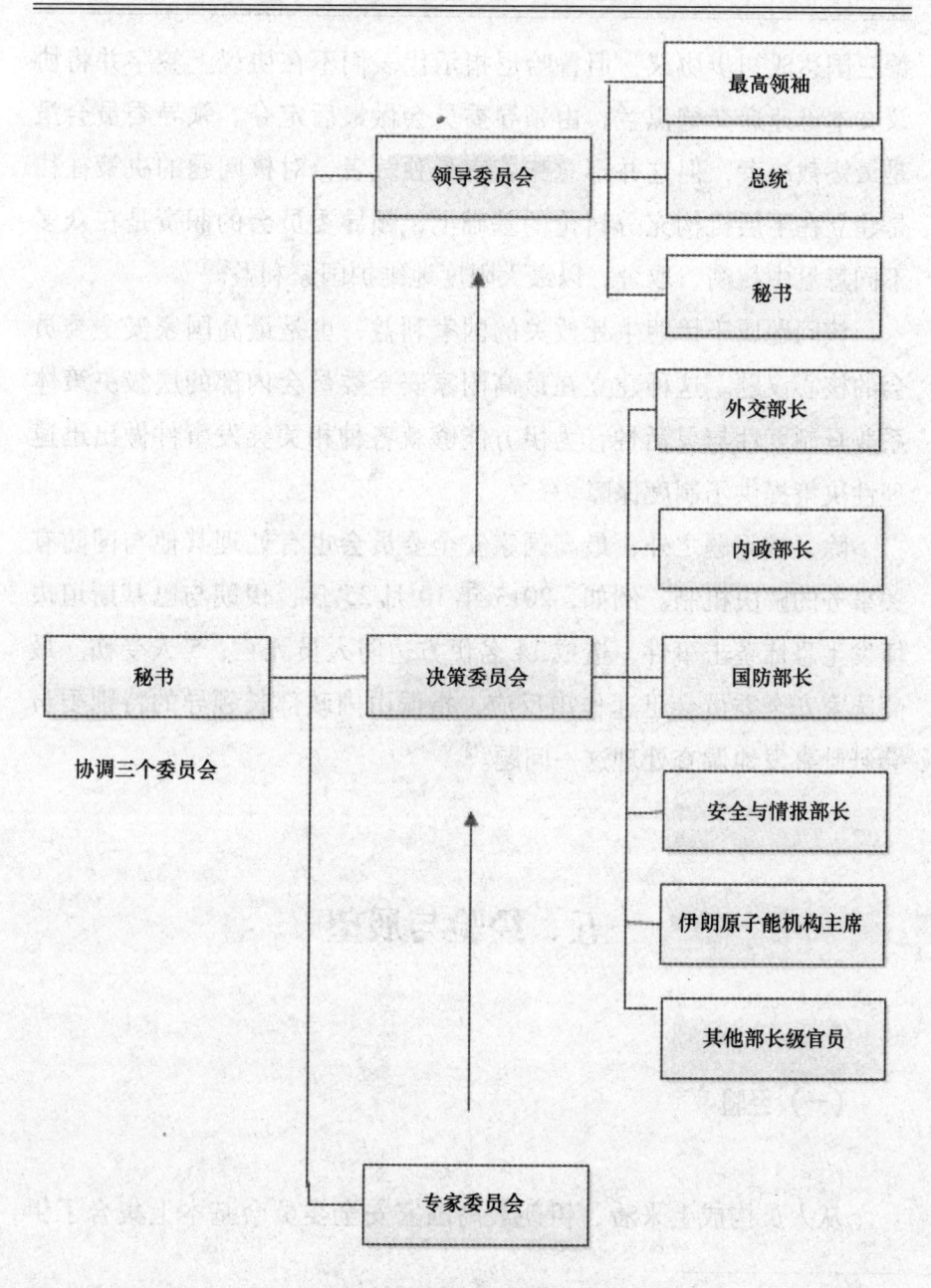

第十章 伊朗伊斯兰共和国最高国家安全委员会

```
                          ┌── 最高领袖
              ┌─ 领导委员会 ─┼── 总统
              │              └── 秘书
              │
              │              ┌── 外交部长
              │              ├── 内政部长
  秘书 ──────┼─ 决策委员会 ─┼── 国防部长
              │              ├── 安全与情报部长
协调三个委员会 │              ├── 伊朗原子能机构主席
              │              └── 其他部长级官员
              │
              └─ 专家委员会
```

图 3　伊朗核谈判决策机制

资料来源：笔者根据以下资料整理制作："Hassan Rouhani Interviewed on Nuclear Negotiaions"，NTIS，US Dept. Of Commerce. July 2005，pp. 3 - 4，http：//lewis. armscontrolwonk. com/files/2012，登录时间：2013 年 12 月 6 日。

德三国达成初步协议,但鲁哈尼指示代表们不在协议上签字并将协议文本迅速递交德黑兰,由领导委员会做最后定夺。领导委员会虽是最终裁决者,但这并不意味着它是独裁者,对核问题的决策往往是建立在下层机构充分讨论的基础上,领导委员会的职责是在众多不同意见中权衡、取舍,以最大限度地维护国家利益。[1]

核问题属于伊朗生死攸关的国家利益,也是最高国家安全委员会的核心议题。这种建立在最高国家安全委员会内部的层级决策体系兼具制度性与灵活性,为伊方能够就各种相关突发事件做出迅速理性决策提供了制度保障。

除了核问题之外,最高国家安全委员会也有处理其他与国防有关事务的解决机制。例如,2013年10月25日,伊朗与巴基斯坦边境发生恐怖袭击事件,造成14名伊方边防人员死亡,5人受伤。最高国家安全委员会迅速作出反应,指派由内政部长领导的特别委员会赶赴事发地调查处理这一问题。[2]

五、经验与展望

(一) 经验

从人员构成上来看,伊朗最高国家安全委员会基本上集合了伊

---

[1] 高新涛:"伊朗核问题决策的基本路径与关键角色",载《西亚非洲》,2008年第11期,第44页。

[2] "SNSC to Probe Terror Attack on Border guards," Oct, 27, 2013, Islamic Republic News Agency, http://www.irna.com/en/News/80877180/Politic/SNSC_to_probe_terror_attack_on_borderguards,登录时间:2013年11月6日。

第十章 伊朗伊斯兰共和国最高国家安全委员会

朗政界、军界所有核心人物,虽然最高领袖具有最高决定权,但最高国家安全委员会的作用并不只是咨询那么简单,其地位更相当于最高领袖的"安全内阁"。面对机制重叠,职能相似的机构,最高国家安全委员会作为最高军事国防政策制定机构也充当一个最高的中心协调机构。其所形成的决策制定机制有助于整合各方观点,可以保证伊朗在突发事件时期做出相对理性且迅速的反应。特别是就伊朗核心国家利益的核问题专门设置三个层级的委员会,通过这种形式使核问题的解决过程制度化,有助于决策的最终制定。

伊朗独特的政教合一体制决定了其与西方的制衡机制存在差别。最高安全委员会直接向最高领袖负责,受其监督。除此之外,从法律角度来看,并不受其他部门的监督或制约。但不同利益集团、特别是派系之争不同程度上构成了相互之间的制约方式。在最高国家安全委员会投票表决的正式决策过程之外,对最高领袖的游说也是影响最终决策的重要因素。尽管宪法规定了不同政府机构的角色和责任,这些主体也具有其重要性,但实践当中,这些机构成为不同个人、网络、派系之间斗争妥协的场所。利用对外政策为国内政治斗争赚取资本。与最高领袖的亲密关系是统治精英施加影响力的重要来源。[①] 最高领袖虽然被赋予决定性权力,但其决定一般基于权衡利弊,考虑各方立场并最大限度维护伊朗伊斯兰国家利益之上做出的。

最高领袖实行终身制,但并不意味着伊朗的国防外交政策一成不变。随着有任期的民选总统的更迭,其国防安全甚至外交政策都会或多或少打上总统所代表立场的烙印。在最高国家安全委员会内

---

① David Thaler and Alireza Nader, Mullahs, "Guards, and Bonyads, An Exploration of Iranian Leadership Dynamics," Rand Corporation, 2005, p. 101, http://oai.dtic.mil/oai/oai? verb = getRecord&metadataPrefix = html&identifier = ADA512872, 登录时间: 2013 年 12 月 8 日。

部，通过影响委员会秘书等人选，总统可能会按照自己的意愿来影响整个委员会的决策。但历任总统对国防外交政策的影响力并不确定，随总统本人个性、意志以及总统与最高领袖的关系而定。

（二）展望

随着总统人选的变更，伊朗外交政策具有明显的动态性特点，从最近新任总统上台后所发生的一系列重大转变可以看出。2013年6月15日，哈桑·鲁哈尼当选伊朗总统，前文提到鲁哈尼在1989—2005年担任最高国家安全委员会秘书。2003—2005年，他以最高国家安全委员会秘书的身份出任伊朗首席核谈判代表，曾与英、法、德三国达成《巴黎协议》。鲁哈尼在伊朗国防外交领域一直处于核心决策层，深受最高领袖信任。他主张与国际社会"建设性互动"，使伊朗远离极端主义；在核问题方面，他坚持伊朗的核权力，但主张采取灵活、温和的立场，通过谈判解决与西方的分歧。

2013年8月20日，鲁哈尼新任伊始，便采取一系列措施来打破核谈判僵局。首先是更换首席核谈判代表，之前态度强硬的最高国家安全委员会秘书萨义德·贾利利被外交部长贾瓦德·扎里夫（Javad Zarif）取代。这也是第一次首席核谈判代表由最高国家安全委员会秘书（即最高领袖代表）转换为由隶属于总统的外交部长担任。[①] 伊朗核谈判团队负责人由"安全观念很深的人"改为职业外交官，这一重大人事变动表明鲁哈尼正在履行自己此前在核谈判问题上采取新态度的承诺以及总统影响力的增加。伊朗最高领袖哈梅内伊也含蓄地表明了支持鲁哈尼改变其前任的强硬立场，称在与美国等西

---

① Golnaz Esfandiari, Iran's President puts Ministry of Foreign Affairs in Charge of Nuclear Negotiations, Sept 5, 2013, Radio Free Europe, http://www.rferl.org/content/iran-nuclear-rohani-control/25097180.html，登录时间：2013年12月10日。

方国家展开外交活动时要展示伊朗"英雄般的灵活性"。[①] 鲁哈尼本人曾担任首席核谈判代表，扎里夫是其谈判团队成员之一。这意味着鲁哈尼有意增加自己在核谈判中的影响力。但据扎里夫透露，核谈判所涉及的决策仍在最高国家安全委员会内部决定。[②] 因此，虽然在鲁哈尼这位资深国防外交政策制定人士的影响下，总统权力或许会扩大，对最高国家安全委员会的影响度会增加，但也必定会受到立场不同的派系集团制约，从属于最高领袖的最高国家安全委员会的地位短时间难以撼动。

2013年11月23日，伊朗同伊核问题六国就核谈判达成初步协议。伊朗承诺停止进行5%以上的铀浓缩，不再增加离心机，停止核项目研发，包括在阿克拉的核设施运转，并废止其20%的铀浓缩材料，美国将放宽对伊朗总价约70亿美元的制裁措施，而且如果这项协议能得到履行，在6个月内将不会再发起对伊朗新的制裁。这一协议被认为是历史性的突破，对缓和伊朗外部压力起到巨大作用。但伊朗外交国防政策最终决策权仍掌握在最高领袖手里，总统最终能发挥多大作用有待观察。

随着新一届政府的上任，伊朗对外政策出现明显转折，最高国家安全委员会的成员也进行了部分重组。2013年9月，在鲁哈尼的建议下，哈梅内伊任命前国防部长、温和派人士阿里·沙姆哈尼为其在最高国家安全委员会代表并兼任最高安全委员会秘书取代对西方态度强硬的贾利利。加之由总统任命的外交部长、议长、内政部长等都换为了与鲁哈尼立场接近的人员，一定程度上刷新了内贾德

[①] 李伟健："伊朗核谈判十年博弈突破大势所趋"，载《新民晚报》，2013年11月21日，第六版，新民晚报，http：//xmwb.xinmin.cn/xmwb/html/2013-11/21/content_38_1.htm，登录时间：2013年12月10日。

[②] Golnaz Esfandiari, Iran's President Puts Foreign Ministry in Charge of Nuclear Negotiations, Sept 5, 2013, Radio Free Europe, http：//www.rferl.org/content/iran-nuclear-rohani-control/25097180.html，登录时间：2013年12月6日。

时期最高国家安全委员会由保守派主导的局面。目前来看，温和保守派似乎取得更多话语权。但温和保守派与极端保守派之争依然继续。委员会内部人员部分洗牌，总统在对外政策的发言权扩大，都在不同程度上反映着未来伊朗内外政策会发生的变化。

主要参考文献

中文：

1. 彭树智主编，王新中、冀开运著：《中东国家通史—伊朗卷》，北京：商务印书馆，2002年版。

2. 高新涛："伊朗核问题决策的基本路径与关键角色"，载《西亚非洲》，2008年第11期。

3. 李春放："论伊朗现代伊斯兰政治模式"，载《历史研究》，2001年第6期。

4. 李意："核危机中伊朗外交政策解析"，载《西亚非洲》，2008年第11期。

5. 曲红："伊斯兰革命后伊朗的派系权力之争"，载《世界宗教研究》，2000年第4期。

6. 王猛："伊朗革命后社会的政治发展探究"，载《新疆社会科学》，2011年，第2期。

英文：

7. Abbas Maleki, *Decision in Iran's Foreign Policy: A Heuristic Approach*, Tehran: International Institute of Caspian Studies, 2002.

8. Glenn Curtis and Eric Hooglund, *Iran: A country Study*, Government Printing Office, 2008.

9. *The Constitution of the Islamic Republic of Iran*, 2nd edition, Tehran: Islamic Propagation Organization, 1990.

10. Jalil Roshandel, Iran's Foreign and Security Policies: How the Decision-making Process Evolved, *Security Dialogue*, Vol. 31, No. 1, 2000.

11. Paul Kerr, Divided from Within, *Bulletin of the Atomic Scientists*, Vol. 2, 2006.

12. Amir Ali Nourbakhsh, "Iran's Foreign Policy and Its Key Decision Makers," April 25, 2005, *Payvand Daily News*, http://www.payvand.com/news/05/apr/1188.html, 登录时间：2014 年 1 月 13 日。

13. Chen Kane, "Nuclear Decision-Making in Iran: A Rare Glimpse," Crown Center for Middle East Studies, 2005, http://belfercenter.hks.harvard.edu/publication/3150/nuclear_decisionmaking_in_iran.html, 登录时间：2014 年 1 月 13 日。

14. David Thaler and Alireza Nader, Mullahs, "Guards, and Bonyads, An Exploration of Iranian Leadership Dynamics," Rand Corporation, 2005, http://oai.dtic.mil/oai/oai?verb=getRecord&metadataPrefix=html&identifier=ADA512872, 登录时间：2013 年 12 月 8 日。

15. "Hassan Rouhani Interviewed on Nuclear Negotiations", NTIS, US Dept. Of Commerce. July 2005, http://lewis.armscontrolwonk.com/files/2012

16. Dr. Raz Zimmt "Spotlight on Iran, From the memoirs of former chief nuclear negotiator: Hassan Rouhani exposes new details on Iran's nuclear policy," The Meir Amit Intelligence and Terrorism Center at the Israeli Intelligence &Heritage Commemoration Center, November 2012, http://www.terrorism-info.org.il/en/aboutTheLibrary.aspx, 登录时间：2013 年 11 月 27 日。

17. Dr. Raz Zimmt, "Spotlight on Iran, From the family grocery store to holding nuclear talks: Iranian website publishes more of President Rowhani's memoirs," The Meir Amit Intelligence and Terrorism Center at the Israeli Intelligence & Heritage Commemoration Center, November 2013, http://www.terrorism-info.org.il/en/aboutTheLibrary.aspx, 登录时间：2013 年 12 月 3 日。

18. Shmuel Bar, "Iranian Defense Doctrine and Decision Making," Institute for Policy and Strategy, 2004, http://www.herzliyaconference.org/_Uploads/2615IranianDefense1.pdf, 登录时间：2013 年 11 月 26 日。

19. Wilfried Buchta, "Iran's Security Sector: An Overview," Geneva Cen-

ter For The Democratic Control of Armed Forces (DACF), 2004, http://scholar. google. com. hk/scholar? cluster = 7586702926991966686&hl = zh-CN&as_ sdt =0, 5&as_ vis =1, 登录时间: 2013 年 11 月 25 日。

20. "Iran: Future Political Landscape," UK Defence Forum, March 2005, www. ukdf. org. uk, 登录时间: 2014 年 1 月 14 日。

21. "Iran's Ministry of Intelligence and Security: A Profile," The Federal Research Division, Library of Congress, 2012, http://www. fas. org/, 登录时间: 2013 年 11 月 26 日。

第十一章

以色列国家安全委员会

为了提高以色列安全决策质量以及应对日益复杂的国家安全问题，1999年3月，在时任总理本雅明·内塔尼亚胡（Benjamin Netanyahu）的积极推动下，以色列国家安全委员会（National Security Council，简称NSC）正式建立。以色列国家安全委员会隶属于总理办公室，是以色列总理和政府在有关国家安全领域进行协调、整合、分析和监测工作的中枢。国家安全委员会的建立旨在通过全面了解军方、情报部门、外交部门等机构的安全信息和对以色列的安全形势进行长期、系统地分析，以最专业的方式为政府和总理提供安全决策建议，从而提升以色列国家安全决策的质量。虽然以色列国家安全委员会只是政府和总理的咨询机构，并不决定国家安全政策，但它作为以色列国家安全决策的一部分，已经比较牢固地建立在以色列国家安全决策体系中，总理在以色列安全战略和具体安全政策方面对国家安全委员会的依赖程度在不断增加。

一、产生背景

自1948年建国以来,以色列长期处于周边阿拉伯国家的包围中。以色列与阿拉伯国家始终存在着领土、民族、宗教等方面的矛盾,其中巴勒斯坦与以色列的矛盾是中东问题的核心。长期以来,以色列的安全政策是由总理和高级官员商议制定,信息来源于以色列安全部门和情报部门,但是这些信息并没有经过专业咨询机构的整合与系统的分析。[1]

1973年10月6日,正值以色列最重要的节日——赎罪日,全国都在放假,其国家安全警惕处于较低状态。埃及和叙利亚趁机突袭以色列,第四次中东战争爆发。由于以色列情报部门判断失误,认为短期内不会发生战争,导致以色列对这场战争准备不足,差一点陷入亡国境地。这次战争之后,以色列政府开始意识到安全决策不能完全依赖情报机构的意见。如果没有专业的机构整合和分析所有相关的军事、情报和外交信息,以色列的高官和部长们可能就无法有效地进行安全决策,从而不能为总理提供有组织的决策选择。

此后,以色列国内开始出现推动建立国家安全委员会的呼声,然而这一过程却历经了20多年。在此期间,以色列历任总理以及大部分高级官员都反对成立以色列国家安全委员会。总理们认为他们已有足够的国家安全领域的顾问,而政府各部部长、高级官员则不愿意在国家安全决策中增加这样一个机构来阻碍他们与总理的直接

---

[1] Uzi Arad and Amos Harel: "Is There a Future for Israel's National Security Council?", *BESA Center Perspectives Paper*, No. 180, September 5, 2012. http://www.biu.ac.il/SOC/besa/docs/perspectives180.pdf, 登录时间: 2013年11月10日。

沟通。^① 为了改善以色列的安全决策，1996年内塔尼亚胡在就任总理后立即宣布了成立以色列国家安全委员会的计划。但是这一计划遭到了当时新任命的国防部长伊扎克·莫迪凯（Yitzhak Mordechai）的强烈反对，他认为这一委员会的成立对国防部的权力造成威胁，不利于国防部职能的发挥。为了维护新政府的稳定性，内塔尼亚胡在当时选择将这一计划搁置。^② 直到1999年，内塔尼亚胡以不服从命令为由将莫凯迪解职，并立即恢复执行原来的计划，国家安全委员会才最终建立。内塔尼亚胡深谙美国政治的运作，以色列国家安全委员的成立就是对美国国家安全委员会的效仿。

二、法律基础与政治地位

（一）法律基础

以色列国家安全委员会的法律基础是政府第4889号决议和《以色列国家安全委员会法》，前者主要包含政府关于建立国家安全委员会的决议内容，后者具体规定了其职能。1999年3月7日，以色

---

① Moshe Arens: "Israel's Vital National Security Council," http://www.haaretz.com/opinion/israel-s-vital-national-security-council.premium-1.437223, 登录时间：2013年11月10日。

② William Orme: "In Disputed Move, Netanyahu Creates a National Security Council", http://www.nytimes.com/1999/01/29/world/in-disputed-move-netanyahu-creates-a-national-security-council.html, 登录时间：2014年1月11日。

政府通过了第4889号决议,决定成立国家安全委员会。决议内容如下:[①]

以色列政府一致决定:

1. 国家安全委员会即日成立,该机构在总理办公室的领导下运作。

2. 国家安全委员会的目标和作用与以下列出的特殊要求和声明相一致。原则上,国家安全委员会建立的目的不是侵犯政府部门和国家机构的权威或立场,而是作为国家政策领域的一个协调、配合、补充的会议。

3. 根据以色列《政府基本法》第39条规定,国家安全领域内的常设咨询小组,将在国家安全委员会的安全框架内运作。

4. 总理决定关于任命大卫·伊夫里(David Ivri)为国家安全委员会主席和国家安全事务助理。总理将通知被任命到委员会的高级官员其先前所任职的相关政府部门。

5. 委托总理办公室主任代表政府,与财政部长和行政机构专员协调,在1999年4月1日之前设立委员会运行的预算和组织机构框架。

从以色列政府第4889号决议中第2条内容可以看出,这一机构在建立之初强调了它的存在只是作为对安全政策的协调和补充会议,并不会对现有安全机构的地位造成威胁。但在实际运行中,以色列国家安全委员会不可避免的与传统安全机构有所摩擦,传统安全机构也对国家安全委员会的建立持怀疑态度。

---

① Government Decision 2438,以色列国家安全委员会官方网站;http://www.nsc.gov.il/NSCWeb/TemplatesEnglish/HomePageEN.aspx,登录时间:2013年11月15日。

2006年黎巴嫩战争①暴露出以色列安全决策机制的弊端，从而迫切需要国家安全委员会在安全决策过程中发挥更大的作用，以保证以色列安全决策的质量。2008年7月29日，以色列《国家安全委员会法》正式颁布。此后，以色列国家安全委员会作为总理和政府官员之间有关以色列国家外交与安全事务的会议，以法律的形式固定下来。《国家安全委员会法》主要规定了以色列国家安全委员会具体的职能；同时规定了作为总理和政府官员商议国家安全事务的会议，国家安全委员会在总理的领导下运行。

（二）政治地位

以色列国家安全决策过程十分复杂，原因之一就是多党制的政治体制。以色列建国以来，没有一个政党能够在议会取得多数席位。这一现象的形成既与以色列民族性格有关，也与以色列采取比例代表制和低门槛的选举制有关。以色列政治体制的建立受到英国议会模式的影响，但它没有像英国一样建立在旧传统之上，也不像美国依靠成文的宪法，直到今天，以色列依然没有宪法。② 以色列议会制定颁布了一系列基本法，包括《政府基本法》、《军队基本法》、《国家经济基本法》等法律来发挥宪法的作用。1968年，以色列议会制定了《政府基本法》，其中规定由以色列总理和其他部门的部长组成的以色列政府是国家的行政机关，而且政府的活动必须得到议会批准。

---

① 在以色列被称为第二次黎巴嫩战争，是一连串黎巴嫩真主党所属军队和以色列国防军两方的军事冲突，主要的影响范围是以色列北部和黎巴嫩。

② Mahmoud Muhareb: "The Process of National Security Decision-Making in Israel and the Influence of Military Establishment," *Arab Center for Research & Policy Studies*, Doha, May – 2011.

1968年《政府基本法》中没有明确的关于以色列安全决策的内容，只是在第28条中间接规定"国家安全决策属于政府工作的内容，是保密的且不允许被公开；在不同的议题上，常设的或临时的部长级委员会帮助政府进行决策"。[1] 在以色列国家安全领域，参与决策的部门很多，但是最终决定权由总理和高级官员掌握，其他相关机构的主要作用是为以色列的国家安全政策提出建议。

以色列安全决策中的参与部门包括：[2]

1. 安全事务部长委员会

安全事务部长委员会又称安全内阁，成立于1953年，由总理领导。该机构建立的目的是制定以色列外交和国防政策，并负责使这些政策得到落实。安全内阁的成员主要是以色列各重要部门的部长，因此也被称为"内阁中的内阁"。

2. 总理办公室

总理办公室在以色列国家安全决策过程中发挥重要作用。总理办公室主要负责协调政府的工作，其官员能够不同程度地参与安全决策过程。总理办公室的主任主管行政事务和办公室的下属机构，他通过领导各种部长委员会和一些工作小组对以色列安全决策发挥影响。

---

[1] Basic Law: The Government – 1968 (The Original Version) http://www.knesset.gov.il/laws/special/eng/basic1_eng.htm, 登录时间：2013年11月15日。

[2] Mahmoud Muhareb: "The Process of National Security Decision-Making in Israel and the Influence of Military Establishment," *Arab Center for Research & Policy Studies*, Doha, May – 2011.

3. 总理的军事秘书

军事秘书是总理和安全机构之间的纽带,他与军事和安全官员一起参加所有的总理会议,包括总理与国家安全总局[①]和以色列情报和特勤局[②]局长的会议。值得注意的是,军事秘书通常由军队中的官员担任。

4. 内阁秘书

内阁秘书由以色列内阁任命,负责领导一个主要由行政官员组成的小型秘书处,从而参与到以色列的安全决策过程中。

以色列安全内阁、总理办公室、军事秘书、内阁秘书等部门和官员都在以色列安全决策过程中发挥重要作用,但是与以色列国家安全委员会一样,这些部门和官员能在多大程度上发挥作用取决于每一任总理对其信任度和重视程度。

[①] 以色列国家安全总局,简称辛贝特,成立于1949年2月,主要负责国内安全事务,是以色列情报系统中的反间谍与国内安全机构。

[②] 以色列情报和特勤局,简称摩萨德,成立于1949年12月,主要负责在海外收集情报和实施特别行动,包括收集海外情报、阻止敌国研发非常规武器、阻止恐怖人员袭击以色列海外目标、与其他国家建立特殊外交和情报联系以及提供战略、政治和军事行动相关情报等。

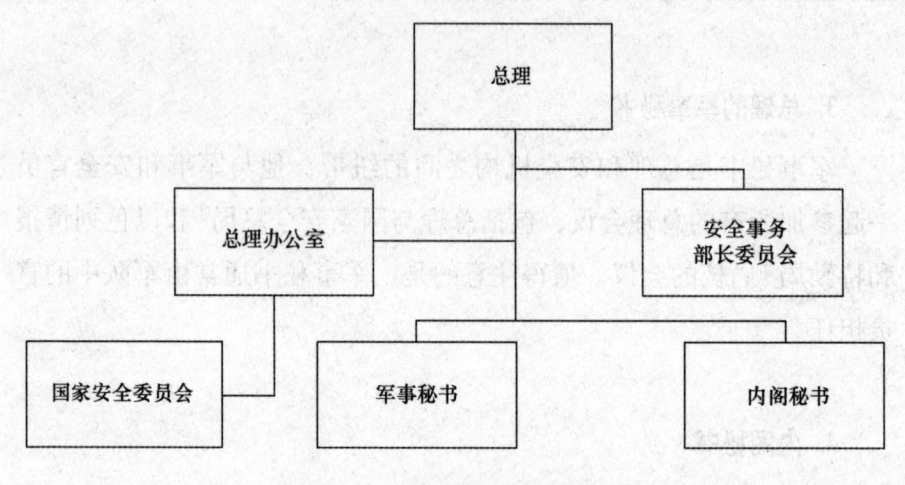

图1 以色列安全决策结构图

资料来源：笔者根据以下资料整理制作：Mahmoud Muhareb:" The Process of National Security Decision-Making in Israel and the Influence of Military Establishment," *Arab Center for Research & Policy Studies*, Doha, May – 2011。

三、职权功能与组织结构

（一）职权功能

以色列国家安全委员会作为以色列政府和总理的安全决策咨询会议，目的是在《以色列独立宣言》和《国家安全委员会法》的法律框架下为政府和总理提供决策建议。国家安全委员会的权威来自于政府，并根据总理的指示行事。

2008年的《国家安全委员会法》具体规定了以色列国家安全委

员会的职能：①

1. 集中分析政府、安全事务部长委员会以及有关外交和安全事务的其他的部长委员会的会议成果。

2. 准备政府及其委员会之间的讨论，并对讨论结果进行评估；提出有关讨论事项可采用的方法、这些方法之间的不同及其重要性，并对讨论选定的方案提出建议。

3. 跟踪政府及其委员会决议的实施情况，并向总理进行汇报。

4. 向总理建议安全事务部长委员会以及其他部长委员会或有关外交和安全事务的部长间会议的议程和议题，并推荐参与讨论的人员及其级别。

5. 作为总理工作的一部分，国家安全委员会负责有关外交和安全事务的机构间和部际委员会的工作。根据评估，委员会向总理陈述在该领域可供选择的决策方案、这些方案间的不同及其重要性，并对这些事务的有关政策进行建议，同时根据总理的决定向政府报告。

6. 根据总理的批准和具体需要，国家安全委员会至少每年一次向安全事务部长委员会陈述有关外交安全形势的年度评估和多年评估，以及对有关议题的剖析和情势的分析，包括对不同领域情报的意见和分析；至少每年一次对安全形势以及总理任命的安全机构、以色列国防军、国防部、外交部和国内安全部进行评估。其评估结果将提交给总理，并在安全事务部长委员会上进行讨论。

---

① The Function of National Security Council, 以色列国家安全委员会官方网站；http://www.nsc.gov.il/NSCWeb/TemplatesEnglish/HomePageEN.aspx，登录时间：2013年11月15日。

7. 为总理准备国家安全委员会的相关工作，其工作将优先讨论国防预算、由国防部长或总理任命的人员监管下的预算、外交部长监管下的预算以及总理监管下的安全机构的预算，并对这些预算讨论的优先性进行合理安排。

8. 管理隶属于总理办公室的国家危机与应急管理中心。

9. 评估以色列国家安全观并对其提出更新建议。

10. 根据对外交与安全领域的重要性评估安全提议；向总理、安全事务部长委员会或任何其他总理赖以作出决定的机构陈述其立场；对可选择方案的制定以及对工作优先性进行合理安排（除非总理另有指示）。

11. 在外交和安全事务以及总理负责的其他领域发挥作用。

概括起来，以色列国家安全委员会职能主要有以下四个方面：

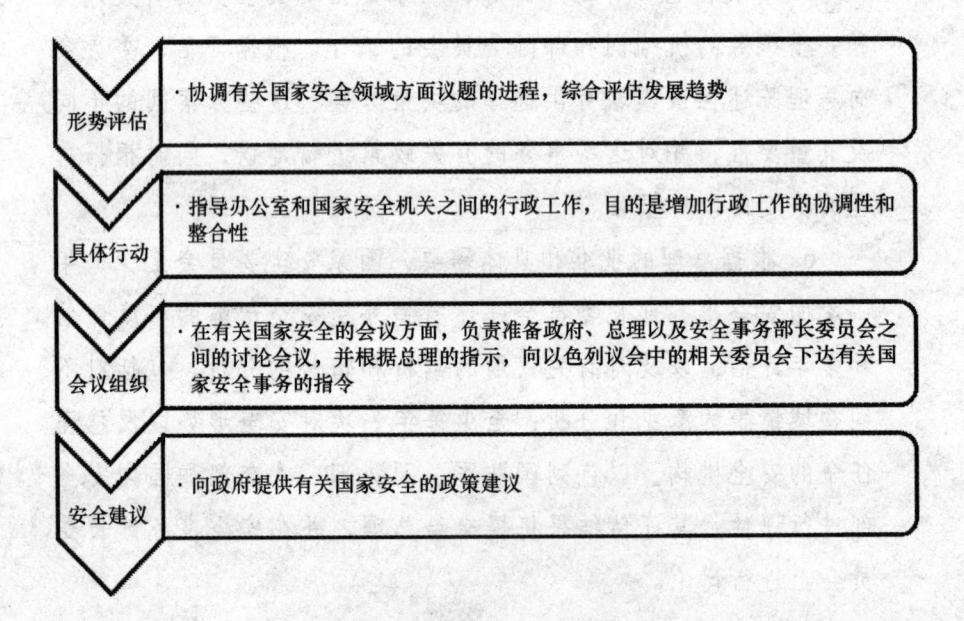

形势评估	·协调有关国家安全领域方面议题的进程，综合评估发展趋势
具体行动	·指导办公室和国家安全机关之间的行政工作，目的是增加行政工作的协调性和整合性
会议组织	·在有关国家安全的会议方面，负责准备政府、总理以及安全事务部长委员会之间的讨论会议，并根据总理的指示，向以色列议会中的相关委员会下达有关国家安全事务的指令
安全建议	·向政府提供有关国家安全的政策建议

图2　国家安全委员会的职能

资料来源：笔者根据以色列国家安全委员会官方网站的资料整理制作：http://www.nsc.gov.il/NSCWeb/TemplatesEnglish/HomePageEN.aspx，登录时间：2013年11月15日。

国家安全委员会还规定其行为规范：[①]

1. 国家安全委员会应为总理和以色列政府服务。
2. 行政工作应基于整合、创新和有目标的原则。
3. 国家安全委员会的成员应为有使命感、正直、可靠且有责任心的人。

从法律规定的职能中可以看出，以色列国家安全委员会并不参与决策，只是对情报、会议结果等信息进行整理分析，并向政府和总理提供有关安全决策的建议。在实际运作中，以色列国家安全委员会需要以长远的战略眼光看待安全问题，并在已有的以色列国家安全机构的协助下，跟进并提供有关国家安全活动的更新以及国家安全决议的补充。另外还要与特定国家中的安全机构、以色列外交部及其世界各地的大使馆协调合作，为身在国外的以色列人提供安全保护。

（二）组织机构

以色列国家安全委员会隶属于总理办公室，是以色列总理及政府在国家安全事务上的咨询机构。以色列国家安全的问题种类多、领域广，包括政治、经济和社会等方面，突出表现在伊朗核问题、巴以冲突、叙以、黎以矛盾、阿拉伯剧变等。为了协调与整合政府和总理办公室的安全工作，政府秘书、总理的军事秘书和总理的政治顾问将参加国家安全委员会的所有会议。这显示了总理对国家安全委员会工作的支持，也有助于各安全部门间的协

[①] "The Values of National Security council," 以色列国家安全委员会官方网站：http://www.nsc.gov.il/NSCWeb/TemplatesEnglish/HomePageEN.aspx, 登录时间：2013年11月15日。

调工作。

国家安全委员会由五个部门组成,包括外交政策部、安全政策部、战略事务部、后勤与人力资源部[①]和反恐局,各个部门专司以色列国家安全的一个领域,彼此之间独立又存在相互协作,国家安全委员会各部门的负责人是国家安全委员会主席在各个部门的代表。以色列国家安全委员会还包括一个经济顾问和一个法律顾问,负责有关以色列经济安全和法律监督的事务。国家安全委员会的社会和基础设施政策部作为国家安全委员会的一个部门运行直到 2006 年,现在这一部门隶属于总理办公室。

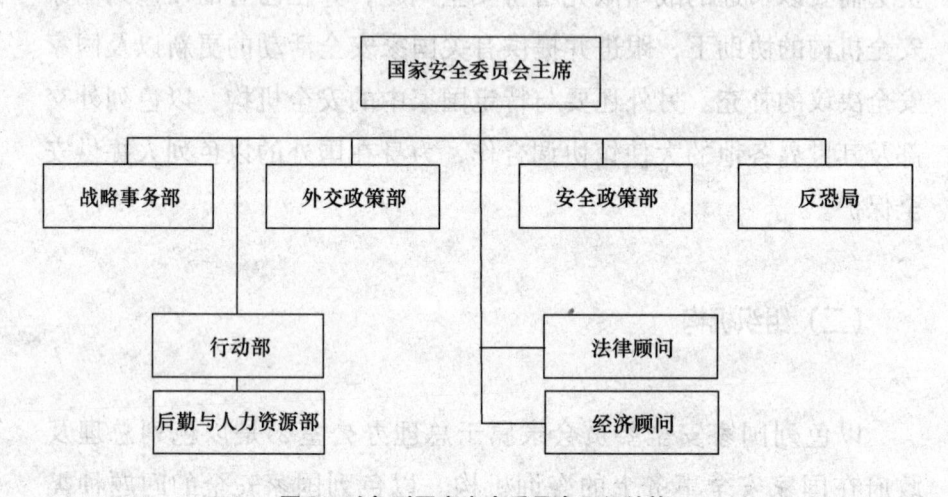

图3 以色列国家安全委员会组织结构

资料来源:笔者根据以色列国家安全委员会官方网站资料的组织结构图编译:NSC Divisions, http://www.nsc.gov.il/NSCWeb/TemplatesEnglish/HomePageEN.aspx, 登录时间:2013 年 11 月 16 日。

---

① 书中提到的后勤马人力资源部这一部门,以色列国家安全委员会官方网站并未对其有更多详细介绍,也不在原官网资料的组织结构图中。

四、各部门的职能与运作

以色列国家安全委员会各部门的职能是基于总理、高级部长或相关机构首脑的指示,与相关国家安全部门,如外交部、国防部、工业和贸易部、司法部、公共安全部等配合进行工作。国家安全委员会有权力以一定的方式采取行动,但这种行动依赖与军事和情报机构的合作。[①] 国家安全委员会各部门的工作成果在获得国家安全委员会主席的批准后,会向总理、总理顾问以及相关的以色列高级官员进行汇报。

(一)国家安全委员会主席

以色列国家安全委员会的主席是国家安全委员会的负责人,隶属于总理,由总理直接任命并接受总理的领导。国家安全委员会主席直接向总理提交有关国家安全领域事件和议题的报告,他的另一个职能是作为总理的国家安全事务助理。大卫·伊夫里(David Ivri)是第一个被任命的以色列国家安全委员会主席。现任国家安全委员会主席和总理安全事务助理是约瑟夫·M. 科恩(Joseph M. Cohen)。迄今为止,以色列国家安全委员会已历经9任主席。国家安全委员会主席与总理的关系直接影响委员会在以色列国家安全体系中的地

---

① Uzi Arad and Amos Harel:" Is There a Future for Israel's National Security Council?" *BESA Center Perspectives Paper*, No. 180, September 5, 2012. http://www.biu.ac.il/SOC/besa/docs/perspectives180.pdf,登录时间:2013年11月16日。

位及其能够在多大程度上发挥作用。

表1 国家安全委员会历任主席

1999年3月—2000年1月	大卫·伊夫里（David Ivri）
2000年9月—2002年9月	乌齐·达扬（Uzi Dayan）
2002年9月—2003年8月	伊弗雷姆·哈勒维（Ephraim Halevy）
2004年1月—2006年6月	吉奥拉·艾兰德（Giora Eiland）
2006年6月—2007年12月	伊兰·米兹拉赫（Ilan Mizrahi）
2007年12月—2009年4月	达尼·阿尔迪蒂（Dani Arditi）
2009年4月—2011年3月	乌齐·阿拉德（Uzi Arad）
2011年3月—2013年11月	雅各布·阿米德洛尔（YaakovAmidror）
2013年11月—至今	约瑟夫·M.科恩（Joseph M. Cohen）

资料来源：笔者根据以色列国家安全委员会官方网站资料整理制作：Council Chairman，以色列国家安全委员会官方网站：http://www.nsc.gov.il/NSCWeb/TemplatesEnglish/HomePageEN.aspx，登录时间：2013年11月17日。

下面是已公开的国家安全委员会主席工作的两个例子：[①]

1. 保持以色列的技术领先

以色列国家安全委员会的一项职能是保持以色列国家安全机构技术的相对优势，这项工作主要由国家安全委员会主席负责。2007年3月20日，总理与高级防务官员举行了会议，主要讨论如何保持以色列国防机构在科技领域的相对优势。在这次会议上，国家安全委员会对此建议，重点是以色列国防军扩大招募优质人员。这一建议得到了总理和国防部的支持。总理指示国家安全委员会主席制定一个旨在吸收优秀人才的计划。

---

① Council Chairman，以色列国家安全委员会官方网站：http://www.nsc.gov.il/NSCWeb/TemplatesEnglish/HomePageEN.aspx，登录时间：2013年11月17日。

2. 脱离接触计划

以色列国家安全委员会主席领导参与了2004—2005年的脱离接触计划,[①] 并发挥了重要作用。以色列时任总理阿里埃勒·沙龙（Ariel Sharon）在2003年12月提出了脱离接触战略计划，并立即委任国家安全委员会继续与其他相关国家机构合作发展这一计划。国家安全委员会主席负责计划的落实以及牵头成立包括主要部门首脑在内的指导委员会。同时，国家安全委员会制定的文件中规定了各个机构在这一计划具体实施过程中的责任分配。

在实施脱离接触计划的工作中，以色列国家安全委员会确定了需要关注的其他议题：包括政治、安全、法律、经济和信息问题，这些问题主要与加沙地带事务有关。随着该计划的结束，对定居者漫长而复杂的管理过程仍在继续。另外，国家安全委员会也领导以色列与国际机构（主要是世界银行）之间的对话，以及在特定时期与巴勒斯坦当局的对话。

（二）外交政策部

以色列国家安全委员会的外交政策部负责规划、整合以及协调有关国家安全重大议题的政策。外交政策部的职能包括制定对政治局势的评估；制定对以色列外交政策的建议；与发达国家相应机构的战略对话。外交政策部的职能还涉及有关以色列国家能源安全的议题并参与相关活动，内容包含能源供应商、能源战略储备和能源

[①] 脱离接触计划是以色列前总理沙龙"单边行动计划"的正式名称，被反对派称为"撤退计划"。其核心内容是以色列定于2005年8月5—17日开始分阶段撤出加沙全部21个定居点和西岸4个定居点，将其移交给巴勒斯坦当局控制。

来源等方面。

外交政策部负责制定与主要国家关系的方案，这些国家包括：

表2　以色列安全政策主要涉及国家

中东国家	超级大国及地区组织	主要国家和组织
·巴勒斯坦 ·黎巴嫩 ·叙利亚 ·埃及 ·约旦等	·美国 ·俄罗斯 ·欧盟 ·中国 ·印度	·土耳其 ·联合国 ·北约

资料来源：笔者根据以色列国家安全委员会官方网站内容制作：Activities of Foreign Policy Division, 以色列国家安全委员会官方网站：http://www.nsc.gov.il/NSCWeb/TemplatesEnglish/HomePageEN.aspx, 登录时间：2013年11月15日。

外交政策部自成立以来，积极参与了一系列活动，其中大部分是机密性的。以下是已公开的该部门的活动：①

1. 政策建议与审查

（1）制定以色列对哈马斯的政策

自2005年5月起，以色列国家安全委员会一直在制定和巩固以色列对哈马斯的政策，这项工作包括分析以色列对哈马斯的活动和若干政策选择的利益。在巴勒斯坦民族权力机构的选举结果出来后，国家安全委员会起草了对于哈马斯政府的政策建议，建议的重点是经济问题。

---

① Activities of Foreign Policy Division, 以色列国家安全委员会官方网站：http://www.nsc.gov.il/NSCWeb/TemplatesEnglish/HomePageEN.aspx, 登录时间：2013年11月17日。

(2) 审查巴勒斯坦权力机构的融资渠道

在 2006 年初，以色列时任外交部长齐皮·利夫尼（Tzipi livni）要求国家安全委员会整理出一份关于巴勒斯坦权力机构预算全面情况的报告，并提出几种可供选择的应对方法，以面对由哈马斯的胜利对以色列国家安全带来的新挑战。此项工作需要与国家安全委员会经济顾问进行合作。

(3) 审查以色列与俄罗斯的关系

2005 年，以色列时任总理沙龙要求国家安全委员会对以色列和俄罗斯关系进行全面检查。检查内容涵盖双边关系（政治、安全、经济和法律）的各个方面。此次检查的具体工作需要与政府部门、安全机构和情报机构进行协作。

2. 开展与外国相应机构的战略对话

以色列国家安全委员会与主要国家的相应机构定期举行对话。此外，国家安全委员会通过定期举行会议，就国际议程上的核心问题（如伊朗、叙利亚和巴勒斯坦等国问题）与主要国家交换意见。另外，出于地缘战略考虑，以色列与土耳其和印度构筑了战略合作关系。主要战略对话国家包括（公开资料的截止时间为 2008 年）：

(1) 与美国的战略对话：由以色列国家安全委员会主导的与美国的战略对话论坛始于 2001 年，最近一次会议于 2008 年 7 月召开，由负责战略对话议题的部长主持。国家安全委员会主席、国防部总干事、外交部总干事和总理的政治顾问参加会议。

(2) 与俄罗斯的战略对话：2005—2008 年，以色列国家安全委员会与俄罗斯联邦安全会议的战略对话一直保持每 6 个月定期举行。该会议是由以色列国家安全委员会主席和政府各部的高级官员组成工作组领导。

(3) 与中国的战略对话：2007 年 9 月，以色列国家安全委员会

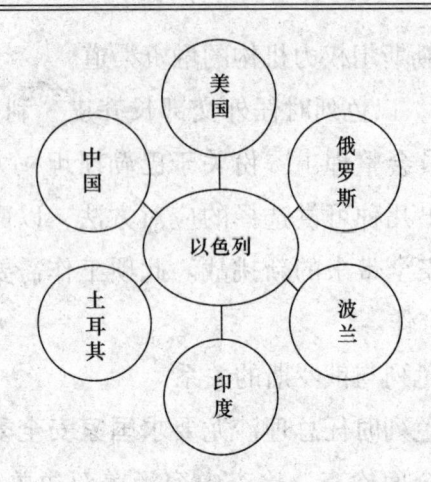

图 4 以色列国家安全委员会主要战略对话国家

资料来源：笔者根据以色列国家安全委员会官方网站内容制作：Activities of Foreign Policy Division, http://www.nsc.gov.il/NSCWeb/TemplatesEnglish/HomePageEN.aspx, 登录时间：2013 年 11 月 17 日。

在北京与中国国际战略学会（China International Institute for Strategic Society, CIISS）举行了战略对话。

（4）与土耳其的战略对话：两国间最近的一次对话会议于 2006 年 11 月举行，对话论坛由以色列国家安全委员会主席领导，内容有关处理两国的利益问题，如中东局势、反恐斗争及土耳其加入欧盟的计划。

（5）与印度的战略对话：两国间的第一次对话会议于 2001 年举行，最近一次对话于 2006 年 12 月在印度举行，由以色列国家安全委员会主席领导。印度和以色列两国的国防部、外交部的高级官员参加了这次对话会议，会议讨论的重点是有关双方共同利益的议题，如反恐问题和两国的战略环境。

（6）与波兰的战略对话：2004 年 6 月，波兰国家安全委员会的负责人访问了以色列。会议期间，双方讨论两国共同利益的议题，如反恐活动、双边关系以及以色列与欧盟的关系。

另外还有几个国家已经联络以色列国家安全委员会请求建立战略对话通道,目前正在对这些请求进行审查。

(三) 安全政策部

1. 安全政策部的具体职能

以色列国家安全委员会的安全政策部负责协调与有关国家安全事务的处理。这个部门的职能具体包括：[①]

(1) 领导对国家安全形势的评估——对所有级别上的国家安全的进程和趋势进行系统、综合的评估。

(2) 领导安全政策领域的行政工作。

(3) 制定有关安全理念和政策议题的立场文件。

(4) 协调有关武器扩散和武器控制领域的行政工作。

(5) 协调国内安全政策的行政工作。

(6) 协调国家安全委员会的情报工作,并与情报机构进行合作。

(7) 协调国家危机与应急管理中心(NMC)的工作,并将其整合到总理办公室中。

(8) 管理情报室并定期制定报告。

需要注意的是安全政策部的第 6 项职能。在以色列国家安全委员会成立之前,情报领域的工作一直由以色列情报机构负责,并对国家政策产生很大影响,是总理和政府决策的重要信息来源。如何处理好与传统情报机构在情报领域的工作协调是对国家安全委员会的一个重大考验。

---

① Security Policy Division,以色列国家安全委员会官方网站：http://www.nsc.gov.il/NSCWeb/TemplatesEnglish/HomePageEN.aspx,登录时间：2013 年 11 月 17 日。

2. 安全政策部的主要活动①

（1）国家安全委员会与官方和其他有关机构合作，定期开展对国家安全形势的整体评估，并将评估结果提交给总理。此外，国家安全委员会开展对国家安全领域内各种议题定期的形势评估。

（2）根据要求或指示，开展安全领域内系统性的行政工作。

（3）参与安全规划、资源议题以及法律的执行、指挥、控制和监督。

（4）审查有关威慑的议题，包括威慑力的形成和运用。

（5）协调有关常规和非常规武器的控制和扩散议题，并参与这一领域中其他部门领导的议题。

（6）管理有关国家后方和国家基础设施的行政工作。

（7）负责有关战略威胁以及应对的行政工作。

（8）协调并规定国家危机与应急管理中心的职能。

（9）负责情报室的运作。

（10）制定有关行动的规则，防止以发展恐怖主义为目的科研开发。

3. 管理国家危机与应急管理中心（NMC）和情报室②

安全政策部负责领导国家危机与应急管理中心和情报室的工作。1996年，由拉斐尔·瓦尔迪少将（Rafael Varid）领导的工作组最早建议成立"国家危机与应急管理中心"，目的是使总理和政府在紧急时期或危机发生时能够有效地发挥作用。作为在第二次黎巴嫩战争

---

① Activities of Security Policy Division，以色列国家安全委员会官方网站：http://www.nsc.gov.il/NSCWeb/TemplatesEnglish/HomePageEN.aspx，登录时间：2013年11月17日。

② 同上。

中吸取的教训，以色列政府决定建立国家危机与应急管理中心和情报室，并确定国家危机与应急管理中心的任务是"在任何时期都能够提出一个综合的、不断更新的、动态的国情评估"。

情报室在 2008 年 3 月开始正式运作，为总理和政府制定国情的综合性评估。该评估以国家安全领域议事日程上的的问题为基础，重点包括安全、外交政策、经济、国家资源和内部事务以及媒体的反应等，并与各部门进行合作。需要强调的是，情报室不是在各部门机构间传递指示的通道，它并不会取代总理和他的团队与各部门主管和部长之间直接的沟通渠道。

4. 建议后方应急准备的责任分配[①]

安全政策部参与有关以色列国家后方工作的职责分配的讨论并提出建议。2007 年 2 月 28 日，在关于后方长期准备的讨论中，国家安全委员会主席建议处理后方紧急情况的职责应由国防部转移到国内安全部。

（四）反恐局

反恐局是总理、政府和其他反恐事务委员会组成的总部机构，并在所有的反恐机构之间形成一个协调组织机构以不断提升以色列应对各种恐怖威胁的能力。在遭遇一系列恐怖袭击之后，以色列政府意识到成立独立反恐机构的重要性。为了更加有效的应对恐怖主义威胁，1996 年 3 月，根据以色列政府"B/20"决议，反恐局成

---

① Activities of Security Policy Division，以色列国家安全委员会官方网站：http://www.nsc.gov.il/NSCWeb/TemplatesEnglish/HomePageEN.aspx，登录时间：2013 年 11 月 17 日。

立，后隶属于国家安全委员会。2005年12月，以色列内阁授权反恐局成为有关反恐议题的协调机构。这意味着反恐局有权决定由哪个部门对某特定的事件负责、责任的范围以及各方之间的相互关系。[1]

1. 反恐局的职能

反恐局的活动有些是按照总理的指示开展，有些是反恐局自行发起的，还有一些是由安全机构、政府部门、其他各部门和外国组织发起的。在其大多数活动中，反恐局作为组织间的协调机制，通过协调和解决有关反恐的各种现存的和潜在的分歧，提升了以色列民众和安全组织在反恐斗争中的应对能力。其具体职能包括：[2]

（1）领导信息作战指导委员会。

（2）领导交通运输部管理外国船只的跨部门小组。

（3）跟踪相关机构对于政府决策的履行情况。

（4）代表以色列出席ESRIF论坛。[3]

（5）处理在国外的以色列人在国外受到的恐怖威胁。

（6）运行一个旨在发展和吸收打击恐怖主义和保护公众的技术的研究机制。

（7）负责针对非传统恐怖主义的准备工作和立法。

（8）负责有关以色列边境口岸项目的协调、准备、提升与结合。

（9）负责与国外相应机构在反恐领域的国际合作。

---

[1] Counter Terrorism Bureau，以色列国家安全委员会官方网站：http://www.nsc.gov.il/NSCWeb/TemplatesEnglish/HomePageEN.aspx，登录时间：2013年11月20日。

[2] 同上。

[3] ESRIF，European Security Research and Innovation Forum，全称为欧洲安全研究与创新论坛。

2. 反恐局的工作领域[1]

（1）在情报方面，主要负责提升以色列处理"圣战"组织[2]威胁和综合分析情报的能力；处理针对国外的以色列人的恐怖威胁，研究自杀式恐怖分子的活动。

（2）在有关以色列海、陆、空的安全和保护方面，负责协调和提供有关以色列海洋和航空领域的旅游咨询，提升以色列的国家安全体系。

（3）负责提升以色列敏感防御设施领域的安全性和防卫准备。

（4）在非传统的恐怖主义和超级恐怖主义方面，提升对相关恐怖议题的应对与协调，并促进反恐领域的国际协作。

（5）改进和协调对从边境口岸进入以色列人员的控制和安全检查，以防止敌对势力的恐怖活动，加强海、陆、空、口岸安全工作的协调和组织。

（6）对抗恐怖主义在金融领域的跨国活动；通过提高以色列的科技水平，发展打击恐怖主义的技术手段和能力。

3. 反恐局的活动

反恐局活动领域涉及情报、海陆空安全、金融、非传统恐怖主义、技术反恐等，并且形成了全方位的反恐政策。反恐局自成立以

---

[1] Counter Terrorism Bureau，以色列国家安全委员会官方网站：http：//www.nsc.gov.il/NSCWeb/TemplatesEnglish/HomePageEN.aspx，登录时间：2013 年 11 月 20 日。

[2] "圣战"组织，全称"巴勒斯坦伊斯兰圣战"组织。中文简称杰哈德，意为"圣战"。杰哈德是巴勒斯坦一个激进的军事组织，目标是解放历史上的巴勒斯坦，消灭以色列，建立巴勒斯坦伊斯兰共和国。它曾多次策划针对以色列的恐怖袭击，被美国和欧盟视为恐怖组织。

来一直积极参与各类问题。以下是这一机构非保密的活动:[1]

(1) 出行警告

在西奈发生的一系列恐怖袭击提升了出行警告的优先级。反恐局的工作涉及情报、法律和信息提供等方面。2005年12月,国家安全委员会的建议提交给了政府并获得批准。部分建议内容包括:政府所发布的旅游警告只是建议;旅游警告将定期更新;政府将会发布一个包含四个层次的旅游警告。

(2) 保护国家计算机的系统

作为国家安全部长委员会"84/b"决议的延续,以色列政府决定成立一个由国家安全委员会主席领导的委员会,通过采取一系列巩固措施,保护以色列国家重要的计算机系统。作为以色列总体安全规划中的一部分,该委员会指导负责计算机基础设施安全的国家部门的工作。

(3) 边境口岸的运行和安全

1999年,以色列政府批准了保卫边境口岸的决议。此后,以色列安全形势发生了许多重大变化,如构建安全围墙、实施脱离接触计划等。反恐局还负责向安全事务部长委员会提交国家安全问题的建议及有关的政府决议。

4. 反恐技术防御委员会[2]

以色列长期处于恐怖主义的威胁中,国际恐怖主义的发展进一步增加了对以色列国家基础设施和平民的威胁。先进技术、高级安全保护以及实战经验是以色列在反恐斗争中的重要工具。反恐技术

---

[1] Activities of Counter Terrorism Bureau, 以色列国家安全委员会官方网站:http://www.nsc.gov.il/NSCWeb/TemplatesEnglish/HomePageEN.aspx, 登录时间:2013年11月20日。

[2] 同上。

防御委员会的成立，能够在反恐领域中最大限度地利用以色列的技术优势。

反恐技术防御委员会的职能包括：定义国家对于反恐的需求；设立相应机构以采纳相关建议；审查来自不同机构的提议、有关行动预算的决定以及在国家层面的发展建议；监督控制预算投资和项目成果。

（五）经济顾问

国家安全委员会经济顾问的职能包括：研究提出打击暴力的经济手段；开展全国性的有关模型/成本/效益研究工作；分析预测以色列和巴勒斯坦权力机构之间未来的金融政治结构；评估国防预算。以下是经济顾问的部分活动：[①]

1. 调查巴勒斯坦民族权力机构的融资活动

以色列国家安全委员会对巴勒斯坦权力机构的预算进行全面调查，并提出应对哈马斯的办法。在外交部长的要求下，这项工作于2006年初开始进行，并于2006年2月将工作结果提交给了外交部长。

2. 审查防暴所需预算

包括研究对抗暴力所需的资源问题，并审查警方、司法部、法院管理、劳动与福利部和监狱管理局要求增加的预算。除此以外，

---

① Activities of Economic Advisor, 以色列国家安全委员会官方网站：http://www.nsc.gov.il/NSCWeb/TemplatesEnglish/HomePageEN.aspx, 登录时间：2013年11月20日。

经济顾问还会审查这些部门的预期支出，审查结果会提交到以前公共安全部长埃兹拉为首的防暴部长委员会。

（六）法律顾问

以色列国家安全委员会的法律顾问负责监督委员会各部门的所有活动，并且是协调国家安全委员会行政工作的一部分。法律顾问的职能包括：[1]

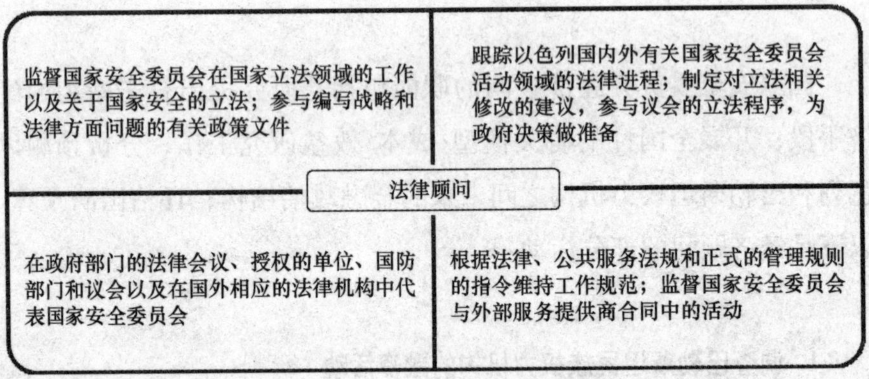

监督国家安全委员会在国家立法领域的工作以及关于国家安全的立法；参与编写战略和法律方面问题的有关政策文件	跟踪以色列国内外有关国家安全委员会活动领域的法律进程；制定对立法相关修改的建议，参与议会的立法程序，为政府决策做准备
在政府部门的法律会议、授权的单位、国防部门和议会以及在国外相应的法律机构中代表国家安全委员会	根据法律、公共服务法规和正式的管理规则的指令维持工作规范；监督国家安全委员会与外部服务提供商合同中的活动

图5　法律顾问的职能

资料来源：笔者根据以色列国家安全委员会官方网站资料制作：Legal Advisor，以色列国家安全委员会官方网站，http://www.nsc.gov.il/NSCWeb/TemplatesEnglish/HomePageEN.aspx，登录时间：2013年11月21日。

国家安全委员会的法律基础是1999年的政府决议和2008年的《国会安全委员会法》。作为跨机构工作组的一部分，法律顾问及其工作人员参与起草了一项新法律，新的法律规定为安全机构提供现

---

[1] Legal Advisor，以色列国家安全委员会官方网站：http://www.nsc.gov.il/NSCWeb/TemplatesEnglish/HomePageEN.aspx，登录时间：2013年11月20日。

代化的工具，以应对恐怖行为。以下是已公开的法律顾问的活动内容：①

1. 恐怖主义融资的法律问题

根据政府决议，法律顾问办公室参与领导反恐融资的法律活动。并且发表了一个针对恐怖组织的声明，内容有关以色列 2008 年《禁止恐怖主义融资法》。

2. 审查以色列移民政策的影响

2004—2005 年，外来移民及其对《公民法》的影响这一议题是由国家安全委员会负责，法律顾问对相关的很多议题进行了考察，包括以色列的国情、人口构成以及这些因素如何互相影响，并且对此提出建议。该建议已于 2005 年 4 月 4 日提交给政府，并获得一致通过。

3. 对人员从军队分配转移到警察部队进行管理

这项活动的目标是集中研究从军队向警察增加人员的可能性。国家安全委员会的观点是 18 岁以上的公民不应只被视为国防军资源，不应阻止将军队中一定数量的士兵分配到警察部队来执行警务工作。

---

① Activities of Legal Advisor，以色列国家安全委员会官方网站：http://www.nsc.gov.il/NSCWeb/TemplatesEnglish/HomePageEN.aspx，登录时间：2013 年 11 月 21 日。

(七) 社会和基础设施政策部

社会和基础设施政策部作为国家安全委员会的一部分运行持续到 2006 年夏天。2006 年 8 月初，这个部门转移到总理办公室。以下是这个部门在以色列国家安全委员会的框架内运作的部分活动。[1]

1. 耶路撒冷安全围墙

社会和基础设施部这一活动的目的是考察耶路撒冷安全围墙[2]对以色列国家安全和平民产生的影响。这次检查旨在通过整合并具体实施相关意见，能够在围墙关闭的情况下，保持居民进出城市的生活结构不发生改变。活动的发起人为前总理沙龙和埃胡德·奥尔默特（Ehud Olmert）。对耶路撒冷安全围墙问题的检查已在 2005 年上半年进行，该建议获总理和政府的批准。

2. 在内盖夫的贝都因人

社会和基础设施部负责巩固、调节和解决贝都因人[3]在内盖夫[4]的问题，包括住房、城市化进程、违法建设等问题以及在全体居民中的伊斯兰人和巴勒斯坦人的身份认证程序等。这项工作在 2004—

---

[1] Activities of Social and Infrastructure Policy Division，以色列国家安全委员会官方网站：http://www.nsc.gov.il/NSCWeb/TemplatesEnglish/HomePageEN.aspx 登录时间：2013 年 11 月 21 日。

[2] 耶路撒冷安全围墙是以色列在其占领区域和争议地区建立的以防止恐怖攻击为目的的安全围墙，长为 703 公里，目前仍在建造中。

[3] 贝都因人，是以氏族部落为单位在沙漠旷野过游牧生活的阿拉伯人。主要分布在西亚和北非的广阔沙漠。

[4] 内盖夫，又译为内格夫，系以色列南部沙漠地区。

2005年进行，国家安全委员会的建议被提交给前总理沙龙以及相关部长。这些建议的重点是加强对土地问题的监管。国家安全委员会提出了一套与此相关的新的建议和解决方案，并成立了一个工作组，负责审查对国家安全委员会建议的执行情况。

（八）战略问题部

该部门从事有关以色列的战略议题研究。战略问题部的官方资料介绍很少，并没有披露具体内容，可能与其活动内容属机密性质有关。

五、经验与展望

（一）特点

以色列国家安全委员会是效仿美国国家安全委员会成立的，但是它的成立和运行有自己的特点。

首先，以色列国家安全委员会有明确的法律基础。1999年的第4889号以色列政府决议决定成立国家安全委员会，2008年的《国家安全委员会法》最终完成了国家安全委员会的法律框架。其中，第4889号以色列政府决议和《国家安全委员会法》详尽地规定了国家安全委员会的成立程序、法律地位、权力来源以及法定职能，为国家安全委员会日后的运作奠定了坚实的法律基础，并赋予其活动以合法性，从而进一步完善了以色列国家的法律体系。

其次，以色列国家安全委员会的外交政策部与其他国家相应的国家安全机构之间定期举行战略对话。这些战略对话有助于两国间有关安全方面的利益协调与合作，共同应对国际恐怖主义，巩固以色列的国家安全战略。国家安全委员会通过与他国在安全领域的交流合作，为以色列在国际上赢得了主要国家的支持；同时及时掌握主要国家有关国家安全的态度，便于以色列调整安全政策以适应国际形势的发展。

再次，国家安全委员会中设置了法律顾问。从法律顾问的职能中可以看出，它的工作主要是对委员会的工作进行法律监督，跟踪各部门具体工作的进程，同时也作为国家安全委员会的法律代表参加有关会议。法律顾问的设置可以有效监督以色列国家安全委员会各部门的工作，确保委员会在法律的框架内运行，防止可能出现的权力腐败与违法行为。

最后，一个值得注意的现象是在以色列国家安全委员会历任主席中，一半来自于以色列情报机构，国家安全委员会的运作也必须与情报部门进行合作。这显示出在国家安全委员会成立后，以色列情报部门依然发挥不可替代的作用。

(二) 存在的问题

以色列国家安全委员会的运行存在两个问题。第一个问题是国家安全委员会和其他机构之间在国防与安全领域的权力斗争。传统上，以色列国家安全的决策仅由总理和少数几名内阁部长等高级官员决定，政策建议主要来源于军方和情报机构。以色列军方和情报机构不认为国家安全委员会是总理有关国防和安全事务的最佳选择，政治环境限制了以色列国家安全委员会的法定权力。[①] 由于安全机构之间的合作情况将会影响国家安全委员会的工作进展和其作用的发挥，如何与其他机构协调安全政策工作是对以色列国家安全委员会的一个重大考验。

另一个存在的问题是以色列国家安全委员会的地位不固定。根据法律规定，国家安全委员会隶属于总理办公室，国家安全委员会主席隶属于总理，并由总理任命。尽管其建立的法律基础很牢固，但是总理对国家安全委员会及其主席的重视程度直接影响国家安全委员会在安全决策中的地位。具体表现是，内塔尼亚胡第一次出任总理（1996年6月—1999年7月）后的几任总理并不重视国家安全委员会，使其对以色列国家安全政策的影响受到限制，直到内塔尼亚胡再次出任总理，国家安全委员会才重新受到重视。以色列国家安全委员会重要与否以及功能的发挥，很大程度上取决于总理的重视程度和国家安全委员会主席的个人能力。如果国家安全委员会主席能够得到总理的信任，而且他又有能力协调好国家安全委员会与军方、情报机构的关系，那么就能够有效提升国家安全委员会的地位和以色列政府的安全决策能力。

（三）展望

从以色列国家安全委员会的职能与部分活动内容可以看出，以色列对于国家安全极度重视。以色列没有将自己视为同其他国家一样的正常国家，并为自己设置了这样的一个安全前提，即无论是作为单独国家，还是与其他国家组成联盟，以色列都必须对所有阿拉

[①] Uzi Arad and Amos Harel: "Is There a Future for Israel's National Security Council?" *BESA Center Perspectives Paper*, NO. 180, September 5, 2012. http://www.biu.ac.il/SOC/besa/docs/perspectives180.pdf, 登录时间：2013年11月21日。

伯国家形成军事优势,并且始终保持为中东地区最强大的国家。[1] 在以色列人看来,国家安全问题是一切事务中最优先考虑的。尤其是以色列与阿拉伯世界的冲突,更是强化了以色列的这种国家安全观。以色列在巴勒斯坦建国问题上的强硬态度使得巴以和平进程屡陷僵局,也令以色列外部环境难以得到根本性的改善。虽然在国际上有美国作为以色列的盟友,但是犹太人苦难的历史记忆和中东地区不断的战争现实仍然使以色列人充满了不安全感,从而必须将国家安全问题作为其内外政策的核心。

尽管在20世纪90年代末,以色列通过推动中东和平进程以及与土耳其的战略合作,其安全形势客观上得到了改善,但是自2011年起发生的中东剧变使得中东局势再次变得紧张起来。中东地区的这次动荡起源于突尼斯,进而蔓延到埃及、利比亚、阿尔及利亚等国。中东剧变对以色列的地缘环境造成重大影响。具体表现在:(1)以色列与埃及的关系。2011年2月穆罕默德·胡斯尼·穆巴拉克(Mohammed Hosni Mubarak)下台后,埃及临时政府为了照顾普通民众的情绪,与以色列关系日渐疏远;2011年9月,数千名埃及群众冲击以色列驻埃及大使馆,抗议以色列误杀埃及警察事件;2012年埃及新当选的总统默罕默德·穆尔西(Mohamed Morsy)甚至公开拒绝以色列总理内塔尼亚胡的祝贺。在穆尔西下台,埃及国内局势持续动荡的情况下,以色列暂时采取了冷眼旁观的姿态以免引火烧身。而一旦埃以关系继续恶化,以色列将失去其在阿拉伯地区的这一重要支持者,重回腹背受敌的处境。(2)以色列与土耳其

---

[1] Mahmoud Muhareb: "The Process of National Security Decision-Making in Israel and the Influence of Military Establishment", *Arab Center for Research & Policy Studies*, Doha, May, 2011.

的关系。中东剧变之前，因为拦截加沙救援船队事件，[①] 以色列失去了土耳其这一盟友。2011年9月2日，土耳其外长宣布将土以两国外交关系降至"二等秘书层级"，同年9月6日，土耳其总理埃尔多安宣布中止与以色列的贸易、军事、国防工业关系。[②] 转变发生在2013年，土以两国领导人决定将两国关系恢复到正常状态，以色列总理内塔尼亚胡还就2010年以色列拦截国际援助船队事件造成土耳其人的死亡，向土耳其总理埃尔多安道歉。目前两国关系处于恢复之中。(3) 伊朗核威胁。西方国家对利比亚的军事打击更加坚定了伊朗发展核武器的意志，以色列面临单独对伊朗发动战争或与其核威胁共处的两难局面。两国关系的紧张局面可能进一步升级。可以看出，通过采取一系列措施，以色列在一定程度上缓解了2011年中东剧变后所面临的安全威胁。

近年来，面对以色列复杂多变的安全形势，国家安全委员会在有关国家安全的外交政策、安全政策、反恐事务、经济、法律等领域的活动中，进行了广泛的参与，并发挥出积极的作用。事实上，自2009年以来，国家安全委员会承担了由2008年《国家安全委员会法》赋予的职责，准备、推动和策划了所有部长级有关国家安全的论坛。如今，以色列国家安全委员会设定议程（得到总理批准），参与国家安全内阁的所有会议以及所有附属会议的讨论，也在适当的情况下准备背景材料、简报和多种选择的政策备忘录，几个重要

[①] 即以色列武力拦截援助船队事件。2010年5月31日，以色列军队突击队员在地中海拦截一支前往巴勒斯坦加沙地带的国际人道主义援助船队。冲突导致船队10多名志愿者死亡，数十人受伤。以色列士兵5人受伤。

[②] 田文林："中东剧变推动地区格局重新洗牌"，《中国社会科学报》，2011年9月29日，第227期。

的国家安全问题已经在由国家安全委员会主导的体系中被讨论过。[1] 2006年以色列与黎巴嫩真主党的武装冲突和2010年以色列拦截国际援助船队事件,暴露了以色列传统国家安全决策机制的弊端,凸显出以色列决策者缺乏系统而明确的战略目标。事后,以色列政府认为国家安全决策体制过于依赖军方和情报机构,国家安全委员会应该发挥更大作用。但是,国家安全委员会与其他安全机构的关系仍然不可忽视,这个问题的解决既需要国家安全委员会与其他机构相互沟通与合作,也需要总理发挥重要的调节作用。

经过十几年的发展,国家安全委员会的内部结构和组织功能已经日趋完善,并作为一个完整的部门,使以色列安全决策过程更加科学和全面,在一定程度上弥补了以色列安全决策机制的不足。面对中东剧变后日趋复杂的地区和国际形势,以色列需要更高质量的安全决策,传统安全决策机制必须进行改革以适应形势的需要,国家安全委员会将在以色列安全决策中更好地发挥作用。

主要参考文献

中文文献:

1. 储昭根:"美国中东政策危机以色列安全",载《观察与思考》,2006年,第23期。

2. 刘中民、朱威烈:《中东地区的发展报告2012年卷中东变局的多维透视》,北京:时事出版社,2012年版。

3. 钮松:"伊朗因素对以色列——海合会国家关系的影响",载《世界政治与经济论坛》,2010年第2期。

4. 潘光、王振:"以色列反恐战略研究",载《现代国际关系》,2007

---

[1] Uzi Arad and Amos Harel:"Is There a Future for Israel's National Security Council?" *BESA Center Perspectives Paper*, No. 180, September 5, 2012. http://www.biu.ac.il/SOC/besa/docs/perspectives180.pdf,登录时间:2013年11月21日。

年，第 8 期。

5. 孙德刚："伊朗核危机阴影下的以色列先发制人战略"，载《西亚非洲》，2007 年，第 12 卷。

6. 孙守鹏："巴以安全困境及美国的中东政策"，载《西亚非洲》，2002 年，第 4 期。

7. 田文林："中东剧变推动地区格局重新洗牌"，载《中国社会科学报》，2011 年 9 月 29 日，第 227 期。

8. 王新刚、王立红：《中东和平进程》，北京：时事出版社，2012 年版。

9. 杨阳："中东变局对以色列安全的影响"，载《阿拉伯世界研究》，2011 年 5 月，第 3 期，第 43—49 页。

10. 赵葆珉："中东权力格局转换对阿以和平进程的影响"，载《阿拉伯世界研究》，2010 年 1 月，第 1 期。

外文文献：

11. Avner Cohen and Thomas Graham："An NPT for Non—member," *Bulletin of the Atomic Scientists*, Vol. 60, No. 3, May/June 2004：42.

12. Charles D. Freilich："National Security Decision-Making in Israel：Processes, Pathologies, and Strengths," *Middle East Journal*, Vol 60, NO. 4, Autumn, 2006, pp. 635 – 663.

13. Efraim Inbar："Israel's National Security Admist Unrest in the Arab World," *The Washington Quarterly*, Vol. , No. 3.

14. Joseph Alpher："Israel's Peace Concern in the Peace Process", *International Affairs*, Vol. 70, No. 2, 1994.

15. Mahmoud Muhareb："The Process of National Security Decision-Making in Israel and the Influence of Military Establishment," *Arab Center for Research & Policy Studies*, Doha, May – 2011, pp. 1 – 51.

16. Moshe Arens："Israel's Vital National Security Council" http：//www. haaretz. com/opinion/israel-s-vital-national-security-council. premium – 1. 4372 23，登录时间：2013 年 11 月 10 日。

17. Uzi Arad and Amos Harel："Is There a Future for Israel's National Security Council?" *BESA Center Perspectives Paper*，NO. 180，September 5, 2012. http：//www. biu. ac. il/SOC/besa/docs/perspectives180. pdf，登录时间：2013 年 11 月 20 日。

18. William Orme："In Disputed Move, Netanyahu Creates a National Security Council"，http：//www. nytimes. com/1999/01/29/world/in-disputed-move-netanyahu-creates-a-national-security-council. html，登录时间：2014 年 1 月 11 日。

19. National Security Council-Home Page：http：//www. nsc. gov. il/NSC-Web/TemplatesEnglish/HomePageEN. aspx，登录时间：2013 年 11 月 15 日。

第十二章

新加坡国家安全政策评估委员会

　　新加坡自1965年独立，英军撤出后，一直处于周边伊斯兰教国家的包围中，并且与周边国家马来西亚、印度尼西亚的关系冷淡僵化，曾一度处于战争边缘。因此，从建国伊始，新加坡的领导人就非常注重巩固国防，保卫新加坡国家安全。

　　随着内外部环境的变迁，新加坡的国家安全战略和机构都发生了明显的变化。一方面，随着与周边国家的和解，传统意义上的国土安全威胁减弱，而非传统安全威胁上升，尤其是恐怖主义抬头，使得新加坡的国家安全战略从原先的国土防卫发展到全面防御战略；另一方面，国家安全机构也逐渐走向整合协调多部门、多机构来集中调配资源应对潜在的安全威胁。新加坡国家安全机构不仅有着独特的国家安全战略，还通过吸纳学术机构、科技部门的资源，一同整合打造新加坡的国家安全网络，以应对越来越严峻的国家安全挑战。

一、产生背景与历史沿革

新加坡作为一个小国,缺乏必要的战略纵深,难以抵御外部入侵,根本无法承受全面战争的风险和后果。新加坡位于马六甲海峡这一战略要冲,全国经济仰赖这条经济贸易的大动脉,因此它首先考虑的必然是保证自身生存环境,避免直接爆发战争。新加坡非常重视对自己国土安全的全面战略性保障。可以说,新加坡的国家安全机构设置完全根据新加坡的实际安全需求和相应的战略全局的谋划而变化,组织机构具有极大的灵活性。这与新加坡的现实国情是分不开的。

(一) 以国土安全为指针的国家安全机构

1965年8月9日新加坡独立后,安全形势异常严峻。新加坡是一个在马来人世界中以华人为主体的国家,周围被穆斯林国家包围。用李光耀自己的话来说,刚独立的新加坡是"马来海洋中的华人岛屿"。[1] 为了保证新独立的新加坡国家的安全,新加坡选择类似处境的以色列作为蓝本,学习以色列建立一支精干的武装力量。同时,和以色列一样,新加坡保证自身拥有严密的社会组织和强大的战时动员能力。新加坡还从以色列大量购买军用装备、聘请军事顾问,

---

[1] Lee Kuan Yew, *The Singapore Story: Memories of Lee Kuan Yew*, London: Prentice Hall College Div, 1998, p. 23.

用以增强自己的国防实力。① 这一系列向以色列学习的举措和与之相配套的军购都是为了保证这个新兴国家的国土安全,捍卫新加坡国家的领土主权。

从新加坡国内情况来看,新加坡政府继承的是英国人殖民统治留下的军队和警察,这些军队和警察主要由马来人构成,大多数出生于马来亚,他们对于新独立的以华人为主体的新加坡国家和政府的认同很大程度上受马来西亚的影响。1965年12月,新加坡第一届国会开幕前,马来西亚驻新加坡步兵旅的阿尔萨戈夫(Syed Mohamed Bin Syed Alsagoff)准将坚持要求由他的警卫队护送李光耀到国会开会。李光耀认为马来西亚首相"东姑(Tunku Abdul Rahman Putra Al-Haj ibni Almarhum Sultan Abdul Hamid Shah)必定是要提醒我们和即将出席国会开幕式的外国使节们,新加坡仍然处于马来西亚的掌握之中"。② 刚从马来西亚独立的新加坡国家的总理赴国会开会竟然还要马来西亚的警卫队来"护送",这对开国总理李光耀的心理无疑造成巨大打击。对主管警察力量和军队力量的内政及国防部(Ministry of Interior and Defence)部长吴庆瑞(Goh Keng Swee)来说,他面对的国家安全压力也是巨大的。

国家内政及国防部虽然下辖新加坡一国的对内安全机构(即警察部队)以及对外武装力量;但由于国家初立,新加坡连基本的警察部队和武装力量都很难说真正掌握在自己手中。这与印度独立时能够接收一整套完整的英国殖民国防体系截然不同。因此,新加坡整个国家安全体系需要新的领导人从零开始建设。由于缺乏相关的公开资料,笔者在新加坡国家档案馆的网上电子资源也未能找到相关的档案。根据当时的历史情况推测,新加坡原来驻有的英国、澳

---

① Lee Kuan Yew, *From Third World to First: the Singapore Story*, 1965—2000, New York: Harper, 2000, p. 41.
② Ibid., p. 26.

大利亚和新西兰军队本来就兼有维护社会稳定和军事安全保障的职能。因此在建国的五年内，用国家内政及国防部（Ministry of Interior and Defence）来统筹警察部门和军事武装力量既暴露了新加坡国家对于两者概念的模糊认识，也是一种承继性、过渡性的无奈选择。

```
               总理
           Prime minister
                │
                │
         国家内政及国防部
   Ministry of Interior and Defence
         ┌──────┴──────┐
     警察部队          武装力量
   Police Force      Armed Force
```

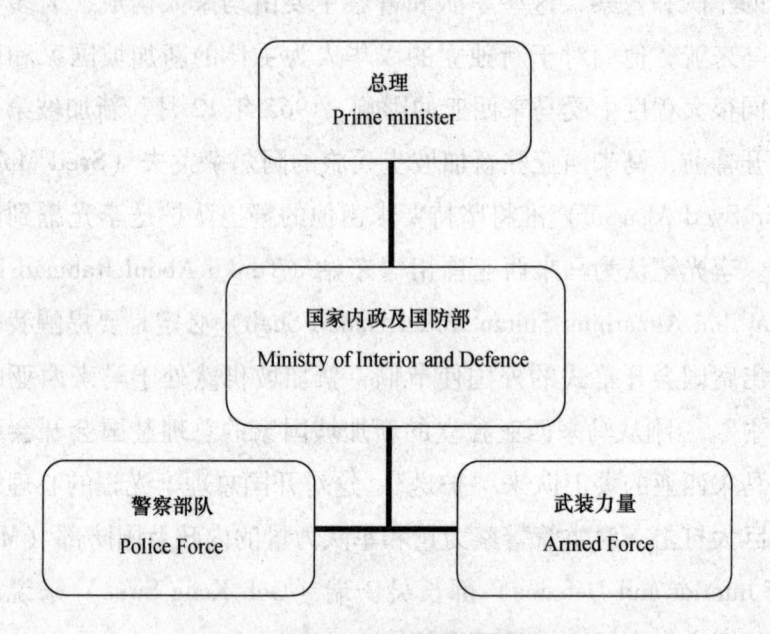

图 1　建国初期新加坡的国家安全体系

资料来源：笔者根据以下资料整理制作：*History of MINDEF/SAF*：*Birth of the SAF*，新加坡国防部网站：http://www.mindef.gov.sg/content/imindef/about_us/history/overview.html#tab-3，登录时间：2013年12月31日。

1970年8月11日，新加坡国家内政及国防部被拆分为内政部（Ministry of Home Affairs）和国防部（Ministry of Defence），明确了各自的职责和权限。原本作为过渡性的国家内政及国防部被新成立的内政部与国防部所取代。内政部主要负责新加坡公共安全、移民等事务，而国防部则主要负责对外防御，管理国家军队和军事力量。原来存在的维护社会稳定功能与军事保障功能边界模糊的问题得到

第十二章 新加坡国家安全政策评估委员会

解决。内政部和国防部的两分使得两个部门在国家安全这一大框架下能处理各自的具体事务，起到了很好的效果和作用。

```
总理                          总理
Prime minister                Prime minister
    |                             |
    |                    ┌────────┴────────┐
国家内政及国防部         内政部            国防部
(Ministry of Interior    Ministry of       Ministry of
and Defence)             Home Affairs      Defence
```

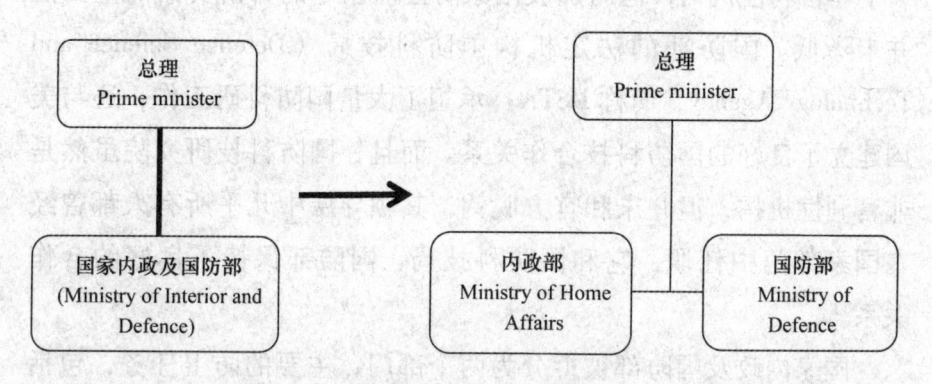

图 2　1970 年改组后的新加坡国家安全机构

资料来源：笔者根据以下资料整理制作：History of MINDEF/SAF：Birth of the SAF，新加坡国防部网站 http://www.mindef.gov.sg/content/imindef/about_us/history/overview.html#tab-3，登录时间：2013 年 12 月 31 日。

1970 年新诞生的内政部下设 7 大部门，其中涉及国家安全的主要是新加坡内部安全局（Internal Security Department），主要负责国内情报搜集，预防和消除国家安全威胁，其成员大多由内政部下辖的警察部门的警员担任。新成立的国防部由前国家内政及国防部部长吴庆瑞担任部长。国防部长吴庆瑞尤其重视防御战略和尖端技术的发展，更是前瞻性地在 1971 年招募了一大批来自世界顶尖大学的一流学者和研究人员，成立了新加坡电子战研究组（the Electronic Warfare Study Group），秘密研究与电子战相关的尖端技术，这就是著名的"喜鹊计划"（Project Magpie）。这批秘密研究国防尖端技术的专家名义上隶属于电子测试中心（Electronics Test Centre，简称 ETC）。1977 年，该中心更名为防卫科学组织（Defence Science Organization，简称 DSO），属于国防部的组成机构。[1] 尽管1997年该组织更名为国防科技研究院（DSO National Laboratories），并转轨成为一个非营利性机构，但新加坡国家防卫体系中的科研要素的重要性并未降低。国防部的法定机构国防科技局（Defence Science and Technology Agency，简称 DSTA）承担了大量国防科研工作，还与美国建立了良好的国防科技合作关系。而且，国防科技研究院虽然是非营利性机构，但并未和官方脱钩，其领导层中几乎所有人都曾经在国家部门中任职，它和国防科技局、国防部保持了良好的合作关系。

  国家内政及国防部被拆分为两个部门，主要的防卫任务，包括国防战略的制定、国防技术的研究以及实际的军事操练等都是由拆分出的国防部进行统一的管理和调配；内政部下设的内部安全局作为情报部门分担了一部分任务，减轻了管理上的压力。但是，国家安全机构的各部门在应对国家安全威胁时仍然不能完全统筹到位。1970年的这次拆分只是进行了行政上的分离，并没有达到明确的组织分工和机制性的协调。国家安全机构的行政调整仅在组织上进行切割分离，但并没有实现功能上的互补与协调。随着反恐压力的不断增大，虽然当时的国家安全机构能够应对传统意义上的国家防卫职能，但无法很好地抵御恐怖主义的渗透。国家安全机构应时代的需要不得不做出调整。新时代以反恐为指针的国家安全协调组织出现，改变了新加坡国家安全机构的结构。

---

[1] Melanie Chew, Bernard Tan, "A Tribute to Dr Goh Keng Swee," Creating the Technology Edge: DSO National Laboratories, Singapore 1972 – 2002, Singapore: Epigram for DSO National Laboratories, pp. 4 – 9, http://www.dso.org.sg/home/publications/comm/2 – Tribute.pdf，登录时间：2013年12月28日。

（二）以反恐为指针的国家安全机构

1999 年，新加坡设立了国家安全秘书处（National Security Secretariat），该秘书处隶属于国防部，其目的就是为当时已经庞大的各个安全部门加强协调性力量，以应对恐怖主义的威胁。新加坡高层意识到，让各个国家安全部门单打独斗来应对恐怖主义威胁是远远不够的。国防部的武装力量负责应对传统的外部威胁，而国土卫队（Home Team agencies）①则负责新加坡国内的安全。然而，恐怖主义的威胁不单单是一个部门或者个别几个部门的联合能够应对的，没有哪一个部门或哪几个部门拥有应对恐怖主义的所有资源。2001 年"9·11"事件后，恐怖主义对国家安全的威胁日益突出。南亚地区，尤其是新加坡所在的马来群岛地区，在"9·11"事件后日益成为反恐战争的"第二战线"。尽管新加坡国家安全机构挫败了几次与"基地"组织有密切联系的恐怖主义袭击，但伊斯兰极端主义仍然具有极大的威胁性和行动能力。回教祈祷团（Jemaah Islamiyah）甚至计划过袭击美国位于新加坡樟宜的海军补给基地。②尽管"基地"组织的首要目标是美国，但由于新加坡和美国的特殊"伙伴"关系，加上新加坡境内有众多美军基地并驻扎有少量美国军队，新加坡的外交政策也倾向于支持美国在印度洋、阿富汗等地的军事行动，因此，新加坡逐渐成为伊斯兰极端宗教分子的袭击对象。恐怖主义成

---

① 国土卫队是由内政部下属的机构围绕国土保卫概念而组成的若干个机构的联合，其中的机构有：新加坡警察力量、新加坡国民防卫力量（Singapore Civil Defence Force）、内部安全局（Internal Security Department）、监狱部门等，其共同目的是为了保证新加坡国民家园的安全福祉。http：//www.mha.gov.sg/overview.aspx? pageid = 187&secid = 28，登录时间：2013 年 12 月 26 日。

② Andrew T H Tan, "Singapore's Approach to Homeland Security", *Southeast Asian Affairs*. 2005, pp. 349 – 362.

为对新加坡国家安全最大也是最现实的威胁之一。新加坡国家安全的重点方向定位于如何应对恐怖主义。

2001年的"9·11"事件更加凸显出了协调各部门合作的重要性，因为恐怖主义已经证明，国内安全和外部安全的明显界限已经逐渐模糊，新加坡国家的安全已经重新聚合成一个整体（但并不是以1965—1970年的形式）。这种协调性的机制并不是将所有的部门都统合在一起，而是由国家安全统筹部部长（Co-ordinating Minister for National Security）统筹各部门组成安全政策评估委员会（Security Policy Review Committee，简称SPRC）使得军队力量、警察力量和内政部的情报部门之间的合作更加密切。

二、法律基础与政治地位

新加坡是共和制国家，由于过去是英国殖民地，因此采用的是威斯敏斯特体系（Westminster System），实行议会内阁制。内阁由最高立法机构选举产生，并由总理以及其任命的部长所组成。尽管在宪法第23条规定，总统即国家元首拥有最高的行政权力，[①] 实际上总统只是国家的象征，没有真正的权力，真正掌控国家行政权力的还是内阁，内阁的最高领导人是总理。

---

① Chapter 2 The executive, 23 (1) Executive authority of Singapore, Constitution of the Republic Of Singapore, in *Attorney General's Chambers*, Art23, 1, http://statutes.agc.gov.sg/aol/search/display/view.w3p; ident = 2c29428d - 3cf4 - 4ef8 - acc0 - c9b91c1cf5ba; page = 0; query = DocId% 3A% 225ba26ddb - fd4c - 4e2e - 8071 - 478c08941758% 22% 20Status% 3Ainforce% 20Depth% 3A0; rec = 0#pr23 - he - ，登录时间：2013年12月31日。

第十二章 新加坡国家安全政策评估委员会

根据宪法第 30 条，总理有权对内阁部长进行权责分配。[①] 2011 年 5 月，新加坡议会颁布有关副总理和国家安全统筹部长职权的公告，张志贤（Teo Chee Hean）担任副总理兼国家安全统筹部长，统揽国家安全统筹部及内政部来统合国家安全机构资源。[②] 但笔者查阅了新加坡的相关法律文本后，并未找到当初设立安全政策评估委员会的法律条文。安全政策评估委员会的设立并没有直接的法律条文作为依据，这一点彰显出新加坡国家安全机构仍然依靠行政的命令来建构，并未有具体的法律基础作支撑。同时，新加坡国家安全机构依靠人事的任命来进行管理、协调，并未达到机制化协调过程。这两方面和新加坡的政治体制有关。尽管新加坡是议会内阁制国家，但新加坡的内阁总理掌控国家的行政权力，具有强大的执行能力。因此，新加坡总理进行行政机构调整时常常依靠自己的行政权力而非通过议会来赋权。另一方面，法律本身也必然对国家安全机构的权限作出一定的限制，在处理国家安全紧急事件时会迟缓反应时间并降低处理效率。现实国情使得新加坡处理法律这一"双刃剑"问题的方法就是通过简单的一人兼任数职来既简单又高效地处理好国家安全问题，做到快速反应，及时解决。

[①] Chapter 2 The executive, 30 (1) Assignment of responsibility to Ministers, in *Attorney General's Chambers*, Art30, 1, http：//statutes. agc. gov. sg/aol/search/display/view. w3p；page = 0；query = DocId% 3Acf2412ff-fca5 – 4a64 – a8ef – b95b8987728e% 20Depth% 3A0% 20ValidTime% 3A01% 2F12% 2F2013% 20TransactionTime% 3A01% 2F12% 2F2013% 20Status% 3Ainforce；rec = 0；whole = yes#pr30 – he –，登录时间：2013 年 12 月 31 日。

[②] Constitution of the Republic of Singapore (Responsibility of the Deputy Prime Minister and Co-ordinating Minister for National Security, Prime Minister's Office) Notification 2011, in *Attorney General's Chambers*, http：//statutes. agc. gov. sg/aol/search/display/view. w3p；page = 0；query = CompId% 3A382ac755 – 5b1d – 4f7e – b099 – 03ce8725b6c3% 20ValidTime% 3A20131126000000% 20TransactionTime% 3A20131126000000；rec = 0，登录时间：2013 年 12 月 31 日。

在国家安全机构高效处理国家安全问题与在法律框架内行事之间的矛盾在《国家内部安全法令》问题中体现无疑。在新加坡，是否赋予总理、内政部长以更大的法定权力仍然存在巨大争议。反恐问题的出现使得这种争议更趋对立，《国家内部安全法令》可以对恐怖分子实施有效及时的打击，但伴随而来的国家行政机关（国家安全机构）权力的无限制的扩大也带来了潜在的隐患。

《国家内部安全法令》（Internal Security Act，简称ISA）的前身是英殖民政府颁布的1948年《紧急条例法令》（Emergency Regulations Ordinance 1948）。这条法令是当时为了对付马来亚共产党而出台的，同时宣布马来亚进入紧急状态。经过12年的斗争，紧急状态最终结束，但《紧急条例法令》并没有因此而失效，在紧急状态结束后的第二天，国会通过宪法第149条，以《国家内部安全法令》来代替原先的《紧急条例法令》。《国家内部安全法令》第74条规定：警方不需要审讯以及扣押令即可扣押被认为威胁国家安全的嫌疑人，并在内政部长授权后即可扣押嫌疑人两年，扣押两年后可无限期继续关押。[1] 这也是引起最大争议的条文。

国际人权组织谴责《国家内部安全法令》在新加坡的滥用。被《国家内部安全法令》扣押拘留的嫌疑犯有策划爆炸案的回教祈祷团恐怖分子，也有被控反政府的亲共派。[2] 起草撰写《国家内部安全法

---

[1] Part IV MISCELLANEOUS PROVISIONS, Power to detain suspected person 74, Internal Security Act (Chapter 143), *in Attorney General's Chambers Singapore*, Revised Edition 1985. http://statutes.agc.gov.sg/aol/search/display/view.w3p; ident = 6ab56488 - 7961 - 4577 - 9744 - e2d4f5d46a20; page = 0; query = DocId%3A%225ba26ddb - fd4c - 4e2e - 8071 - 478c08941758%22%20Status%3Ainforce%20Depth%3A0; rec = 0#pr74 - he -，登录时间：2013年12月31日。

[2] "Ministry refutes Chia Thye Poh's claim that he was never under any communist party and that he was merely performing duties as a MP," November. 30, 1998. 新加坡内政部网站：http://www.mha.gov.sg/news_details.aspx?nid = MjQx - 4gSsbua2w7k%3D，登录时间：2013年12月31日。

令》的休·希克林（Professor Hugh Hickling）曾在1989年接受《新加坡海峡时报》采访的时候表示："我无法想象这个时刻的到来，即拘留的权力会被刻意以及故意的与宪法第149条连结在一起，被用来对付政治对手、福利工作者以及其他致力于非暴力的和平活动里。"过去虽然他曾对该法令的运用产生质疑，但尤其是当恐怖袭击在世界各地蔓延，特别是"9·11"事件之后，他渐渐改变了对该法令的看法。①

2011年10月9日，新加坡副总理兼国家安全统筹部以及内政部长张志贤（Teo Chee Hean）在国会辩论上对其他议员提出废除《国家内部安全法令》的要求以及质疑声音做出了回应。他指出《国家内部安全法令》的存在是因为三个极其重要的理由：②

1. 过去《国家内部安全法令》用来对付马来亚共产党（Communist Party of Malaya）以及共产主义在整个马来亚联邦展开的多米诺骨牌效应；今天则需要用来对付日益扩张的恐怖主义。由于这些颠覆性危险是匿藏在合法性组织里，因此需要《国家内部安全法令》才可合理地逮捕这些组织。

2. 由于案件涉及情报的机密性，因此不方便公开审判。公开审判必定会披露机密信息，导致法院需要搜索更多证据才可对嫌疑犯定罪，这无疑给罪犯提供了反驳的机会，导致执行行动的拖延。

3. 新加坡的《反恐法》并不足以维护新加坡这个小国目前所面对的问题，因为新加坡不只是面对恐怖威胁，还包括隐蔽的颠覆行为以及种族煽动的阴谋。使用《国家内部安全法令》，政府可以采取

---

① "Professor Hugh Hickling", in *The Telegraph*, April.17, 2007, http://www.telegraph.co.uk/news/obituaries/1548788/Professor-Hugh-Hickling.html，登录时间：2013年12月31日。

② Teo Chee Hean (Deputy of Prime Minister and Minister of Home Affairs and Coordinating National Security), Debate on President's Address (Third allotted day), in *Singapore Parliamentary Debates Official Report*, pp.270-277, Oct.19, 2011.

先发制人的行动，以便罪犯组织还未展开危及公共危险的行动时，就可以破坏和消除这些组织的网络。

《国家内部安全法令》赋予新加坡政府极大的权力来处理安全威胁，但为了使执行程序有所保证，因此由总统任命最高法院法官担任《国家内部安全法令》顾问委员会的主任，且由总统与首席法官协商后任命两名成员共同监督法律的执行程序。此外，在这条法令下，内政部长有权在任何时候撤销和恢复扣留令，当扣留令被延长时，内政部长有权不让嫌疑犯对延长扣留做出申述，也不需要对时间的延长出示任何扣留令。当《国家内部安全法令》顾问委员会与内政部长的决定出现对立的情况时，总统可行使个人决定权做出决定，但在行使其决定权时，需咨询总理顾问理事会。[1]

总体来说，新加坡的国家安全机构的政治地位依靠行政力量来确立，而法律的基础则主要偏重于执行层面的《国家内部安全法令》。其国家安全机构中尤为不可忽视的是国家安全统筹部长张志贤的个人权力地位，其一人身兼内政部长、国家安全统筹部部长和副总理，掌握在国家安全机构中独断的话语权。以非机制性的人事安排方式来统筹协调新加坡的国家安全机构的危机处理是新加坡的一大特点。但是这也完全可能是国家安全机构领导权交接过渡时的一大难点，今后的国家安全机构领导人的安排如何设置，非常考验新加坡领导人的政治智慧。

---

[1] Part V THE GOVERNMENT, 21 Discharge and performance of functions of President, Constitution of the Republic Of Singapore, in *Attorney General's Chambers*, Art21, 4, http://statutes.agc.gov.sg/aol/search/display/view.w3p; page = 0; query = DocId%3Acf2412ff - fca5 - 4a64 - a8ef - b95b8987728e% 20Depth% 3A0% 20ValidTime% 3A01% 2F12% 2F2013% 20TransactionTime% 3A01% 2F12% 2F2013% 20Status% 3Ainforce; rec = 0; whole = yes#pr21 - he -. 登录时间：2013 年 12 月 31 日。

三、职权功能与组织结构

安全政策评估委员会（SPRC）的主要职责是制定国家最重要的安全能力发展目标，讨论研究重要的国家安全议题和威胁，并谋划保证国家安全的具体方针。安全政策评估委员会的主席由国家安全统筹部长担任，属于部门间协调的总机制。安全政策评估委员会由国家安全统筹部长、国防部长、外交部长、内政部长、交通部长及其他相关的高级官员组成。

安全政策评估委员会下设两个机构间协调委员会，分别是国家安全协调委员会（NSCComm）和情报协调委员会（ICC）。国家安全协调委员会（NSCComm）和情报协调委员会（ICC）分别设有常务秘书长（Permanent Secretary），两个协调委员会秘书长均由安全政策评估委员会的常务秘书机构——国家安全协调秘书处的常务秘书长担任。同时，作为两协调委员会的下属执行机构，分别设有国家安全协调中心（National Security Coordination Center，简称 NSCC）和国家安全研究中心（National Security Research Center，简称 NSRC）。

（一）国家安全统筹部

新加坡国家安全机构最重要的组成部分即国家安全统筹部长。国家安全统筹部长任安全政策评估委员会主席，他与总理和下属机构沟通协调的作用尤为重要。此外，目前国家安全统筹部长张志贤兼任内政部长和副总理，他掌握应对国家安全威胁的资源更加丰富而全面，这对新加坡国家安全能力的管理和提升起到了关键的作用。

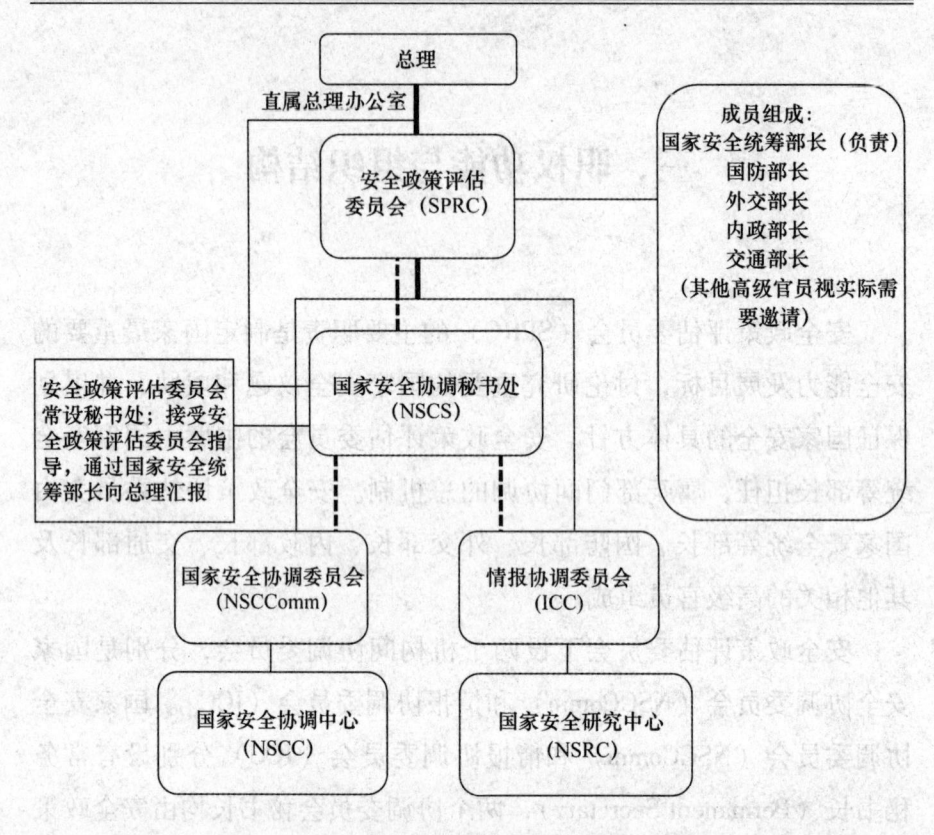

```
                    ┌──────┐
                    │ 总理 │
                    └──┬───┘
           直属总理办公室│
                       │                    ┌─────────────────┐
                ┌──────▼──────┐             │ 成员组成：       │
                │ 安全政策评估 │             │ 国家安全统筹部长（负责）│
                │ 委员会（SPRC）│            │ 国防部长         │
                └──────┬──────┘             │ 外交部长         │
                       │                    │ 内政部长         │
                       │                    │ 交通部长         │
                       │                    │（其他高级官员视实际需│
                       │                    │  要邀请）        │
┌──────────────┐       │                    └─────────────────┘
│安全政策评估委员会│    │
│常设秘书处；接受安│  ┌─▼──────────────┐
│全政策评估委员会指│  │ 国家安全协调秘书处│
│导，通过国家安全统│  │   （NSCS）       │
│筹部长向总理汇报  │  └─┬────────────┬──┘
└──────────────┘       │            │
                  ┌────▼──────┐  ┌──▼──────────┐
                  │国家安全协调│  │情报协调委员会│
                  │委员会      │  │   （ICC）    │
                  │（NSCComm） │  └──────┬──────┘
                  └─────┬─────┘         │
                  ┌─────▼─────┐   ┌─────▼──────┐
                  │国家安全协调│   │国家安全研究│
                  │  中心      │   │  中心      │
                  │  （NSCC）  │   │  （NSRC）  │
                  └───────────┘   └────────────┘
```

图 3　新加坡国家安全机构结构图

资料来源：笔者参考以下资料整理制作：参考国家安全协调秘书处（NSCS）官网介绍：http://app.nscs.gov.sg/public/content.aspx? sid=23；1826 Days-A Dairy of Resolve, Joining Hands to Protect Singapore, Chapter 2, p. 57. http://app.nscs.gov.sg/public/download.ashx? id=169，登录时间：2013 年 12 月 31 日。

根据 2011 年 5 月 21 日生效的《新加坡共和国议会对于副总理和国家安全统筹部部长的职权的公告》[①]，张志贤的职权在于协调涉及和

---

① Constitution of the republic of Singapore (responsibility of the deputy prime minister And Co-ordinating minister for National security, prime minister's office) Notification 2011：http://statutes.agc.gov.sg/aol/search/display/view.w3p; page = 0; query = CompId%3A382ac755 - 5b1d - 4f7e - b099 - 03ce8725b6c3% 20ValidTime% 3A20131126000000% 20TransactionTime% 3A20131126000000；rec =0#pr2 – he –.，登录时间：2013 年 12 月 27 日。

第十二章 新加坡国家安全政策评估委员会

影响多部门的国家安全议题,并担任安全政策评估委员会主席。该规定将国家安全统筹部与副总理两职合于一人,体现出新加坡国家对国家安全整体职能的协调的重视程度,也侧面反映了反恐任务之重不得不协调各方力量,集合全新加坡的国家安全机构的力量来应对。国家安全统筹部主要负责部长间会议,就国家安全相关事宜召集部长会议商讨应对措施。国防部长、外交部长、内政部长、交通部长一般均出席会议,其他部长则根据实际需要出席相关会议。部长间会议涉及食品安全、信息安全、航空安全、海底通信线路安全等议题。

(二)国家安全协调秘书处(NSCS)

1999年设立的国家安全协调秘书处(National Security Coordinating Secretariat,简称NSCS)与安全政策评估委员会(SPRC)的地位有一些微妙。一方面国家安全协调秘书处直接隶属于总理办公室,主要负责国家安全政策的制定和情报部门之间的协调,秘书长由国家安全协调委员会(NSCComm)和情报协调委员会(ICC)秘书处常务秘书长担任,常务秘书长可通过国家安全统筹部长直接向总理汇报。因此,国家安全协调秘书处(NSCS)是作为安全政策评估委员会(SPRC)的常设秘书机构,是国家安全统筹部长领衔的安全政策评估委员会(SPRC)组织下属两委员会协调工作的秘书机关,名义上直属总理办公室,实际由国家安全统筹部长监理。

国家安全协调秘书处(NSCS)作为安全政策评估委员会常务秘书机构主要协调两大核心机构,一是隶属于国家安全协调委员会(NSCComm)执行机构的国家安全协调中心(NSCC),另一个是隶属于情报协调委员会(ICC)的国家安全研究中心(NSRC)。这两大组织共同支撑起了新加坡的国家安全政策和情报协调的功能。国家安全协调中心每年举办国家安全研讨会（National Security Seminar）。国家安全统筹部部长都会利用研讨会这一平台来陈述国家安全总体目标和短期的未来谋划。国家安全研讨会又有利于政府部门和机构在更大的国家安全图景下理解国家安全政策，以便更好地协调各部门之间的动作和政策。

（三）国家安全协调中心

国家安全协调中心（NSCC）还有三大外部的支撑机构维持功能的有效运转，分别是国家安全工程中心（National Security Engineering Centre，简称 NSEC）、国家安全卓越研究中心（Centre of Excellence for Natioanl Security，简称 CENS）、以及国家安全协调秘书处的相互依赖评估研究项目（NSCS Programme on Interdependency Assessment and Studies，简称 NIDAS）。国家安全工程中心 2005 年 11 月由国家安全协调中心与国防科技局（Defence Science and Technology Agency，DSTA）联合成立，旨在为新加坡国防安全提供工程技术支持。该部门研究许多具有战略前景的革命性国家安全技术，并已经实现了战略级别的国家安全地图的绘制。国家安全卓越研究中心（CENS）是与南洋理工大学的拉惹勒南国际研究院（S. Rajaratnam School of International Studies，RSIS）一起合作建立的研究性机构。成立于 2006 年 4 月的国家安全卓越研究中心已经完成了一系列与国家安全议题和政策有关的研究，它主要有三大研究领域：一是对暴力激进主义的多学科研究；二是提升多元文化社会应对系统性文化差异的能力；三是广义的国家安全风险管理和危机公关。国家安全协调秘书处的相互依赖评估研究项目是 2012 年新成立的新项目，旨在研究新加坡在新国际格局下通过经济上的相互依存而取得国家安全的可能道路。

第十二章　新加坡国家安全政策评估委员会

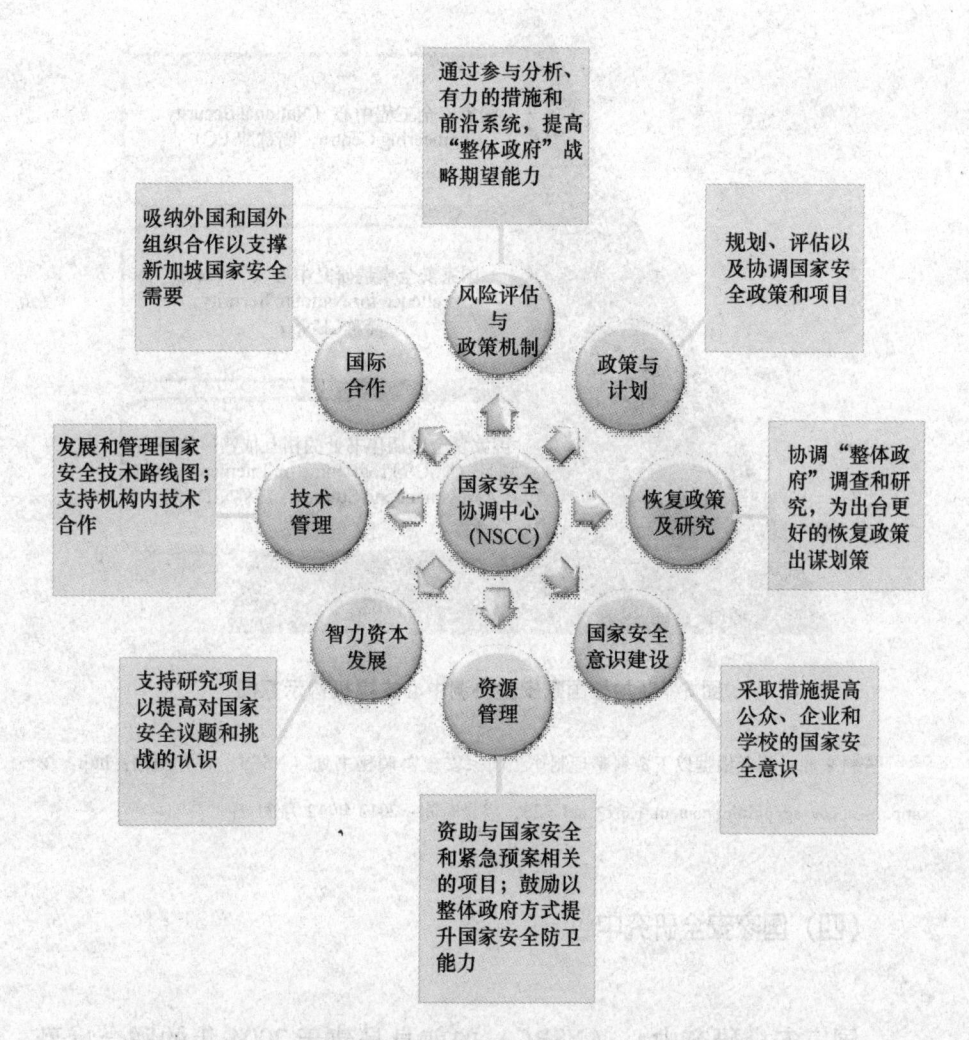

图4　新加坡国家安全协调中心（NSCC）的职能

资料来源：笔者参考国家安全协调秘书处（NSCS）官方网站资料编译：http://app.nscs.gov.sg/public/content.aspx?sid=138，登录时间：2013年12月27日。

国家安全工程中心（National Security Engineering Centre，简称NSEC）

国家安全卓越研究中心（Centre of Excellence for National Security，简称CENS）

国家安全协调秘书处的相互依赖评估研究项目（NSCS Programme on Interdependency Assessment and Studies，简称NIDAS）

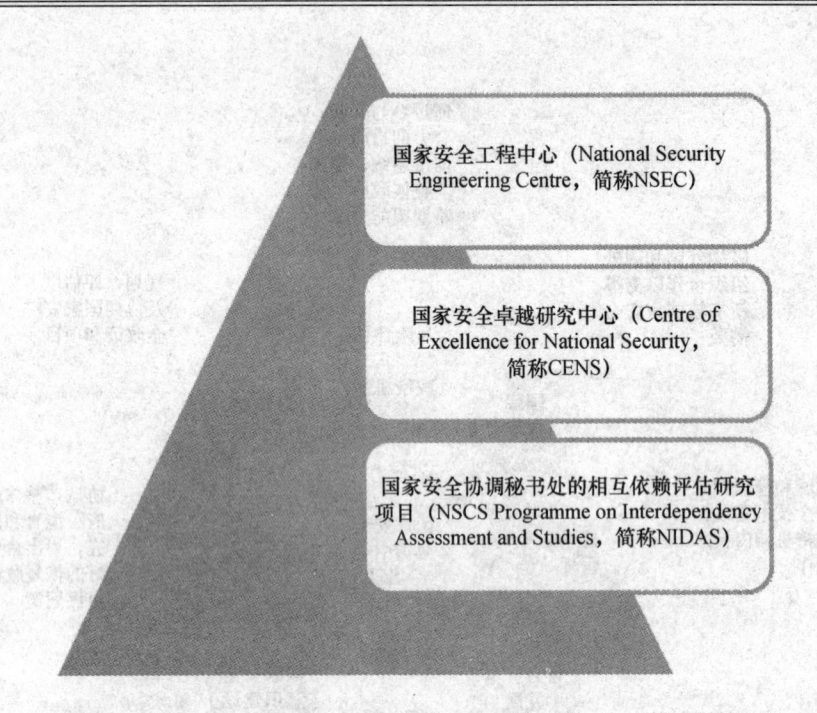

图5 新加坡国家安全协调中心支撑机构示意图

资料来源：笔者根据以下资料整理制作：国家安全协调秘书处（NSCS）官方网站：http：//app.nscs.gov.sg/public/content.aspx? sid =28，登录时间：2013年12月31日。

（四）国家安全研究中心

国家安全研究中心（NSRC）的前身是建于2004年的联合反恐中心（Joint Counter-Terrorism Center，简称JCTC）。建立联合反恐中心（JCTC）的初衷是为反恐行动的政策制定提供恐怖主义威胁的情报评估。2011年年中，随着跨国恐怖主义的威胁越来越复杂，与恐怖主义相关的国家安全威胁已经不单单是恐怖主义本身，还包括由恐怖主义外溢的其他领域。因此，单纯依靠联合反恐中心和恐怖主义相关的情报评估工作已经难以胜任，必须有一个机构协调对恐怖主义威胁全面的评估报告以及具体的反恐举措。国家安全研究中心

(NSRC)整合不同研究机构的工作,为全面防控恐怖主义提供多机构协调、全方位协作平台。2012年5月1日,联合反恐中心(JCTC)正式更名为国家安全研究中心(NSRC),扩大了原联合反恐中心(JCTC)的核心任务,尽管国家安全研究中心的主要课题依然是恐怖主义,然而,其他的国家安全议题,包括网络安全、航天安全等也是研究内容之一。此外,对于战略远景的预判、政策规范的制定和国家防卫能力的提升等领域的专项研究也是国家安全研究中心的重要研究课题。

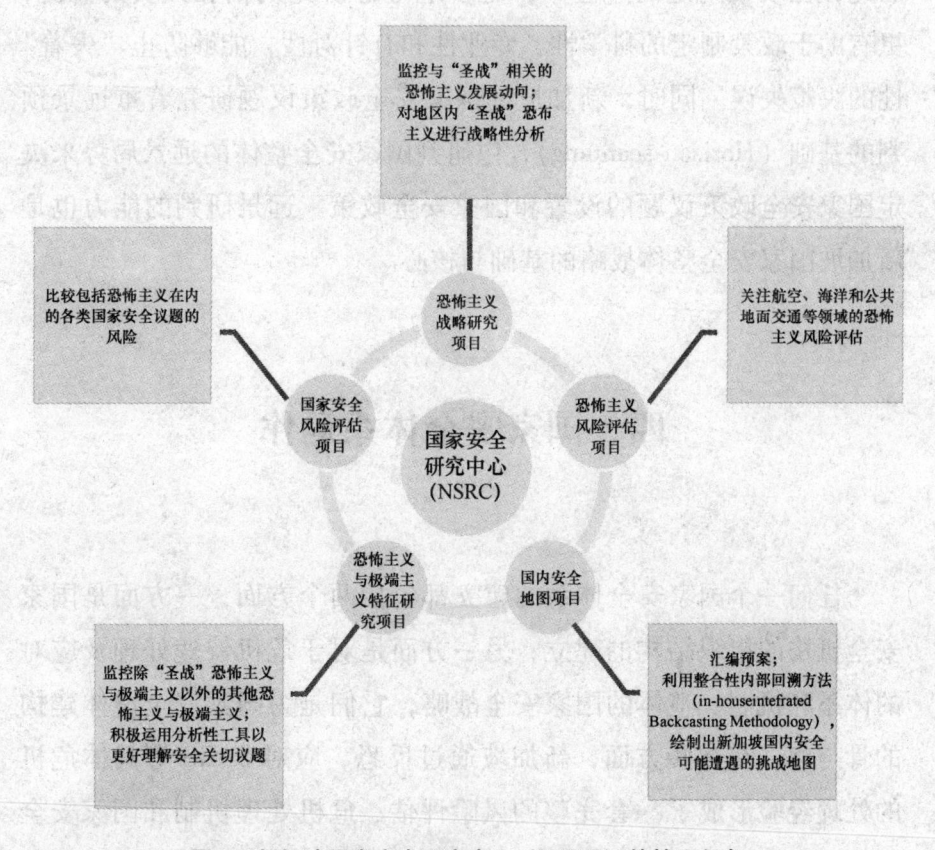

图6 新加坡国家安全研究中心（NSRC）的核心任务

资料来源：笔者参考国家安全协调中心（NSCS）官方网站资料编译：http://app.nscs.gov.sg/public/content.aspx?sid=137，登录时间：2013年12月27日。

可以看出，新加坡国家安全机构的组织结构中都在组织和具体项目任务中明确要求将学术研究成果和具体的政策制定紧密地结合起来。无论是国家安全协调中心（NSCC）下属的三个支撑性机构之一——国家安全卓越研究中心（CENS）直接和南洋理工大学建立研究型机构，还是国家安全研究中心（NCRC）下设专门研究项目，都平衡了政策议题的研究和制定。这样的机构设置反映了新加坡国家安全体制重视研究本身，而不仅仅是局限于政策制定和决策上。因此，在政策制定的过程中，更多地考虑研究机构和人员的意见，更有助于政策制定的科学性、专业性和有针对性，能够防止"失着"性的决策失误。同时，新加坡的国家安全政策议题研究着重远景预判的基础（Horizon-scanning），以研判国家安全整体的远景局势来决定国家安全政策议题的设置和国家安全政策。远景研判的能力也是新加坡国家安全整体战略的基础与核心。

四、国家安全体系运作

任何一个国家安全体系的建立都包括两个方面，一方面是国家安全机构的组织结构的建立，另一方面是对于危机快速处理及应对的体系和机制、整体的国家安全战略，它们是为国家安全整体建构的骨与肉。在这些方面，新加坡通过反恐、应对 SARS 等具体危机的处理经验形成了一套完整的风险评估、危机处理机制和国家安全整体战略，如风险评估与侦测体系（Risk Assessment and Horizon Scanning，简称 RAHS）和国土危机管理体系（Homefront Crisis Management System，简称 HCMS）。

（一）风险评估与侦测机制

新加坡在2003年遭遇到SARS袭击后，国家安全协调秘书处（NSCS）随即筹建风险评估与侦测系统（Risk Assessment and Horizon Scanning，简称RAHS）。这项机制是由国家安全协调秘书处、国防科技局（DSTA）和国防科技研究院（Defense Science Organisation National Laboratories）连同两个咨询顾问机构共同开发，分别是：美国阿灵顿学院（Arlington Institute）和尖端认知公司（Cognitive Edge）。

尖端认知公司是研究未来学的一个机构，因此这项机制拥有预测风险以及评估的功能。该侦测机制能让各个独立的政府机构连成一个网络，促进各部门之间的合作。图7显示这项机制对于各部门之间的合作有以下五大功能：

该项机制最重要的功能是检测微弱并且容易被忽视的信息模式，并专门设计信息可视化以及信息提取功能。其人性化的功能使得分析人员在危机发生前就能够提供全面有效的信息和警报，对预先采取防范措施起到决定性作用，并对新兴战略性问题的发展起到了关键性的作用，能够有效提高应对潜在安全威胁的能力。

（二）国土危机管理系统

新加坡国家危机是由国土危机管理系统（Homefront Crisis Management System）负责应对。这套系统是由国土危机部级委员会（Homefront Crisis Ministerial Committee，简称HCMC）和国土安全执行团（Homefront Crisis Executive Group，简称HCEG）两个部门构成。

```
       ┌──────────────┐
       │  全面收集情报 │
       └──────────────┘
      ↗                ↘
┌──────────────┐    ┌──────────────┐
│快速掌握并分析构成│   │仔细分析微弱信号│
│  安全威胁的因素│    └──────────────┘
└──────────────┘            ↓
      ↑                
┌──────────────┐    ┌──────────────┐
│组建模以境况以及│ ← │监测安全威胁的│
│   测量工具    │    │   发展趋势    │
└──────────────┘    └──────────────┘
```

图 7　风险评估与侦测机制功能图

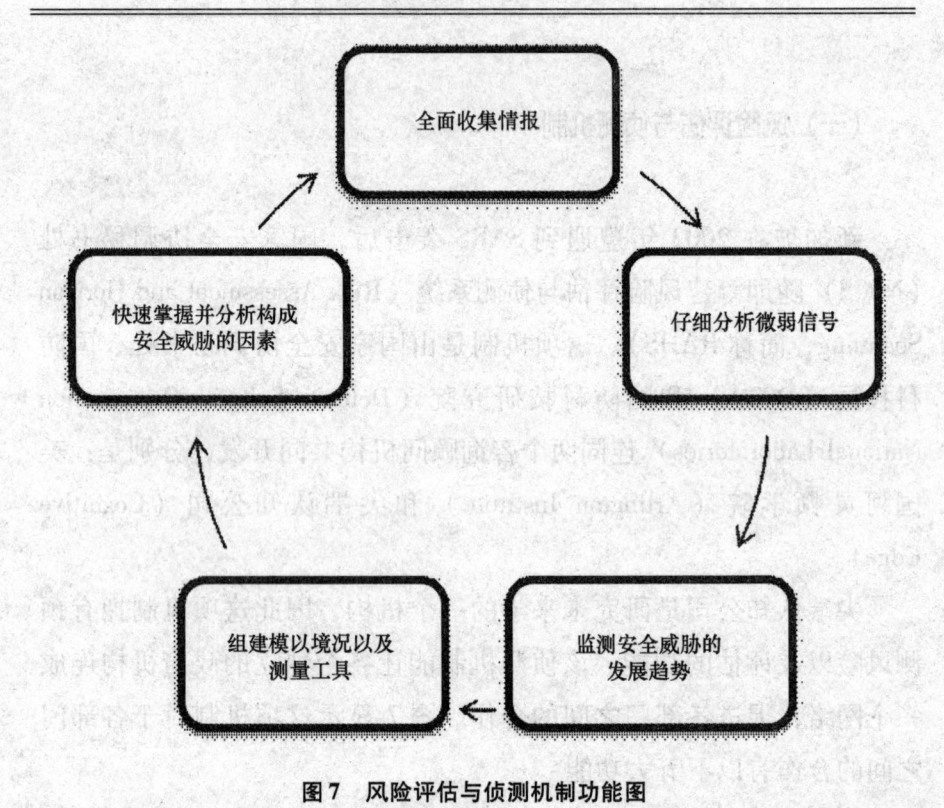

资料来源：笔者根据以下资料整理制作："RAHS Programme: Origin and Progress,"风险评估侦测机制系统项目办公室官网: http://app.rahs.gov.sg/public/www/content.aspx?sid=952，登录时间：2013 年 12 月 31 日。

1. 国土危机部级委员会（HCMC）

该委员会的主席同样是由副总理兼内政部长担任，而其他内阁部长则担任该委员的主要成员，同时在有必要的情况下，亦需要其他部长加入。该委员最重要的职能就是提供战略以及政治目标应对危机处理，并以恢复国土经济及社会生活正常化为目的。

第十二章 新加坡国家安全政策评估委员会

```
                        ┌─────────────────────┐
                        │   国土危机部级委员会   │
                        │  Homefront Crises   │
                        │ Ministerial Committee│
                        └──────────┬──────────┘
                                   │
                        ┌──────────┴──────────┐
        ┌───────────────┤   国土安全执行团     │
        │               │  Homefront Crisis   │
┌───────┴────────┐     │   Excutive Group    │
│ 国土危机协调中心 │     └──────────┬──────────┘
│ Homefront Crisis│                │
│Coordination Centre│              │
└─────────────────┘                │
        ┌──────────────────────────┼──────────────────────────┐
        │                          │                          │
┌───────┴────────┐                 │                 ┌────────┴────────┐
│   危机管理团    │                 │                 │  其他危机管理团   │
│Crisis Management│─────────────────┤                 │  Other Crisis   │
│     Group      │                 │                 │ Management Group │
└───────┬────────┘                 │                 └─────────────────┘
        │                          │
┌───────┴────────┐                 │                 ┌─────────────────┐
│ 跨部门行动委员会 │                 │                 │遇到时间敏感突发事件│
│ Inter-Ministry │─────────────────┼─ ─ ─ ─ ─ ─ ─ ◄ ─│直接向HCEC报告    │
│Operation Committee│               │                │                 │
└────────────────┘                 │                 └─────────────────┘
        │                          │
        │               ┌──────────┴──────────┐
        └───────────────┤  突发事件管理者      │
                        │  Incident Manager   │
                        └─────────────────────┘
```

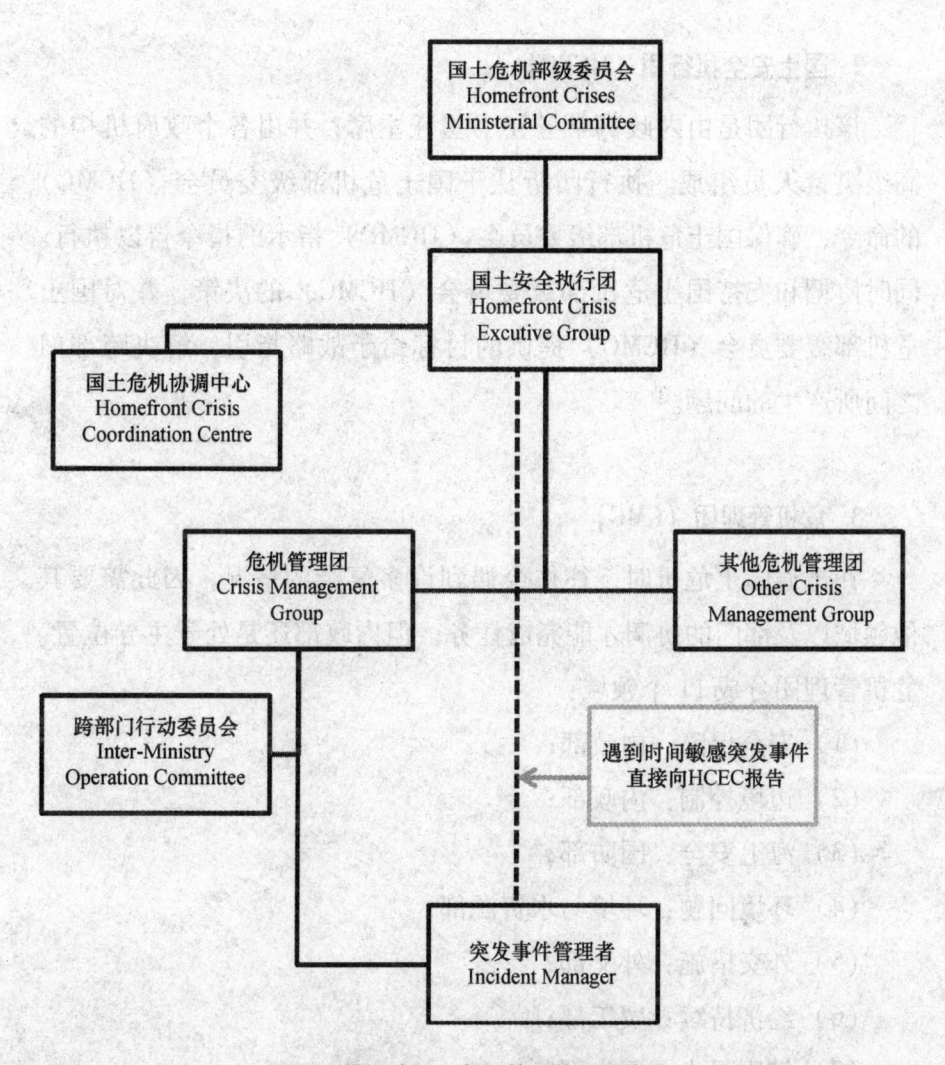

图 8 新加坡国土危机管理体系结构图

资料来源：笔者根据以下资料编译：1826 Days-A Dairy of Resolve, Joining Hands to Protect Singapore, Chapter 2, p. 62. http：//app. nscs. gov. sg/public/download. ashx? id = 169，登录时间：012 年 12 月 31 日。

2. 国土安全执行团（HCEG）

该执行团是由内政部常务秘书担任主席，并由各个政府机构的高级决策人员组成。执行团听从于国土危机部级委员会（HCMC）的命令，确保国土危机部级委员会（HCMC）指示的指令得以执行。同时协调和支持国土危机部级委员会（HCMC）的决策，并对国土危机部级委员会（HCMC）提供的目标给予战略指引，解决跨部门之间所产生的问题。[①]

3. 危机管理团（CMG）

在遭遇国土危机时，往往会遇到许多复杂的情况，因此需要其他领域以及部门的协调才能完成任务，但内政部还是处于主导位置。危机管理团分成11个领域：

(1) 安全保障：内政部；
(2) 边境控制：内政部；
(3) 海上安全：国防部；
(4) 环境问题：环境与水资源部；
(5) 外交措施：外交部；
(6) 经济持续：贸工部；
(7) 健康卫生：卫生部；
(8) 住房社会：国家发展部；
(9) 交通问题：交通部；
(10) 教育问题：教育部；

[①] Networked Government and Homeland Security Workshop conference report, The Centre of Excellence for National Security, in *The S. RAJARATNAM School of International Studies. Jan.* 7, 2008.

(11) 公共传播：信息通讯及艺术部。

(三) 国家安全战略

1. 整体政府 (Wholeof Government)

近年来，新加坡政府在遇到重大危害公共危险的问题（如传染病和恐怖袭击）后，随即便会成立相关部门或机制来应对未来可能会再次发生的问题。新加坡前副总理陈庆炎（Tony Tan Keng Yam）曾表示，传统的"直囱管"、（Stove-pipe）方式使得政府组织架构有许多不足之处，划定各部委和机构之间的传统做法，使每个部门单独负责一个区域将不再起作用。[①] 新加坡政府强调建立一个"整体政府"是必须的，政府需要各个机构与部门相互合作，在分析情报与决策过程中能够进行跨组织的相互完善。建立"整体政府"的必要性有三点：[②]

（1）在现今的跨国恐怖主义时代，维护国家安全这一重大问题不能被划分成单独的任务。国家面对的安全挑战趋向多样化，有政府主导的外部军事威胁、意识形态支配的恐怖主义，还有遭极端主义渗透而产生的罪犯及极端分子。

（2）在一个层级体系中，顶层领导接收所有的信息然后做出决策，但是在重压之下，这种层级体系可能会反应迟缓甚至陷入瘫痪。因为现实中顶层会遇到决策瓶颈。复杂性给层级体系带来很大压力。

[①] Dr Tony Tan Keng Yam, "Ministerial statement by Dr Tony Tan Keng Yam, Deputy Prime Minister and Co-ordinating Minister for security and defence on strategic framework for Singapore's national security held on Tuesday, 20 July 2004 at Parliament Sitting," July 2004, http://app.nscs.gov.sg/public/download.ashx?id=283，登录时间：2013年12月31日。

[②] Peter Ho, Governing for the future: What government can do, *S. Rajaratnam School of International Studies Singapore*. No. 248, September, 2012.

对政府顶层领导人来说，今天所面对的世界风云变幻，他们很难掌握所有的专业知识与答案来发号命令。

（3）组织结构垂直的模式需要被打破，从而使信息可以水平流动到各个部门。对于各个部门来说，不是"需要了解"而是要"充分了解"信息。只有这样，组织的各个组成部分才能快速回应各种出现的问题和突发挑战。鼓励信息自发的水平流动有助于扩大和丰富所有部门的眼界。这样反过来有助于复杂性背后所隐藏的关系、突发挑战、机遇等早一步被发现。

2. 全面防御

新加坡政府把新加坡这个小岛国打造成为东南亚地区唯一拥有高科技军事工业的国家。在应对国家安全问题上，新加坡有着明确的国防战略定位、强大的分工组织和完善的情报组织与智囊机构。在由以上强大的应对国家安全问题的整体性机构基础上，新加坡政府还提出了全面防御（Total Defence）的概念，并且在国防教育与宣传上将这一概念具体化。"全面防御"指的是，每个新加坡公民必须都必须参与到社会当中应对国家安全威胁。"全面防御"具体的五大核心概念如下图：

（1）心理防御：培养新加坡公民对新加坡的国家归属感与荣誉感，增强公民为国家奉献的意志力。

（2）社会防御：维持不同种族、宗教以及语言的和平共处与相互包容，以确保危机来临时每个公民都拥有互助的精神。

（3）经济防御：确保国家在面临战争威胁时，政府、商业、工业能够组织起来以维持国家经济以及民生的正常运作。

（4）民事防御：加强公民对于食品安全、灾难以及恐怖威胁袭击的应对能力，防止紧急状况出现时国家陷入混乱。

（5）军事防御：实行全民皆兵制，50岁以下男公民均每年回部

第十二章 新加坡国家安全政策评估委员会

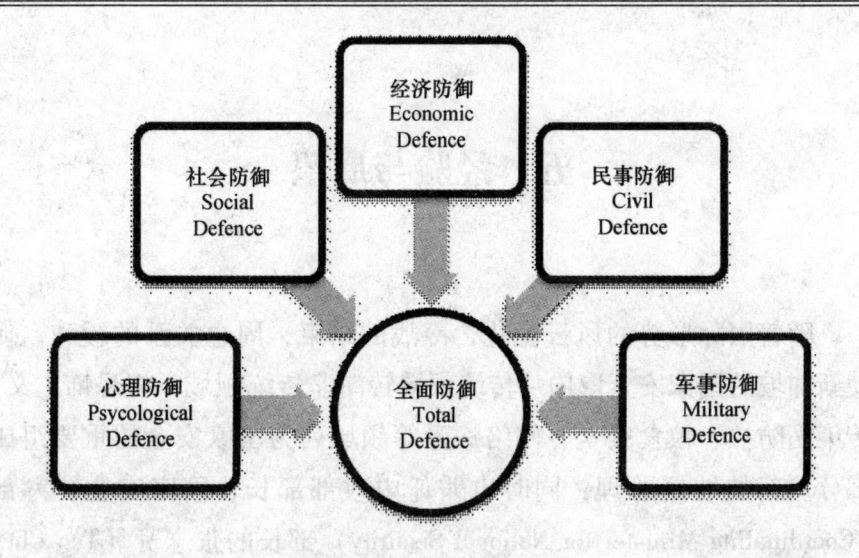

图9 全面防御战略示意图

资料来源：笔者根据以下资料编译：What is total defence, 5 pillars, March, 2013, http://www.totaldefence.sg/imindef/mindef_websites/topics/totaldefence/about_td/5_Pillars.html，登录时间：2013年12月31日。

队训练以保持身体素质，且训练武装部队成为具有超强作战能力的精锐部队。

总的来说，新加坡国家安全机构的运行主要从两方面入手：一方面是整合国家安全机构的行政力量，通过形成行政上运行良好的机构资源的协调分配体系，来完成国家安全远景计划、战略、政策的制定计划；另一方面，通过"全面防御"战略，充分调动全体公民的国家安全意识，将全体公民纳入国家安全的体系中，使得国家安全和全体公民的利益福祉息息相关，从而使越来越多的公民成为非官方的国家安全组成力量，为国家安全目标的完成打下坚实基础。

五、经验与展望

随着国际形势的风云变化,冷战的结束,周边关系的缓和,促使新加坡的国家安全取向从传统领域转向非传统领域,将恐怖主义、传染病防控、粮食安全、网络病毒等领域列为国家安全的重要组成部分。新加坡副总理,同时也兼任内政部部长、国家安全统筹部(Coordinating Minister for National Security)部长的张志贤(Teo Chee Hean)在近日第七届"亚太国家安全官员研讨会"开幕式上表示,国家安全的概念已从过去的军事防御扩大到经济、社会、粮食和能源安全等领域,全球化与科技发展对国家安全造成明显冲击,尤其是互联网世界的紧密联系和复杂性使网络攻击成为目前最受关注的威胁之一。[①] 新加坡对非传统领域国家安全的重视,因而确立了以反恐为指针的国家安全机构,并以此为依托,形成完善的运作系统,并拓展安排研究中心的项目课题以及国防科技的攻关方向。可以看出,在新的历史条件下,新加坡的国家安全战略不断向非传统领域拓展,以专业化、全民化、国际化的视野来应对越来越复杂和多变的国家安全情况。总体来说,新加坡的国家安全战略、机构有以下七个可资借鉴的方面:

1. 整体政府

面对非传统安全威胁,单个部门独木难支,难以应对恐怖主义

---

① 《新加坡三管齐下应对国家安全威胁》,中华人民共和国商务部网站:http://www.mofcom.gov.cn/article/i/jyjl/j/201304/20130400082717.shtml,登录时间:2013年12月31日。

的渗透威胁。新加坡政府着力整合政府各部门资源，统筹各部门措施，协调应对方案。在机构合作的同时，新加坡也以"整体政府"概念努力增强政府部门层级间信息沟通，以加深对情报进行分析解读厚度，更好地分析、应对国家安全威胁。

2. 先发制人

对于恐怖主义来说，先发制人的方式是应对的最好方式，做不到"御敌于国门之外"，至少也要做到在危机尚未形成时就及时扑灭。其援引的法律基础就是《国家内部安全法令》，尽管存在争议（这种争议随着恐怖主义威胁程度的升高而减弱），该法令保证了国家安全机构保卫国土时的高效决断力和保卫能力，有效弥补了《反恐法》在应对恐怖分子时手段不足的缺憾。

3. 远景预判

新加坡注重国家安全的远景预判。从远景预判入手，确定国家安全的潜在威胁，继而制定一系列的国家安全议题规划，形成了稳定、系统的政策布局，从而进行政策研究和制定。

4. 政策研究

对从远景的研判到直接影响现局的国家安全政策，新加坡都有全面的研究支持。既有和大学科研机构一起搭建的智库研究中心，也有国家安全研究中心这一国家性安全政策研究中心提供项目支持、进行研判。以学术科研为基础，制定国防政策，可以有效避免政策失衡，避免决策失误，为决策的科学性、专业性和针对性提供了坚实的基础。

5. 科技建设

新加坡注重国家安全科技的建设。国防科技局和国家安全协调中心下设的科研单位都为新加坡国家安全做了物理支撑，提供了强大的技术保证。国家防卫科技研究机构和国家安全机构的若即若离的关系保证了科技研究的独立性与实用性，其实是调整到了最佳的距离。

6. 安全预警

新加坡的国家安全预警机制十分完善。新加坡自身地理条件的限制，使它对国家安全的危机预警力求做到最及时、最迅速。事实上，新加坡的风险评估与侦测机制和国土危机管理体系形成了从技术到行政，从未来风险评估到现实危机应对的全面安全防控。其有效的安全预警为国家安全的危机应对腾出了宝贵的反应时间。

7. 全面防御

除了传统意义上的军事防御、经济防御，新加坡的国家安全战略，提出了全民防御的战略，增加了心理防御、社会防御和民事防御，使得新加坡的国家安全保卫体系至臻完善。全面防御的核心就是民众加入国家安全防御的体系，在第一时间调动全民应对国家安全威胁。通过国民安全教育，培养公民责任，提高国民国家安全意识。新加坡国家安全一方面以整体政府概念协调资源，另一方面也调动民间力量，齐头并进，达到了很好的国家安全保障的效果。

当然，新加坡的安全政策评估委员会也存在潜在的问题：一方面是《国家内部安全法令》执行层面尚存在争议，使得对内执行的权限扩张仍然存在潜在风险；另一方面是安全政策评估委员会法律基础的不完善，使得安全政策评估委员会的权力直接来源于总理和人事的兼任。针对国家安全机构和其运作程序的法律是一把双刃剑，它既能够保障协调机制的顺利运行，也会限制协调机制的效率问题。新加坡基于国内政治制度现实和国家安全需要的考量，并没有将其制度化，而是副总理、国家安全统筹部部长和内政部长均由一人担任。一旦发生人事调动，新加坡国家安全协调机制很有可能会发生不平衡和不稳定的变动，能否进行平稳的领导权过渡以及新的职务安排是对新加坡国家安全机构协调机制本身的考验。国家安全协调机制的运行很难依靠人事安排来保证长时期的良好运转。在非传统安全不断加深的情况下，国家安全面临的问题更加复杂和新颖，没有一个良好的协调机制很难应对新的国家安全威胁。因此，如何处理好领导权的平稳过渡以及有效规范法律和国家安全的边界问题，是对新加坡安全政策评估委员会的考验，也是对其国家智慧的考验。

主要参考文献

论文及著作：

1. 崔和平：《新加坡的国家风险管理与危机防范》：http：//www. sce. tsinghua. edu. cn/publication/qhjx_ htm/1003/08. htm，登录时间：2013年12月31日。

2. 李路曲："新加坡国家意识形态的变迁"，载《武汉大学学报》（哲学社会科学版），2009年第3期，第353—359页。

3. 魏炜：《李光耀时代的新加坡外交研究（1965—1990）》，北京：中国社会科学出版社，2007年版。

4. LeeKuan Yew，"*The Singapore Story：Memories of Lee Kuan Yew*"，London：Prentice Hall College Div，1998.

5. LeeKuan Yew，"*From Third World to First：the Singapore Story，1965—2000*"，New York：Harper，2000.

6. Andrew T H Tan，"*Singapore's Approach to Homeland Security*"，South-

east Asian Affairs. Vol 2005.

7. Andrew T. H Tan, "Singapore's Cooperation with the Trilateral Security Dialogue Partners in the War Against Global Terrorism", *Defence Studies*, Vol. 7 Issue 2, 2007, pp. 193 – 207.

8. Peter Ho, Governing for thefuture: What government can do, S. Rajaratnam School of International Studies Singapore. No. 248, Sept. 3, 2012.

9. Habegger, B 2009, "The Contribution of Strategic Foresight Public Policymaking: Assessing the Experiences of the UK, Singapore, and the Netherlands", *Conference Papers-International Studies Association*, pp. 1 – 31, Academic Search Premier, EBSCO*host*, viewed 28 December 2013.

10. Networked Government and Homeland Security Workshop conference report, The Centre ofExcellence for National Security, in *The S. RAJARATNAM School of International Studies. Jan.* 7, 2008.

11. See Seng Tan and Alvin Chew: "Governing Singapore's Security Sector: Problems, Prospects and Paradox", *Contemporary Southeast Asia*, Vol. 30, No. 2, 2008, pp. 241 – 63.

12. Tan Sin Liang, "The Threat of Terrorism and Singapore's Legislative Response to Terrorism Financing", *Journal of Money Laundering Control*, Vol. 7, No. 2, 2003, ABI/INFORM Complete, pp. 139 – 144.

13. Teo Chee Hean (Deputy of Prime Minister and Minister of Home Affairs and Coordinating National Security), Debate on President's Address (Third allotted day), in Singapore Parliamentary Debates Official Report, Oct. 19, 2001, pp. 270 – 277.

14. Melanie Chew; Bernard Tan (2002), "A Tribute toDr Goh Keng Swee", Creating the Technology Edge: DSO National Laboratories, Singapore 1972 – 2002, Singapore: Epigram for DSO National Laboratories, pp. 4 – 9.

法律文件：

15. Constitution of the Republic Of Singapore, in*Attorney General's Chambers*, http://statutes.agc.gov.sg/aol/search/display/view.w3p; page = 0;

query = DocId％3Acf2412ff – fca5 – 4a64 – a8ef – b95b8987728e％20Depth％3A0％20ValidTime％3A01％2F12％2F2013％20TransactionTime％3A01％2F12％2F2013％20Status％3Ainforce；rec＝0；whole＝yes#legis，登录时间：2013年12月31日。

16. Constitution of the Republic of Singapore（Responsibility of the Deputy Prime Minister And Co-ordinating Minister for National Security，Prime Minister's Office）Notification 2011：http：//statutes.agc.gov.sg/aol/search/display/view.w3p；page＝0；query＝CompId％3A382ac755 – 5b1d – 4f7e – b099 – 03ce8725b6c3％20ValidTime％3A20131126000000％20TransactionTime％3A20131126000000；rec＝0#pr2 – he – ，登录时间：2013年12月31日。

17. Internal Security Act，*in Attorney General's Chambers Singapore*，Revised Edition 1985.http：//statutes.agc.gov.sg/aol/search/display/view.w3p；ident＝145e6ff1 – 50c0 – 4962 – 8e34 – f7f75903961e；page＝0；query＝DocId％3A％225ba26ddb-fd4c – 4e2e – 8071 – 478c08941758％22％20Status％3Ainforce％20Depth％3A0；rec＝0#legis，登录时间：2013年12月31日。

其他：

18.《新加坡三管齐下应对国家安全威胁》，中华人民共和国商务部网站：http：//www.mofcom.gov.cn/article/i/jyjl/j/201304/20130400082717.shtml，登录时间：2013年12月29日。

19. Melanie Chew，Bernard Tan，"A Tribute toDr Goh Keng Swee," Creating the Technology Edge：DSO National Laboratories，Singapore 1972 – 2002，Singapore：Epigram for DSO National Laboratories，pp.4 – 9，http：//www.dso.org.sg/home/publications/comm/2 – Tribute.pdf，登录时间：2013年12月28日。

20. Dr Tony Tan Keng Yam，"Ministerial statement by Dr Tony Tan Keng Yam，Deputy Prime Minister and Co-ordinating Minister for security and defence on strategic framework for Singapore's national security held on Tuesday，20 July 2004 at Parliament Sitting," July 2004，http：//app.nscs.gov.sg/public/download.ashx？id＝283，登录时间：2013年12月31日。

21. History of MINDEF/SAF: Birth of the SAF, http://www.mindef. gov. sg/content/imindef/about_ us/history/overview. html#tab – 3, 登录时间: 2013 年 12 月 31 日。

22. My Home Team Overview: http://www. mha. gov. sg/overview. aspx? pageid = 187&secid = 28, 登录时间: 2013 年 12 月 31 日。

23. "RAHSProgramme: Origin and Progress," 风险评估侦测机制系统项目办公室官网: http://app. rahs. gov. sg/public/www/content. aspx? sid = 2952, 登录时间: 2013 年 12 月 31 日。

24. What is totaldefence, 5 pillars, Mar. 07, 2013, http://www. totaldefence. sg/imindef/mindef_ websites/topics/totaldefence/about_ td/5_ Pillars. html, 登录时间: 2013 年 12 月 31 日。

后 记

本书是一项团队研究的成果，由我带领我讲授的"中国外交前沿问题研究"课程的研究生共同完成。2013年11月12日，中国共产党十八届三中全会作出了设立国家安全委员会的决定，这是完善我国国家安全领导体制的重大决策。在第二天上午的课堂上，我结合中国外交决策体制的讲授要求学生选择世界主要国家的国家安全委员会或类似机构进行研究，从比较的视野和制度的视角来认识和把握国家安全委员会这一重要的制度形式。苏长和教授建议我组织一次院内的报告，并安排于2013年11月20日举办了"中国国家安全委员会：结构、功能与目标展望"的小型研讨会。学生们认真的准备和精彩的发言激发了我带领他们进行进一步的深入研究，通过基础研究和比较评介为中国建立国家安全委员会提供专业性意见的想法。该想法得到陈志敏教授、苏长和教授和肖佳灵副教授的支持，这与我们正在进行的比较外交制度的研究计划相契合，时事出版社苏绣芳副总编辑也很支持这一想法，这促使我下定决心展开本书的编写工作。

国内外对中国建立国家安全委员会高度关注，这要求我们尽可能快地将研究成果呈现出来。尽管我们面临时间紧迫、资料相对薄弱的挑战，但复旦大学国际关系与公共事务学院在制度研究、比较政治和大国外交方面的教学和科研积累给我们提供了深厚的土壤。我们也发挥这一优势，着重从制度构建的视角来进行研究设计和选择有典型意义的国家。国家安全决策涉及国家最核心的利益,往往高度保密,但我们可以通过国家对国家安全决策和国家安全治理的制度性安排来透视其背后的制度设计原理、权力关系安排、功能结构设置和成败得失经验,而这些恰恰对于我们认识国家安全委员会、构建国家安全委员会具有更加根本的意义。

学院实施多年的国际化发展战略也使得我们能够拥有一个国际化的研究团队,团队中有三名分别来自乌克兰、韩国和马来西亚的留学生,还有德语、法语、日语基础较好的研究生,他们通过学院与法国巴黎政治学院、日本神户大学的双学位项目在国外进行了长期的学习研究,其他作者也具备扎实的外语基础,这些条件使得我们可以大量运用各国的一手资料和研究成果,国别政治与外交的教学和研究积累也为我们奠定了宽厚的知识基础。

可以说,如果没有学院前辈和同仁长期积累形成的土壤和对学生的培养,我们要在如此短的时间内完成对12个国家国家安全委员会的研究几乎是不可能的。

初稿形成后,我分别邀请有关国别的研究专家进行了审稿,汪晓风博士、赵华胜教授、简军波博士、刘丽荣副教授、包霞琴副教授、石源华教授、杜幼康教授、刘中民研究员、孙德刚研究员提出了很多中肯和宝贵的意见,为我们进行修改提供了专业的帮助。我们真诚感谢上述专家给予我们的支持和帮助!当然,文中疏漏概由作者负责。

本书分工如下:由我拟定大纲、指导写作;导论:张骥;第一章:汪思琪、张骥;第二章:郭青叶、[乌克兰] 哥李木(Ліхітінов Клім Михайлович);第三章:黄飞;第四章:王柯力、张骥;第五章:李昌婷;第六章:王丽静;第七章:[韩] 全宣美(전선미)、凌翔、张亚宁;第八章:张亚宁;第九章:凌翔;第十章:王林;第十一章:曹逸群;第十二章:杨雨清、[马来西亚] 谢安琪(Chy

Angel)。全书最后由我完成修改和统稿。郭青叶、李昌婷、杨雨清协助我进行了文字校对。

我要感谢所有作者对我提出的反复修改要求的容忍和认真态度。两个月时间的集中研究和写作,既是一段艰苦的征程,又使我们收获了教学相长的乐趣。文科楼国际政治系会议室留下了我们一次次长时间集体讨论和修改的灯光,国年路上的小饭店也留下了我们狼吞虎咽的欢声笑语。

更为重要的是,我们用专业的研究参与到中国国家安全和外交制度改革的进程之中,贡献我们的知识和观点,没有一个时代能够像国家正在崛起的进程这样为国际政治的研究提供了如此广阔的舞台和前景。

当然,由于时间和学识的限制,书中不足在所难免,恳请国内外同仁批评斧正。

感谢复旦大学国际关系与公共事务学院科研教学资金和"复旦大学青年教师科研能力提升项目"(项目编号:20520132051)为本研究提供的资助。感谢俞沂暄博士、包刚升博士给予的鼓励和提供的建议。感谢时事出版社苏绣芳副总编辑专业、高效的工作,使得本书得以尽快面世。

最后,我和我的学生们都要感谢我们的家人和老师!没有亲人的关爱与支持,没有成长路上每位老师的积淀与指引,一切成果都无从谈起。

张 骥

2014 年元月 13 日于复旦大学文科楼

图书在版编目（CIP）数据

世界主要国家国家安全委员会/张骥主编. —北京：时事出版社，2014.3

ISBN 978-7-80232-690-3

Ⅰ.①世… Ⅱ.①张… Ⅲ.①国家安全—安全委员会—介绍—世界 Ⅳ.①D523.3

中国版本图书馆 CIP 数据核字（2014）第 027703 号

出 版 发 行：	时事出版社
地　　　　址：	北京市海淀区巨山村 375 号
邮　　　　编：	100093
发 行 热 线：	（010）82546061　82546062
读者服务部：	（010）61157595
传　　　　真：	（010）82546050
电 子 邮 箱：	shishichubanshe@sina.com
网　　　　址：	www.shishishe.com
印　　　　刷：	北京百善印刷厂

开本：787×1092　1/16　印张：28.25　字数：352 千字

2014 年 3 月第 1 版　2014 年 3 月第 1 次印刷

定价：85.00 元

（如有印装质量问题，请与本社发行部联系调换）